I0045809

Meir Barak

TU MENTOR
EN EL MERCADO

Un nuevo enfoque para la actividad bursátil

La guía para el éxito y
el poder económico

PRIMERA PARTE

CONTENTONOW

Meir Barak

TU MENTOR EN EL MERCADO
La guía para el éxito y el poder económico

Editores responsables y productores: Contento

Editora responsable: Ayeleth Nirpaz
Traductor: Giuseppe Tovar
Editores: Elena Parral Rodríguez y Sergio Guillén
Diseño: Liliya Lev-Ari
Fotografía: Peleg Alkalai

© Derechos de autor en inglés 2015 por Contento y Meir Barak

Todos los derechos están reservados. Se prohíbe traducir, reproducir, almacenar en sistemas de recuperación o transmitir este libro, total o parcialmente, y en cualquier forma o por cualquier medio, ya sea electrónico, por fotocopia, grabación o de cualquier otro tipo, sin la previa autorización por escrito del autor y de la editorial.

ISBN: 978-965-550-466-8

Distribuidor internacional exclusivo:
Contento Bestsellers Inc.
616 Corporate Way, Suite 2-4182
Valley Cottage, NY 10989
Netanel@contento-publishing.com
www.ContentoNow.com

Le rogamos que tenga en cuenta lo siguiente: la información que se presenta en este libro tiene solo fines didácticos. No debe considerarse su contenido como una serie de recomendaciones a seguir de forma precisa, sino como conceptos generales destinados a ampliar sus conocimientos y habilidades personales. El autor no se hace responsable de los daños directos y/o indirectos que pudieran producirse como consecuencia de cualquier tema detallado en este libro. Nada de la información contenida en este libro debe considerarse como una recomendación de inversión o como una alternativa a un asesoramiento personalizado. Meir Barak no ofrece servicios de asesoramiento de inversión ni de perfil y puede poseer o activar las acciones mencionadas en este libro. En cualquier caso, se recomienda establecer contacto con un asesor jurídico, financiero o profesional. La actividad bursátil no es adecuada para todo el mundo y está considerada como un campo muy difícil.

Dedicado con amor a mi querida compañera Carina y a nuestras preciosas niñas Sharon, Adí y Arielle, que siempre me han mostrado su apoyo y jamás han dudado de mí, cualquiera fuera la idea loca que se me ocurriera (y han sido muchas) o lo absurda que pudiera sonar.

Y también dedicado a:

Todos aquellos que estén dispuestos a poner sus vidas del revés para alcanzar el éxito

ÍNDICE

PRIMERA PARTE

Prólogo

Mi caída

A los treinta y seis años, era yo el padre insolvente de tres niñas, la más pequeña de tres meses. El negocio que había cultivado con esfuerzo a lo largo de trece años se me había escurrido entre los dedos. Al darse cuenta antes que yo de los problemas que se nos venían encima, mi socio había desfalcado los últimos miles de dólares que quedaban en nuestras cuentas bancarias. Nuestros empleados abandonaron el barco. Quedé endeudado por medio millón de dólares a bancos y proveedores. ¿Qué tenía en abundancia? Lágrimas.

Caer tan bajo es algo que no le deseo a nadie. Descubrí muy pronto que las presiones de dinero causan presiones psicológicas y emocionales: depresión que se manifiesta con una pérdida de apetito, falta de motivación para trabajar y una creciente incapacidad de conciliar el sueño. No tenía idea de cómo lidiar con estos problemas. Toda la literatura acerca de la administración de empresas a la que había sido expuesto trataba de "cómo obtener el éxito" y "cómo hacerse millonario". ¿Pero cuándo ha visto un libro de recomendaciones para quienes deben millones? Sin duda esto se debe a que no cabe esperar que los "perdedores" escriban libros y no se supone que tengan historias de vida interesantes. ¿Y, en cualquiera de los casos, quién querrá leer la historia de un perdedor?

De manera fascinante, todos los consultores de negocios que habían obtenido sus ingresos de mí durante años se esfumaron en cuanto la fuente del dinero se secó. Tenía la esperanza de que por lo menos la policía me ayudaría a recuperar los fondos que mi socio me había robado, pero eso fue en vano. Con mucha indiferencia llenaron los formularios de la denuncia, yo firmé una declaración y luego dejaron que me defendiera solo. Tres años después, cuando decidí presentar una queja por la gestión policial de mi caso, un investigador me llamó y me amenazó con que si no la retiraba, me acusarían por presentar denuncias falsas. Estaba claro que todos los impuestos que había pagado al transcurrir los años no servían para protegerme.

La espiral descendente continuaba. Al principio los bancos me mandaban cartas amables pidiendo pago. Después, unos abogados mandaron cartas menos amables. Querían su dinero y lo querían pronto. También ellos empezaban a proferir amenazas mientras confiscaban mis cuentas y simultáneamente echaban leña al fuego con más multas, comisiones e intereses a tasas como las del "mercado gris". En menos de un año, medio millón de dólares se infló a un millón. ¿Qué va a hacer uno? ¿Cómo se puede cubrir tal deuda? ¿Y qué de la casa y la hipoteca? ¿Cómo se puede pagar el interés cuando este aumenta a la velocidad de un Ferrari Turbo rojo?

La mayoría de los que se han visto en esta situación se declaran en bancarrota, levantan las manos en señal de desesperación y huyen del mercado. Hoy, los entiendo. Muy pocos regresan a los negocios. Pero yo nunca formé parte de la mayoría. Al contrario, acepté el consejo de un abogado que hábilmente me dio una de las mejores y más efectivas perlas de sabiduría que nunca había escuchado: "No busque la protección de las cortes judiciales. No niegue la deuda. Admita que existe, hable con los acreedores, llegue a un arreglo ¡y págueles!"

Hice lo que me sugirió. Los bancos me dejaron respirar, redujeron la deuda y los intereses, y me dejaron con campo para poder maniobrar, con la esperanza de que les pudiera repagar la deuda. Eso era todo lo que necesitaba. En vez de llorar por mi amargo apuro, su flexibilidad fue un gran motivador para retornar a la actividad empresarial y tomar las riendas de mi futuro.

El alza

Era el año 2000, la desaceleración de la tempestuosa alza de las empresas de alta tecnología hacia el esperado Y2K. Poco antes de que explotara la burbuja de las puntocoms, yo tenía experiencias empresariales ricas y un sinnúmero de ideas para productos innovadores por internet que conquistarían al mundo mientras millones de dólares aún fluían libremente hacia las empresas emergentes de internet. En solo unos cuantos meses, establecí una empresa emergente fantástica, conseguí socios y reuní varios millones de dólares. El dinero fluía otra vez.

La vida en la alta tecnología me sonreía. Pero como tantas cosas en la alta tecnología, especialmente después de que explotase la burbuja, el mercado se viniera abajo y los fondos de los inversores se secaran, me sentí como si estuviera estancado en un solo lugar. Me aburrí de levantarme todas las mañanas, de llegar al trabajo antes de los atascos, de llegar a casa ya muy tarde después de los atascos y de poder dedicar tiempo a mi familia casi exclusivamente los fines de semana. Sufrí una minicrisis un día que mi esposa me pidió que llevara a nuestra pequeña a la guardería, lo cual hice alegremente. Pero cuando llegamos mi hija me miró y me dijo: "Papi, esa era mi escuela de hace dos años…"

Busqué una manera de dejar atrás el ajetreo cotidiano, pagar mis deudas y tener ese gran éxito. También quería ir más despacio y estar más cerca de mi familia. En resumen, quería ganar millones sin tener que esforzarme demasiado.

Hay muy pocas maneras legales de ganar grandes sumas en poco tiempo. Revisé las opciones y elegí un área que siempre había amado: comprar y vender valores. Con la compra y la venta de valores a corto plazo, según había oído, uno podría hacerse muy rico rápidamente.

Me fue muy bien. En cinco años pude abandonar la industria de la alta tecnología, pagué todas mis deudas y viví muy cómodamente. Pasé de un saldo negativo de millones de dólares a un superávit de varios millones. Vivo el sueño americano. El mercado de valores hizo mi sueño realidad. ¿Cómo sucedió?

¡Fue más difícil de lo que imaginaba!

Es increíble lo cínicas que son las cosas. Hace solo trece años, aún era un diligente empleado de la industria de la alta tecnología sin idea de los mercados de valores. Lo único que sabía era que ahí mucho dinero cambiaba de manos y que yo estaba decidido a poner las manos en parte de ese dinero.

Mi primer problema, el cual todo aquel que quiere lograr el éxito tiene que enfrentar, era: ¿debo renunciar a mi salario? ¿Debería yo correr ese riesgo, dejar mi empleo e intentar un nuevo rumbo? Muy pocos están dispuestos a dar ese paso. La mayoría de nosotros tenemos mucho miedo, y con mucha razón. Entendí que si quería realizar mi sueño tendría que asumir ese riesgo.

En ese entonces, pensaba que operar en el mercado de valores sería juego de niños. Abrí una cuenta con un corredor de bolsa (explicaré por qué y cómo más adelante) e inocentemente creí que tendría éxito comprando bajo y vendiendo alto. ¿Cómo acabé ese año? Con una pérdida, claro. Ahora, doce años después, sé que no tenía idea de lo que estaba haciendo, no tenía experiencia y era un poco arrogante. De hecho, era presa fácil para los profesionales. Me tomó mucho tiempo descubrir que detrás de cada transacción en el mercado de valores hay dos partes: el profesional y el idiota. El primer año, yo era por lo general este último.

Marcador: Mercado 1 - Yo 0

Hay momentos en la vida que se graban en la memoria hasta el día de nuestra muerte. ¿Recuerda usted dónde estaba cuando cayeron las Torres Gemelas? Yo sí. De igual forma, recuerdo mi primera transacción.

El día que abrí mi primera cuenta bursátil, me apuré para comprar 1000 acciones de farmacéuticos TEVA. ¡Mi primera transacción! Estaba tan emocionado. Recuerdo que tenía el pulso como un martillo. Todo lleno de anticipación. No escuchaba ni veía ninguna otra cosa a mi alrededor, estaba tan ilusionado. El mundo exterior parecía desaparecer. Había como un cono de silencio, habitado solo por mí y mis acciones.

DINERO INTELIGENTE

Detrás de cada transacción bursátil, hay dos partes: el profesional y el idiota. Pero a veces, ¡el idiota tiene suerte!

Estaba pegado a la pantalla de la computadora, contando ansiosamente, observando el movimiento de cada centavo. Repentinamente, cuando el precio de la acción subió diez centavos, me asustó que pudiera bajar otra vez y oprimí el botón para vender. ¡Idiota! TEVA subió $1.50 en las horas siguientes. Una ganancia potencial de $1500 terminó por ser de solo $100. Ni hablar. No estuvo tan mal para ser la primera transacción. Me autoconvencí de que estaba muy contento.

Luego, repentinamente, me surgió una duda: ¿realmente pasó la orden de venta? Sabía que había oprimido el botón de venta, ¿entonces por qué la plataforma bursátil aún mostraba esas 1000 acciones en mi cuenta? Para estar seguro oprimí el botón de venta una segunda vez. ¡Fiu! Ahora sí parecía que había tenido éxito. El pulso me volvió a la normalidad, me tomé un vaso de agua fría. Tres minutos de esfuerzo y una ganancia de $100. ¡Era un genio de las finanzas! No estuvo tan mal para ser mi primer esfuerzo como *trader*. O al menos eso pensé...

Celebré mi éxito y abrí la plataforma de *trading* una hora después. Aterrado, descubrí que mi cuenta mostraba una pérdida de $400 causada por un "short" de 1000 acciones. ¿Qué diablos era un "short"? De lo poco que sabía, el "short" era un método para sacar ganancias de una acción en caída. Lo que no podía averiguar era cómo diablos me había metido en todo este lío y cómo podría salir de él. Mientras tanto, TEVA continuaba al alza como un cohete a la luna, y por cada centavo que subía, ¡$10 se borraban de mi cuenta! No era un momento feliz.

Sabía que estar en descubierto, es decir en un "short" con una acción al alza no era una buena idea, en lo más mínimo. Presión, sudor, el salario de un día esfumado en una hora, ¡TEVA no tomaba respiro, ni un segundo, y mi cuenta bursátil se evaporaba a ojos vista! ¿Qué debería hacer?

Llamé al corredor de bolsa (el bróker) por su teléfono de servicio al cliente. Después de unos minutos de agonía escuchando la musiquita del sistema automático, obtuve mi respuesta. Aparentemente, para salir de un "short" de 1000 acciones, tenía que comprar 1000 acciones. Las compré y cerré la plataforma. Qué alivio. Más tarde entendí la secuencia de los eventos: cuando había vendido la primera vez, la plataforma no se había actualizado inmediatamente, haciéndome pensar que la venta no se había ejecutado. Pero sí lo había hecho; por lo tanto, cuando oprimí el botón de venta otra vez, le estaba diciendo al sistema "acabo de vender 1000 acciones que no tengo". Eso ordenó a mi cuenta un "short", es decir una venta en descubierto. Pero no se preocupe, aprenderemos lo que es esto más adelante en el libro.

Mi primer día en el mercado bursátil terminó con un rotundo fracaso. Marcador: Mercado 1 - Yo 0.

El avance

Podrán decir que soy obstinado, que soy terco, pero no me di por vencido. Seguí comprando, vendiendo y perdiendo por casi un año. Con el tiempo surgían más y más preguntas, pero seguían sin respuesta. Un año de pérdidas me enseñó algo seguro: ser *trader* es una profesión como cualquier otra, y como cualquier otra profesión, hay que aprenderla para poder tener éxito. Empecé a buscar ayuda.

Para ser un *trader* no se necesita un diploma. Cualquiera puede abrir una cuenta y hacer transacciones sin sentido, como yo lo hice. Esa es la razón por la que la mayoría fracasa. Yo, sin embargo, sabía que existían los que tenían éxito y creía que podía averiguar la manera de formar parte de ese grupo. Los busqué y los encontré.

Antes de internet, había *trading-rooms*, es decir salas de actividad bursátil, por todos los Estados Unidos. Ahí se reunían los *traders*, trabajando juntos como profesionales. Hoy, en la era de internet, la mayoría de estas salas se han cerrado y esas actividades se han transferido a *chat-rooms* en los que cualquiera puede participar a cambio de una cuota mensual. En estos *chat-rooms* puede uno escuchar a inversores profesionales, los que nosotros aquí en Tradenet denominamos "analistas", discutir tendencias, escuchar sus instrucciones, hacerles preguntas y básicamente llevar a cabo transacciones con ellos en tiempo real sin tener que salir de casa. Me sentí muy feliz de ingresar en uno de estos *chat-rooms*, e inmediatamente sentí que estaba en el lugar indicado.

Qué mundo tan maravilloso había descubierto. Los analistas compraban y vendían, en tiempo real, y con éxito. Dos analistas, Mark y Chris, que son altamente reconocidos, se han hecho mis amigos. A ellos les debo la mayor parte de mi entrenamiento básico. Parecía que mi camino al éxito había sido allanado. Todo lo que tenía que hacer entonces era escuchar a los analistas y copiar sus movimientos. ¡Tan sencillo como eso! ¿Entonces por qué resultaba tan difícil?

¿Por qué era tan difícil copiar lo que hacía un *trader* profesional? La respuesta es sencilla: ya que todos tenemos nuestro propio nivel de comprensión de lo que está sucediendo frente a nosotros, decidimos hacer las cosas de diferente manera por nuestras propias razones. Aquí un ejemplo: Chris compra una acción que sube 4% hoy, basándose en su intuición de que continuará al alza, mientras que yo pienso: "¿Está loco? Va a perder. ¡Ya subió demasiado!". Con el tiempo descubrí que cuando no podía entender exactamente la decisión de Chris, tampoco la podía aceptar. Durante ese período mis transacciones eran más o menos así: Chris compraba. Yo compraba. Me escapaba con una pequeña ganancia, con miedo a perder lo que ya había ganado. Chris esperaba y juntaba ganancias considerables. En otros casos, cuando la acción iba a la baja, Chris se salía de inmediato, yo me quedaba, con la esperanza de que se recuperara al precio al que la compré. Finalmente me veía obligado a salir de la transacción con una pérdida dolorosa. En resumen, Chris sacaba ganancias y yo pérdidas. Definitivamente era hora de aprender.

Las estadísticas tienen la fama de señalar que el 90% de los inversores bursátiles activos pierden dinero. Si está entre ellos, la solución es sencilla: haga lo opuesto a lo que su pensamiento le dicte. En un principio tuve problemas para aprender la lógica inversa de la profesión. Me percaté de que precisamente aquellas transacciones que yo consideraba de alto riesgo, si no peligrosas, se revelaban como las más ganadoras, y que las que yo escogía, que a mí me parecían de menor riesgo y más fiables, tenían menos éxito. Claro, en mi temprano historial de transacciones, yo escogí solo acciones que perdieron.

Pero con el tiempo también descubrí que esta tendencia no era exclusivamente mía. Es muy natural que un *trader* con experiencia vea el mercado de manera muy diferente que un principiante. Para lograr el éxito, el principiante tiene que aprender los principios básicos y lentamente pasar por una revolución psicológica. Ya que yo me había saltado la etapa de aprender los fundamentos arrojándome inmediatamente a las aguas profundas, concluí que necesitaba entender el mercado. Era hora de "volver a la escuela" y aprender lo básico.

Supe lo que tenía que hacer. Contacté a Chris, el analista en jefe de la sala de *trading*, me presenté como participante y le pedí que fuera mi mentor personal. Me puse muy contento cuando aceptó, y concertamos sus honorarios. Hice la maleta y tomé el primer vuelo a su casa en Phoenix (Arizona).

Recuerdo nuestro primer encuentro como si fuera ayer. Me sorprendió conocer a un "chico" de unos treinta años, con varios años de experiencia en Wall Street cumpliendo el rol de "creador de mercado" para una reconocida firma bursátil, y luego como un exitoso *trader* a corto plazo. Dos Lexus negros estaban aparcados afuera de su lujosa casa en un prestigioso suburbio de Phoenix, poniéndome muy en claro con quién estaba tratando. Chris provenía de una familia promedio y ganaba la mayor parte de su dinero como inversor bursátil a corto plazo. Como muchos otros que conocí a través de los años, Chris dejó un trabajo excelente que le proporcionaba cientos de miles de dólares cada año, ¡para poder ganarse la vida por sí mismo como *day trader*!

| **DINERO INTELIGENTE** | *El mercado opera según reglas conocidas. No hay que inventar un método nuevo para ganar dinero. Solo hay que adoptar lo existente.* |

En Phoenix, el mercado abre a las 6:30 de la mañana. Comenzábamos nuestro día de estudios a las 6:00 y, cuando acababa la jornada a las

13:00. nos íbamos a jugar al golf. Estaba anonadado por la estructura de una jornada de trabajo de Chris, sorprendido por su autocontrol y deslumbrado por su familiaridad con el mercado. Quedé completamente boquiabierto por el potencial para hacer dinero con el *trading*.

El mercado de valores opera de acuerdo a reglas claras, me sorprendí al conocerlas, y a estas las conocen principalmente los profesionales que se ganan la vida con el *trading*. Sería demasiado obvio decir que de ese día en adelante, mi vida cambió de manera irreconocible.

¡El éxito!

En solo unos cuantos meses desde mi regreso a casa, pasé de perder dinero a mantenerme a cero, y de mantenerme a cero a tener ganancias. A dos años de mi primera transacción, tuve éxito generando un ingreso mensual que me permitió abandonar mi trabajo. Después de unos cuantos años, cambié un empleo en la alta tecnología por la libertad de una casa junto al mar, jugar al golf, nadar en mi piscina privada... y no más de dos o tres horas placenteras al día de *trading*. Había alcanzado el sueño americano.

Estaba orgulloso de mis logros y me encantaba la actividad, pero, más que nada, me encantaba enseñarles a *traders* principiantes. Al principio les enseñé a varios amigos en casa, utilizando el mismo método que Chris me había enseñado. Los amigos a quienes había instruido de manera gratuita trajeron a sus amigos, quienes se convirtieron en alumnos que pagaban. Algunos provenían del mundo de la alta tecnología y querían exactamente lo que yo había logrado: cambiar el rumbo de su vida.

Estudiaron, hicieron operaciones y fueron entrando en la sala de *trading* con Chris y Mark, hasta el momento notable en que la mayoría de los participantes de la sala de *trading* eran... ¡mis estudiantes! En esa etapa me otorgaron una posición de analista, junto a Chris y Mark.

De manera simultánea, queriendo desviar la corriente de estudiantes hacia mi hogar privado, establecí Tradenet, una escuela de *day trading*. Con los años, Tradenet se ha convertido en una de las escuelas más grandes del mundo, con sucursales en muchos estados, salas de *trading* en varios idiomas y experiencia en la formación de decenas de miles de estudiantes. A través de la existencia de Tradenet, he continuado, con raras excepciones, operando desde mi casa. No estoy preparado para dejar a un lado la comodidad de trabajar allí. ¡La vida es corta y cada momento debe ser disfrutado!

Desde un punto de vista económico, he vivido "cómodamente" por mucho tiempo. No necesito vender libros, enseñar o incluso dedicarme a la actividad bursátil para ganarme la vida. Pero escribo este libro, sin embargo, porque amo mi profesión y me encanta enseñar. En lo muy profundo de mi alma, soy verdaderamente un maestro. Ahí está mi mayor satisfacción. Ahora que he cambiado mi vida y la de tantos otros, considero que mi obligación es escribir este libro, el cual puede ayudarle a cambiar su vida también.

He llegado a esa etapa en la que siento que es el momento de compartir mis secretos y mi experiencia con la esperanza de que usted también dé un paso adelante hacia el camino de la independencia financiera y que tenga la buena vida que merece. Sé cómo enseñarle a unirse a los profesionales y ganar mucho dinero, pero también le ofrezco esta advertencia: si no tiene la determinación y el compromiso para obtener el éxito, perderá dinero. Debe querer lograr el éxito y tener la voluntad de aprender y errar en el camino.

¿Para quién es este libro?

Este libro es para todas las personas que quieran cambiar su vida, mejorar sus ingresos y, lo más importante, disfrutar de la emoción y la diversión de comprar y vender acciones.

Este libro es para los que carecen de conocimientos o experiencia en el mercado de valores o en el ámbito de las finanzas, la cual era mi situación hace poco más de una década. Incluso si usted tiene algo de experiencia con los mercados de valores, descubrirá que las reglas de la actividad bursátil profesional son distintas de aquellas con las que está familiarizado.

Este libro es para usted, especialmente, si usted tiene un diploma en economía. En ese caso usted está en peor situación que otros, así que olvídese del diploma. ¡Se dará cuenta de que el mercado de valores no se comporta de ninguna manera como se describe en sus libros de texto!

Introducción

El mercado de valores es para profesionales

Recuerde siempre que cuando usted compra una acción, alguien se la está vendiendo. Algunos parece que piensan que "el banco" o "el bróker" la están vendiendo.

Ese no es el caso. La persona que vende la acción piensa que tiene valor, al mismo tiempo que usted piensa que es barata. Dicho de otra manera, si usted compra a un precio que el vendedor piensa que es alto, ¿qué, en su opinión, estará pensando el vendedor de usted?

Correcto. El vendedor seguramente está pensando que usted es un idiota. Cuando el vendedor es un profesional y usted no, casi siempre él tiene la razón.

DINERO INTELIGENTE	*Un trader profesional me dijo una vez que el trabajo del profesional es encontrar a los idiotas dispuestos a comprarle...*

El mercado de valores es el lugar donde trabajo. Yo soy un profesional. Me gano la vida gracias a la gente que cree que puede quitarme mi dinero. La única forma de hacer crecer el flujo de dinero hacia mi cuenta bursátil es hacer más pequeña la de otro. Yo saco ganancias del dinero perdido por inversores, el público o la manada que no entiende las reglas del juego. Solo unos cuantos afortunados en el camino han utilizado su valor y determinación para sacar ganancias y ser líderes de la manada.

¿Mercado de valores o casino?

El diccionario define el mercado de valores como "un mercado organizado donde negociantes se reúnen para vender y comprar acciones o materias primas como diamantes, algodón, café y azúcar".

¡Qué dulces palabras! ¡Qué lugar tan respetable para trabajar ha de ser ese! Los negociantes se reúnen y sacan ganancias. ¡El sueño de toda madre para una criatura exitosa!

Ahora yo ofreceré mi definición. Una más correcta y precisa que no podrá encontrar en ningún diccionario. "El mercado de valores es un club de apuestas en el que los miembros de la casa (los profesionales, las instituciones financieras, el Estado) sacan ventaja de la avaricia del público para obtener ganancias de los errores que comete".

¡Sí, dije "sacan ventaja", nada menos que eso! Palabras como participaciones, acciones, bonos, opciones y contratos de futuros esconden una verdad más grande conocida por los jugadores profesionales en el mercado de capital como: "Ganancias a expensas del público". Llamémosle "comisiones" o "cuotas de gestión". Llamémosle "impuesto sobre el rendimiento del capital" o lo que quiera. Una vez que los profesionales y el país le han quitado estos, usted se queda sin dinero. En su lugar, lo han recogido y se lo han llevado. Para la sorpresa y la total alegría del profesional, esta verdad permanece oculta para el jugador más grande en el mercado de valores: el público. He dicho esto frecuentemente, y lo repetiré una vez más: si usted no es un profesional, no se acerque al mercado de valores. Cuanto más lo digo, más gente cree que estoy loco. Conclusión: si no se puede suprimir la compulsión por apostar del público, solo hay algo que falta por hacer: sacarle ganancias a ese dinero.

¿Quién sabe cómo se moverá el mercado?

Aún no ha nacido la persona que, continua y correctamente, sea capaz de prever cómo se desarrollará el mercado o cómo se moverá una acción en particular. Sin embargo, hay una multitud de analistas y gestores de fondos que proclaman lo contrario, intentando justificar una inversión con intelectualismo académico, y así resguardar su fuente de ingresos.

El bien lubricado sistema académico y el mercado de valores requieren autonutrición, justificar su razón de ser. No tengo ningún motivo para estar enojado con el sistema, porque es imposible pelear contra la naturaleza humana. Es razonable que aquellos que están involucrados quieran justificar su conocimiento y preservar sus ingresos. La mayoría de la gente madura e inteligente en el mercado de valores estaría de acuerdo en privado que en realidad no sabe nada acerca del futuro. Pero no lo admitiría jamás en público, ya que, de hacerlo, sería como anunciar el fracaso de toda la empresa. Se encuentran cómodos al colaborar con el sistema y continúan haciendo que el público se sienta seguro mediante promesas falsas, que esperan poder cumplir con un poco de buena suerte.

Tratar de predecir el futuro puede compararse con conducir en la niebla. De lejos parece espesa, pero da la impresión de que se hace menos espesa a medida que uno se va acercando. Lo mismo sucede con el mercado de capital. Cuanto más corto hagamos el marco de predicción, más claras serán las cosas, incluso si una cierta neblina nos impide verlas perfectamente. Si le pregunto dónde estará en exactamente seis meses, ¿me podría dar una respuesta precisa? Si por otro lado le pregunto dónde estará mañana por la mañana, es mucho más factible que sepa y que pueda responder correctamente.

Yo tampoco soy diferente en este aspecto. Yo tampoco tengo conocimiento de los futuros movimientos del mercado. Por el contrario, a veces cuando la neblina se aclara un poco, puedo, dentro de límites razonables, predecir con éxito la dirección del mercado o de una acción específica por el transcurso de varios minutos, varias horas o incluso varios días en el futuro. En esas raras ocasiones, cuando la niebla se despeja completamente, podemos incluso ver semanas por adelantado.

Para lograr el éxito, una ventaja es vital

Para ganarse la vida hace falta tener una ventaja. ¿Cuál es su profesión? ¿Tiene algún tipo de ventaja? ¡Claro que la tiene! Si no tuviera una ventaja que ofrecer, su cliente acudiría a la competencia. Como con toda profesión, es lo mismo para el que opera en la bolsa. ¡Usted necesita una ventaja!

Operar en la bolsa es como gestionar un negocio propio. Como con cualquier negocio, si fracasa deberá cerrar el negocio, despedir al gerente (usted mismo en este caso) y encontrar una nueva fuente de ingresos.

Antes de invertir en cualquier negocio, necesita preguntarse lo siguiente: ¿Quién es su competencia? ¿Cómo les puede ganar?

El dueño de un negocio necesita entender cuál es su ventaja. ¿Es la calidad? ¿El servicio? ¿La ubicación? ¿Los productos? Sin una ventaja clara, el negocio fracasará.

Una acción es como cualquier producto. No compre acciones si no tiene ninguna ventaja clara que ofrecer. Si ha decidido convertirse en operador bursátil, tiene que ser capaz de identificar la ventaja y hacer el mejor uso de ella, operando tal y como lo haría en cualquier otra actividad empresarial.

La mayor parte del público se define como inversores a largo plazo. Confían en su habilidad de identificar compañías que, a largo plazo, en algunos meses o incluso años, aumentarán su valor. Los medios están llenos de cálculos que demuestran los millones que podría haber ganado si hubiera comprado 1000 acciones de Microsoft en 1980. Warren Buffet es conocido por haber ganado miles de millones mediante inversiones a largo plazo. Se educó a generaciones de inversores con estas historias de buena fortuna, que han intentado replicar.

¡Despierte! ¡Solo porque unos cuantos hayan sido afortunados no quiere decir que la mayoría de la gente gane dinero invirtiendo a largo plazo!

La historia pasa por alto a la mayor parte de los inversores. El 90% pierde su dinero. Muchos inversores que ganaron varios centenares por ciento en las décadas de 1980 y 1990 lo perdieron todo en la década del 2000 al 2010.

Ejemplo

Examinemos lo que hubiese sucedido si usted hubiera comprado el **ETF** (en español FNM por fondos negociables en el mercado) del S&P 500

conocido como SPY en enero de 1999 y lo hubiese vendido en agosto
del 2011:

En enero de 1999 hubiera pagado la misma cantidad por este ETF que
en agosto de 2011, mientras que en este mismo período pudo haber
recibido una ganancia de cualquier banco y sin riesgos de al menos 50%
basado en las tasas de interés de ese tiempo.

El largo plazo

Vamos a suponer que está leyendo un artículo acerca de una compañía
con magníficos clientes potenciales. Supongamos que los analistas
también favorecen a esta compañía. ¿Tiene usted alguna ventaja? Usted
y otro medio millón de personas han oído hablar de ella y han leído
ese mismo artículo. ¿Dónde está su ventaja sobre otros lectores? El
mecanógrafo de la compañía, quien por un salario mínimo mecanografió
el informe trimestral antes de que fuera publicado, sabe más que usted.
El mecanógrafo tiene la ventaja, no usted.

- Nadie puede predecir el movimiento de los precios a largo plazo. Yo
  no puedo, usted no puede, y tampoco lo puede el mejor analista del
  mundo. Tenga cuidado con cualquiera que diga lo contrario.

- Recuerde siempre que por cada recomendación de un analista hay
  alguien que va a sacar ganancias y alguien que va a perder.

- Recuerde que detrás de cada transacción de acciones hay un comprador o un vendedor que piensa que es más inteligente que usted.

- Recuerde que las grandes sumas de dinero no están donde los datos se divulgan de manera clara al público. Si el 90% de los inversores pierde su dinero, ¡entonces es obvio que están haciendo algo mal!

El plazo mediano

Un rango de varias semanas a meses es la ventaja inherente a los fondos de inversión de alto riesgo (*hedge funds*). Operan con grandes sumas, lo que dificulta las maniobras en un plazo corto, y son justificadamente temerosos del largo plazo. Debido al capital que controlan, pueden soportar precios de acciones por ciertos períodos, lo cual incrementa sus probabilidades de obtener una ganancia. Su ventaja está en el desplazamiento de grandes cantidades de dinero y el ser algo hábiles para saber hacia dónde fluye el dinero en la actualidad. Aunque a veces también pierden.

El corto plazo

El plazo muy corto, medido en segundos o minutos, es la ventaja de los "creadores del mercado" o "especialistas", a la que conoceremos más adelante. Ellos, a diferencia del resto del público general, no pagan comisiones. ¡Ellos reciben comisiones! Dado que su función implica coordinar las órdenes de compra y venta en tiempo real, ellos son los que mejor saben hacia dónde sopla el viento y sacan ventaja del plazo muy corto. ¡Nunca los va a ver comprando acciones porque tienen fe en el producto o en los ejecutivos de una compañía!

Un ejemplo de "ventaja"

Cuando los inversores a largo plazo quieren proteger su inversión en una acción, por lo general utilizan una "**stop order**" u orden de suspensión protectora que automáticamente ejecutará una venta si el precio de la acción baja más allá de una cifra específica. Las horas de operación del mercado de valores son las mismas que las horas hábiles del inversor promedio, dificultándole a dicha persona el poder darle seguimiento a la fluctuación del precio en tiempo real. El inversor promedio depende de que su bróker ejecute la orden de suspensión automatizada.

¿Cómo nos ayuda eso? Los inversores promedio, a quienes llamaremos "inversores minoristas", revisan sus inversiones al final de una semana y les ponen **stop orders** al sistema según la fluctuación del precio durante la semana pasada. Estas órdenes de suspensión esperan a la ejecución automática mientras que los inversores minoristas están en sus trabajos. Las órdenes de suspensión automáticas se ejecutarán cuando se den las condiciones predefinidas.

Nuestra ventaja:

- Observando el gráfico de la acción, es fácil estimar en qué punto se ejecutarán las órdenes de suspensión automáticas. ¿Se puede utilizar esta información para darle ventaja a alguien? ¡Claro que se puede!

- Digamos que a cierto precio vemos una fuerte probabilidad de una concentración de órdenes de suspensión.

- Dicho de otra forma, si el precio baja a esta cifra, se ejecutará un gran número de órdenes de suspensión, lo cual probablemente empuje el precio de la acción más hacia abajo.

- ¿Podemos sacar provecho de la baja esperada? ¡Claro! Podemos vender **short** (al descubierto), que estudiaremos más adelante, y ganar de la baja del precio. Así es como hacer uso de la información puede ser una ventaja.

Me relaciono con la actividad bursátil como con cualquier otro negocio. No voy a operar sin ventaja. Yo sé que los competidores están operando en mi contra y quieren mi dinero igual que yo quiero el de ellos, sé que para sobrevivir y tener ganancias, tengo que identificar mi ventaja y maximizarla. Recomiendo que usted también se relacione con su dinero con el debido respeto y se conduzca de manera apropiada.

¿Conocimiento preciso o arte?

Day trading es una profesión en la que compramos barato y vendemos caro, sacándoles ventaja a otros jugadores. Como inversores bursátiles nuestra meta es la de tener éxito en un 65% de las transacciones en las que participamos a lo largo del tiempo. Es una profesión fácil de observar, pero difícil de implementar. Es sencilla porque las reglas son sencillas. Es difícil por los inhibidores psicológicos que expresan nuestro miedo y nuestra avaricia.

DINERO INTELIGENTE	*Day trading es un arte integrado con conocimientos precisos. Las reglas para el conocimiento preciso se pueden aprender, pero es necesario desarrollar el arte.*

El *day trading* está entre depender de conocimientos precisos y ser un arte. No tendrá éxito si se basa en análisis técnicos por sí solos. Si eso fuera todo lo necesario, sería como llevar la contabilidad. Un *trader* de éxito logra combinar el conocimiento con el arte. Este libro se escribe sobre todo para proporcionarle conocimiento y un toque de arte. El arte depende de que usted lo capte mientras trabaja diligentemente y acumula experiencia.

A cualquiera se le puede enseñar a pintar, pero solo unos cuantos elegidos producen obras de arte que otros aprecian y valoran. Lo mismo sucede con la actividad bursátil.

La diferencia entre *trading* e inversión

Como ya se habrá dado cuenta, este libro no trata de las acciones como inversiones, sino de *stock trading* o sea de transacciones con acciones, que no son diferentes de ningún otro tipo de actividad comercial. Un *marchand* de arte, por ejemplo, es muy distinto de un coleccionista de arte. El *marchand* no comprará pinturas famosas y las guardará en una bóveda con la esperanza de que su valor suba. Él solo compra una pintura si estima que hay un margen de ganancia en su venta a corto plazo. Como cualquiera de nosotros, el *marchand* tiene que pagar una hipoteca y cubrir la comida y otros costos de la vida.

El *stock trader* es como el *marchand*: los dos venden y compran para obtener las ganancias que les permiten ganarse la vida. Los profesionales compran acciones a un precio que saben que es demasiado bajo, con la intención de vender a un precio que saben que es demasiado alto. Ellos también cometen errores. Pero el que tiene más éxitos que equivocaciones puede ganarse la vida con la profesión.

Al contrario de lo que sucede con el *trader*, el inversionista no intenta ganarse la vida con el mercado. Los inversionistas les dan a otros que manejen sus fondos, o gestionan sus fondos por sí mismos con la esperanza de conseguir ganancias. Los inversionistas pueden mejorar o perjudicar su estatus financiero a largo plazo, pero no pueden asegurar el pago de la cuenta de su tarjeta de crédito al término de cada mes. El *trader* planea por adelantado cuánto dinero va a arriesgar con cada transacción, mientras que el inversionista, en tiempos difíciles, podría descubrir que la mayor parte de su dinero se ha evaporado. Los *traders* duermen en paz sabiendo que la mayor parte de su dinero está en efectivo, mientras que los inversionistas se exponen a las fluctuaciones del mercado.

Los *traders* usan "dinero rápido". Los inversionistas usan "dinero lento". ¿Pueden $100 en las manos de un *trader* ser lo mismo que $100 en las manos de un inversionista? Absolutamente no. Cuando el mercado de valores termina el año con incrementos del 6%, los fondos del inversionista han seguido las tendencias del transcurso del año y por tanto a estos fondos se les llama "dinero lento". Por el contrario, los *traders* entran y salen de una posición en cada día de actividad bursátil. Un cambio anual total del 6% comprende cientos de días de actividad bursátil y decenas de semanas en las que el mercado sube o baja varios puntos porcentuales. Los *traders* siguen estas subidas y bajadas, y, a diferencia del inversionista, los *traders* usan esos mismos $100 muchas veces, en ocasiones miles de veces. El dinero del *trader* es "rápido", ya que entra y sale del mercado sin cesar. Se podría decir que el dinero de un *trader* trabaja más duro. El dinero del inversionista es "lento". El "dinero rápido" del *trader* se sube a lomos del "dinero lento".

Trading es mi profesión. Invertir no lo es. No niego la validez de la inversión, especialmente si uno es bueno para ello. Pero sé que las inversiones nunca generarán un salario mensual del mercado. Sí creo que se debe invertir la mayor parte del dinero disponible, si no en el mercado de valores, entonces quizá en el mercado inmobiliario. Pero esa no es mi área de conocimiento.

¿Qué sabía del mercado de valores cuando comencé?

Nada. Hace poco más de una década, empecé de la nada. No sabía cómo vender o comprar acciones, y no sabía nada de los conceptos fundamentales. Una regla importante, sin embargo, me quedaba clara: el dinero en el mercado de valores, como en mi negocio, se gana al comprar barato y vender por mucho más. De hecho, no existe mucha diferencia entre vender verdura y fruta en un mercado al aire libre y comprar y vender acciones en Wall Street, aparte del hecho de que va a encontrar más libros acerca de Wall Street. Añádale a la actividad bursátil la comodidad de trabajar desde su casa, más el potencial para altas ganancias, y tendrá la mejor receta para trabajar por cuenta propia.

Stock trading es una profesión simple. La gente tiende a hacer de lo simple algo complicado. Pienso que lo que cualquier persona razonable necesita para lograr el éxito es la absoluta determinación para ganar. Aun si es usted totalmente ignorante y no tiene ninguna experiencia, no se desanime. Está empezando justo donde yo lo hice.

Este libro es para usted. Lo guiará, paso por paso, a su ritmo, hacia un entendimiento más amplio. Tiene que hacer un compromiso inquebrantable con el éxito. Ahora para estar absolutamente seguro de que no dejará que ningún obstáculo se interponga en su camino al éxito, cierre la puerta de la habitación, respire hondo, y grite con toda su fuerza: ¡Lo voy a lograr!

¿Que aprenderá en este libro?

- Fundamentos de *trading*
- Cómo elegir el corredor de bolsa y la plataforma de *trading*

- Cómo elegir acciones ganadoras
- Cómo sacar ganancias de los mercados ascendentes o descendentes
- Análisis técnicos
- Métodos de *trading* básicos y avanzados
- Gestión de riesgos financieros
- Psicología del *trading*
- Autopotenciación

Habiendo entrenado a miles de *traders*, sé exactamente qué herramientas necesitará para conquistar el mercado. Sé hacia dónde debe dirigir su enfoque, y de lo que le debo prevenir.

Este es un libro práctico y profesional escrito por un *trader* de experiencia que opera todos los días con su propio dinero.

Este es el primer y último libro que necesitará para obtener el éxito como *day trader*.

¿Quién tiene miedo de ser independiente?

Trading es un negocio independiente. Cuando compra y vende acciones, se expone a riesgos financieros, como con cualquier otro negocio. Un empleado asalariado que fracasa no le devolverá el salario a la empresa, incluso si la empresa sufre una pérdida. Como mucho, el empleado asalariado perderá su puesto. Una persona que trabaja por cuenta propia pagará por cada error con su propio dinero; por otra parte, si tiene éxito, ganará más de lo que podría soñar una persona asalariada.

¿Cree tener lo necesario para trabajar por cuenta propia? ¿Está dispuesto a trabajar sin salario y arriesgar su dinero? ¿Está psicológicamente preparado para el riesgo? Me topo con todo tipo de estudiantes. A veces un estudiante nuevo me pregunta: "Meir, yo entiendo que no voy a ganar mucho dinero al principio, pero ¿puedo tener la certeza de que dentro de los primeros meses puedo ganar un salario promedio?" ¡Vaya! Una pregunta de empleado. Una persona independiente nunca preguntaría tal cosa. Ser asalariado no es malo, pero, para ser independiente, se necesita estar hecho de algo más fuerte. Un *trader* independiente puede trabajar menos, disfrutar más y sacar ganancias diez veces más altas que un empleado, pero tendrá que asumir riesgos. Se lo advierto: sin la voluntad de arriesgar su dinero, no logrará nada en la actividad bursátil.

Supongamos entonces que está dispuesto a asumir riesgos y decidido a ser independiente. Aún puede tener otros intereses comerciales alternativos aparte del *trading*. En este punto necesitamos hacer algunas comparaciones:

Compromiso. La mayoría de los negocios necesitan una oficina física, típicamente en alquiler. La renta es un compromiso a largo plazo: pagos de renta, cuotas de gestión, impuestos municipales, electricidad, agua, mantenimiento y más. En contraste, un *trader* trabaja desde su casa. Sus costos reales pueden crecer un poco, pero no hay compromisos a largo plazo.

Responsabilidad. Un negocio necesita empleados, consultores, un equipo de contabilidad, asesoramiento jurídico... un dolor de cabeza y una inmensa responsabilidad para proporcionar el sustento a las personas que dependen de usted. El saber que en los buenos viejos tiempos yo tenía que hacerme responsable por los salarios de mis empleados me causó muchas noches de insomnio en el transcurso de los años. Un *trader* no emplea a nadie. Solo están el *trader*, la computadora e internet. ¡Una gran ventaja!

Inversión. Todo negocio requiere inversiones: vehículos, equipos de oficina y suministros, publicidad, imprenta, renovación de locales y más. Aparte de una significativa inversión, necesitará capital de trabajo para asegurar las actividades hasta generar un flujo positivo. El *trader* necesita una buena computadora, varias pantallas, un capital operativo que le permita abrir una cuenta bursátil y los fondos necesarios para las transacciones. ¡Eso es todo!

Los riesgos. Es raro ver que se cierre un negocio sin que cause dolor y tristeza. Los negocios se cierran en tiempos malos. Las deudas se acumulan, los empleados presionan para recibir aumentos. Y los bancos repentinamente cancelan sus líneas de crédito, dejando el negocio sin oxígeno. Los activos y las acciones, que en circunstancias normales valen su precio original de compra, se venden por centavos o son desechados. El *trader* puede limitar sus pérdidas a solo una parte de sus inversiones. ¡Muéstreme cualquier otro negocio que permita limitar las pérdidas!

Las posibilidades. En la mayoría de los negocios, es difícil ser creativo. El triste hecho es que la mayoría de los que trabajan por cuenta propia ganan menos que los asalariados. El *trader* profesional no opera dentro de una realidad comercial competitiva que limite sus posibilidades. ¡El cielo es el límite!

No todo el mundo es apto para ser *trader*, así como no todos son aptos para trabajar por cuenta propia. Establecer un negocio requiere compromiso, responsabilidad, inversión y riesgo. Si tuviera que escoger un campo para trabajar por cuenta propia, sin duda mi opción predilecta sería una con bajos riesgos y altas posibilidades.

Según mi experiencia, las oportunidades de éxito de un *trader* principiante que debe ganarse la vida con la actividad bursátil son mucho menores que las de aquellos que mantienen simultáneamente su fuente de ingresos original. Le sugiero que empiece poco a poco y al mismo tiempo mantenga otra fuente de ingresos. Quiero que vaya teniendo éxito poco a poco y con seguridad, sabiendo que le ingresa un monto seguro de dinero que alivia la presión de generar ingresos inmediatos. Si acaba de dejar su empleo o está entre un empleo y otro, no dependa de las ganancias de la bolsa. Si no pone todas sus esperanzas en las ganancias de la actividad bursátil, obtendrá ganancias. Si está presionado por obtener ganancias, perderá.

¿Qué se necesita para tener éxito?

Un *trader* de éxito necesita tres componentes básicos:
- Conocimiento profundo y seguimiento en la etapa de principiante
- El ambiente apropiado: es decir, una buena computadora y una conexión a internet de alta velocidad

- Una cuenta con un corredor de bolsa profesional que pueda proporcionar ejecuciones y gráficos rápida y efectivamente

Discutiremos los tres elementos en el libro.

La cadena es tan fuerte como su eslabón más débil. Cada uno de los componentes que se muestran a continuación es importante para su cadena, que es su negocio. Si quiere que a su negocio le vaya bien, invierta en cada una de ellas, desde la etapa de enriquecimiento (aprendizaje) a la etapa de herramientas diarias (sistema de actividad bursátil)

```
┌──────────────┐      ┌──────────────┐      ┌──────────────┐
│ Formación y  │ ──▶  │ Computadoras │ ──▶  │ Plataforma de│
│  educación   │      │  y monitores │      │   trading    │
└──────────────┘      └──────────────┘      └──────────────┘
```

¿Cuánto puedo ganar?

Después de completar la etapa de formación, necesita establecer metas de ingresos. Una meta realista para *traders* a corto plazo es duplicar su dinero cada año, lo cual nos dice que si su capital inicial es $10,000 no le va a ser posible mantener un nivel de vida razonable a menos que viva en una aldea de Vietnam. Al otro lado de la escala, un *trader* que quiere una calidad de vida razonable entrará en la actividad bursátil con $30,000 o más. Como ciudadano estadounidense "las reglas del margen de la actividad bursátil a corto plazo" requerirán que deposite al menos $25,000.

Si su ingreso anual depende del monto de dinero en su cuenta bursátil, ¿por qué no depositar más y ganar más? Al final, eso puede ser lo recomendable, pero al principio no lo es, por dos motivos. Primero, no todos tienen el capital necesario disponible, y segundo, hay límites psicológicos hasta que se haga competente. Operar con montos más grandes significa estar psicológicamente preparado para fluctuaciones más grandes en las ganancias y las pérdidas. La habilidad mental para lidiar con estas fluctuaciones se adquiere después de años. ¿Se me ve emocionado cuando tengo altas ganancias o pérdidas? Raramente. Cualquiera de mis días de *trading* puede terminar con grandes ganancias o pérdidas de miles de dólares. Estoy acostumbrado a estas fluctuaciones, y ya que la mayoría de mis transacciones resultan en ganancias, puedo manejarme psicológicamente con pérdidas de un alcance que hace solo diez años me hubieran causado insomnio. Cada uno de nosotros tiene su propio nivel de límite psicológico; por lo tanto, operar con montos muy grandes puede provocar pérdidas. Cada *trader* debe encontrar el monto más apropiado, basado en aspectos de su personalidad y no en su capacidad financiera. Con el tiempo y el aumento de su experiencia, su resistencia psicológica se fortalecerá, y con eso quizás pueda operar con una cuenta más grande.

¿Cuántos de ustedes lo lograrán?

Desgraciadamente, muy pocos. ¿Cuántos negocios tienen éxito? Las estadísticas muestran que solo uno de cada cinco negocios sobrevive y logra tener éxito. ¿Es ese un buen motivo para no abrir un negocio? ¡Claro que no! ¡Es un buen motivo para abrir cinco negocios con la esperanza de que uno funcione! Si usted es una persona razonable con un alto nivel de determinación, perseverancia, autocontrol, voluntad de aprendizaje y un capital razonable, tendrá éxito donde otros han fracasado. La pelota está en sus manos. No se asuste de las estadísticas. La raza humana no habría llegado muy lejos si nadie hubiera estado dispuesto a asumir riesgos.

¿Entonces por qué escribí este libro?

Creo que este libro puede mejorar la calidad de vida de muchos de sus lectores, incluso si no están involucrados en la actividad bursátil profesional. Creo que todo el mundo debería conocer y aprovechar las ventajas de la bolsa de valores a lo mejor de su capacidad. Creo que aun sin actividad bursátil podrá aprender y eludir los peligros de los mercados de capital que pueden fácilmente atraparle. Creo que en nuestra realidad económica actual, cada persona debe tener una segunda profesión porque nunca se puede saber cuándo alguna de esas profesiones podría volverse inútil. Creo que también es nuestra obligación hacer el mejor uso de la ventaja que tenemos sobre el inversor promedio que intenta obtener ganancias del mercado de valores sin ninguna experiencia o conocimiento.

Creo que todos merecemos disfrutar de esta corta vida que tenemos en la Tierra. A mí me da un gran placer cuando he tenido un buen día en el mercado de valores, y creo que puedo ayudarle a sentir lo mismo. Me complace mucho escuchar los éxitos de un graduado de mi curso. Ahí es donde residen mi realización y mi gratificación, y es mi legado a la historia del *trading*. Mis ganancias son la satisfacción y el placer que usted obtiene de su éxito. ¡Una vez que haya tenido éxito, mándeme un correo electrónico y alégreme el día!

Bienvenidos

Al fascinante mundo del *stock trading*. Es la realidad virtual más realista del mundo, una realidad en la cual toda persona con una computadora y una conexión a internet puede ganarse la vida en cualquier lugar del planeta. Es la profesión más justa del mundo, donde todos tienen oportunidad de hacerse millonarios gracias a sus capacidades personales, sin discriminación de raza, sexo, edad, nacionalidad o idioma. ¡**Buena suerte!**

1.

Permítame presentarle... al mercado de valores

El mercado de valores: mi lugar de trabajo

Un entusiasta incondicional

¡Somos criaturas tan extrañas! Nos identificamos con nuestra ciudad, somos hinchas de nuestro equipo favorito de fútbol e incluso nos sentimos orgullosos del lugar donde trabajamos, siempre que sigamos cobrando el salario. El mercado de valores es el lugar donde trabajo, y me siento orgulloso de él. Es gracias a *traders* como yo que continúa existiendo y creciendo. Contribuyo a su existencia al incrementar el volumen de la actividad bursátil, y, a cambio, me brinda la oportunidad de generar mis ingresos. Como futuros entusiastas, les presento la historia de su futuro trabajo.

¿Quién necesita el mercado de valores?

Las compañías necesitan dinero para poder desarrollar sus negocios. Pueden recaudar dinero de sus accionistas o pedir préstamos a los bancos. La desventaja de los préstamos bancarios, como todos sabemos, es que, desafortunadamente, es necesario devolverlos. Y no solo hay que devolver el importe original, sino que los bancos tienen esa costumbre tan molesta de añadir intereses. En resumen, una compañía que pide un préstamo bancario asume no solo la carga de pagar la cifra inicial, sino también de los intereses, todo lo cual frena el progreso de la compañía. No obstante, ¡se inventó un brillante atajo: dinero que no hay que devolver!

Se le llama **IPO** (Initial Public Offering) y en español oferta pública de venta o de acciones.

¿Qué es una acción?

IPO es un evento en el que una compañía vende acciones a cambio del dinero del público. ¿Qué es una acción? Es un documento que le otorga a su dueño el derecho a una parte de la compañía. En el momento de fundar la compañía, los dueños deciden el número de participaciones en que se divide a la compañía. Si esta es una compañía nueva, sin rendimientos, podemos asumir que el valor de las acciones es cero. Una vez que la compañía comience sus operaciones, acumule contratos, patentes, ingresos y ganancias, el valor aumentará. En consecuencia, también aumenta el valor de sus acciones. Pero el "valor de una acción" es un concepto abstracto. Las transacciones de una compañía fluctúan frecuentemente, lo que dificulta la labor de determinar el verdadero valor de sus acciones.

Cuando una compañía ofrece participaciones al público, está vendiendo parte de sus acciones. Mediante la venta de acciones, la compañía puede recaudar dinero sin tener que devolverlo. Los compradores piensan que están comprando barato y esperan que en el futuro puedan vender sus acciones por mucho más. De allí en adelante, las acciones se intercambian entre compradores y vendedores, que en su mayoría no son los dueños originales de la compañía. Para proteger los intereses de los compradores y los vendedores, mejorar la fiabilidad y crear mayor fluidez, se decidió que las transacciones con acciones se llevarían a cabo dentro del ambiente controlado del mercado de valores.

¿Cualquier compañía puede ofrecer acciones al público y cotizarse en la bolsa? No. Toda compañía que desee recaudar dinero mediante el mercado de valores debe cumplir altos criterios de ventas, ganancias y estabilidad financiera. No todas las empresas que necesitan dinero quieren convertirse en *public companies* y cotizarse en la bolsa, ya que, después de la oferta, deberán seguir ateniéndose a normas que podrían limitar su progreso; se les requerirá que sean transparentes, lo cual expone sus secretos al público, incluida la competencia. Esta es una iniciativa costosa, y a la compañía también se le requerirá que el público participe en sus procesos para tomar decisiones. En resumen, nada es gratis.

Los primeros días del mercado de valores

Las operaciones con acciones se han documentado en textos antiguos desde el 400 a. C., pero la primera venta significativa de acciones al público tuvo lugar en Ámsterdam en 1602, con la fundación de la Compañía Neerlandesa de las Indias Orientales como sociedad internacional de comercio de especias.

Los Países Bajos

La diferencia esencial en este caso fue que, desde el principio, las acciones de la compañía estaban destinadas a su venta al público. De hecho, el público influía muy poco en la gestión de la compañía, la cual continuó bajo el control del administrador. La Compañía Neerlandesa de las Indias Orientales tuvo mucho éxito y, durante muchas décadas, desde su fundación hasta 1650, pagó a sus accionistas un dividendo anual medio del 16%. Con el paso de los años, se fundaron otras *public companies* en Ámsterdam, y la actividad bursátil adquirió un carácter organizado. En 1688 se publicó el primer libro de la historia que trataba de la actividad bursátil. Su autor, Joseph de la Vega, era un *trader* judeoespañol de gran éxito. Escribió el libro utilizando un formato de conversación entre un accionista, un *trader* y un filósofo. El libro describía con gran detalle la conducta relativamente ingeniosa de la Bolsa de Ámsterdam, e incluso ofrecía consejos valiosos a sus lectores.

Londres

Algunos años después, en el Londres de 1693, empezaron las transacciones con los primeros bonos. Inmediatamente después empezaron a operar varias *public companies* británicas. Los primeros *traders* de Londres operaban en cafés de *Change Street* (calle del cambio), adyacente al *Royal Exchange*, el centro bursátil al que no se les permitía entrar debido a sus conocidos "malos hábitos". En 1698, John Casting, cuyo lugar preferido era "Jonathan's Coffee House", empezó a colgar una lista de acciones y sus precios en el exterior del café. Esta lista está considerada como el primer hito hacia la fundación del mercado de valores de Londres.

La primera burbuja

En los años siguientes, varias compañías surgieron y cayeron, pero el caso más conocido fue el de la South Sea Company (Compañía del Mar del Sur), fundada en 1711 con el fin de comerciar con Sudamérica. Las acciones de la compañía se vendieron como rosquillas, su precio subió como la espuma. En pocos años, se vio claramente que las expectativas de éxito en el comercio con "El Nuevo Mundo" eran exageradas, y en 1720 los precios cayeron súbitamente. Esta caída dio lugar a la primera burbuja reventada de la historia. Como reacción, el Parlamento Británico promulgó la "Ley de la burbuja". El entusiasmo por el mercado de valores se disipó durante muchas décadas. En 1789 se inició el comercio de acciones y bonos en Estados Unidos. De eso hablaremos más adelante.

Wall Street -
el muro y el dinero

Wall Street ha cambiado su apariencia muchas veces desde su primera transacción. La mayoría de los cambios surgieron de la puja entre dos partes inmensamente poderosas: las casas de inversiones y el gobierno. Las primeras siempre trataron de operar sin supervisión y aprovecharon cada oportunidad para tender sus largos tentáculos hasta el fondo de los bolsillos de la gente. Nunca se mostraron reacias a recurrir al juego sucio: comprar o vender acciones mediante el uso de información privilegiada, divulgar desinformación o datos incorrectos en los medios, u organizar saqueos de acciones específicas, se encuentran entre los métodos de manipulación comúnmente conocidos que han provocado el odio del público hacia los profesionales de Wall Street. Más de dos siglos después de la fundación de Wall Street, la crisis financiera de 2008 nos demostró que nada ha cambiado.

DINERO INTELIGENTE

Wall Street nunca se ha mostrado reacio a recurrir al juego sucio para engañar al público. Los trucos se tornan más sofisticados, y su regulación también. Es el juego de nunca acabar.

Al otro lado de la línea divisoria, el gobierno generalmente se esforzó por establecer las reglas y reglamentos que frenaran el insaciable apetito de dinero de los *traders* de Wall Street. En resumen: regulación gubernamental. A menudo, las prohibiciones legales no ayudan, y las conductas prohibidas se expanden igual. Por ejemplo, en vez de contratar a un periódico para que publicara información falsa, se dieron casos de compañías que recibieron ayuda de una **compañía calificadora** que evaluaba el rendimiento de otras compañías. Esto afecta a la opinión pública porque al público se le dice que las compañías calificadoras son legítimas. ¡Pero la compañía calificadora a menudo recibe sus ingresos de la compañía a la que califica! Los conflictos de intereses aparentemente no molestaban a nadie.

Un cambio en la relación entre Wall Street y el gobierno ocurrió como resultado de La Caída del mercado de valores de Wall Street de 1929, que afectó de forma crítica a todo el sistema financiero de los Estados Unidos. La Caída ocasionó un desplome económico de proporciones épicas que duró varios años y recibió el nombre de "La Gran Depresión".

A pesar de todas estas combinaciones, Wall Street básicamente sigue siendo lo mismo. Jesse Livermore operó desde finales del siglo XIX hasta principios del siglo XX. Su libro *Cómo comerciar con acciones,* y *Memorias de un operador de bolsa*, de Edwin Lefèvre, una biografía de Livermore, muestran que Livermore no hubiera tenido ningún inconveniente en ejercer con éxito la actividad bursátil si viviera hoy en día.

Ochenta años han pasado desde La Caída de 1929 y parece que las lecciones aprendidas de ese devastador evento se han olvidado. Actualmente, mientras escribo este libro, se está escribiendo un nuevo capítulo en la historia de Wall Street. La crisis crediticia, conocida como "La Crisis de los créditos *sub-prime*", cayó en Wall Street como un rayo. A pesar de una recuperación algo rápida que se desarrolló en dos años desde el punto más bajo de la caída, sus lecciones aún no han quedado claras. La crisis golpeó con toda su fuerza a todo el sistema financiero de EE. UU., sobre todo en Wall Street, tanto que algunos piensan que Wall Street está perdiendo su lugar privilegiado entre los mercados financieros internacionales. Pero antes de que nos pongamos de luto por Wall Street, merece la pena comprobar cómo empezó todo.

Wall Street está en la parte baja de Manhattan. Se le llamó así porque, en 1653, Peter Stuyvesant, el gobernador holandés de esta ciudad que era conocida como New Amsterdam por aquel entonces, levantó un muro en ese lugar para proteger a los residentes de los "indios", como se les llamaba entonces, así como de una posible invasión británica. El muro nunca se puso a prueba, pero le dio nombre a la calle que tenía al lado.

DINERO INTELIGENTE | *La regulación, como el mercado de valores, se desarrolla como resultado de las crisis que llevan a las burbujas. Pero, a diferencia de una burbuja, nunca explota. Por naturaleza siempre progresa y nunca retrocede.*

En 1789, para cubrir deudas del gobierno y sus colonias, el primer Congreso de los Estados Unidos, por medio de su Banco Central, emitió lo que se conoció como Bonos del Tesoro, por un valor de 80 millones de dólares. Estos se vendieron al público en general. En esos tiempos, la población de Manhattan rondaba las 34,000 almas, y Wall Street aún era una calle de tierra. A sus costados se alzaban casas de comercio que traficaban en ventas internacionales de materias primas. Muy rápidamente, las casas de comercio de Wall Street también comenzaron a vender billetes de lotería, acciones y bonos. Los productos más solicitados en esos tiempos y, de hecho, el producto que inició la actividad bursátil especulativa, fueron los bonos. En aquella época, una persona que deseaba comprar o vender acciones tenía que emitir un aviso público o venderle a sus amigos. Conforme se fue desarrollando la demanda, dos casas de comercio de renombre de Wall Street en aquel tiempo, Leonard Bleecker en el número 16, y Sutton & Harry en el número 20, empezaron a mantener existencias de bonos y acciones.

La actividad bursátil empezó a evolucionar. Los inversionistas ayudaron a respaldar a compañías en desarrollo invirtiendo su dinero a cambio de una escritura de participación que confirmara su inversión por escrito y les proporcionara la tenencia de una parte de la compañía. Estas escrituras funcionaban como seguridad y comprobante de titularidad, y aseguraban las acciones del inversionista en la compañía. Esto generó varios sinónimos que se utilizarían con el transcurso de los años, entre ellos *Securities* (que significaban la tenencia segura por parte del propietario) y *Equities* (que indicaban el derecho a una parte del capital).

En marzo de 1792, un *trader* neoyorquino llamado William Duer, quien también ocupaba el cargo de subsecretario del Tesoro de Estados Unidos en aquellos tiempos, estaba invirtiendo en un plan para comprar la deuda estadounidense a Francia a precio de descuento. El plan fracasó, y Duer perdió toda su fortuna y algo más, pero las ramificaciones de sus inversiones fallidas contribuyeron al pánico de 1792, cuando él se declaró en bancarrota. A estos eventos se aplicó el término *crash* o caída. Fue uno más de los muchos que tendrían lugar durante la historia de Wall Street. Después de esta caída, los *traders* decidieron institucionalizar sus actividades y establecer un lugar donde fuera posible controlar y documentar todas las transacciones. En mayo de 1792, los *traders* y los creadores del mercado firmaron el "Acuerdo Buttonwood", así llamado porque se celebró bajo el sicomoro (*buttonwood*) que estaba fuera del número 68 de Wall Street. El acuerdo significó la fundación formal de la Bolsa de Valores de Nueva York y el establecimiento de las comisiones estandarizadas.

El famoso edificio NYSE (Bolsa de Valores de Nueva York) se construyó en 1827 en la esquina de Wall Street y Hannover Street. En 1842 se fundó un mercado bursátil competidor conocido como el AMEX, Bolsa de Valores Americana (American Stock Exchange). Simultáneamente con la prosperidad mundial, Wall Street desarrolló su papel como el centro financiero más importante.

En los años 1890 y a principios de los 1900, un nuevo fenómeno comenzó a adquirir fuerza. Por todos los Estados Unidos empezaron a surgir "tiendas de acciones", también conocidas como "tiendas de cubetas". El término se importó de Inglaterra, donde tenía claras connotaciones de actividades ilícitas. Los clientes de estas tiendas se dedicaban a especular sin llevar a cabo transacciones de intercambio de acciones: de hecho, apostando. Un *trader* "apostaba" al precio de una acción sin comprarla. Cuando el *trader* sacaba una ganancia, la tienda perdía y viceversa: en otras palabras, un casino. Los precios de las acciones se telegrafiaban continuamente desde Nueva York durante todo el día de actividad bursátil. Los anunciaba un oficinista y otro los escribía simultáneamente en una pizarra grande de cara al público. Ya que los intereses de la tienda eran diametralmente opuestos a los del *trader*, los engaños abundaban y estas tiendas se consideraban de escasa confianza. Una descripción detallada de estas actividades se menciona en *Memorias de un operador de bolsa*, de Edwin Lefèvre, mencionada anteriormente como la biografía de uno de los más grandes *traders*, Jesse Livermore. En 1930, durante la Gran Depresión, estas tiendas se prohibieron, y la diversión y los juegos llegaron a su fin.

La fundación de la SEC - Comisión de Bolsa y Valores

Como parte de las lecciones aprendidas de la Gran Depresión, y con el objeto de prevenir una futura repetición de los procesos que contribuyeron a la Caída de 1929, el Congreso estableció el primer cuerpo regulatorio para supervisar los mercados de capital de los Estados Unidos. Se fundó en 1934 con el nombre de *Security and Exchange Commission* o SEC (Comisión de Bolsa y Valores). La SEC determinó las regulaciones para prevenir el desarrollo de esos factores que llevaron a la Caída, en particular la manipulación de precios y el uso de información privilegiada. Con el tiempo, la SEC estableció muchos cambios regulatorios que continúan contribuyendo a reforzar la confianza en el mercado de capital.

Cuando el público demuestra más confianza en el mercado de capital, las actividades del mercado se expanden y los riesgos de una caída como la de 1929 disminuyen. Las órdenes regulatorias que hoy en día nos parecen obvias no estaban establecidas en el pasado. Actualmente, por ejemplo, una *public company* está obligada a dar avisos significativos al público por llamadas de conferencia, antes de dárselas a los iniciados. ¿Suena natural? Ese es uno de los reglamentos establecidos por la SEC hace solo unos cuantos años. La misión de la SEC aún no ha terminado. De hecho, parece que nunca terminará. La información privilegiada es aún la manera más corriente de obtener plusvalías en el mercado. Es ilegal y sucio, pero siempre que hay mucho dinero sobre la mesa, nos encontramos con los que buscan atajos para hacerse ricos rápidamente. Incluso ahora, solo se responsabiliza a un pequeño porcentaje de los que aprovechan la información privilegiada.

Conozca las bolsas de valores

Los mercados están compuestos por varias bolsas de valores. Una bolsa de valores es un negocio como cualquier otro: saca ganancias por concepto de comisiones y servicios. Las bolsas compiten entre sí, atrayendo a diversos sectores industriales. Cada bolsa de valores tiene su propia identidad, tecnología, ventajas y, claro, sus típicas desventajas.

La bolsa de valores de Nueva York (NYSE)

La NYSE (www.nyse.com) se ubica en la esquina de las calles Wall y Broad. Es la más grande del mundo en cuanto al valor de mercado de las compañías que allí se cotizan. El valor de mercado, conocido como *market capitalization* o "*market cap*", multiplica el número de acciones poseídas por el público por su precio en la bolsa de valores. Si se calcula el *market cap* de las acciones que se comercian en la NYSE, se obtiene un valor combinado, en el clímax, de más de ¡diez billones de dólares! (10 seguido de 12 ceros). Más de 3000 compañías componen la lista de comercio de la NYSE.

Antes de los ataques terroristas del 11 de septiembre de 2001 era posible pararse frente a la ventana de la galería de la bolsa de valores y verla en acción. Ahora, para entrar a la galería, se necesita un permiso especial o ser fotógrafo de CNBC, Bloomberg u otros, o conocer a alguien con alguna función clave que pueda pedir un permiso para usted. Pero una vez dentro de la galería, verá algo sorprendente que es parte de un mundo que desaparece. Los *traders* se dan prisa entre varias estaciones de trabajo, comunicando órdenes con unas raras señas manuales y navegando a través de montañas de notas transferidas de comprador a vendedor y después dejadas caer en el piso de la bolsa.

Como yo conocía al famoso comentarista televisivo conocido como "Dr. J", tuve la fabulosa oportunidad de acompañar una sesión de fotos de *traders* de opciones del S&P 500 en la bolsa de valores de Chicago. Me quede ahí, fascinado, rodeado de decenas de *traders* gritando y empujando como en un partido de fútbol americano. Después me informó el Dr. J, ex jugador profesional de fútbol americano, que una de las condiciones para ser aceptado para trabajar en el piso bursátil conocido como el "pozo" es la estatura, el peso y la destreza física... ¡para echar a un lado a los competidores!

Lo inevitable le está pasando a la bolsa de valores más grande del mundo también. Las computadoras lentamente se están apoderando de todos los procesos, a pesar de una fuerte oposición de los *traders*. La actividad bursátil computarizada conlleva más competencia, menos comisiones, mayor transparencia al público y más velocidad en la ejecución: exactamente lo que el público quiere y precisamente lo que las compañías que emplean a *traders* de piso no desean. Empezó desde abajo. NASDAQ, la primera bolsa de valores computarizada de los Estados Unidos, se convirtió en el modelo. Se forzó entonces a la NYSE a responder a la presión del público, por lo que incorporó sistemas automáticos que al inicio gestionaban solo una pequeña parte de las ventas de alto volumen de actividad bursátil. Con el transcurso de los años, esto se usó para silenciar al público. Las presiones políticas se manejaron silenciosamente, con llamadas entre los presidentes de megacorporaciones y los políticos correspondientes. A pesar de la oposición, la revolución se completó en años recientes, y en la actualidad la mayoría de las operaciones de la NYSE están computarizadas. Ahora, cuando compro o vendo una acción a la velocidad de un nanosegundo, recuerdo una distante pesadilla de hace solo unos cuantos años, cuando les enseñé a estudiantes de Tradenet que... ¡el tiempo de ejecución de una transacción de la NYSE podría requerir hasta dos minutos después de pulsar el botón!

La bolsa de valores AMEX

La Bolsa de Valores Americana (www.amex.com) se fundó en Nueva York en 1842. AMEX es la tercera bolsa de valores más grande de EE. UU., después de la NYSE y la NASDAQ. Su actividad se enfoca principalmente en acciones de compañías pequeñas a medianas y un rango de fondos negociables en el mercado o ETF (Exchange Traded Funds), de los que aprenderá más a continuación. AMEX opera de forma similar a la NYSE, con el método de cotización de sus creadores de mercado (también aprenderemos más acerca de ellos). AMEX pertenece a NASDAQ y su volumen de actividad es relativamente bajo. AMEX, como la NYSE, también ha trasladado la mayoría de sus procesos hacia una rápida y efectiva ejecución computarizada.

La fundación de la NASDAQ

1971 vio un cambio importante. Se fundó la bolsa de valores NASDAQ y, a diferencia de la NYSE, NASDAQ computarizó todos sus procesos de actividad bursátil. Las computadoras de NASDAQ, instaladas en Connecticut, están enlazadas a más de 500 computadoras de creadores de mercado, permitiendo hacer transacciones con un solo clic. De ahí en adelante, los creadores de mercado no tenían que competir con los gritos de los otros en el piso de la bolsa. Todo eran botones. El resultado: las comisiones fueron cayendo lentamente, la calidad del servicio mejoró, la competencia creció y compañías de un nuevo tipo emitieron acciones y recaudaron billones de dólares. En dos décadas, y con la proliferación de internet, NASDAQ se hizo accesible en casa de todo *trader*. Por primera vez se abría el camino de la actividad bursátil privada. Podemos declarar, de hecho, que la profesión de *day trader* como la conocemos hoy nació con el establecimiento de NASDAQ.

Crisis

Si comprueba las estadísticas de un período promedio entre cada crisis a través de la historia del mercado, descubrirá que a lo largo de su propia vida como adulto, se producirán al menos tres crisis. Dicho de otra forma, si usted es un inversor a corto plazo, hay una posibilidad razonable que de un momento a otro pueda perder una cuantiosa porción de su capital. Ese es uno de los riesgos en el mercado para los inversores. Para alguien con la buena fortuna de vivir una primera crisis alrededor de los cuarenta, hay una buena probabilidad de sobrevivir, pero si lo agarra a los sesenta y cinco, no puedo asegurarle que pueda salvar su pensión. Una excepción es la última década, 2000–2010, durante la cual dos de las más grandes crisis en el mercado ocurrieron de manera muy cercana: la caída de las puntocom y la caída crediticia *sub-prime*.

La Gran Depresión: lunes y martes negros de 1929

La Caída del Lunes Negro, del 8 de Octubre de 1929, con su desplome del 12.8%, seguido al día siguiente por el Martes Negro con su desplome del 11.73%, se conocen como "La Gran Caída", que llevó a una recesión económica conocida mundialmente como "La Gran Depresión". La crisis ocurrió después de la era conocida como "Los Locos Años Veinte", un período contrastante de diez años durante los cuales Estados Unidos celebraba la victoria de la Primera Guerra Mundial, viviendo del crédito inagotable, con los precios de los bienes inmobiliarios subiendo como la espuma.

A diferencia de otras caídas, la Gran Depresión duró varios años, llegando a una baja de todos los tiempos en julio de 1932, que marcó el descenso más pronunciado del mercado de capital del siglo XX. El mercado no se recuperó a su nivel anterior a la Caída hasta noviembre de 1954. De hecho, los adultos más jóvenes que poseían acciones antes de la Caída se pasaron la mayor parte de sus vidas adultas esperando la recuperación.

El Lunes Negro de 1987

Como en otras caídas, el pánico de la manada movió el juego el 19 de octubre de 1987. En 1929, la "manada" llenó las calles y atascó las oficinas de los corredores de bolsa. En 1987, la "manada" saturó las líneas telefónicas de los corredores de bolsa. Histéricas órdenes de "vende a cualquier precio" y "sácame de ahí" llegaban de todo el país. Hubo un momento en el que los corredores de bolsa y los creadores de mercado dejaron de recibir llamadas, y el mercado colapsó, fuera de control. La crisis comenzó en Hong Kong, se propagó a Europa, llegó a Estados Unidos y causó una caída de los índices del 22.8% en un solo día, marcando el récord de caída en un solo día. ¡A pesar de ello, y de manera sorprendente, 1987 finalizó con ganancias para ese año!

Como ocurre siempre después de que explote una burbuja, alguien tiene que ganarse la vida creando nuevas regulaciones y estableciendo nuevos estándares. Dentro de la locura de la burbuja, la SEC estableció nuevas reglas dirigidas a la protección del inversionista privado y para prevenir la repetición del evento. Los cambios recientemente promovidos se centraban en el rol de los creadores de mercado. La SEC decidió que para salvaguardar al mercado de caídas por pánico y prevenir una situación en la que solo hubiera vendedores, los creadores de mercado estarían obligados a comprar una cierta cifra de participaciones del público durante las caídas de los precios. La nueva ley se promulgó poco después de la caída y calmó las conciencias de los reguladores por otro breve período.

La crisis de las puntocom

La burbuja de las puntocom estalló un lunes, 13 de marzo de 2000, después de cinco años de pronunciados incrementos. Ese lunes, el comienzo de la semana de actividad bursátil, el mercado abrió con una diferencia de menos 4% en el índice NASDAQ gracias a la miserable sincronización de varias partes que simultáneamente vendieron acciones de Cisco, IBM y Dell, por miles de millones de dólares. La caída desencadenó una ola de vendedores, que eventualmente llevó a una pérdida del 9% durante los seis días siguientes de actividad bursátil.

DINERO INTELIGENTE

> *¡Las crisis son buenas para el trader! La alta fluctuación, el pánico del público y la habilidad de ejecutar shorts son herramientas importantes en manos de un trader experimentado.*

La burbuja se estructuró alrededor de una euforia que llegó a su clímax con la invención de nuevos modelos económicos sin precedentes basados en la "penetración de mercado" en lugar de ganancias y con "costos no publicitados" y otras innovaciones que concordaban con el espíritu de esos tiempos. Porque mientras el dinero fluyera hacia la industria de la alta tecnología, especialmente con las bajas tasas de interés de 1998 y 1999, el *boom* se hizo más grande. En 1999 y al principio de 2000, cuando el gobierno incrementó las tasas de interés seis veces sucesivas, el dinero se hizo más caro y los nuevos modelos económicos empezaron a derrumbarse como castillos de naipes.

En lo más alto de la crisis, el índice NASDAQ, que representa las acciones de tecnología, perdió cerca del 80% de su valor, y el S&P 500 perdió el 46%. Yo personalmente viví esta caída cuando era un emprendedor en el sector de la alta tecnología y *trader* principiante. Recaudé millones de dólares de inversionistas para nuevas empresas que había fundado, y navegué las altas y las bajas de ese período desde todos los ángulos. Estos eran mis años iniciales como *trader* aprendiz. De hecho, le debo el cambio positivo en mi vida a la crisis de las puntocom, la cual me dejó, como a muchos otros, sin empleo, y me obligó a buscar alternativas en el mundo de la actividad bursátil.

La crisis crediticia (*sub-prime*)

La crisis crediticia, más comúnmente conocida como la "crisis del *sub-prime*" estalló en el mercado en el verano de 2007 y se convirtió en una crisis económica a nivel mundial. El disparo de apertura fue en septiembre de 2008, con el colapso del banco de inversiones Lehman Brothers y la nacionalización de la aseguradora AIG. El pánico llegó a lo más alto en octubre y noviembre de 2008, cuando el mercado perdió un 30% de su valor (sí, octubre una vez más...). Los precios continuaron cayendo hasta que alcanzaron su punto más bajo en marzo de 2009. En la recta final, solo dieciocho meses después de su punto más alto en octubre de 2007, el mercado perdió el 57.4% de su valor.

El origen de la crisis, así como en la Caída de 1929, se encuentra en la década del crédito inagotable a bajos tipos de interés que se le daba a cualquier persona que lo solicitara, así como el mercado inmobiliario, que se desarrolló como un *boom* y luego explotó y se llevó a los bancos prestamistas del mundo entero al precipicio con él.

La crisis de la década pasada (índice S&P 500)

La crisis de las puntocom empezó en [1] marzo de 2000, cayó hasta [2] en septiembre de 2002 y perdió un total del 46% de su valor. De este punto en adelante, el mercado se alzó hasta un pico [3] en octubre de 2007. La caída del *sub-prime* [4] empezó en octubre-noviembre de 2008, y alcanzó su punto más bajo [5] en marzo de 2009.

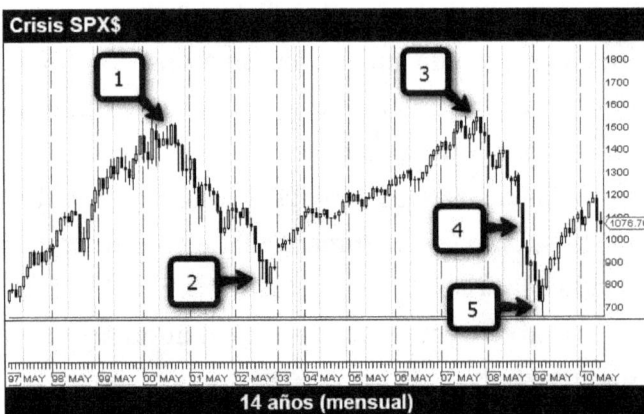

Crisis SPX$

14 años (mensual)

Las crisis y los traders

Durante las crisis, las fluctuaciones en el mercado y el volumen de actividad bursátil aumentan, y, por lo tanto, nosotros, los *traders*, ¡florecemos! A diferencia de la mayor parte del público, también sabemos cómo aprovechar las caídas: más adelante estudiaremos los principios de las ventas al descubierto o *shorts*. La primera crisis que viví como *trader* fue la caída de las puntocom de 2000 a 2002. Lamentablemente, como principiante, no tenía la experiencia para aprovechar los eventos, pero sí lo hice con los aumentos que siguieron. La crisis del *sub-prime*, en comparación, fue una verdadera fiesta. ¡En octubre de 2008 tripliqué el valor de mi cuenta bursátil en un solo mes!

¿Quién le está vendiendo a usted?

Cuando usted compra o vende una acción, alguien está del otro lado, vendiéndole o comprándole. ¿Quién es esa persona, cuál es su papel y qué lo guía?

Los "creadores de mercado"

Cuando usted quiere comprar o vender una acción, necesita alguien con quien llevar a cabo esa transacción. ¿Alguna vez ha pensado qué podría suceder si usted quiere vender, pero no hay ningún comprador? ¿A qué precio se ejecutaría la orden de venta? ¿Podrían usted y varios otros vendedores hacer caer una acción porque, por un breve período, no hay compradores del otro lado? Los creadores de mercado son las personas que siempre tienen la voluntad de hacer el papel de "la otra parte", aun si no compran y venden como usted lo hace. El papel de los creadores de mercado es el de estar constantemente respaldando la acción. Ordenan compras y ventas por adelantado, con márgenes diferenciales fijos, y, por lo tanto, ellos "crean el mercado" para esa acción.

¿Cómo obtienen ganancias los creadores de mercado? Sus ganancias derivan del margen (la diferencia) entre los precios de venta y compra. Para una compañía con un volumen de millones de acciones por día, una ganancia de un centavo puede sumar 10,000 dólares al día por cada millón de acciones negociadas. ¡No es un mal ingreso en absoluto!

No siempre es tan sencillo el mundo de los creadores de mercado. Ellos se arriesgan a que la acción se mueva en dirección opuesta a la de las operaciones que ejecutan. En la bolsa de NASDAQ, para asegurar que el mercado permanezca competitivo y que los márgenes fijados por los creadores de mercado se limiten lo más posible, la bolsa de valores alienta la actividad de un número alto de creadores de mercado con una misma acción. Cuando una acción específica está siendo manipulada por docenas de creadores de mercado, el inversor individual está asegurado de tener alto volumen y márgenes competitivos.

Especialistas

Los especialistas son la versión de la NYSE de los creadores de mercado de NASDAQ. Al contrario de lo que sucede en NASDAQ, en la NYSE cada acción se asigna a un solo especialista. Al especialista se le pueden asignar varias acciones simultáneamente, pero cada acción tendrá actividad bursátil solo con ese especialista individual.

Los especialistas tienen un doble papel. Primero, deben proporcionar una liquidez razonable cuando no hay compradores ni vendedores para la acción, comprando y vendiendo a sus propias cuentas. Esto previene la fluctuación durante los períodos en los que no hay otros compradores o vendedores. Segundo, funcionan como brókers para los brókers, al fijar órdenes de compra y venta al mejor precio posible conocido como la "mejor ejecución". Por ejemplo: cuando un bróker se interesa en ejecutar una orden de venta para un cliente por una acción valorada en $50, pero la orden del cliente es comprar a $49, con la esperanza de que la acción baje a ese nivel, el especialista se queda con la orden en su libro, algo denominado *booking the order* o "dejarla en el libro", y la ejecuta cuando el precio llega a la preferencia del cliente. La ley requiere que los especialistas respeten los intereses del cliente por encima de los suyos todo el tiempo. Hasta hace solo unos años, antes de la computarización, cada orden de compra y venta pasaba por un especialista. En la actualidad la mayoría de las ejecuciones en la NYSE están automatizadas, como en la NASDAQ.

La revolución ECN

El papel de los creadores de mercado y de los especialistas es importante, pero es como si trabajaran gratis. El hecho es que obtienen sus ganancias del margen diferencial entre los precios de oferta y demanda, lo que quiere decir que nosotros pagamos su precio.

Una **ECN** (por Electronic Communication Network) o en español RCE (Red de Comunicación Electrónica) nos permite eludir sus servicios de intermediario. La ECN es una red de computadoras que permite que los compradores y los vendedores se conecten y fijen órdenes de compra y venta sin la "mediación" de los creadores de mercado. Las ECN iniciaron operaciones en 1969 con el primer sistema conocido como "Instinet", que inicialmente solo fue utilizado por los creadores de mercado para transacciones entre uno y otro.

A raíz de la falta de liquidez que llevó al colapso de 1987 se promulgaron leyes que obligaron a los creadores de mercado a respetar las órdenes electrónicas. Estas leyes vieron el primer uso público de los sistemas ECN. En la actualidad, la mayoría de las órdenes que ejecutamos se hacen por ECN.

Los *traders*, al contrario que los inversionistas, usan programas bursátiles de "acceso directo", que estudiaremos más adelante. Por medio de programas de acceso directo, podemos elegir entre enviar órdenes de compra o venta directamente a los creadores de mercado o al rango de sistemas ECN. Otra opción de gran popularidad es la de usar los servicios de un bróker que automáticamente elegirá el canal de acceso directo más apropiado para usted en términos de velocidad de ejecución y costo.

¿Y cómo se relaciona todo esto con usted?

A un nivel básico, nada de esto tendría que interesarle. Usted puede abrir una cuenta con un bróker, depositar su dinero y aprender a comprar y vender acciones. Siempre y cuando su actividad bursátil sea de solo varios cientos de acciones por clic, puede usar el autoenrutamiento de su bróker y hacer caso omiso de toda la actividad en el trasfondo. Cuando se convierta en un *trader* más serio e incremente sus cantidades, conocidas como posiciones, a miles de acciones por clic, se topará con situaciones en las que reciba solo parte de las cantidades que requiere (ejecuciones parciales) y a menudo a precios más altos de los que deseaba. Para posiciones grandes, vale la pena enviar sus órdenes a diferentes destinos para ganar velocidad y liquidez. Pero le llevará algo de tiempo llegar a esa etapa; para ese entonces estará más familiarizado y entenderá mejor otras opciones de enrutamiento y su significado.

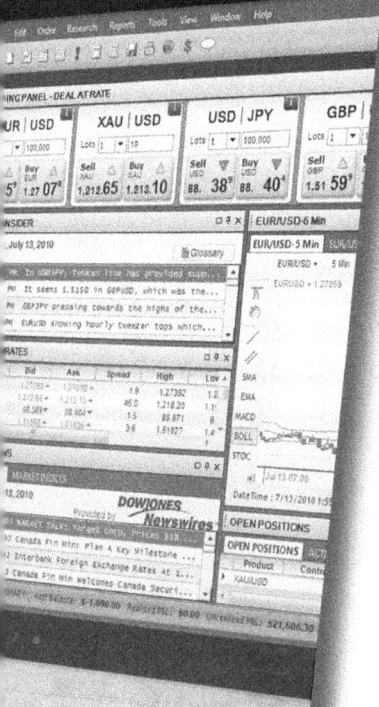

2

Day trading y cómo empezar

Paso a paso en el camino a la fama

¿Es una persona disciplinada?

Esta es la etapa en la que necesita mantener la autodisciplina. Las reglas de la actividad bursátil son simples, pero por peculiaridades de nuestra personalidad, cada uno tiene tendencia a conducirse de manera diferente. El comportamiento psicológico de una persona promedio no concuerda con el comportamiento del mercado. La avaricia, por un lado, y el miedo, por el otro, nos hacen reaccionar de manera opuesta a la que se requiere. De ahora en adelante, tendrá que aceptar y respetar estas reglas sin discutirlas.

Ocho etapas en su camino al éxito

1. No lea demasiado material de formación. Este libro será todo lo que necesita. Demasiada información le quitará el enfoque y lo confundirá. Después de algunos meses de *trading*, una vez que haya adquirido la experiencia y haya interiorizado los principios básicos, podrá leer más.

2. Busque un mentor personal experimentado que le pueda enseñar los primeros pasos o vaya a un curso. Ser autodidacta no es una solución suficiente. Así como no se aprende a conducir un vehículo con solo leer un libro, así es también con el trading.

3. Antes de iniciar sus operaciones con dinero de verdad, pídale a su bróker un sistema de muestra que le permita practicar. *Sea diligente con el uso del sistema de muestra, pero no por más de unos* cuantos días. Usarlo por más tiempo crea la peligrosa ilusión de inmunidad a los efectos psicológicos de las presiones de operar con dinero de verdad. ¡Créame, está muy lejos de ser inmune!

4. Abra una cuenta con un bróker y deposite una cantidad adecuada a sus habilidades. De ninguna manera debe depositar una cantidad de dinero que ponga en peligro su situación financiera. Una cantidad muy grande le causará tremenda presión psicológica y le hará romper la disciplina con muy malos resultados.

5. No practique el *trading* solo. ¡Está muy lejos de estar listo para ello! Asegúrese de tener seguimiento en tiempo real. Incorpórese a una sala de *trading* en línea y escuche lo que los *traders* experimentados dicen. Luego, trate de emularlos.

6. Practique el *trading* con pequeñas sumas. No está protegido contra los errores. Su meta inicial es conquistar el mercado exitosamente mientras practica el trading con pequeñas cantidades, creando pequeñas ganancias o pérdidas, todo en aras de su proceso de aprendizaje y no para hacerse rico de la noche a la mañana. Solo cuando tenga más control y ganancias más estables podrá aumentar la suma.

7. Lleve un diario de operaciones en el que registre todo lo que haga, con observaciones y conclusiones (que se discutirán en más detalle). Si no escribimos los detalles, los olvidamos.

8. Lea este libro por segunda vez, una vez que haya adquirido algo de experiencia. Solamente en la segunda lectura, y ya habiendo practicado con dinero de verdad, entenderá el significado de la ayuda que este libro le ofrece. Un año más tarde léalo por tercera vez.

No trate de aprender solo. Así nunca tendrá un final feliz...

¿Cuál es su profesión? ¿Ingeniero? ¿Abogado? ¿Técnico informático? No importa, sea lo que sea, estoy seguro de que le ha dedicado bastante tiempo de estudio, ya fuera un curso técnico para reparar computadoras o largos años en instituciones académicas. Estoy seguro de que nunca pensó en ser un profesional exitoso sin estudiar y dedicar después más tiempo a la práctica. ¡Siempre me sorprende que la gente piense que puede tener éxito en el *trading* sin invertir en sus estudios!

Es sorprendente descubrir que la mayoría de los *traders* independientes nunca se tomaron la molestia de estudiar en un marco formal. En una de las profesiones más complejas que hay, la mayor parte de la gente activa en los mercados de capital depende de sus corazonadas y de la suerte.

DINERO INTELIGENTE	*Cuando manejamos el dinero de otros, sentimos la obligación de estudiar. Cuando se trata de manejar el propio, nos comportamos de manera descuidada e incluso negligente.*

Cuando manejamos el dinero de otros, sentimos la necesidad de ponernos a estudiar. Cuando se trata de manejar el nuestro, nos comportamos de manera irracional y confiamos en un "sexto sentido" para hacerlo bien. Cuán extraño resulta que perdamos la fe en el estudio cuando se trata de nuestros propios fondos. Este debe de ser uno de los fenómenos más raros del comportamiento humano. *Stock trading* es una profesión como cualquier otra. También es una de las pocas profesiones que pueden llevarle a un éxito financiero rápido y dulce. Pero cuando se trata de su propio dinero, no debería estar pensando en las oportunidades, ¡sino en los riesgos!

Recuerde que cada vez que compra una acción, alguien se la está vendiendo. A veces, yo soy el vendedor. ¿Los compradores inexpertos al otro lado de la transacción están tan seguros de que pueden ganarme y quitarme mi dinero y el de otros profesionales como yo? Todos los *traders* como yo han pagado por esta educación y experiencia. Le doy una noticia: ¡no tenemos ninguna intención de dejar que nadie nos gane!

¿Ha oído decir que el noventa por ciento de los *traders* pierden? ¡Es cien por cien cierto! De hecho, estoy seguro de que el porcentaje es más alto. ¡La mayoría de esos *traders* perdedores son gente que cree que puede ejercer la profesión sin aprender a hacerlo! No hace falta una licencia o un diploma para convertirse en *trader* a corto plazo. Las condiciones para formar parte de la profesión son sencillas y cualquiera con hasta la más mínima experiencia puede aprender a hacerlo: abrir una cuenta bursátil, depositar fondos, comprar y vender. Cualquiera que cumpla este criterio puede ser definido como "*day trader*". ¿Hay alguna duda entonces de que la probabilidad de éxito sea tan baja? Yo estuve en esa situación también y cometí el mismo error. Me enfrenté al fracaso varias veces. Hubiera podido estar dentro de la triste estadística de los perdedores. Sobreviví, pero no más del diez por ciento de los nuevos traders serán lo suficientemente obstinados como para sobrevivir. Los que sí lo hacen y acumulan experiencia y conocimiento son los que sacarán ganancias de los fondos de los que no invierten en el conocimiento. Mi trabajo es asegurar que usted aprenda y que se una a los ganadores. Cuanto más aprenda, más alta será su probabilidad de alcanzar el éxito.

Se puede adquirir teoría de los libros, pero hace falta más que eso. Necesita un curso. Los cursos cuestan dinero, pero le ahorran más de lo que cuestan. A veces, una recomendación de un instructor experimentado vale más que el costo del curso. Aun si siente que ya tiene el conocimiento básico y una experiencia amplia en los mercados de capital, vale la pena hacer el esfuerzo de participar en el curso por la información adicional que le proporcionará. Sin una educación **óptima**, será mejor que se olvide del *trading* y se vaya a disfrutar a Las Vegas. Ahí, por lo menos, perderá contento mientras se toma unas copas por cortesía de la casa.

Hardware, software e internet

Un hardware fiable es un eslabón esencial. Vale la pena hacer una distinción clara entre la vieja computadora de casa con varias docenas de programas, y posiblemente algún virus durmiente, y su computadora de *trading*, aunque no es necesario hacerlo desde un principio.

DINERO INTELIGENTE | *Una computadora eficaz y sus pantallas son las herramientas más importantes del trader.*

Al principio, es suficiente usar una computadora casera con una sola pantalla. Mientras progresa, se recomienda que pase a una computadora de alta calidad conectada a cuatro pantallas, cada una con un mínimo de 21 pulgadas, pero, de preferencia, de 23 pulgadas. Más tarde, le mostraré mi espacio de trabajo y le daré detalles de la función de cada pantalla.

Disponer de internet de alta velocidad es vital para la rápida ejecución de las órdenes. La fiabilidad de la conexión a internet es crucial. Recuerde que los errores de comunicación son parte de la actividad bursátil a corto plazo, pero pueden disminuir notablemente si se asegura una conexión a internet fiable y de alta velocidad.

La ventaja del grupo: usando salas de *trading*

La actividad bursátil es más fácil si forma parte de un grupo. Al novato le será difícil localizar acciones adecuadas, tomar las decisiones correctas y mantener un alto nivel de disciplina por sí solo. En una sala de *trading* en línea en la que muchos otros están activos, el principiante podrá encontrar solución a todos estos problemas.

Las salas de *trading* no son una invención nueva, aunque las que están en línea sí lo son. La literatura profesional habla de ellas desde hace 150 años. Siempre han sido los lugares donde los *traders* comparten sus ideas, obtienen ayuda o instrucciones y consejos sobre buenas acciones. Ser miembro de una sala de *trading* ayuda a sobreponerse a uno de los mayores problemas a los que se enfrenta un *trader* a corto plazo: la autodisciplina. Cuando un grupo grande toma una decisión en conjunto, normalmente, será más correcta que la decisión de un solo *trader* novato.

Yo ingresé en una sala de *trading* en mi primer año de actividad. Recuerdo cómo escuchaba al analista, que es como se les llama a los instructores de la sala, y absorbía interesado cada palabra que pronunciaba. Con el tiempo me convertí en analista de esa misma sala de *trading* y, después, en analista jefe de la sala de Tradenet.

¿Ya mencioné que no se necesita salir de casa para participar en una sala de *trading*? En el pasado lejano, las salas de *trading* eran lugares físicos, llenos hasta los topes de gente y del humo de puros y cigarrillos. Con el tiempo, se convirtieron en cuartos llenos de computadoras, igual de ruidosos y también llenos de humo. Ahora están en internet, donde puede participar en un grupo grande de *traders* desde el confort de su hogar. Se tienen todas las ventajas de una sala de *trading* en tiempo real, sin el humo ni el ruido. De hecho, hace varios años, mientras describía las maravillas de una sala de *trading* a un grupo de *traders*, uno de ellos me expresó su interés en incorporarse si le hacía la promesa de que "¡no fumarían allí!".

¿Y cuál es el papel de un *trader* principiante en la sala de *trading* en línea? Muy sencillo: escuchar, aprender y copiar a los profesionales lo más que pueda. Así de claro y fácil. El novato se topará con *traders* experimentados, escuchará sus discusiones mientras trabajan, aprenderá de lo que hacen y recibirá ayuda en tiempo real si es necesario. Incluso los profesionales experimentados tienen dificultad para operar sin una sala de *trading*. Cerca de la mitad de las operaciones que realizo en cualquier día derivan de ideas expresadas por otros *traders* en la sala. Aun si son *traders* relativamente nuevos pueden tener algunas ideas útiles.

DINERO INTELIGENTE

La sala de trading en línea es un chat-room que lo conecta a los hogares de otros traders. En la sala de trading escuchará, aprenderá y ejecutará transacciones junto con los profesionales.

Las salas de *trading* también tienen sus desventajas. La diversidad de métodos y la jerga profesional que domina las conversaciones puede darle vueltas a la cabeza del principiante. Cuando se incorpore a una sala de *trading*, en primer lugar, tendrá que aprender esa jerga y solo entonces podrá centrarse en los métodos más apropiados para usted. Con el paso del tiempo, deberá poder adoptar el método más apropiado y continuar con él. Si trata de imitar demasiados métodos utilizados por varios analistas, no llegará rápido a ningún lado. En conclusión, tendrá que encontrar el nicho que concuerde con su naturaleza, centrarse en él y hacer caso omiso del "ruido de fondo" de los *traders* y analistas que a su juicio no concuerdan con usted.

Así es exactamente como debe entender la diversa información que usted encontrará en este libro. Si trata de utilizarla toda a la vez, acabará por no usar nada. Enfocarse es importante. Se puede expandir el conocimiento a largo plazo mientras se acumulan experiencia y confianza. Marque esa frase y regrese a ella en un año. Ahora significa muy poco. En un año, la comprenderá.

Tradenet maneja salas de *trading* en línea de varios niveles, apropiados para principiantes y *traders* experimentados, y en varios idiomas. Estas les sirven a *traders* de varios países. Las salas de *trading* son un servicio y cobran una cuota de socio. Para el *trader* profesional que se gana la vida en el mercado, el servicio es vital y el costo es marginal, pero para el novato, el costo parece alto. Considérelo como parte de su formación.

Su guía para abrir una cuenta bursátil

Cuando compre una acción, por razones tecnológicas y normativas, usted necesitará los servicios de un agente llamado **bróker** o corredor de bolsa. El bróker es el mediador entre usted y la bolsa de valores. Cuando deposita dinero con el bróker que eligió, recibe (normalmente, sin ningún costo) un software que conecta sus órdenes de compra y de venta a las diferentes computadoras de las bolsas de valores.

El bróker puede ser el banco que le permite vender y comprar acciones junto con otros servicios bancarios adicionales o puede ser una compañía independiente especializada solamente en estos servicios. Normalmente, un bróker especializado será más económico y más eficiente que un banco.

En un pasado no muy lejano, la gente que quería comprar o vender acciones tenía que ir a la oficina de su bróker, esperar en la cola y pagar una alta comisión. En resumen, era una pérdida respetable de tiempo y dinero antes de que el precio de la acción subiera un solo centavo. Los *traders* activos compraban y vendían acciones a precios más bajos a través de llamadas directas a la sala de transacciones del bróker, mientras que los *traders* altamente activos establecían sistemas de comunicación de un alto costo que los conectaban directamente a varios brókers. Esos días han llegado a su fin. La revolución de internet puso el mercado de valores directamente al alcance del dispositivo personal de cada persona en el mundo que quiera comprar y vender acciones. De hecho, el público ahora tiene acceso a los sistemas de actividad bursátil más avanzados, que no hace mucho estaban al servicio exclusivo de los profesionales. La información que antes solo podía ser aprovechada por un grupo privilegiado y selecto está ahora abierta al público.

Conforme internet siguió evolucionando, se desarrollaron los programas de formación, los procedimientos se computarizaron por completo y las comisiones bajaron. La comisión mínima cuando yo comencé estaba en $15, ahora es de $1.50 con un amplio margen para que siga bajando. Cuanto más bajaron las comisiones, más inútiles se hicieron las salas de transacciones telefónicas de los brókers. Las salas que estaban llenas de decenas, si no cientos, de empleados, se han convertido en desiertos con pantallas y computadoras que dan servicio a solo unos pocos *traders* que no han interiorizado la revolución de internet y que están dispuestos a pagar comisiones exorbitantes por una llamada de teléfono innecesaria. Las rebajas en las comisiones y la penetración de internet, junto con nuevos avances tecnológicos como aplicaciones móviles que permiten comprar y vender, han llevado al mundo del *trading* a las puertas de más estratos de la población.

Cómo abrir una cuenta con un bróker

Abrir una cuenta bursátil es un proceso sencillo. Todo lo que hay que hacer es rellenar varios formularios y añadir un escaneo a color de su pasaporte vigente y un comprobante de su domicilio, por ejemplo una factura de la compañía de electricidad o un estado de cuenta bancario con su dirección. Todo bróker estará más que contento de poder ayudarle a completar el proceso en una breve llamada telefónica. Cuando los formularios estén certificados, y después de verificar la información, el bróker le proporcionará los detalles de una cuenta bancaria a la cual transferir el dinero. Normalmente, entre 24 y 48 horas más tarde, su cuenta con el bróker estará acreditada. Entonces, el bróker le enviará un correo electrónico con las instrucciones de instalación de la plataforma de *trading* y una contraseña inicial que más tarde podrá cambiar. Cuando usted maneje por primera vez la plataforma de *trading* con su contraseña dedicada, podrá ver el depósito en su cuenta esperando órdenes. Si navega al sitio web del bróker, podrá usar la misma contraseña para ver su historial de ejecuciones. El proceso entero dura de uno a cinco días.

¿El banco puede ser su bróker?

En teoría, sí. En la práctica, no. Sí, porque todo banco es un bróker que también le permite comprar acciones en todas las bolsas de valores. Sí, porque su dinero ya lo tiene su banco y, por lo tanto, no habría necesidad de transferirlo a la cuenta de un bróker por separado. Sin embargo, surgen varios problemas. Los bancos, por lo general, le cobran comisiones que normalmente son de cinco a cincuenta veces más altas que las de un bróker especializado. Los bancos generalmente ofrecen una plataforma de *trading* muy compleja y limitada que no proporciona información en tiempo real y que normalmente es apropiada para los inversionistas a largo plazo y no para los *traders* a corto plazo. Más adelante, repasaremos los requisitos de las plataformas. Como punto final, aún no me he topado con un banco que ofrezca las herramientas correctas.

Cómo escoger su bróker

Muchos brókers estarían más que contentos de proporcionarle una plataforma de *trading*, pero no todas son adecuadas para un *trader* profesional. Hay que distinguir entre brókers que destinan sus servicios al público de inversionistas a largo plazo, categoría en la que entra la mayoría de los brókers, y aquellos que proporcionan plataformas de internet. Se les conoce como brókers **online** o **en línea.** Los brókers profesionales que proporcionan plataformas de acceso directo permiten una navegación fácil de órdenes directas a cualquier objetivo. Los brókers profesionales proporcionan plataformas que no están basadas en internet sino que, normalmente, requieren la descarga y la instalación de algún software que permita al inversor mandar órdenes directas a la computadora de la bolsa de valores sin utilizar un método lento y costoso. A estos se les denomina **Direct Access Brokers** o brókers de acceso directo. Para ser un day trader de éxito, debe trabajar solo con **Direct Access Brokers.**

Cómo escoger una plataforma de *trading*

La plataforma de *trading* es el eslabón más importante en el sistema que conecta al *trader* con el bróker. Yo conozco a *traders* cuyo volumen de operaciones es tan alto que podrían rebajar las comisiones si se pasaran a un bróker de la competencia, pero prefieren quedarse con el actual, aunque sea más caro, por su satisfacción con la plataforma que éste les proporciona.

La plataforma de *trading* le permite al *trader* enviar órdenes de compra y de venta directamente a la computadora de la bolsa de valores. La plataforma que utilice deberá incluir gráficos para seguir los precios de las acciones en tiempo real.

DINERO INTELIGENTE	*Las comisiones no son la primera consideración cuando se escoge una plataforma de trading. El tiempo de ejecución y la fiabilidad son más importantes para el trader que la comisión que se le cobra.*

Así como un carpintero hábil no comprometerá la calidad de su sierra, el *trader* no comprometerá la calidad de su plataforma de *trading*, ya que cualquier concesión podría salirle muy cara. Piense por un momento en lo que podría suceder si un *trader* quisiera comprar una acción en el **breakout point** o punto de ruptura, pero la orden se aplaza y la transacción se pierde porque el precio de la acción ha subido más allá del precio deseado. La frustración del *trader* sería inmensa, y también lo sería el daño financiero a largo plazo.

El **sistema de acceso directo** permite al *trader* comprar y vender acciones directamente de cualquier destino con liquidez en el momento de la ejecución. Si quiere hacerlo, la orden puede ser enviada directamente a una ECN que suministra la liquidez de la bolsa de valores. Como alternativa, puede dirigir la transacción directamente a los creadores de mercado. Hay ventajas y desventajas en el enrutamiento directo a cualquier destino, según la cantidad de unidades y la velocidad de ejecución que necesite, pero el sistema de acceso directo deja esa opción en manos del *trader* y así es como debe ser. Por lo general, el *trader* preferirá ejecuciones de hasta varios miles de unidades, que se consideran cantidades altas, enviando las órdenes por el sistema automatizado del bróker. El sistema automáticamente encontrará la ruta más veloz y más económica mucho más rápido de lo que podría hacerlo el *trader*. Para el profesional, una espera de uno o dos segundos, en algunos casos, puede marcar la diferencia entre ganancias o pérdidas. En otras ocasiones, cuando las cantidades son altas o la comisión es más importante que la velocidad de ejecución (un método que aprenderemos más adelante), el *trader* puede enviar la orden directamente a los creadores de mercado.

Está muy claro que un sistema de actividad bursátil que soporta un acceso directo es mucho mejor y más eficiente. Si es así, ¿entonces por qué la mayoría de los brókers no permiten el acceso directo? Hablaremos de eso más adelante.

¿Con qué brókers no debería trabajar nunca?

Al bróker *online*, a diferencia del bróker de acceso directo, le interesa demorar la ejecución de las transacciones. Si una transacción se retrasa, podría dejarle más ganancias en el bolsillo por encima de la comisión habitual, por ejemplo: imagine una situación en la que el cliente vende 1,000 acciones de Microsoft y, simultáneamente, otro cliente del mismo bróker quiere comprar 1,000 acciones de Microsoft. El bróker preferirá ejecutar la orden entre los dos clientes sin tener que pasarla a la computadora de la bolsa de valores. Al cerrar la transacción de manera interna, el bróker se ahorra costos y, a veces, genera aún más ganancias por la diferencia entre los precios de compra (**bid**) y de venta (**ask**). Un margen diferencial de un centavo en 1,000 acciones significa $10 más en ganancias, además de las ganancias de la comisión que el bróker obtiene de los dos clientes que ejecutan la transacción. Para crear oportunidades de ejecutar órdenes de manera interna, el bróker puede tener la tentación de demorar la ejecución en varios segundos. Esto es insignificante para el inversionista a largo plazo, pero es intolerable para el *trader* a corto plazo. Además, cuando los brókers en línea envían la orden al mercado, eligen los destinos más baratos para ellos. Por lo general, son los creadores de mercado los que van a compartir sus ganancias con los brókers. El destino más barato no es necesariamente malo para usted y, a veces, puede ser una ruta más rápida, pero sus preferencias como *trader* no son las mismas que las del bróker. Usted quiere velocidad y liquidez, los brókers quieren ganancias.

DINERO INTELIGENTE	*Los brókers online cobran reembolsos por la ejecución; por lo tanto, ganan más si demoran las ejecuciones y envían las órdenes a los destinos más baratos para ellos.*

¿Debe operar con margen?

El margen es un préstamo que los brókers conceden a los *traders*. Como con cualquier préstamo, el margen acarrea intereses, a menos que el *trader* lo use solamente durante un solo día de actividad bursátil, en cuyo caso no se paga ningún interés.

Cuando un cliente abre una cuenta con un bróker, puede escoger entre **margin account** (cuenta con margen) o **cash account** (cuenta al contado). La cuenta con margen le permite comprar acciones por valor del cuádruple de su dinero, por ejemplo: si usted depositó $30,000 en su cuenta, podrá comprar acciones intradía (dentro de un día de actividad bursátil) por $120,000. Dicho de otra manera, el margen tiene una proporción de 4:1.

En cambio, si quiere quedarse con acciones de un día para otro, quizá por temor a que el precio de la acción pueda cambiar en el transcurso de dos días de actividad bursátil, tendrá que contentarse con un margen de 2:1. Esto fija su poder adquisitivo en $60,000. Si utiliza este doble poder adquisitivo en dos días de actividad bursátil, pagará intereses. Obviamente, vale la pena usar el margen intradiario durante un día de actividad bursátil, ya que no pagará ningún interés. Estoy a favor del uso del margen más allá de un día de actividad, a pesar del interés cobrado, ya que el método de *trading* que mantiene una posición durante varios días está basado en metas de ganancia agresivas de varios puntos porcentuales, lo que quiere decir que los intereses anuales que pagará permiten esperar una ganancia mayor. El margen le permite trabajar con montos más altos de lo que su saldo en efectivo le permitiría.

DINERO INTELIGENTE	*Los márgenes son peligrosos si no sabe cómo usarlos, pero son un gran regalo cuando sabe cómo gestionarlos correctamente.*

El margen también tiene sus desventajas. Supongamos que depositó $10,000 en su cuenta y compró 1,000 acciones a $10 cada una, usando todo su depósito. En otras palabras, ha usado su propio depósito sin utilizar nada de margen. Una baja del 25% en el precio de la acción de $10 a $7.5 le generará una pérdida de $2500 o del 25% de su dinero. Por otro lado, si utiliza el margen de 4:1, comprando 4,000 acciones a $40,000, y hay una baja del 25% en el precio, esto le generará $10,000 de pérdida y ¡acabará con su cuenta! ¿Y qué hubiera pasado si se hubiera ido a la cama siendo propietario de acciones de Lehman Brothers después de la crisis de las *sub-prime*, cuando cayeron a $3 y, al día siguiente, solo valían unos pocos centavos? Cuando se va a la cama con un margen de 2:1 y el precio de la acción baja más de un 50%, no solo está perdiendo su dinero, sino también el dinero del bróker. El trabajo del bróker, claro está, es prevenir riesgos de este tipo. Es por eso que los brókers mantienen un departamento de gestión de riesgos cuya función es mantenerse al tanto de las cuentas y alertar ante situaciones potencialmente riesgosas. De hecho, es muy poco frecuente que un cliente pierda más que la cantidad que hay en su cuenta.

¿Suena arriesgado el margen? Para los profesionales experimentados no lo es en lo más mínimo. Nunca van a arriesgar más de una cantidad predefinida de dinero. Esta cantidad, la que están dispuestos a poner en riesgo, no tendrá nada que ver con el margen. Como aprenderemos más adelante, utilizan **Stops (órdenes de suspensión)** como protección y planean con anterioridad la pérdida máxima que están dispuestos a absorber. Nunca absorben pérdidas de decenas de puntos porcentuales y nunca ponen en riesgo su cuenta bursátil. Si mantiene la disciplina y opera conforme a las reglas, aprenderá mientras progresamos y el margen será un regalo a su servicio cuando lo utilice sabiamente. En cambio, si no tiene la disciplina y tiene tendencia a apostar, ¡tenga cuidado!

Los brókers se ponen en riesgo y no comparten las ganancias que usted obtiene del margen. Entonces, ¿por qué se molestan en concederle margen? Por dos razones principales. La primera, es el hecho de que el interés es ganancia. Cuando compra con margen más allá de la actividad bursátil del día en que compró las acciones, paga intereses, de los cuales el bróker saca una ganancia. La segunda razón es que cuanto más dinero tenga disponible usted, más probable será que haga más transacciones de mayor volumen. ¿Por qué se conformaría con comprar solo 200 acciones si puede obtener más ganancias comprando 800? En resumen, el margen beneficia a ambas partes: el *trader* puede aportar solo un cuarto de la cifra necesaria y aumentar su potencial en cada transacción bursátil por el doble o el cuádruple, mientras que el bróker se beneficia del mayor volumen de actividad, que le reporta más comisiones.

Como *day trader*, estoy muy activo dentro de las horas de actividad de la jornada y, con frecuencia, uso toda la capacidad de margen que tengo disponible. Tiendo a no usar todo el margen disponible para comprar una sola acción, sino más bien para varias acciones que compro de manera simultánea. Por ejemplo: puedo comprar la acción A sin ningún margen, identificar una buena oportunidad y comprar la acción B con margen y, posiblemente, hasta una acción C y una D hasta que el margen de mi dinero esté aprovechado al máximo.

Cuando me quedo con una acción por un período de varios días, normalmente es después de obtener una ganancia parcial de, al menos, el 75% de las acciones que compré. Lo mismo haría si me quedara con cuatro acciones diferentes: no usaría casi nada de margen.

En resumen, las desventajas del margen son el interés que acarrea su uso más allá de un día de actividad bursátil y el riesgo de perder más del cuádruple de lo que hubiera perdido sin usar el margen. De hecho, el riesgo no es mayor, como aprenderemos más adelante, ya que tendrá poco significado con respecto a la cantidad con la que esté operando, siempre y cuando use **Stops** que limiten la cantidad que se pueda perder en cualquier transacción. La ventaja del margen es que no necesita depositar más dinero para operar con cantidades más altas. Por el peligro que significa usar el margen, las reglas de *day trading* prohíben a los brókers supervisados por las normas estadounidenses conceder un margen de más de 4:1 dentro de cualquier día de actividad bursátil y de más de 2:1 para más de un día. De hecho, la condición para que se le permita usar un margen es que debe depositar un mínimo de $25,000 en su cuenta. En cualquier caso, aunque encuentre alguna forma de alcanzar un margen más alto, como principiante, le recomiendo que se las arregle con la proporción de 4:1. Un margen demasiado alto puede descontrolarse en situaciones de riesgo en las que siente que absolutamente "tiene que poseer" una acción en particular. Es precisamente entonces cuando es mejor respirar hondo y minimizar el riesgo. Con un margen razonable se evitan errores de este tipo. En resumen, conténtese con un poco menos y se ahorrará mucho.

¿Cuánto se debe depositar en la cuenta bursátil?

Como ya se ha mencionado, las normas de Estados Unidos no permiten el *day trading* a las personas con menos de $25,000 en sus cuentas. Se define como *day trading* a la realización de más de cuatro transacciones en cinco días de actividad bursátil. Los ciudadanos estadounidenses que quieran operar como *day traders* tienen que depositar como mínimo esa cantidad. De hecho, un *day trader* debe depositar más, porque a la primera pérdida que lleve el total a menos de $25,000 se lo restringirá a menos de cuatro transacciones en cinco días sucesivos. Esta regla no se aplica, sin embargo, a ciudadanos de otros países, a condición de que operen con brókers cuyos centros de actividad no estén dentro de Estados Unidos, y siempre y cuando el bróker esté regulado fuera de Estados Unidos.

Los brókers estadounidenses ofrecen sus servicios principalmente a clientes estadounidenses y, por lo tanto, no pueden coincidir con las actitudes de ciudadanos de otros países. En otras palabras, aunque no resida usted en Estados Unidos, tendrá que atenerse a las restricciones impuestas a los ciudadanos estadounidenses, y depositar un mínimo de $25,000 para poder ocuparse de *day trading*. Con esto en mente, si opta por abrir una cuenta con un bróker estadounidense, le recomiendo depositar al menos $30,000 para que cualquier pérdida que absorba no restrinja sus actividades.

| **DINERO INTELIGENTE** | *Cuanto más dinero deposite en su cuenta bursátil, más incrementará sus posibilidades de éxito. "Más dinero" es un valor relativo basado en su cambiante capacidad financiera y en el nivel de riesgo al que se acostumbre.* |

Transacciones con CFD

¿Qué es un CFD? CFD son las siglas de Contract for Difference o contrato por diferencia. Se trata de un contrato entre un "comprador" y un "vendedor" según el cual el vendedor pagará al comprador la diferencia entre el precio de la acción en el momento de la compra y su precio en el momento de la venta. Dicho de otra forma, comprar un CFD le permite al comprador obtener una ganancia (o una pérdida) de la diferencia en el precio de la acción, sin tener que comprarla.

En ciertas condiciones, que se describen más adelante, y si su bróker le permite elegir entre *trading* con acciones o con CFD, ¡elija los CFD sin dudar ni un momento! Los CFD se ejecutan exactamente de la misma manera que el *trading* con acciones. De hecho, si su bróker no le manifestara expresamente cómo se desarrolla su actividad bursátil, le aseguro que no se daría cuenta de la diferencia.

Entonces, ¿en qué se distingue el *trading* con CFD del *trading* con acciones? Cuando usted compra acciones, lo hace a través de la bolsa de valores de una persona interesada en venderlas en el mismo momento en que usted está interesado en comprarlas. Uno de los problemas más comunes con la bolsa de valores es el alcance de la oferta y la demanda. Pero no siempre encontramos el comprador o el vendedor con la cantidad requerida y a menudo tenemos que "correr detrás de la acción". Esto, por lo general, cuesta dinero y salud. Pero cuando uno compra CFD, no está comprando acciones en la bolsa, está comprando un contrato idéntico a la acción de su bróker.

La ventaja de este método es que su bróker le puede permitir comprar o vender cualquier cantidad sin vincularla a la liquidez del mercado de valores.

Piense en ello de esta manera: digamos que quiere comprar 1,000 acciones pero los vendedores actualmente solo le ofrecen 100. Tendría que esperar la llegada de vendedores adicionales o, posiblemente, pagar un precio más alto por más acciones. Cuando opera con CFD no se le limita la cantidad y, por lo tanto, en el instante en el que usted oprime el botón **BUY** (COMPRAR), recibe la cantidad total que quería aunque esa cantidad de acciones no esté disponible en la bolsa de valores. De forma similar, cuando quiere vender 1,000 acciones, no tiene que esperar a que lleguen compradores para toda la cantidad. Solo vende al oprimir el botón **SELL** (VENDER). Si tiene experiencia en el mercado, como yo, tiene que estar de acuerdo en que no se puede describir este método con ninguna otra palabra más que "¡estupendo!".

¿Alguna vez ha oído decir que los estudiantes de *trading* que utilizan la "muestra" (que les permite practicar sin utilizar dinero) casi siempre ganan? Eso es verdad. Una de las principales razones que explican su éxito es el hecho de que los programas de formación, como las plataformas de *trading* con CFD, no limitan al inversor a la liquidez del mercado. Si oprime el botón **BUY**, ¡ha comprado! Si oprime el botón **SELL**, ¡ha vendido! Cualquier cantidad y a la velocidad del rayo. Los *traders* en el mercado real solo pueden soñar con esa inmediatez. Pregúntele a cualquier *trader* experimentado cuál es su mayor problema y probablemente lo más alto en la lista será el tiempo de ejecución y la liquidez.

Más beneficios del *trading* con CFD

No hay límite de shorts - En el mercado de valores, algunas acciones tienen límites en las ventas al descubierto o **shorts**. Esto no se aplica a los CFD. Tampoco hay un límite de ventas a cotización superior que, en el mercado real, restrinja la capacidad del bróker para ejecutar shorts, a menos que la acción suba solo un centavo.

Alta velocidad de ejecución – Las órdenes de compra y de venta de acciones regulares pasan por un proceso largo en el que la orden se manda al bróker, quien a su vez la manda a la bolsa de valores y de regreso. El *trading* con CFD tiene lugar entre usted y el bróker exclusivamente, haciendo que la ejecución sea superrápida.

Margen de alto nivel – Los brókers de CFD no están limitados al rango típico de apalancamiento de acciones y, por lo tanto, pueden concederle un margen de hasta 20:1. ¿Qué significa eso? Si usted deposita $10,000 en su cuenta, puede ejecutar transacciones hasta un total de $200,000. Una advertencia: el apalancamiento alto es una bendición para los *traders* experimentados, pero puede ser muy peligroso para los principiantes.

Qué debe verificar antes de elegir a su bróker de CFD

Margen diferencial de compra/venta – Deberá verificar si su bróker le permite operar al margen diferencial habitual del mercado. En otras palabras, cerciórese de que no "abra" el margen diferencial entre el precio del vendedor y el del comprador más allá de lo que muestra la bolsa de valores donde se cotiza la acción real. Conozco a corredores de CFD que, en lugar de cobrar comisiones de ejecución, expanden los márgenes diferenciales de tres a diez centavos y a veces más. Al respecto puedo decir que el bróker que yo uso, COLMEX, me permite operar con márgenes diferenciales reales del mercado.

Diversidad de acciones – Cerca de 10,000 acciones se cotizan en las bolsas de valores estadounidenses. De estas, por varias razones, tales como el volumen de actividad, solo 2,000 son adecuadas para el *trading* con CFD. Averigüe con su bróker con cuántas se puede operar. Algunos brókers solo ofrecen unas pocas, otros ofrecen decenas y unos cuantos centenares; otros, como COLMEX, ofrecen unos cuantos miles, que es lo que se necesita para el *trading*.

En resumen, destaco el interesante hecho de que el *trading* con CFD es legal y está aceptado y supervisado por las autoridades normativas en la mayoría de los países excepto en Estados Unidos. Si el *trading* con CFD es tan bueno para los *traders*, entonces ¿por qué está bloqueado para los *traders* estadounidenses? Sencillamente, como lo expliqué antes, con un CFD no se comercia con las acciones en sí. Si toda la actividad del mercado se centrara en CFD en vez del comercio con acciones, la bolsa de valores perdería su principal razón de ser: recaudar capital para las compañías.

En pocas palabras, si vive fuera de Estados Unidos, puede que prefiera abrir una cuenta de CFD después de verificar que su bróker ofrece el margen diferencial real del mercado, una comisión razonable y un amplio surtido de acciones. Si vive en EE.UU., la única manera de comerciar con CFD es unirse a un grupo de **proprietary traders** (autorizados o registrados) con actividades fuera de Estados Unidos y que puedan estar buscando *traders*, incluidos estadounidenses, para ampliar su base de operaciones.

Una advertencia

Por una buena razón, Estados Unidos ha puesto el límite normativo del *day trading* en un mínimo de $25,000. Antes, cuando se impuso este estándar, las comisiones eran mucho más altas. Cuando la comisión mínima rondaba las decenas de dólares por transacción, los *traders* no tenían más opción que operar con altas cantidades de dinero para compensar el impacto de estas comisiones. Si el *trader* no tenía una suma considerable en su cuenta, las comisiones se comían todas las ganancias. Ahora, con las comisiones mucho más bajas —las mínimas actualmente alrededor de $1.50 —, un *trader* puede comprar y vender pequeñas cantidades sin reducir sus posibilidades de éxito. En algunos países donde opera Tradenet, como algunas zonas de Europa Oriental, la meta de ganancias mensual es de $1000, lo que equivale al doble del salario promedio. En suma, Estados Unidos no es todo el mundo, ni todo el mundo es estadounidense.

Sin embargo, y sin relación con los niveles de ganancias y el costo de la vida, mis años de experiencia me han enseñado que cuanto más alto sea el depósito inicial, más probable será que sobreviva y alcance el éxito.

¿Conoce personalmente a su bróker?

Es totalmente natural sentir desconfianza al depositar su dinero en la cuenta bancaria de un bróker a quien usted no conoce. Si quiere dormir mejor, sabiendo que su dinero está seguro, verifique si el bróker que ha elegido opera dentro del marco regulatorio. Esto quiere decir que su dinero, así como el de otros, está supervisado, separado de las actividades propias del bróker, y asegurado. El seguro proporcionado no debe ser del propio bróker, sino más bien el de una organización externa de confianza. Los clientes de brókers estadounidenses deben estar asegurados por una póliza federal hasta una cantidad de $100,000 en sus cuentas, mientras que los clientes de brókers de la Unión Europea disfrutan de la cobertura automática del **ICF** (Investor Compensation Fund o Fondo de Compensación del Inversor) por depósitos de hasta €20,000. El ICF cubre a toda Europa y asegura todos los depósitos hasta esta cifra, en cualquier organismo financiero europeo.

Apoyo del bróker: lo que obtendrá y lo que no

Imagínese esto: el Banco de la Reserva Federal de Estados Unidos publica un aviso económico que da origen a una tormenta financiera. *Traders*, inversionistas, instituciones y creadores de mercado envían múltiples órdenes a las computadoras de las bolsas de valores. El resultado final es el colapso del sistema y una inmensa dificultad para ejecutar las órdenes. Este tipo de situación no debe molestarle de ninguna forma, a menos que sea un *day trader* en posesión de una acción en particular y su único interés sea el de deshacerse de ella lo antes posible.

Pero tiene mala suerte: todos los sistemas están paralizados y usted necesita hablar con el servicio al cliente de su bróker. Debido al colapso, es probable que usted no sea el único que está intentando llamar a su bróker en ese mismo instante; eso quiere decir que pasará largos minutos escuchando la música de espera hasta que le atiendan. ¿Suena como una pesadilla? Los *traders* experimentados conocen estas y otras escenas similares muy bien.

Se debe admitir que los sistemas de hoy en día son muy fiables. Tales situaciones son raras, pero puede haber desperfectos. Recuerde que los colapsos y las averías son parte de la vida del *day trader*. Intente escoger un bróker que le responda rápido sin que le cueste más que una llamada local. Ese es el tipo de bróker que le puede ahorrar mucho dinero y ofrecerle tranquilidad.

Resumen

Tamice su lista de brókers potenciales según los puntos que le asigne a cada uno conforme a lo siguiente:

1. ¿El bróker es bien conocido y tiene experiencia de larga data operando según las normas y regulaciones?

2. ¿Las reglas que rigen la operación de su bróker le proporcionan un seguro a su dinero? Si es así, ¿cuál es la suma cubierta?

3. ¿Cuál es el costo mínimo de ejecución?

4. ¿Cuánto más pagará aparte del mínimo? (Normalmente, un precio fijo por acción)

5. ¿Su bróker le permite depositar menos de $25,000 y, aun así, operar como *day trader*?

6. ¿Su bróker le permite operar con margen?

7. ¿Su bróker le cobra una cuota fija mensual por la plataforma de *trading*? Si es así, ¿cuánto?

8. ¿Su bróker le cobra una cuota fija mensual por proporcionarle información de cualquier tipo?

9. ¿La plataforma de *trading* de su bróker le permite observar gráficos en tiempo real?

10. ¿La plataforma de *trading* de su bróker le permite acceso directo a las bolsas de valores?

11. ¿La plataforma de *trading* de su bróker se descarga, se instala y es una aplicación dedicada, o solo está basada en internet?

12. ¿Su bróker le permitirá practicar "en el papel" o sea en una plataforma de "muestra" o demostración?

Una vez que haya encontrado un bróker que le plazca, consulte en su sitio web por dónde debe empezar el proceso para abrir su cuenta bursátil. Una vez completado este paso, deposite su dinero, reciba la plataforma de *trading* y prosiga con el proceso de aprendizaje descrito en este libro, al mismo tiempo que empiece a aprender a manejar la plataforma que ha escogido.

3.

Fundamentos del análisis de mercado

Los precios se mueven en solo tres direcciones: ascendente, descendente y lateral

¡El precio lo dice todo!

El mercado de valores es como un enorme gigante que constantemente cambia de aspecto. Cada día de actividad es distinto del precedente y cada hora es diferente a la anterior. Como dijo una vez el antiguo filósofo griego Heráclito: "Nadie puede bañarse dos veces en el mismo río".

El mercado de valores es el resultado final de la suma de todas las personas que operan en él. Cada una tiene sus propias opiniones y pensamientos e, individualmente, empuja al mercado en la dirección que puede, ya sea como comprador o como vendedor.

¿Podemos saber lo que piensan todas las personas que están operando en el mercado? Claro que podemos. Un vistazo rápido a un trozo de información importante nos da la respuesta: el precio.

Un mercado dinámico que siempre está cambiando es, por naturaleza, un reto. Nuestros procesos de pensamiento están muy estandarizados. La mayoría de la gente desea demarcar los conceptos con límites claros y organizar y catalogar las cosas, mientras que el mercado es altamente dinámico. Para hacerle frente a ese reto, deberá familiarizarse muy bien con el mercado, con los principios del *trading* y con el comportamiento de los mercados. Esto le permitirá establecer su propio programa, sus propias reglas y límites, y aplicarlos cuando entre en el mercado.

El mercado siempre tiene razón

La conducta del mercado de valores, tal como fue descrita, ha dado lugar a dos dichos similares: "el mercado siempre tiene razón" y "el precio siempre tiene razón". En cualquier momento, el mercado y el precio encarnan toda la información relevante de manera coherente. No trate de discutir con el mercado. Muchas personas lo han intentado antes que usted y han fracasado. Cualquier intento de forzar su opinión o su esperanza sobre el mercado está predestinado al fracaso. Aun los grandes protagonistas del mercado de valores, quienes realmente cuentan con la habilidad de moverlo un poco, están al tanto de las fuerzas del mercado y sopesan sus movimientos con la debida seriedad.

Con el paso del tiempo, también aprendí que tiene poco sentido remar en contra del mercado. Por ejemplo: una de mis reglas (que discutiremos más adelante) es que, en cualquier día en el que tengo tres pérdidas consecutivas, dejo de operar. La experiencia me ha enseñado que, si continúo, voy a seguir perdiendo, ya que el impacto psicológico de las pérdidas hace que quiera imponer mi voluntad sobre el mercado. En esa batalla, se lo puedo asegurar, el mercado siempre saldrá victorioso.

Fuerzas del mercado: la oferta y la demanda

Entender el mercado significa entender primero las fuerzas que lo controlan, en otras palabras, obtener un entendimiento más profundo de los intereses de los compradores o postores (*bidders*) y los de los vendedores (*askers*), así como el impacto de sus intereses. Es costumbre decir que si los *bidders* controlan el mercado, el precio de una acción sube, y si lo controlan los *askers*, el precio baja. Esto es, por lo general, algo cierto, pero demasiado simplista y típico del *trader* principiante o el inversionista aficionado. Sabemos que los compradores quieren comprar barato y que los vendedores quieren vender al precio más alto que puedan obtener. Para los bancos de inversión, que compran y venden representando a clientes institucionales y son remunerados en función de los precios de compra y de venta que consiguen para sus clientes, comprar barato y vender caro se traduce en acción. Nosotros, los pequeños *traders*, no podemos hacer nada más que emularlos.

Vamos a considerar lo siguiente: una linda mañana, a un *trader* de una casa de inversiones en Wall Street se le indica que compre 500,000 acciones de la compañía X. Esas son muchas acciones según la perspectiva de cualquiera… ¿Piensa usted que las acciones de la compañía X abrirán ese mismo día con un alza o con una baja en el precio? La respuesta depende de múltiples factores, pero ya que quiere adquirir una enorme cantidad de acciones al precio más bajo posible, el comprador intentará primero hacer bajar el precio de la acción. El comprador puede empezar el día vendiendo una gran cantidad de acciones a primera hora y desencadenar así una ola de ventas. Cuando el precio de la acción sea lo suficientemente bajo a juicio del comprador, entonces comenzará a comprar. Dicho de una manera más sencilla: el control del comprador sobre la acción hizo que el precio bajara en lugar de subir. Un *trader* que siga el movimiento de la acción podría pensar, accidentalmente, que la acción se enfrenta a un día de precios a la baja, cuando realmente eso solo fue al principio, seguido por precios al alza el resto del día.

"¡Entra! ¡Entra!"… ¿Cuándo compra el público?

La luz del sol se asoma por la ventana del hogar del Inversor Promedio. ¡Buenos días! El señor Promedio va a la cocina, prepara el café y saca algunas galletas de la caja. Rumbo a la sala, Promedio se desvía para recoger el periódico que le dejaron en la puerta y lee el titular: "Bolsa de valores candente: las cinco mejores acciones". De hecho, esa es una muy buena razón para no meterse con esas acciones, pero eso lo explicaremos más tarde. Por ahora, Promedio se toma el café, prende la televisión y se pone a ver un programa matutino. La publicidad termina y el presentador del programa pregunta: "¿Y cómo le fue a nuestro dinero esta semana?" Nos muestran una casa de inversión. El presentador resume los acontecimientos de la semana y concluye con la declaración: "El mercado de valores está en punto de ebullición. El público está entrando a chorros". Esa es otra buena razón para tener cuidado, pero hablaremos de eso más adelante.

DINERO INTELIGENTE

El público compra las acciones a su precio más alto. A veces siguen subiendo, pero a menudo el público solo las tiene hasta que empiecen a caer y luego absorbe las pérdidas.

Pasa una hora. Un pensamiento irresistible pasa por la mente de Promedio: todos están comprando y obteniendo ganancias millonarias y él es el único tonto que se ha quedado fuera. Entonces toma la decisión: "¡Ya es hora de que mi dinero trabaje para mí también!", se dice Promedio, y decide comprar. Devuelve las galletas a la caja y llama a su asesor de inversiones.

¿Por qué está comprando el señor Inversor Promedio? ¿Es porque alguien se lo ha recomendado o solo porque lo escuchó en "los medios de comunicación"? ¿Sabrá el señor Promedio qué comprar? ¿Cuándo vender? ¿Con qué acciones hay que tener cuidado? ¿Compraría un refrigerador o un automóvil con la misma frivolidad? ¿Quizá su asesor de inversiones sepa qué y cuándo comprar? Por experiencia personal con los asesores de inversiones, diría que un 99% de ellos no saben qué comprar. De hecho, todavía no nació la persona que pueda saber con certeza si una acción subirá o bajará a largo plazo. Yo tampoco lo sé.

El público tiende a comprar por la presión social: porque los otros compran, porque un amigo se lo recomendó, o por miedo a ser el único que no compró. El público nunca será el primero en comprar una acción que apenas ha empezado a subir. Por lo general, solo los profesionales identifican el potencial de subida de una acción a corto plazo. El público observa la acción que ha subido y promete comprarla si se "comprueba" que es una acción fuerte y continúa su ascenso. Normalmente, el público solo se convence cuando la acción ha subido demasiado, proclamándola una "ganadora". Es entonces cuando se ponen a comprar. En su opinión, ¿quién le está vendiendo al público a ese alto precio? Acertó, son los profesionales. Aun si las acciones siguen subiendo, el público tenderá a quedarse con ellas mucho tiempo, hasta que empiecen a bajar, y el público será quien absorba las pérdidas.

El papel del profesional

Los profesionales tienen un papel muy claro: apoderarse del dinero del público. Y tienen muchos métodos creativos para hacerlo. Su mejor ventaja es el hecho de que son profesionales. Esa es su profesión. El público, por lo general, llega a su trabajo por la mañana, contesta llamadas, escribe correos electrónicos y cree que su dinero está trabajando muy duro por ellos. El público recibe un salario a finales de cada mes, porque cada miembro del público tiene una profesión. Cada persona se gana sus ingresos gracias a una ventaja que no tiene ninguna conexión con el mercado de capital.

Lo mismo que el público hace el profesional: él sabe que el público se va a comportar de una manera determinada. El público se siente presionado y vende histéricamente cuando el mercado se acerca a la baja, mientras que compra con entusiasmo cuando el movimiento ascendente del mercado es ya demasiado tenso y está por corregirse.

La actividad bursátil es mi profesión. Es una profesión que no requiere conocimientos de economía, sino más bien solo de psicología. De hecho, cuanto menos sepa de economía, mejor para usted. Como psicólogo aficionado, yo sé cómo predecir el comportamiento del público. El resultado es sencillamente que si usted y yo invertimos en el mercado, la probabilidad es más alta que, en la mayoría de los casos, yo salga ganando. Así como no puedo reemplazar a un profesional en otro campo, no hay ninguna razón para suponer que ese profesional me pueda reemplazar en mi esfera y se quede con mi dinero.

Los profesionales no son meros *traders*. También se cuentan entre ellos los gestores de fondos, los banqueros de inversión y cualquier otra persona que se gane la vida en los mercados de capital. Ellos también tienen formas creativas de quedarse con el dinero del público. ¡Manejan el dinero del público a cambio de honorarios de gestión, comisiones y otros tipos de ingresos sin prometer nunca que puedan obtener resultados favorables! En retrospectiva, podemos ver que, en los últimos veinte años, el 80% de los fondos gestionados en el mundo les rindieron a sus clientes menos de lo que los índices de mercado rinden. En otras palabras, los gestores de fondos saben que están tomando el dinero del público en vano, pero en toda su publicidad continúan prometiendo: "Denos su dinero y todo estará bien".

Una conclusión válida y simple se puede extraer en relación con todas las profesiones en el mundo: el amateurismo cuesta dinero, la profesionalidad genera dinero. El sueño de que su dinero trabaje para usted no es realista y, en el mejor de los casos, funciona solamente en ocasiones que solo pueden ser identificadas en retrospectiva.

En resumen, ¡nadie está preparado para trabajar por usted! Si quiere obtener ganancias, tendrá que oprimir esos botones por sí solo. El aprendizaje es la clave del éxito. Este libro es solo parte de ese proceso.

¿Ciencia o arte?

Hay cuatro maneras de llegar a una decisión para hacer una transacción con acciones:

- **análisis técnico**, que es la forma en la que operan los *traders*;

- **análisis económico fundamental**, el método para inversionistas a largo plazo;

- **caminando al azar**, el *modus operandi* de aquellos que afirman que no existe un método y

- **apostando**, el método utilizado por el público que piensa que ha encontrado la "fórmula" para obtener ganancias.

Stock trading no es una ciencia exacta. Si lo fuera, sería *ejercida* por los profesionales de la contabilidad. Ningún método es completo por sí solo. Aun si se aprende de memoria un manual de 300 páginas sobre análisis técnico, le puedo asegurar que perderá dinero. La receta ganadora es una combinación de componentes ganadores. La pregunta entonces es: ¿cómo defino la proporción de cada componente? Eso varía de una acción a otra, de un conjunto de condiciones de mercado a otro. Entender bien las proporciones es, de hecho, el arte del *trading*. El *trading* está a mitad de camino entre una ciencia exacta y un arte.

¿Quién le teme al análisis técnico?

A veces, el propio título de un campo específico asusta a la gente y les hace sentirse alienados, sin saber específicamente de qué trata el contenido. Muy a menudo, ese es el caso con la frase "análisis técnico".

DINERO INTELIGENTE	*El análisis técnico se basa en la observación del comportamiento pasado para predecir el futuro. El análisis técnico se basa en resultados y no en razones.*

La palabra "análisis" indica un proceso de revisión que estudia de cerca los detalles y, a menudo, sugiere la idea de una persona absorbida en el meticuloso examen de montañas de libros, artículos y papeles. La palabra "técnico" generalmente indica una esfera práctica, mecánica, que conjura imágenes de ingenieros en bata blanca, agachados sobre unos planos o maquinarias complejas.

De hecho, el campo del análisis técnico está muy lejos de esas imágenes. Tiene que ser aprendido, como cualquier otra profesión. El análisis técnico, de hecho, es muy sencillo de entender y muy fácil de aplicar, especialmente en el área del *day trading* que requiere solo la herramienta fundamental que el análisis técnico ofrece. Más importante aún, el análisis técnico no solo se refiere al examen detallado y al entendimiento, sino que ofrece un método práctico para comprar y vender acciones.

¿Entonces qué es el análisis técnico?

- El análisis técnico es una revisión de gráficos que muestran el comportamiento de un producto financiero con el propósito de predecir tendencias de precio futuras.

- El análisis técnico se centra en el precio, es decir, el resultado de la totalidad de las percepciones de todos los factores que operan en el mercado.

- Al análisis técnico no le interesan las razones de ningún precio.

Las tres premisas básicas de un *trader* técnico son:

1. *El cambio en el precio encarna todas las fuerzas del mercado.* En otras palabras, el precio de la acción expresa todo lo que puede impactar en el precio en términos de economía, psicología, política, etc. Por lo tanto, lo único necesario es seguir el precio, que refleja los cambios en la oferta y en la demanda.

2. *Los precios se mueven en tendencias.* Las tendencias son cíclicas y, por lo tanto, permiten predecir su dirección.

3. *La historia se repite.* Por más de un siglo, los analistas técnicos recurren a gráficos que representan las tendencias de las acciones. La información acumulada permite identificar patrones de conducta recurrentes. Los analistas técnicos creen que, en ciertas situaciones, la reacción emocional del público es esperar y, por lo tanto, los analistas suponen que, con base en la historia, se pueden predecir los movimientos futuros.

Los análisis técnicos por sí solos lo llevarán a un fracaso seguro. Aun si estudia todos los libros que se han escrito sobre el tema y los puede recitar de memoria, y aun cuando intente crear un software que opere en función de esas doctrinas, fracasará.

Como máximo, el 10% de los componentes de un análisis técnico funciona, pero no en el vacío. Si sabe cuál de esos componentes aislar de todos los que están disponibles y cómo integrarlos con otros componentes que no se relacionan con el análisis técnico, tiene una buena probabilidad de lograr el éxito. Pero recuerde, en la receta del éxito se aúnan la experiencia y el arte.

Análisis económico fundamental: ¿qué incluye?

El inversor fundamental es el que compra las acciones de una compañía con la convicción de que la fuente principal para el cambio en el precio será el rendimiento de la compañía, que cubre los cambios en ventas, rentabilidad, demanda de sus productos, gestión y liquidez, entre otros. Las herramientas principales que estos analistas utilizan son: el balance general de la compañía, las recomendaciones de los analistas, la información recogida de los medios de comunicación y los rumores. Un analista fundamental también se interesa en el estatus económico y el estatus del sector al que pertenece la acción, como desarrolladores de software, semiconductores, etc. Los inversores fundamentales revisan las tasas de interés del mercado y tratan de predecir su dirección y el alcance del cambio. Toda esta información se evalúa y, de ahí, sacan sus conclusiones.

Normalmente, se trata de inversores a largo plazo que no esperan ver sus predicciones hechas realidad a corto plazo. Por lo tanto, mantienen sus posiciones con la esperanza de que den fruto en el futuro.

Yo utilizo el análisis fundamental al nivel de los titulares que producen los medios de comunicación. No tengo fe en este tipo de análisis, pero sí creo que el público y los fondos de inversión tienen fe en él, por lo tanto, me dirijo a él con el debido respeto y le otorgo un cierto peso en mi proceso de toma de decisiones. Por ejemplo: digamos que el público cree que las acciones de cierta compañía de biotecnología se van a fortalecer gracias a un conjunto de diversos componentes. Esta información es suficiente para que yo me dé cuenta de que necesito centrarme en oportunidades de *trading* con acciones de biotecnología. De hecho, estoy mezclando el análisis técnico con el análisis económico fundamental.

Caminar al azar

Esta teoría niega todo tipo de análisis, ya sea técnico o económico. Esta teoría, desarrollada por académicos, da por cierto que los cambios en los precios son completamente aleatorios e impredecibles y que nada se puede aprender de la historia de una acción para predecir tendencias futuras. La teoría está basada en otra llamada la "Hipótesis del mercado eficiente", según la cual los precios representan toda la información disponible en el mercado. No hay acciones baratas ni caras porque el mercado calcula todos los riesgos y todas las oportunidades en un precio que lo representa todo. La "Hipótesis de la caminata al azar" afirma que ya que los mercados son aleatorios, uno debería caminar por ellos de manera "aleatoria" [de aquí en adelante] y que la mejor forma de obtener ganancias de una acción es a través de "comprar y mantener" esa acción.

No hay duda de que el mercado tiene ciertos elementos de azar, pero afirmar que todas las tendencias de precios son aleatorias es inconcebible. La teoría de la caminata aleatoria afirma que es imposible superar los índices del mercado y que sería difícil explicar el éxito de famosos inversionistas como Warren Buffet y Peter Lynch. Su afirmación, por lo tanto, me incluye a mí y a mis colegas en el *trading*. Un chiste bien conocido, que habla de las teorías del "mercado eficiente", señala con gracia su talón de Aquiles inherente: dos profesores de economía ven un billete de $100 tirado en el piso. Uno se agacha para recogerlo mientras el otro le dice: "Eso es ridículo. No es posible que un billete de $100 esté ahí tirado así sin más. Si así fuera, ¡alguien se lo habría llevado hace mucho tiempo!".

Según la hipótesis del mercado eficiente, es seguro que alguien lo habría recogido hace mucho, ¡pero ahí está! Tenga en cuenta que las dos teorías —la de caminata aleatoria y la del análisis técnico— se basan en la premisa de que el mercado manifiesta todos los factores del mercado. La diferencia entre estos dos métodos es que los proponentes de la caminata aleatoria observan que el mercado encarna toda la información a alta velocidad, por lo tanto, nadie tiene ninguna ventaja en el mercado, mientras que el análisis técnico afirma que la información importante se manifiesta en el mercado mucho antes de que sea del conocimiento público.

¿Alguien quiere apostar?

Bueno, este no es realmente un método. Realmente es la conducta del público en general que se apresura hacia la bolsa de valores cuando está en lo más alto y se va cuando llega una caída. Es la norma de comportamiento del público que, por lo general, pierde dinero en la bolsa de valores. También es a veces el método de los inversores sin experiencia que no observan las reglas más básicas de la actividad bursátil y que no creen en los principios que se han fijado a sí mismos. Al observar a tales inversores desde la distancia, el observador podría pensar que son verdaderos profesionales, pero la evaporación de las cuentas de esos inversores nos muestra la verdadera historia. Aun como inversor principiante, sea inversor, no apostador. Una oveja disfrazada de lobo sigue siendo una oveja por dentro.

El análisis económico fundamental frente al análisis técnico

Esta larga disputa empezó cuando el primer analista dibujó una línea entre dos puntos representando los cambios de precios de una acción sobre el eje del tiempo, creando así el primer gráfico de precios.

La esencia de la disputa es si comprar una acción basándose en el rendimiento de la compañía y del mercado —como, por ejemplo, el balance general de la compañía—, o basándose en el comportamiento de la acción únicamente, tal y como lo ilustran los gráficos.

Ambos métodos intentan predecir las tendencias de los precios. Como ya se ha mencionado, el inversor económico fundamental examina el valor de la acción en relación al rendimiento de la compañía y del mercado y saca conclusiones sobre si su precio está por encima o por debajo de su verdadero valor. Si, en la opinión del inversor a largo plazo, el precio actualmente está por debajo de su verdadero valor, comprará y viceversa. El *trader* técnico no pregunta "¿por qué?", sino que trata de predecir tendencias en los precios de acuerdo a los gráficos o, dicho de otra forma, a los resultados en el terreno en tiempo real.

DINERO INTELIGENTE

Integrar el análisis económico fundamental con el análisis técnico es una combinación ganadora. Ningún método puede funcionar solo y pasando por alto la existencia y la lógica del método alternativo.

Ahora dejaré de ser objetivo y declararé firmemente que no tengo fe en la credibilidad absoluta de uno u otro método. Creo que su integración es el método ganador. En realidad, escojo ser un 80% técnico y un 20% fundamental. La mayoría de los analistas técnicos llegaron a esa preferencia por medio del análisis económico fundamental. Le aseguro que si trata de obtener ganancias leyendo informes financieros en los periódicos y viéndolos en programas de televisión, descubrirá, tarde o temprano, que está perdiendo el tiempo.

¿Por qué la mayoría de la gente cree en el análisis económico fundamental? Porque nos han educado para invertir a largo plazo. ¿Y por qué es eso? Muy probablemente porque alguien tiene que ganarse la vida enseñando economía en las universidades, porque los fondos de inversión tienen que encontrar justificaciones legítimas para sus compras equivocadas, porque las escuelas del mercado de valores quieren seguir abiertas, porque, como humanos, necesitamos catalogar todo en algún tipo de esquema matemático organizado y porque ninguno de los educadores está dispuesto a admitir que, básicamente, no sabe nada cuando la historia indisputablemente demuestra que a la larga se ha equivocado. Los métodos y las actitudes acerca de la enseñanza no han cambiado en décadas y, en ciertas ocasiones, hasta en siglos.

La mayoría de los que están involucrados en el mercado de valores se definen como puramente fundamentales o puramente técnicos. En realidad, los dos métodos se superponen bastante. El problema surge cuando los dos métodos se oponen. La historia nos ha demostrado que el método técnico siempre ha precedido al análisis económico. A la mayoría de las principales tendencias del mercado que han ocurrido en la historia no se les adjudicó ninguna explicación significativa de acuerdo a los datos económicos, pero la mayoría podían haber sido previstas con base en la conducta técnica. Los inversores técnicos experimentados aprenden con el tiempo a confiar en sus propias consideraciones, a menudo opuestas a las que proponen los analistas económicos fundamentales. Los inversores técnicos gozarán de los beneficios de los cambios mientras que los inversores fundamentales hace un buen rato que perdieron el tren.

¿Quiere un ejemplo? ¿Cree que fue posible obtener ganancias de las acciones de compañías de alta tecnología a finales de la década de 1990? ¡Claro que sí, y en abundancia! ¿Existía al menos un inversor fundamental que pudiera justificar la compra de acciones en compañías de alta tecnología sin ingresos, solo con gastos y sueños? ¡Claro que no! Los inversores técnicos sabían hacia dónde moverían el mercado las emociones del público, mientras que los inversores fundamentales optaron por hacer caso omiso del cambio esperado.

En algún momento, sin embargo, encontraron la justificación para entrar. ¿Recuerda la frase "obtenga ganancias sin costos de publicidad"? Muchos otros conceptos económicos ilustres nacieron durante la burbuja de la alta tecnología, los cuales servían para justificar una entrada tardía a un mercado ya abarrotado. Los fondos de inversión simplemente no les podían decir a sus clientes que no estaban comprando cuando todos los competidores presentaban ganancias astronómicas, por lo tanto, inventaron una justificación financiera y, con gusto, empezaron a comprar. Los que perdieron el tiempo analizando informes financieros de las compañías de alta tecnología antes de la estampida y mientras duró, dejaron oportunidades abiertas para que las disfrutaran los analistas técnicos ellos solos. Los que continuaban justificando sus posiciones fundamentales erróneas cuando la bolsa de valores cambió de dirección y se vino abajo, perdieron su oportunidad.

Con el tiempo, una vez que el mercado había absorbido estos grandes movimientos, los dos métodos se emparejaron y, una vez más, nos presentaron un frente unido. Nos preguntamos: ¿debe haber alguna avenencia entre ellos? Como novato, pensaba que la respuesta era negativa. Ahora, con el tiempo y la experiencia que tengo, creo haberme equivocado. Como he mencionado, actualmente opero con una mezcla de 80% técnico y 20% fundamental. Me he pasado un poco hacia el otro lado porque me he dado cuenta de que cuando se utiliza solo un método, el mercado parece operar como si tuviera vida propia. Me percaté de que depender solamente de datos técnicos no me daba la ventaja que yo esperaba. En cambio, está muy claro que apoyarme solo en datos económicos no es más que una apuesta. Si ha intentado observar cómo se comporta una acción después de que sus informes financieros se publiquen, ya sean buenos o malos, entenderá exactamente a qué me refiero.

Como verá, utilicé términos muy específicos: "inversor fundamental" e "inversor técnico". En el pasado, cuando el mundo era principalmente industrial, era posible depender de datos económicos a largo plazo. En el pasado no era posible cambiar las reglas del juego de un día para otro. Cuando una megacorporación como General Motors o IBM presentaban buenos balances generales, estaba claro que ningún competidor podría surgir de un día para otro y arrebatarles su alto puesto. Por lo tanto, estos puntos de referencia económicos eran fiables a largo plazo. Para competir con GM o IBM hubiera sido necesaria una inversión inimaginable, así que no cabía esperar ningún cambio que pudiera poner en demasiado peligro al inversor.

En la realidad tecnológica de hoy, cualquier joven empresario que viva en su dormitorio de estudiante puede derrumbar a un conglomerado como IBM de la cúspide de la pirámide. ¿Recuerda cuando IBM prefería desarrollar hardware y un joven llamado Bill Gates desarrolló DOS para ellos? Basta con observar la capitalización de mercado de Microsoft frente a la de IBM para entender cómo puede cambiar el mundo. ¿Y quién utilizó la innovación tecnológica para derrumbar a Microsoft de su posición en la cima como la compañía con el valor más alto en el mercado? Apple, que estuvo durmiendo durante muchos años pero que llegó a nuevas cumbres con el iPhone y el iPad, dejando atrás a Microsoft. ¿Y qué hay de Google, con su avance a toda velocidad? ¿Facebook, que le pisa los talones a Google, tomará el liderato? En el mundo de los negocios de hoy, cualquier innovación tecnológica o biológica puede cambiar la estructura del mercado de un día para otro. Los tiempos en que nuestros padres compraban acciones como las de IBM y colocaban la escritura (sí, en esos tiempos se le emitía al dueño de la acción una escritura en papel) bajo la almohada y se dormían con la seguridad de que todo estaría bien ya hace mucho tiempo que desaparecieron. Y aún no hemos empezado a discutir el impacto de las guerras y los ataques terroristas...

Creo que la inversión a largo plazo está muerta, junto con el mundo del control absoluto y el método del análisis económico fundamental. El corto plazo es lo que hay que observar, por lo que el análisis técnico es actualmente el método en control. Vivimos en tiempos en los que necesitamos operar con cambios rápidos y nos cuidamos de los peligros de las inversiones a largo plazo. El inversor técnico que compra acciones que, desafortunadamente, se mueven en la dirección opuesta (sí, eso también puede suceder) se da cuenta de que se ha equivocado, las vende y continúa con la siguiente. Cuando un inversor fundamental compra una acción, la mantiene mientras los datos de la economía fundamental no se alteren. Tales inversores creen que el valor de una acción es más alto que su valor en el mercado y, por lo tanto, cuando baja el precio, pueden incrementar sus posesiones. Es cierto que, no hace muchos años, el método sí funcionaba. ¿Recuerda la burbuja de las puntocoms que explotó en el año 2000? Ahí es donde el método dejó de funcionar. Ahí es donde el inversor técnico sacaba ganancias de los **shorts** y el inversor fundamental cayó con un mercado que, hasta la fecha, no se ha recuperado. Fue la oportunidad del *trader*, no la del apostador.

Si necesita más persuasión, permítame que le haga otra pregunta: ¿hay alguna conexión entre el balance general de una compañía y la realidad? Los lectores de edad más avanzada podrán recordar a Enron, una de las corporaciones de energía más grandes del mundo. Enron se derrumbó cuando su presidente optó por presentar un balance general de forma "creativa" y se aseguró de encontrar un contable que no se interpusiera en su camino. Aun si el balance hubiera sido legítimo, aun así, reflejó el estatus de la compañía en el trimestre anterior, el cual comenzó solo tres meses atrás. ¿A quién le interesa hoy? Estoy seguro de que la mayoría de los balances generales que nos presentan son legítimos y correctos pero, ¿deberíamos apostar a ellos con nuestro dinero?

Como *traders*, nos apoyamos principalmente en datos técnicos claros. En el pasado, nos hemos topado con acciones que subieron varios puntos porcentuales en un solo día de actividad bursátil y solo al día siguiente se esclarecieron los datos económicos que causaron el alza. Esto no solo implica que no tengamos confianza en los datos económicos. Solo sentimos que ya están incorporados dentro de los gráficos de la acción.

Por si eso no fuera suficiente, hay otra diferencia importante. El análisis técnico se puede aplicar a toda acción, sector y mercado. Deme un gráfico anual para el índice Nikkei de Japón y, en segundos, puedo analizar el mercado japonés. Muéstreme el gráfico anual para el índice DAX y, en un abrir y cerrar de ojos, analizaré el mercado alemán. ¿Podrán los analistas fundamentales, que necesitan leer montañas de material antes de comprar una acción, hacer eso? ¡No! No pueden especializarse en cada mercado, sector y acción. Están limitados a un sector específico e inclusive a una compañía en algunos casos y nunca revisarán el mercado entero, sino solo un pequeño segmento.

¿Por qué, pese a todo, uso el análisis económico fundamental?

Antes que nada, porque la mayoría del público lo usa. Preguntar si existe algún significado en el análisis fundamental es tan inútil como preguntar si tiene significado el análisis técnico. En cuanto un número suficientemente grande de personas lo crea y opere con base en datos económicos con resultados predecibles, el inversor experimentado sabrá cómo sacar ventaja del movimiento vaticinado y ganarse la vida haciéndolo. Con el paso de los años, he aprendido a apreciar el poder de la manada fundamental y a aprovecharlo para mis propios propósitos. Tomo muchas decisiones técnicas basadas solo en factores económicos. Por ejemplo: me centro mucho en acciones influenciadas por el análisis económico extremo, como la recomendación de un analista, pero, entonces, escojo puntos de entrada y salida técnicos. Usar el análisis económico fundamental no indica de ninguna manera que yo crea en ese método, pero, en definitiva, creo firmemente en los resultados predecibles del comportamiento de los que sí lo usan. No tengo ninguna necesidad de negar ningún tipo de predicción. Más bien, necesito evaluar si se llevará a cabo.

¿Analista técnico o adivino?

¿Es el análisis técnico una ciencia exacta o un arte? Creo que la verdad está a mitad de camino entre las dos. Los analistas experimentados de Tradenet a menudo me preguntan si vale la pena comprar esta acción o la otra y mi respuesta puede ser que lo mejor es vender la acción. Si el análisis técnico fuera una ciencia exacta, no habría campo para dos opiniones diferentes sobre la misma acción. Por cierto, aun dentro de la ciencia de la economía, las disputas son abundantes y lo que un economista ve como una compañía sólida puede ser vista por otro como inestable.

Si así es como funcionan las cosas, seguramente se estará preguntando qué función tiene el análisis técnico. Al principio de este capítulo mencioné que el mercado es como un gigante de tremendas proporciones en un constante estado de cambio. El análisis técnico ayuda a crear orden en el caos y permite al inversor leer el mercado por medio de los precios de las acciones y los movimientos en los gráficos. Además, desde el momento en que los inversores aprenden a leer el mercado, ya no tienen que examinarlo constantemente desde una perspectiva técnica para poder entender lo que están viendo, simplemente entienden (en vez de "leer") el mercado. El análisis técnico es, por lo tanto, una herramienta que madura en el conocimiento del inversor: lo usamos para saber cómo leer el mercado y, una vez que lo sabemos, ya no lo necesitamos, excepto en los casos en que la lectura se hace difícil. Los inversores que entienden el mercado pueden identificar la dirección que tomará en etapas tempranas mucho antes de que aparezcan las señales técnicas regulares y actuar en función de ella. Obviamente, una vez que la perspectiva técnica sea completamente clara, ya lo será para todos, y en ese momento se pierde la ventaja.

Mientras que el análisis técnico no es una ciencia exacta, hay analistas técnicos, muchos de ellos muy conocidos, que frecuentemente fallan en sus análisis. Los inversores jóvenes que quieren forzar sus métodos técnicos sobre el mercado fracasarán una y otra vez. Cuando el mercado colapsa, los niveles de soporte técnico no significan nada. Cuando hay euforia, los niveles de resistencia técnica se derrumban sin esfuerzo.

Algunos analistas técnicos le han dado una mala reputación a este campo y ponen en peligro el *modus vivendi* de los astrólogos y los adivinos que nos leen la borra del café. Esos analistas le proporcionarán gráficos con tantos índices, líneas y cifras que no va a saber si está mirando un gráfico o un mapa de constelaciones. Los analistas técnicos que proporcionan predicciones para los meses venideros no son profesionales sino charlatanes.

Salga de la caja

Las leyes del *trading* técnico son conocidas por todas las partes interesadas. Los especialistas y los creadores de mercado en la Bolsa de valores de Nueva York conocen los puntos de salida y de entrada de los Stops que usted emite y, a menudo, utilizan esa información a su favor. Tenga eso en cuenta al operar. La línea de resistencia no es una pared sólida y la línea de soporte no es tierra firme. Es por eso que hablamos en primer lugar de los "niveles de soporte" y de los "niveles de resistencia" en lugar de una ciencia exacta. Los inversores jóvenes en la sala de *trading* a menudo me dicen que vendieron una acción porque rompió el nivel de soporte, mientras que los inversores experimentados y yo hemos mantenido nuestras posiciones y, al final, les hemos sacado ganancias. No deje que su mano sea demasiado rápida con el ratón. Recuerde que la actividad bursátil es una batalla mental y siempre involucra a dos partes: el comprador y el vendedor.

Por eso también aconsejo a mis inversores no poner un Stop, sino esperar el momento en el que la acción llegue al punto de suspensión y entonces salir manualmente. Los especialistas y los creadores de mercado saben dónde están los Stops de la mayoría de los inversores y usan esa información para su propia ventaja.

¡El gurú de todos los gurús!

El mundo de las finanzas está lleno de gurús. Jim Rogers es un ejemplo. Él creía con todo fervor que China sería el próximo gran éxito, hasta el punto que se mudó a Singapur y su hija aprendió a hablar mandarín, dejando a los oyentes chinos muy sorprendidos. ¿Y cuántos gurús predijeron la caída de las sub-prime de 2008? No mucho antes del colapso, fui invitado a participar en un panel de economistas en una famosa universidad.

DINERO INTELIGENTE

Nadie puede predecir el futuro del mercado para cualquier acción. Por cada opinión presentada por un analista reconocido, podemos encontrar una opinión contradictoria de un analista aún más reconocido.

Primero habló el economista jefe de un gran banco, seguido del gerente financiero de otro banco. Los dos ofrecieron predicciones sólidas: la crisis de la vivienda no era más que un simple episodio pasajero, la economía era fuerte y no había ningún peligro de crisis en el mercado de capital. En resumen, era un mensaje de: "No se preocupen, todo marcha bien".

Estoy acostumbrado a la idea de que alguien que recibe un salario del banco tratará de no asustar al público ni alejar a los inversionistas, pero esto era pasarse de la raya. Cuando me tocó el turno de dirigirme a la audiencia, dije muy sencillamente: "No sé lo que va a suceder". El moderador persistió en tono de reprobación: "Le trajimos aquí para que les diga a los presentes lo que deben hacer". Así que dije la verdad y una que seguramente significará que esa universidad nunca volverá a invitarme a dar una conferencia. Esto fue lo que dije: "No escuchen a los analistas porque no tienen idea acerca del futuro".

Por la reacción del moderador y del público, claramente, había tocado un punto sensible. Al público le gusta que le digan qué es lo que tiene que hacer. Le gusta que lo tomen de la mano y lo lleven, ya sea a la muerte o al esplendor, pero no quiere que lo molesten con la obligación de tomar sus propias decisiones. En ese momento, en un ambiente claramente explosivo, añadí: "No dejen que los banqueros y los fondos gestionen su dinero ni que les cobren honorarios de gestión y comisiones para que luego les digan que "todo va a ir bien". La verdad es que, al igual que yo, ellos no tienen idea de qué va a suceder en el futuro".

No importa quién sea el gurú ni si adopta la forma de un asesor o de un analista de inversiones. Cuando lea o escuche cualquier tipo de recomendación por los medios de comunicación, no se trague todas esas palabras con amor. Considérelas críticamente y reconozca el hecho de que, aun si son correctas, son conocidas por millones de personas, lo cual le deja a usted sin ninguna ventaja.

El punto de Arquímedes

Al filósofo griego Arquímedes se le conoce principalmente por su famoso grito de "¡Eureka!", que quiere decir "¡Lo he encontrado!". Esta fue su reacción al descubrir que se puede medir el volumen de los objetos sumergiéndolos en el agua. Otro descubrimiento de Arquímedes, aunque menos conocido, es "Punctum Archimedis", esto es, el punto de Arquímedes. Arquímedes afirmaba que si le dieran un punto de apoyo, podría mover el mundo.

Algunos inversores buscan el punto de Arquímedes en los libros. Buscan el libro o el método que les permita "conquistar el mercado". Ellos quieren que alguien los lleve de la mano a lograr el éxito. Perdonen que los decepcione, pero no hay ninguna receta ganadora ni palabra mágica que permita obtener ganancias de cada transacción. La herramienta más cercana al punto de Arquímedes es la tendencia, la cual examinaremos más a fondo en el capítulo 5. Para identificar y tomar ventaja de las tendencias, primero debemos aprender, en el capítulo 4. cómo usar los gráficos.

4.

El gráfico:
la huella del dinero

El gráfico de una acción contiene toda su historia y señala su futuro

Cómo leer la mente de millones de personas

La principal herramienta del *trader* es el gráfico. La función del gráfico es mostrar la historia del precio de una acción e indicar su futura dirección a través de conclusiones basadas en el pasado, algo así como una bola de cristal financiera donde no hay presente y solo existe el pasado. Un nanosegundo antes, ya es el pasado; un segundo más adelante, es el futuro. Al decidir si comprar o vender una acción, no puede conformarse con el precio actual solamente. Es preciso examinar de dónde viene ese precio y sacar conclusiones para saber hacia dónde va. Tenemos que investigar en qué punto del pasado decidieron los vendedores parar su ascenso (líneas de resistencia) y en qué momento los compradores salvaron a la acción de una caída (líneas de soporte). Utilizando esta y otra información, debemos determinar cómo se comportará en el futuro y a qué precios pueden tener lugar determinadas conductas. Usaremos tantos gráficos como nos lo permitan nuestras pantallas para seguir las distintas acciones, sectores e índices de mercado importantes. En la actualidad, yo uso nueve pantallas y estoy pensando en añadir otra, pero eso más que nada es para ver la cara de asombro de las personas que entran en mi oficina.

DINERO INTELIGENTE

El gráfico de una acción es una integración de conocimiento fundamental con una sana dosis de psicología humana.

Los gráficos pueden ser semanales, en los que se presenta la información de varias semanas, diarios, en los que se presenta información de varios días, o intradiarios, en los que se presentan datos del mismo día a diferentes intervalos, como de minuto a minuto o cada quince minutos. Estos gráficos ofrecen al inversor una mirada detallada al mercado y un seguimiento de los cambios en el precio, que son los resultados de la puja constante entre compradores y vendedores. Los precios de las acciones no suben o bajan por casualidad. Como *trader*, me da un gran placer poder observar los cambios en los gráficos en tiempo real e imaginarme a toda la gente detrás de sus escritorios por todo el mundo vendiendo, comprando y causando un impacto en el precio mientras lo estoy mirando. Esta es una "guerra" por el control sobre el dinero y el poder, cuya victoria será para la persona que tome las mejores decisiones basadas en la información que tiene disponible. Disfruto viendo las trampas tendidas por los compradores o los vendedores. Veo los errores y los triunfos y trato de pensar en qué hubiera hecho yo en lugar de ellos. Aun a una persona con mucha experiencia en el mercado de capital, pero sin experiencia en *trading* intradía, le será difícil entender la lógica detrás de la actividad bursátil intradía. Aquellos con experiencia insuficiente pueden contentarse con solo tratar de entender y analizar el gráfico semanal o diario. Pero, de hecho, la actividad bursátil intradía tiene su lógica, y mucha. Cuanta más experiencia tenga con la pantalla, más podrá entender lo que hace que se muevan los *bears* (osos) que representan a la tendencia a la baja, y los *bulls* (toros) que representan la tendencia alcista de una acción. Cuanto más se familiarice con la lógica intradía, más crecerá su confianza hasta el punto en el que usted también entre en la guerra. Cada movimiento de un *day trader*, ya sea comprar o vender, se basa en los patrones de los gráficos que aprenderemos y en resultados que representan la evaluación del *trader* con respecto a los resultados de la guerra según están representados en el gráfico.

Usar gráficos parece ahora la cosa más natural y obvia. ¿Cómo podemos lograr algo sin ellos? Pero las cosas no eran así en el pasado. Hasta hace unos cien años, casi no se usaban los gráficos. Los precios de las acciones llegaban a las salas de *trading* por telégrafo: un oficinista los escribía en un pizarrón grande y borraba el precio anterior. Los *traders* exitosos eran aquellos que estaban dotados de una excelente memoria. Con el tiempo, se entendió que existe una conexión entre el pasado y el futuro comportamiento de una acción. Algunos inversores empezaron a seguir el curso de la información, buscando resultados recurrentes. El uso de gráficos empezó a avanzar conforme se empezaron a desarrollar más teorías basadas en los gráficos, tales como la **Teoría de Dow** y las **Ondas de Elliot**. En la década de 1960. el uso de los gráficos se popularizó cada vez más con la llegada de las primeras computadoras industrializadas.

Existen varias normas aceptadas para presentar los precios en gráficos. Los diferentes inversores eligen diferentes métodos, pero la mayoría, especialmente los *day traders*, utilizan casi exclusivamente las "velas japonesas", un método que más adelante desarrollaremos. Algunos de los métodos se describen brevemente más adelante, a modo de introducción.

Gráfico de línea

Este es el gráfico más sencillo. Es comúnmente reconocido por el público y utilizado con frecuencia en publicaciones del sector financiero. Un gráfico de línea se crea conectando todos los precios de cierre (el último precio al final del día) a lo largo de un período determinado. Estos se marcan en el gráfico y se traza una línea que los conecta. Esta es la manera más sencilla de mostrar los precios pero, como veremos más adelante, es insuficiente, ya que la información que proporciona solo es relevante en cuanto al precio de cierre de la acción. Para un *trader*, faltan datos importantes como el precio de apertura, el precio más alto intradía (el clímax del precio en el día) y el precio más bajo intradía. Esta es la información que no le puede faltar al *trader*.

AAPL – Gráfico de línea de 6 meses

El gráfico de línea es útil y muy frecuentemente utilizado por los medios de comunicación. Es especialmente adecuado para comparar los precios de varias acciones en un gráfico o para comparar una acción con el índice de su sector. Si, por ejemplo, deseamos comprobar el gráfico de la acción de Apple (AAPL) y compararlo con el comportamiento de las acciones del sector de alta tecnología, el gráfico de línea facilita el trabajo y permite determinar si una acción determinada es más débil o más fuerte que las de su sector.

Resumen

Este es un buen gráfico, pero completamente inútil para el *trader*. Yo utilizo este tipo de gráfico solo cuando escribo artículos para los periódicos o cuando los productores de programas de televisión quieren un gráfico que los televidentes puedan entender. Usted los ha visto, conoce estos gráficos y, ahora, debe olvidarse de ellos totalmente.

Gráfico de punto y figura

El gráfico de "X" y "O" es un método muy antiguo sobre el que se escribió por primera vez en 1898. Su popularidad aumentó en la década de 1940 con la publicación, en 1947, de la guía sobre el cálculo del gráfico de punto y figura en el mercado de valores, de A. W. Cohen. A diferencia de otros métodos de presentación, en los que el precio depende del tiempo, el método de punto y figura marca un aumento en el precio como "X" y una baja en el precio como "O". Este método sirve principalmente a los inversores a largo plazo ya que muestra los precios durante un solo período (por ejemplo, los precios de cierre de un período de días de actividad bursátil). Por lo tanto, filtra las fluctuaciones de actividad bursátil intradía, basándose en la premisa de que los cambios intradía no son más que ruidos que distraen al inversor y le hacen llevar a cabo operaciones innecesarias. Este es un ejemplo de un gráfico de punto y figura:

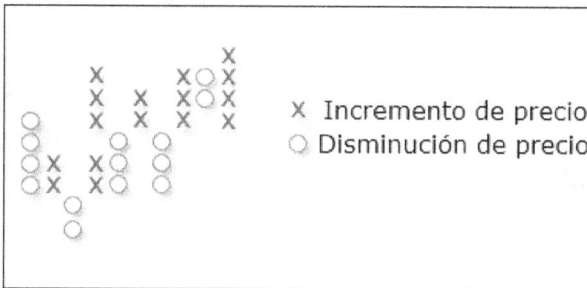

Resumen

Si realmente me quiere hacer enojar, lea el libro de Cohen de 1947, que se puede comprar a través de internet, y trate de usar este método en el *trading* intradía. Existe una buena probabilidad de que, en lugar de ganar dinero, usted acabe llorando. Si está interesado en inversiones a largo plazo, es posible que saque algo de provecho de leer el libro, pero el largo plazo no me interesa y, por lo tanto, no lo discutiremos más.

Gráfico de barras

¡Ahora estamos subiendo de nivel! A diferencia del gráfico de línea, el gráfico de barras muestra una buena cantidad de información útil y es el más comúnmente utilizado por los inversionistas. Tenga en cuenta que he utilizado el término "inversionistas" y no *"traders"*. En un gráfico de barras, cada barra vertical representa el comportamiento de los precios durante un determinado marco temporal, como se indica a continuación: la parte superior de la barra vertical indica el precio más alto durante la unidad de tiempo específica (ALTA o **HIGH**) y el punto inferior indica el precio más bajo (BAJA o **LOW**). La pequeña marca horizontal a la izquierda muestra el precio inicial (APERTURA o **OPEN**) y la horizontal de la derecha muestra el precio al CIERRE o **CLOSE**.

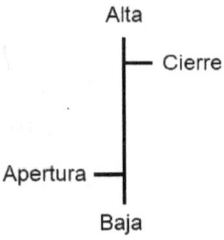

```
        Alta
          |
          |— Cierre
          |
          |
Apertura —|
          |
        Baja
```

Digamos que este gráfico de barras indica los cambios en los precios de una acción en un día: su apertura, su alta, su baja y el precio de cierre de un día. Puesto que el precio de cierre es mayor que el de apertura, comprendemos que estamos ante un gráfico que muestra un día en el que el precio aumentó.

¿Cómo cree que sería un gráfico que muestra una disminución general del precio?
Así:

```
        Alta
          |
Apertura —|
          |
          |
          |— Cierre
          |
        Baja
```

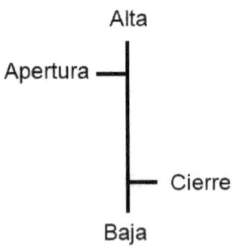

Un día en el que no hubo ningún cambio tendría el siguiente aspecto:

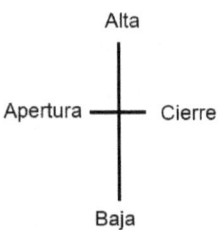

```
        Alta
          |
          |
Apertura —|— Cierre
          |
          |
        Baja
```

Gráfico de AAPL durante 16 días de actividad bursátil

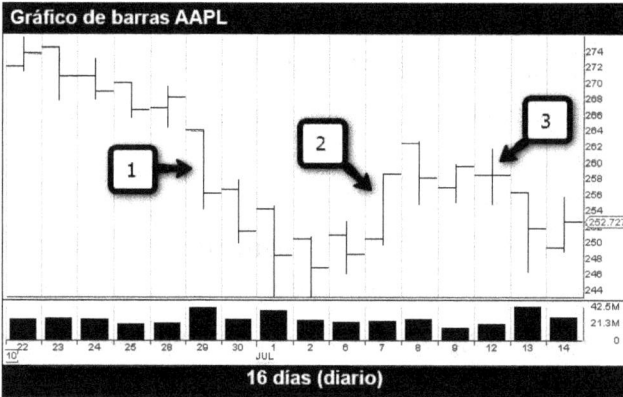

[1] muestra el precio de la acción al 29 de junio a partir de su alta (clímax), bajando y, luego, finalizando un poco por encima de la baja;

[2] muestra el precio de AAPL al 7 de julio con apertura ligeramente por encima de su punto más bajo, bajando y, luego, terminando al alza;

[3] muestra AAPL al 12 de julio sin ningún cambio. Los precios de apertura y de cierre son idénticos.

Una barra puede indicar cualquier plazo, desde un solo día (como en la tabla anterior), hasta una semana, un mes y, por supuesto, períodos más cortos de actividad bursátil intradía de cinco a quince minutos, de media hora o de una hora entera. Los *traders* intradía seleccionan gráficos de barras que ilustran de dos a treinta minutos. Por el contrario, un inversor que desee examinar el comportamiento de una acción a largo plazo probablemente elegirá barras que muestren días o semanas.

Note la diferencia entre los precios de apertura y de cierre de AAPL en el gráfico de barras de arriba. Observe también que, de un día para otro, el precio de apertura es diferente del precio de cierre del día anterior. Por ejemplo: en el día señalado [1], se puede ver que el precio de apertura es menor que el precio de cierre del día anterior.

¿Cómo es posible? Nosotros llamamos a este fenómeno *"price gap"* (brecha de precios) o, lo más común, solo *the gap* (la brecha). Es muy conocida e importante para los *traders* y será objeto de una discusión más detallada. Tenga en cuenta que una de las desventajas del gráfico de línea, a diferencia del gráfico de barras, es que no contiene esta información.

¿Por qué los *traders* no utilizan el gráfico de barras? Por un lado, es muy claro y detallado, pero por otro, es difícil de leer. Las pequeñas líneas horizontales a la izquierda y a la derecha al final terminaron por volverme loco y estoy seguro de que apresuran ese día inevitable en que tenga que visitar al óptico para que me recete lentes para leer (no he llegado a esa situación todavía...). Los gráficos de barras generalmente son para los inversionistas mayores que no están dispuestos a aprender "nuevos trucos". Los gráficos de barras simplemente no son lo suficientemente "cool" para los jóvenes como yo.

Gráfico de velas japonesas

Al fin llegamos a nuestro objetivo. Hasta ahora, he cumplido mi obligación profesional y le he mostrado varios métodos destinados al público en general o a los inversionistas veteranos. Pero son innecesarios para nuestros fines y ahora llegamos a las costas de la Tierra Prometida. Prepárese para una sorpresa, porque este método de velas japonesas, que es realmente *retro* y asombroso, ¡nació en el siglo XVIII!

Este método fue desarrollado por el japonés Munehisa Homma (1724-1803), un mercader de arroz que fue uno de los primeros en hacer uso de los precios pasados del arroz para predecir los precios futuros. ¡Y el método realmente funciona! Munehisa se hizo muy rico y se le concedió el título de "*Samurái honoris causa*". ¡Alguien calculó sus ganancias anuales en términos modernos y alcanzarían la cifra de 10,000 millones de dólares con un capital acumulado de 100,000 millones! Los principios de este método fueron estudiados en la década de 1970 por varios analistas técnicos y, sobre todo, por Steve Nison, quien también escribió un *best-seller* sobre el método. El resultado es que el método de las velas japonesas nos es muy útil hoy en día.

El método de Munehisa Homma me permite entender los precios cambiantes sobre un eje temporal. Tenga en cuenta que he utilizado la palabra "entender", en lugar de simplemente "observar" o "ver". Con el transcurso de los años, he experimentado un fenómeno sorprendente.

Si usted, como yo, pasa varios años observando las velas japonesas es posible que usted también sea objeto de una transformación similar. En algún momento, aunque no puedo definir exactamente cuándo sucedió, conseguí comprender la "Matrix" (recuerda la película, ¿verdad?) de las velas. Ahora, cuando veo un gráfico complejo de velas japonesas, empiezo a hablar en japonés. "Entiendo" las acciones sin necesidad de analizar el gráfico. Puedo verlas como un cirujano examina un encefalograma o como un músico escucha la música cuando ve la partitura. Estoy en el mundo del soporte, la resistencia, las rupturas y los colapsos, los osos y los toros. En este mundo virtual de precios en subida y en caída es donde algunas de las acciones me "hablan": "Cómprame, véndeme… Estoy dispuesta a seguir aumentando hasta el precio de…"

Probablemente piense que, tras tantos años de velas japonesas, he perdido la razón. Puede haber un poco de verdad en eso. Pero aquellos de ustedes que saben cómo tocar un instrumento musical y que han logrado pasar de la mera lectura de las notas a poder escucharlas (no como yo, que me obligaron a aprender a tocar el piano y lo único que aprendí fue "do, re, mi"), saben exactamente a lo que me refiero. Para un músico, esta es la etapa en la que vive dentro del "cuerpo" de las notas. Para el *trader*, es la etapa en la que siente la acción, siente el miedo y la avaricia de los vendedores y de los compradores y sabe cómo aprovecharse de esta situación para su propio beneficio. Cuando era principiante, necesitaba más o menos diez minutos para analizar un gráfico de velas japonesas. Ahora, no me lleva más de unos cuantos segundos.

A continuación, se observa un típico gráfico de velas japonesas que muestra las variaciones de precios durante un período de 16 días de actividad bursátil. Cada vela representa un día de actividad. ¿Le resulta conocido? Eso es porque proporciona la misma información que el gráfico de barras que vimos un par de páginas atrás. A primera vista, parece un poco más complicado pero, como ya he explicado antes, le prometo que será mucho más fácil.

Gráfico de velas japonesas de AAPL de 16 días

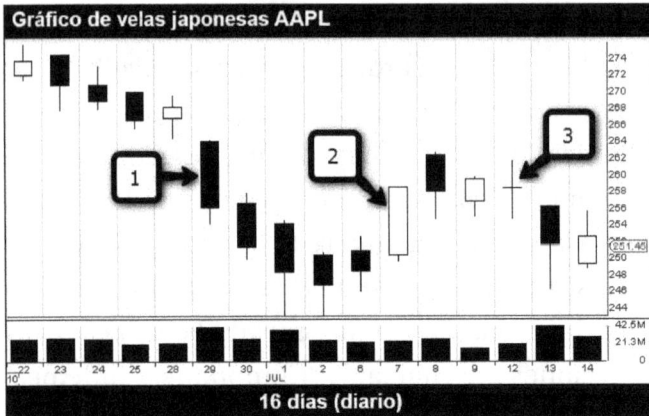

Gráfico de velas japonesas AAPL
16 días (diario)

Aquí también, cada vela representa un día de actividad bursátil: [1] un día de precios a la baja; [2] un día de precios al alza y [3] un día sin ningún cambio. Tómese un par de minutos y compare este gráfico con el gráfico de barras. Trate de entender cómo se muestran los precios en este gráfico en comparación con el gráfico de barras. Le prometo que dentro de poco podrá entender el concepto sin haber leído ninguna explicación. Esto es importante. Por favor, deje de leer y haga esa comparación.

¿Siguió leyendo sin parar? Si es así, ha fracasado en la prueba más importante para cualquier *trader*: la disciplina. Por esta vez le perdono pero vamos a ponernos de acuerdo en que será la última vez que falta a la disciplina. Si no tiene disciplina, pagará un precio muy alto.

Así que, ¿cómo podemos leer una vela japonesa? Al igual que con las barras, las velas japonesas indican el movimiento de los precios durante un período específico elegido por el *trader* que puede ser de un minuto, de un mes o incluso de un año. Pero, en lugar de una línea vertical con dos barras horizontales, la vela tiene un "cuerpo".

- Las partes inferior y superior del cuerpo muestran los precios de apertura y cierre.

- Cuando la vela es de color claro (generalmente, verde, blanco o transparente, aunque hay otras posibilidades), el precio de cierre es superior al precio de apertura, es decir, el precio subió en el período representado.

- Cuando el cuerpo de la vela es rojo, negro o de cualquier otro color oscuro significa que el precio de cierre fue inferior al precio de apertura, es decir, el precio bajó.

La mayoría de las velas tienen una cola, a veces también llamada "la sombra".

- Si está en el extremo superior se llama "cola de techo" e indica el precio más alto del período representado por las velas (por ejemplo, el alta del día).

- Una cola en el extremo inferior se llama "cola de piso" e indica el precio más bajo para un período específico.

Más adelante, vamos a aprender que la longitud de la cola es muy importante para analizar la variación del precio de las acciones.

Vela japonesa mostrando un aumento de precios:

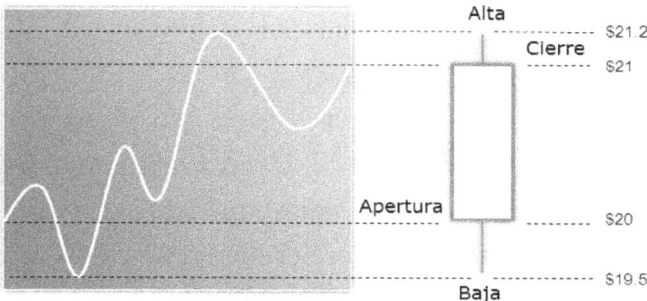

Supongamos que esta es la vela que representa un día de actividad bursátil. A la izquierda, se puede ver un simple gráfico de línea que describe el comportamiento de la acción en un día. La acción abre la actividad bursátil a un precio de $20, cae a una baja de $19.5, sube al alta del día a $21.2 y termina la jornada de actividad bursátil con un cierre de $21.

A la derecha del gráfico, vemos una vela clara, lo que significa que el precio subió. El precio de apertura es la base del cuerpo de la vela, el cierre es el clímax superior de la vela y el techo y el piso de la cola indican el alta y la baja del día. Sencillo, ¿verdad?

Velas japonesas que muestran una caída de precios:

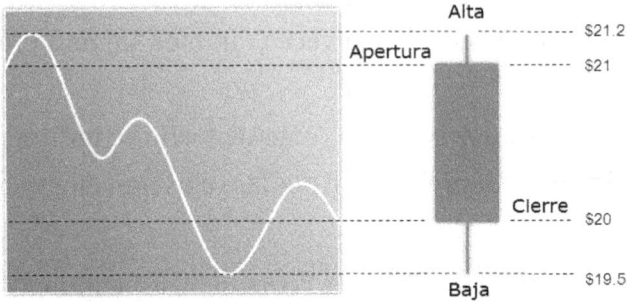

Digamos que esta vela japonesa también representa un día de actividad bursátil. Tenga en cuenta que es de color oscuro. Observando el gráfico de barras, se puede comprender inmediatamente que este gráfico muestra un día de precios a la baja. A la izquierda de la vela, se ve un simple gráfico de línea que describe el comportamiento de las acciones durante todo el día. La acción abre el día a $21, tiene un alta del día a $21.2, una baja del día a $19.5 y cierra el día de actividad bursátil en $20.

A la derecha del gráfico de barras, se ve una vela oscura, lo que significa una baja en los precios. Como la vela es de color oscuro, se comprende de inmediato que el precio de apertura es la parte superior del cuerpo de la vela, el precio de cierre es la parte inferior del cuerpo y las dos colas, de techo y de piso, muestran el alta y la baja del día.

DINERO INTELIGENTE

Recuerde que, con una vela de color claro, el precio de apertura estará en la parte inferior y que, con una vela color oscuro, el precio de apertura estará en la parte superior.

Es posible que piense que las velas japonesas proporcionan exactamente la misma información que el gráfico de barras: el precio de apertura, el precio de cierre, los precios más altos y los más bajos. Esto es cierto aunque, sin embargo, hay dos diferencias:

- Gracias a los distintos colores, podemos identificar en una fracción de segundo si las acciones subieron o bajaron. Haga otra comparación con el gráfico de AAPL y vea cuál le permite identificar más fácilmente la variación del precio de las acciones.

- La segunda diferencia, la más importante, es que las velas japonesas se fueron desarrollando con el tiempo mediante otras técnicas que le añaden al método una dimensión más profunda.

Hay una tercera razón para utilizar las velas japonesas: ya que la mayoría de los profesionales se ha pasado a este método, es muy importante que usted vea el mercado exactamente de la misma forma en que lo hacen ellos para que pueda operar de la misma manera. Si usted opera antes que los profesionales, no comprarán junto a usted y sus riesgos aumentarán. Si usted compra después que ellos, va a comprar a un precio demasiado alto.

Sin lugar a dudas, las velas japonesas iluminan el camino de los *traders* que saben cómo utilizarlas de manera efectiva. Aquí hay otro ejemplo:

Velas japonesas mostrando que no hay ningún cambio en el precio

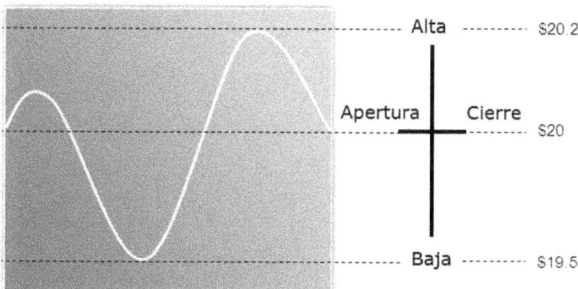

Cuando los precios de apertura y de cierre de una acción son idénticos, la vela no será ni verde ni roja ni de ningún otro color claro u oscuro y su "cuerpo" se reducirá, como puede ver, a apenas una línea horizontal. Esta vela se llama "*doji*" e indica indecisión; un perfecto balance de poder entre compradores y vendedores. En el gráfico anterior, se puede ver que los precios de apertura y de cierre son los mismos: $20. La acción tuvo movimiento, de una baja de $19.5 a un alta de $20.2, pero, al final, cerró sin cambio.

Presentación de las velas en diversos períodos

Los *traders* operan dentro de plazos diferentes a los de los inversionistas. Sin embargo, se mantienen al tanto de los gráficos de actividad bursátil a largo y a corto plazo, como explicaré más adelante. Cuando quiero una imagen total de la acción que me interesa comprar o vender, puedo alterar su presentación y cambiar las velas para mostrar diferentes períodos, tal como explico más adelante.

Una de las acciones que actualmente estoy analizando para una compra potencial es Altria (símbolo: MO). Altria es el principal fabricante de cigarrillos del mundo, conocido por Marlboro, Parliament, Virginia y muchas otras marcas. Las oportunidades comerciales se pueden identificar fácilmente según un gráfico diario, en el que cada vela representa un día de actividad bursátil:

Altria (MO) - Gráfico de velas japonesas diario durante tres meses

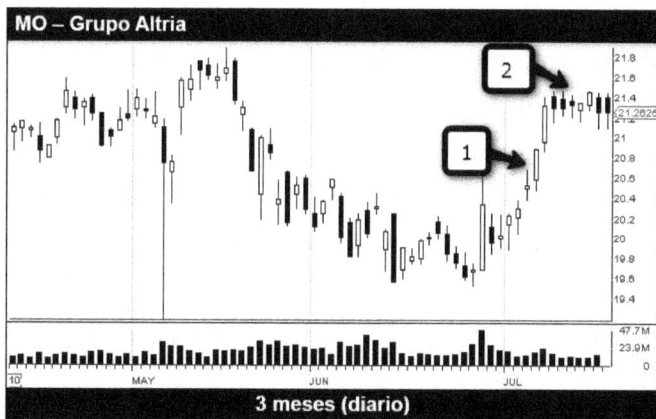

Como se puede observar, en este gráfico cada vela representa un día de actividad bursátil. El tamaño del gráfico en relación al tamaño de la página de este libro es lo que me impide mostrar un período más largo. Sin embargo, cuando extiendo la plataforma de *trading* a través de la pantalla de mi computadora, el gráfico se extiende sobre una superficie más grande y me permite discernir claramente las velas de, por lo menos, nueve meses, que es precisamente lo que quiero que haga usted al examinar una acción. Con Altria, noté un fuerte aumento del precio en ocho días de actividad bursátil [1] y varios días de consolidación [2] alrededor de esta área de clímax.

Esta es una de las formaciones técnicas que los *traders* aman y se llama "bandera alcista", en inglés *bull flag* (bandera del toro). El término deriva de la subida de los precios [1], que se parece al asta de una bandera, y, luego, la estabilidad de este precio —la consolidación—, que parece una bandera. El término *"bull"* significa una acometida hacia el alza. Cuando la gente adopta una conducta *"bullish"* (como el toro) acerca de una acción, espera que su precio suba.

En este caso, tendremos que comprar Altria si el alza es mayor que la parte superior de la bandera alcista. Este aumento se conoce como *breakout* (ruptura). En otras palabras: compramos Altria si su precio es de $21.50. La manera aceptada de mostrar esta actividad bursátil planeada es la siguiente:

MO > $21.5

Una de las razones por las que la formación de Altria me atrae es el hecho de que, en la actividad bursátil del día anterior, el mercado bajó considerablemente un 3%, mientras que Altria, como se puede ver en la consolidación en torno a la bandera [2], se mantuvo bien para su rango más alto de precios y no bajó con la mayoría del mercado.

Antes de tomar mi decisión final sobre si comprar o no, quiero saber un poco más acerca de la historia de Altria. Para ello, voy a cambiar la pantalla del gráfico a "semanal". Cada vela representará una semana de actividad bursátil y observaré el comportamiento de las acciones en un período de dos años:

Altria (MO) - Gráfico de velas japonesas semanal durante dos años

Altria (MO) - Gráfico de velas japonesas de diez días en períodos de media hora

Aquí también, si su pantalla se lo permite, seleccione un período aún más largo, preferiblemente, de cinco años. ¿Qué es lo que vemos? Indudablemente, Altria ha mantenido una buena tendencia al alza en los últimos dos años. ¡Sí! ¡Aún estoy interesado!

Ahora que me gusta lo que veo en dos plazos, el diario y el semanal, quiero comprobar su comportamiento a un nivel más cercano. Por eso, me paso a una pantalla con los últimos diez días de actividad bursátil y velas con períodos de treinta minutos:

Altria (MO) - Gráfico de velas japonesas de diez días en períodos de media hora

Mirando con atención, vemos claramente la consolidación en la parte superior de la bandera. Ahora, imagínese que la acción tiene una ruptura en el clímax de la bandera y se eleva a más de $21.50. ¡Eso podría ser muy interesante!

Para completar mi inspección, compruebo el comportamiento de Altria en el último día de actividad bursátil con velas de cinco minutos. Para obtener una visión más clara, siempre prefiero ver los últimos dos días de actividad bursátil:

Altria (MO) - Gráfico de velas japonesas de dos días a intervalos de cinco minutos

De haber verificado solo los dos últimos días de actividad bursátil, no hubiera estado seguro de querer comprar esta acción. Pero, tras haber estudiado los últimos diez días, los dos últimos días se situaban mejor en el período más amplio. Además, tengo en cuenta que el último día de actividad bursátil terminó con una caída brutal de los precios en los mercados globales, que también afectó un poco a Altria. Ahora estoy muy interesado. Al tomar en cuenta las velas por día, por semana y durante períodos más largos, veo claramente que la historia de Altria me gusta mucho y que puedo predecir que su futuro parece bueno, aunque no hasta que se mueva por encima de los $21.50.

DINERO INTELIGENTE

Antes de decidirse a comprar una acción, hay que verificar su comportamiento durante períodos de cinco y treinta minutos, diaria y semanalmente.

Resumen

Tanto al tomar la decisión de comprar una acción como al determinar el mejor punto de entrada (profesionalmente conocido como *trigger* o punto de activación), es de vital importancia alternar entre distintos períodos, examinar el comportamiento de la acción con las velas japonesas a diferentes intervalos e incluso profundizar en la actividad del mercado durante ese mismo período. En las velas semanales, veo menos "ruido" que en las velas diarias; en las velas diarias, veo menos "ruido" que en las velas intradía de treinta minutos, y así sucesivamente. Como *trader* intradía, voy a tomar mi decisión dentro de la actividad bursátil del día, según las velas de intervalos de cinco minutos y, en ocasiones, sobre la base de las velas de intervalos de dos minutos.

Los *day traders* compran acciones que mantienen por unos días o hasta varias semanas. Tomarán su decisión en base a gráficos diarios. Los inversionistas a largo plazo, conocidos como *core traders* (inversionistas principales o inversores seguros), que mantienen acciones durante meses o incluso años, basarán sus decisiones en gráficos semanales.

El resultado

Fue más fuerte que yo. Han pasado casi tres meses desde que escribí esta sección y, ahora, mientras hago mi último ajuste editorial, he decidido completar la imagen con los resultados. Por supuesto, usted no se hubiera enterado de ellos si me hubiera ido mal...

Altria (MO) - 13% por encima del *Bull Flag* (la bandera alcista)

MO – Ruptura de Grupo Altria

9 meses (diario)

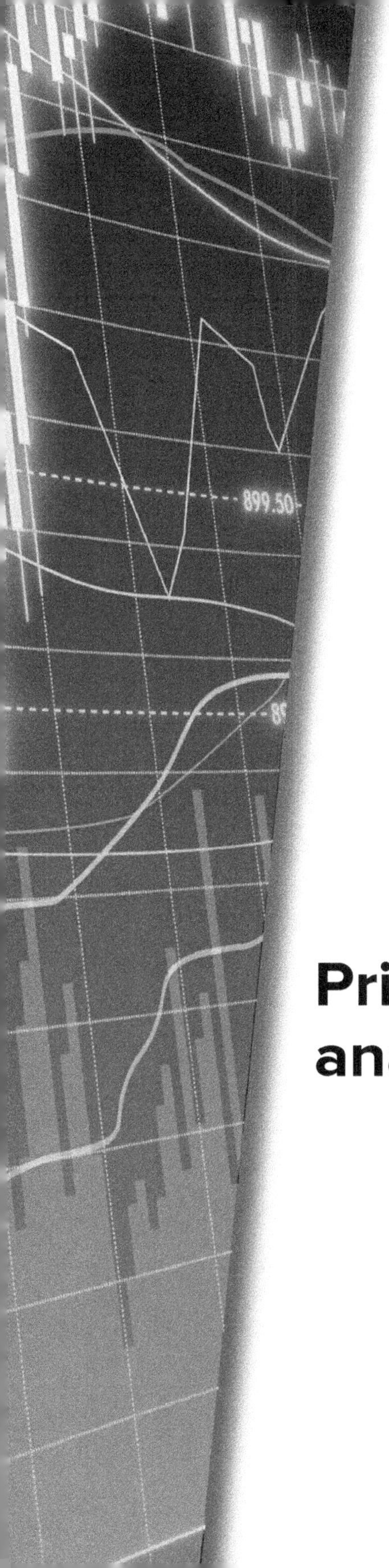

5.

Principios del análisis técnico

Formaciones de gráficos: espejos del miedo y la codicia

La base

El análisis técnico es una técnica sencilla, siempre y cuando no trate de hacerla más complicada de lo que es. A diferencia del análisis fundamental, el análisis técnico no tiene en cuenta el valor de la compañía y se centra única y exclusivamente en el movimiento de su precio, que es el resultado de la oferta y la demanda. Las principales influencias sobre la oferta y la demanda son las emociones humanas del miedo y la codicia, y los profesionales del mercado se aprovechan de ambas.

Las emociones humanas se pueden analizar psicológicamente. El análisis técnico no es más que un reflejo de la psicología humana. El análisis técnico inteligente permite al *trader* predecir los movimientos de los compradores y de los vendedores, así como poder hacer conjeturas fundamentadas en su comportamiento anterior.

La tendencia

Ya hemos mencionado que los precios se mueven en tres direcciones: ascendente, descendente o lateral hacia adelante. El mercado no se mueve hacia atrás porque el tiempo no se mueve hacia atrás. El movimiento direccional del mercado se denomina "tendencia" o en inglés "*trend*". Cuando se produce un ascenso en el mercado durante un período, tiene lugar lo que llamamos la "tendencia alcista"; cuando baja durante un período, se llama "tendencia bajista" y cuando "se mueve lateralmente" con desviaciones de poca importancia, se llama un "mercado sin tendencia". Es fácil obtener ganancias cuando hay una tendencia y muy difícil cuando el mercado no tiene tendencia. En general, los que ganan dinero en un mercado sin tendencia son los intermediarios que se benefician de las comisiones.

Clichés famosos y cómo desarrollar una actividad bursátil con la tendencia

Hay muchos clichés famosos vinculados al mercado de capital: "Cuando llueve, todo el mundo se moja"; "Solo cuando la marea se va, es cuando se descubre quién ha estado nadando desnudo" o "Compra el rumor, vende las noticias".

Pero existe un importante cliché que describe la regla más importante en la actividad bursátil: la tendencia es tu amiga.

¿Qué significa esto? Significa que hay que operar en la dirección de la tendencia y solo en la dirección de la tendencia. Acompáñela y actualícela en la medida en que no haya indicios de su fin. Cuanto más cuidadoso sea a la hora de tratar de integrar las tendencias, como se explica más adelante, mejor suerte tendrá. La situación perfecta es cuando compro una acción con una tendencia clara y tanto el sector en el que opera la compañía como el mercado en su conjunto muestran la misma tendencia.

DINERO INTELIGENTE	*En realidad, usted tratará de convencerse de que "solo por esta vez" va a comprar en contra de la tendencia. Después de todo, "ya ha caído bastante" y "debe" subir...*

A pesar de que siempre les enseño a mis alumnos a operar en el sentido de la tendencia, lo cierto es que los nuevos *traders* en nuestra sala de *trading* sugieren comprar o vender corto (**short**) en contra de la tendencia. La base de su propuesta parece lógica: "la acción ha caído bastante y, por lo tanto, tiene que hacer una corrección al alza" o "la acción ha subido y tiene que hacer una corrección a la baja". Sin embargo, a excepción de casos muy raros, este razonamiento es fundamentalmente erróneo.

Comprar una acción con una tendencia bajista, o viceversa, es como nadar contra la corriente de un río caudaloso: hay muy pocas posibilidades de que llegue a su objetivo e, incluso si lo hace, estará agotado. De vez en cuando, un *trader* que sugirió vender corto una acción con tendencia alcista, más adelante me muestra que la acción, de hecho, bajó por tantos y tantos dólares. Me complace felicitarle por su éxito, pero también agrego mi respuesta genérica: "Le garantizo que si hace eso diez veces, fallará en, por lo menos, siete de sus intentos". Llevo en esto bastantes años y he acumulado suficiente experiencia tratando de adivinar cuándo una acción está a punto de cambiar su tendencia; ahora soy capaz de decirles que he fallado en la mayoría de los casos. No lo intente, es un desperdicio de tiempo y dinero.

Operar con la tendencia me permite comprar acciones fuertes que están al alza y vender acciones débiles que están a la baja. De esta manera, mantengo la ventaja de la tendencia y aumento mis posibilidades de éxito. Operar en contra de la tendencia reduce la probabilidad de tener éxito y hace que se pierdan oportunidades con otras acciones que se están moviendo en la dirección de la tendencia.

En *Memorias de un operador de bolsa*, el protagonista del libro, Larry Livingstone, habla de un viejo llamado Partridge con años de experiencia en la actividad bursátil. Cuando los *traders* inexpertos le pedían su opinión sobre acciones específicas, él repetía con autoridad la misma respuesta: "¡Usted sabe, estamos en un mercado alcista!" El viejo Partridge había comprendido e interiorizado algo que aun a los veteranos, por no mencionar a los jóvenes *traders*, les cuesta entender: hay que sacarle provecho al *trading* en el sentido de la tendencia. En la medida en que el mercado esté aumentando y la acción que haya comprado mantenga su tendencia al alza o, como digo a menudo en la sala de *trading*, "no haya hecho nada malo", ¡no la venda! Lo mismo se aplica a vender corto las acciones en el momento en el que el mercado tiene una tendencia bajista.

Al inicio del año escolar, asistí a una reunión de padres en la escuela de mi hija. Antes de salir de casa, hice mis transacciones y entré con mis colegas en la sala de *trading*. Cuando llegó el momento de salir, puse Stops de protección en la plataforma de *trading*. Al regresar unas tres horas después, me di cuenta de que el saldo de mi cuenta comercial había aumentado considerablemente. La tendencia había hecho su trabajo y las acciones siguieron avanzando. La conclusión es obvia: si una acción "no hace nada malo", no la toque. Vaya donde quiera y no se quede pegado a la pantalla de su computadora. Así no tendrá la tentación de vender. Por cierto, la experiencia me ha demostrado que quedarse mirando esas pantallas durante períodos interminables no ayuda a que el precio de una acción suba o baje.

El novato puede creer que "los *traders* profesionales" tienden a operar todo el día. Si bien es cierto, esto no significa que ellos están constantemente comprando y vendiendo. ¡Por supuesto que no! Lo que significa es que estos *traders* dejan que las acciones hagan su trabajo tranquilamente, sin interrumpirlas. Operar durante un día entero no significa que haya que estar observando las pantallas todo el día. En realidad, suelo sentarme frente a la computadora no más de dos horas al día, pero hago breves visitas a lo largo del día para echar un vistazo a la evolución de los acontecimientos y, sobre todo, para ver si no hay cambios en la tendencia.

En mis primeros días como *trader*, entendí que el éxito en la actividad bursátil radica en aumentar las oportunidades y reducir los riesgos. Para aumentar mis posibilidades, generalmente me sumo a la mayoría en lo que a tendencia del mercado se refiere. ¿Cómo puedo saber hacia dónde se dirige la mayoría? Observo dos cosas:

- la tendencia de la acción (alcista o bajista) y
- el volumen de actividad bursátil de la acción, que es el número de unidades ejecutadas entre los compradores y los vendedores.

Los *traders* profesionales prefieren acciones volátiles que colapsan o tienen rupturas al alza con frecuencia, ya que esas acciones se comportan de acuerdo a la histeria o a la avaricia. Estos son los dos estados en la actividad bursátil que pueden depositar mucho dinero en su bolsillo, si sabe cómo identificarlos a tiempo y entrar y salir en los puntos adecuados.

Definición de la tendencia

La tendencia es la dirección que el mercado está tomando. Debido a que el mercado, como las serpientes, nunca se mueve en línea recta, sino siempre en zigzag, la tendencia se estructura por una serie de altibajos.

- Una serie de altibajos en la que cada baja es más alta que la anterior y cada una de las altas es superior a la anterior crea una tendencia al alza. Esta serie se define por **altas más altas y bajas más altas**.
- Una serie de altibajos en la que cada nueva baja es menor que la anterior y cada nueva alta es también inferior a la anterior crea una tendencia a la baja. Esta serie se define por **altas más bajas y bajas más bajas**.

El público en general solo escucha acerca de subidas y caídas en el mercado, pero, según estimaciones conservadoras, alrededor de una tercera parte del tiempo, el mercado no se mueve hacia arriba ni hacia abajo, sino que se mantiene igual. Una serie de altas y bajas similares crea este movimiento. En la sala de *trading*, a menudo describimos esta situación como **movimiento lateral** o **movimiento dentro del rango**.

> **DINERO INTELIGENTE**
>
> *Cuando el mercado tiene movimiento lateral, es difícil obtener ganancias. Nunca podemos saber de antemano si el mercado se mueve con tendencia o no. Una vez que nos damos cuenta de que el mercado no tiene tendencia, nos abstenemos de hacer transacciones nuevas.*

Cuando una serie está formada por dos altas y dos bajas crecientes, se produce la **tendencia alcista** o *uptrend*. En el gráfico siguiente, vemos tres bajas crecientes y cuatro altas crecientes, lo cual es un movimiento al alza muy claro. Tenga en cuenta que la quinta alta es inferior a la cuarta. ¿Esto indica que la tendencia alcista ha parado? No, pero sin duda es motivo para estar atento a los cambios.

Tendencia alcista:

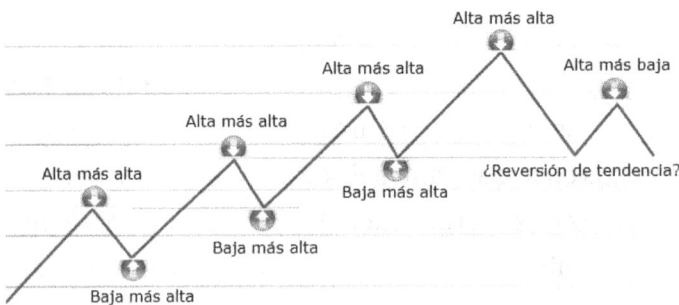

¿Tienen alguna importancia los intervalos entre cada una de las altas y las bajas? No. El intervalo durante el cual usted hace sus transacciones es el factor determinante. Si entró al mercado por varios días en un swing porque identificó una tendencia alcista en el gráfico diario (donde cada vela representa un día), esa es la tendencia que debe "aprovechar". Los inversionistas a largo plazo, por lo general, aprovechan las tendencias basándose en gráficos semanales (donde cada vela representa una semana) y los *traders* intradía identifican y compran acciones con base en las tendencias intradía de velas de cinco minutos.

¿Cuándo debe comprar? Si está dispuesto a asumir riesgos, compre después de la primera baja. Si tiende a ser más cauteloso y está dispuesto a sacrificar un poco de ganancias, compre después de la segunda baja. Discutiremos esto en detalle más adelante.

Tendencia bajista

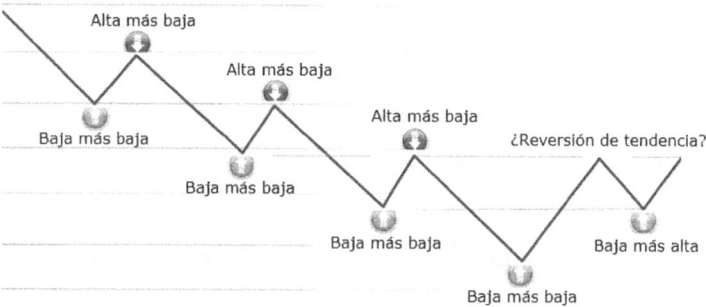

Cuando una serie está formada por dos bajas y dos altas que bajan, se produce la **tendencia bajista** o *downtrend*. En el gráfico de arriba vemos una serie de cuatro bajas descendentes y tres altas descendentes, lo cual es una tendencia bajista muy clara. Tenga en cuenta que la quinta baja es superior a la cuarta baja. ¿Esto indica que la tendencia bajista se ha detenido? No, pero hay margen para sospechar un cambio inminente.

Joy Global (JOYG) – Tendencia alcista

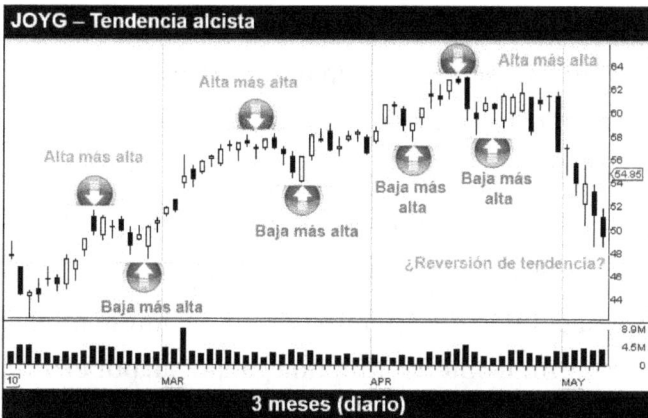

Joy Global mantiene una tendencia alcista o *uptrend* desde hace casi tres meses, pasando de un precio de $44 a un alta de $64. Observe las cuatro bajas crecientes y las tres altas crecientes antes de que la acción cambiara de dirección, cuando se rompió la baja anterior y se cayera a una nueva baja. Si usted fuera dueño de la acción, en su opinión, ¿cuál debería haber sido su punto de salida? La respuesta correcta es el punto de ruptura de la tendencia, es decir, la caída por debajo de la última baja del alta, por debajo de la marca de los $58.

Hasta ahora, ya he explicado por qué es tan importante para la actividad bursátil seguir la tendencia y utilizarla plenamente. ¡No lo olvide! También expliqué las tres tendencias del mercado, pero no he explicado lo que significan desde el punto de vista del *trader*.

Piense por un momento: ¿qué es lo que el *trader* siempre desea saber?

- El *trader* siempre quiere saber cuál es la proporción de compradores frente a vendedores, es decir, cuál de los dos grupos está ganando la guerra interminable.

- Cuando los compradores están ganando, vemos tendencias alcistas.

- Cuando los vendedores están ganando, vemos tendencias bajistas.

- Cuando hay un equilibrio entre compradores y vendedores, las acciones se desplazan lateralmente con leves movimientos ascendentes y descendentes, pero sin ninguna tendencia real.

¿Qué hacen los *traders* profesionales con esta información?

- Querrán comprar cuando los compradores estén ganando, es decir, cuando la acción esté al alza.

- Querrán vender corto cuando los vendedores estén ganando, es decir, cuando el precio de las acciones esté a la baja.

- El movimiento lateral es peligroso: por un lado, la acción se mueve en un rango que no permite obtener ninguna ganancia; por el otro, un pequeño tirón de la cuerda en favor de uno de los dos lados puede conducir a pérdidas.

Esta es la razón por la cual los *traders* profesionales no operan cuando hay movimiento lateral y esperan una clara tendencia al alza o a la baja. Abstenerse es, a veces, lo mejor que uno puede hacer. Con el tiempo, descubrirá que, en los mercados con movimiento lateral, ¡lo mejor es no hacer nada! Si las condiciones del mercado no le permiten unirse a una tendencia clara, no lo haga; en otras palabras: no entrar en un mercado lateral significa no perder dinero. Esto se explicará más detalladamente.

Soporte y resistencia

Cuando los analistas técnicos hablan del soporte y de la resistencia, por lo general, están hablando de "líneas de soporte y de resistencia", pero, tal como se muestra más adelante, el soporte y la resistencia también se pueden encontrar en puntos altos y bajos, en medias móviles y en números redondos. El soporte y la resistencia también están vinculados a otra frase: rupturas o *breakouts* y colapsos o *breakdowns*.

- Una fuerte caída de precios puede ser un colapso de soporte.

- Un fuerte aumento de precios puede ser una ruptura de resistencia.

Áreas de soporte y de resistencia

En los albores del siglo XX, muchos de los *traders* comenzaron a reconocer que una acción necesita una ruptura o un colapso de "incluso la más mínima resistencia" para entrar en el comercio. En aquellos días, los *traders* no estaban asistidos por gráficos u otros instrumentos técnicos y solo utilizaban el soporte y la resistencia. Asimismo, recordaban y escribían las altas y las bajas y se referían a ellas como puntos de soporte y de resistencia futuros. Incluso los inversores en el piso de la NYSE, que antes operaban haciendo señas con la mano, no utilizaban ningún tipo de gráfico. En lugar de ello, utilizaban áreas de soporte y de resistencia. A esos *traders* no se les puede acusar de falta de profesionalidad.

La identificación de las áreas de soporte y de resistencia en una acción es de vital importancia para los *traders* cuando se trata de analizar la tendencia y de determinar sus puntos de entrada y de salida. Como ya se ha señalado, los *traders* profesionales siempre están interesados en conocer el balance de poder entre compradores y vendedores, y estas zonas indican puntos de inflexión en el balance.

DINERO INTELIGENTE	*¿Quién da el soporte a una acción en caída? Los compradores que creen que subirá y los que tienen posiciones cortas y concretan sus ganancias (es decir, están comprando sus posiciones cortas) durante la tendencia bajista.*

- El área de **soporte** es el precio en el que las acciones se detienen en su camino descendente, es decir, es el punto en que hay más compradores que vendedores.

- El área de **resistencia** es el precio en el que las acciones se han detenido en su camino ascendente, es decir, es el punto en que hay más vendedores que compradores.

Resumen

En el área de soporte, la mayoría piensa que el precio de las acciones es barato.

En el área de resistencia, la mayoría siente que el precio de las acciones es caro. Los *traders* profesionales tratan de comprar una acción en su camino ascendente después que atraviese el área de resistencia y tratarán de vender corto cuando la acción atraviese el área de soporte.

Quiero hacer hincapié en que estas son áreas, y no líneas, de soporte y de resistencia. El término "línea" representa una realidad rígida, inviable. ¿Sería razonable que todas las personas activas en el mercado compraran constantemente a los mismos precios de soporte y vendieran siempre al mismo precio de resistencia? Por supuesto que no. Esto es aún menos razonable en un mercado grande. Además, como se ha señalado, todas las personas activas en el mercado conocen los principios del análisis técnico y, con frecuencia, las "líneas" se rompen intencionalmente con el fin de ejecutar órdenes de compra y de venta automáticamente a través de computadoras o para tentar a los inversores inocentes a comprar o vender acciones.

Cuando el soporte se convierte en resistencia y viceversa

- Cuando un área de resistencia se rompe, se convierte en una zona de soporte.
- Cuando un área de soporte colapsa, se convierte en una zona de resistencia.

Vamos a examinar esta regla mediante los siguientes gráficos para tratar de entender cómo funciona:

Resistencia convirtiéndose en soporte

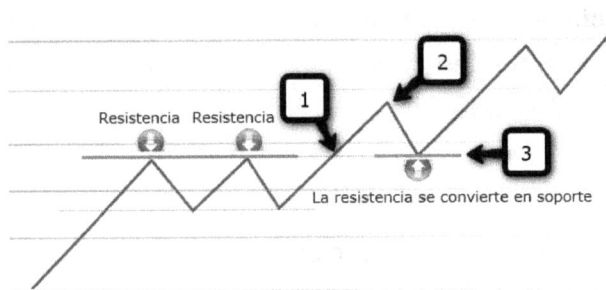

Resistencia   Resistencia

La resistencia se convierte en soporte

DINERO INTELIGENTE

*Cuando una acción rompe una resistencia [1], sube [2] y luego vuelve a su precio de ruptura [3], el fenómeno se llama **retest** (nueva prueba). En otras palabras: la acción "hace una prueba" y certifica la resistencia que ahora se ha convertido en soporte.*

¿Por qué se convierte la resistencia en soporte? Por tres razones:

1. A los *traders* les gusta comprar acciones que atraviesan la resistencia. Cuando la acción rompe la resistencia [1], la compran, esperando

que suba. Se alegran cuando, en efecto, sube y crea una nueva alta [2] y se lamentan por no haber comprado una cantidad mayor al principio. En este punto, la acción es demasiado cara para que valga la pena comprar más, pero les encantaría aumentar la cantidad que poseen si el precio de la acción pudiera caer a la cifra de su ruptura [3]. Cuando lo hace, compran, creando el soporte [3].

2. Otros *traders* que se perdieron la ruptura ven que la acción está al alza y se arrepienten de haberse perdido los festejos. No comprarán las acciones en su clímax [2] porque son demasiado costosas, pero se contentan con comprarlas cuando vuelven a su precio de ruptura [3]. Cuando lo hacen, las compran. Comprar indica que apoyan ese precio, es decir, establecen el soporte [3].

3. Los últimos en la lista de soporte son los que "vendieron corto", que esperaban que la acción no subiera pero les pilló llegando a una nueva alta [1] y se arrepintieron de cerrar sus posiciones cortas antes de la ruptura. Pierden dinero, pero psicológicamente les es difícil admitir su error y cierran sus posiciones cortas hasta el alta [2]. Por supuesto que serían felices si se les diera la oportunidad de salir de su posición corta al precio previo a la ruptura, es decir, si se les da la oportunidad de comprar a ese precio (explicaremos más adelante cómo se cierra una posición corta comprando acciones). Cuando la acción cae, se enjugan el sudor de la frente, compran y se unen a aquellos que establecen el [3] soporte.

Resumen

Si una acción cae de nuevo a su punto de **retest** [3], entonces, todos los *traders* tienen un interés común: comprar. Este interés compartido es lo que convierte a la resistencia en soporte.

Soporte convirtiéndose en resistencia

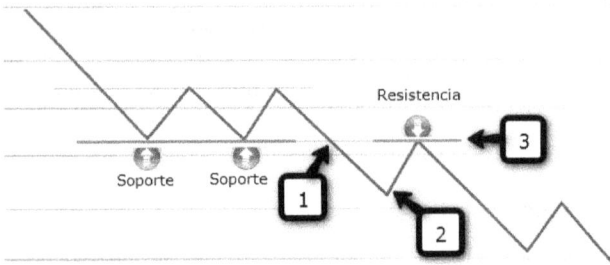

¿Por qué se convierte el soporte en resistencia? Por exactamente las razones contrarias a las que se detallaron antes:

1. A los *traders* les gusta vender corto acciones que colapsan a través del soporte. Cuando la acción colapsa a través del soporte [1], venden corto, es decir, venden la acción (lo veremos más detalladamente a continuación) esperando que baje. Se alegran cuando, en efecto, cae y crea una nueva baja [2] lamentando no haber vendido corto una cantidad mayor al principio. Pero ahora ha caído demasiado para que vendan corto más acciones. No obstante, les encantaría aumentar la cantidad que poseen en posición corta si el precio de la acción pudiera regresar a su punto de colapso [3]. Si lo hace, aumentarán su posición corta, es decir, venderán más y estarán entre aquellos que crean la resistencia [3].

2. Otros *traders* que se perdieron el colapso [1] ven que la acción está a la baja y se arrepienten de haberse perdido los festejos de las ventas cortas. No venderán las acciones cuando lleguen a su precio más bajo [2] porque "ya bajó demasiado" pero estarían felices con venderlas corto (es decir, venderlas) si su precio vuelve a su punto de colapso [3]. Si, en efecto, sube, venden y estarán entre aquellos que crean la resistencia [3].

3. Los últimos que establecen la resistencia son los operadores largos o *long traders* que compran las acciones (en oposición a los operadores cortos o *short traders* que las venden). Los operadores largos son aquellos que tenían fe en la acción y la compraron antes de su

colapso, creyendo que iría al alza, pero les han pillado con una acción perdedora: la observan llegar a un nuevo punto bajo y lamentan no haber vendido antes del colapso. Tienen grandes pérdidas pero les es difícil admitir su error y vender mientras el precio de la acción es bajo [2]. Rezan para que regrese a su punto de colapso [3], momento en el que venderán contentos. Cuando lo hagan, también estarán entre los vendedores que establecen la resistencia [3].

Resumen

Si una acción sube a su punto de **retest** [3], normalmente se enfrentará a una resistencia que se origina en el interés común de aquellos que operan en el mercado en ese momento: los vendedores. Este interés compartido es lo que convierte al soporte en resistencia.

Puntos de alta y de baja

Los puntos de alta y de baja también sirven como áreas de soporte y de resistencia, tanto en los gráficos intradía como en los gráficos diarios.

Alta convirtiéndose en resistencia

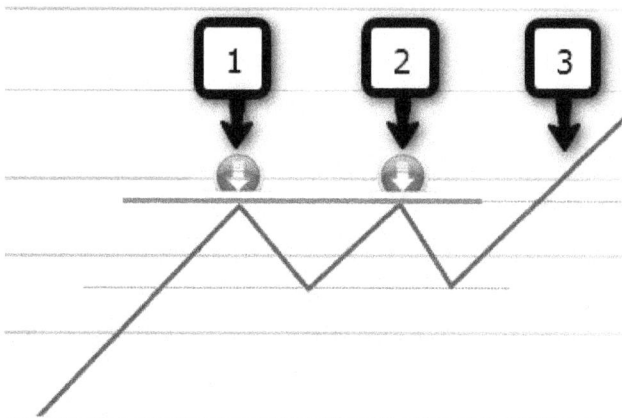

¿Por qué un alta crea resistencia [1] cuando el precio vuelve al mismo [2] punto?

Para entender esto, tenemos que ahondar más profundamente en los pensamientos de los compradores.

Todos los puntos en el gráfico representan tanto a los compradores como a los vendedores. Lo mismo se aplica cuando la acción alcanza su alta [1]. Por supuesto, los compradores en ese momento todavía no saben que han alcanzado el alta del precio y, en una muestra de entusiasmo por una acción fuerte, compran en esa alta con la esperanza de que la acción suba. De hecho, cuando descubren que está cayendo, se decepcionan. Están perdiendo dinero y se lamentan por haber cedido a la tentación y comprado a un precio alto. No quieren vender con pérdidas, por lo que se prometen a sí mismos que si la acción llega al precio al que la compraron [1], corregirán su error y se desprenderán de las acciones al mismo precio al que las compraron.

No son los únicos compradores decepcionados, hay muchos otros que también están a la espera de vender a su precio de entrada. Si la acción no vuelve a la primera alta [2], se toparán con todos los vendedores que están esperando.

¿El precio de las acciones podrá superar la resistencia de los vendedores y el aumento de una nueva alta? A veces sí y a veces no. La cuestión gira en torno al balance de fuerzas entre vendedores y compradores. En el gráfico anterior, podemos ver que la acción siguió subiendo [3], es decir, en este caso, los compradores ganaron.

La retirada de la segunda alta [2] se denomina "**double top**" (doble techo). Cuando la acción sube al doble techo, en la mayoría de los casos retrocederá debido a la resistencia y caerá. En tales situaciones, si usted compró una acción que está a punto de alcanzar su doble techo, sería aconsejable obtener algunas ganancias un poco antes del punto de resistencia anticipado.

DINERO INTELIGENTE

Cuando una acción cae de su alta e intenta levantarse, se topa con la resistencia creada por todos los compradores decepcionados que compraron mientras subió y ahora desean vender al precio de compra.

Baja convirtiéndose en soporte

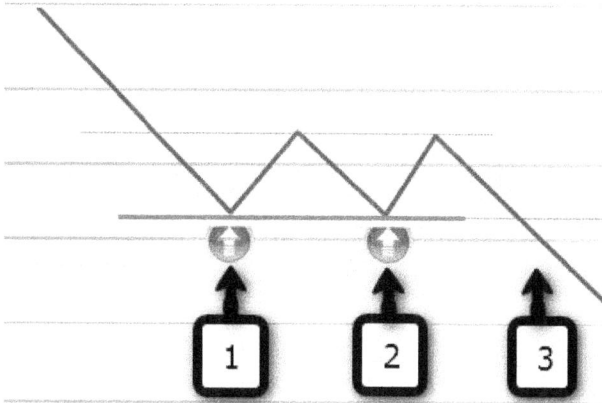

¿Por qué la última baja crea soporte?

Aquí también, tenemos que comprender la perspectiva psicológica de compradores y de vendedores. En todos los puntos del gráfico, se puede encontrar tanto a compradores como a vendedores pero, en este caso, a los vendedores les llamamos "vendedores cortos".

En la baja de la acción [1], los vendedores cortos no pueden identificar este punto como la baja. En una explosión de entusiasmo por un precio débil de la acción, ejecutan una venta corta con la esperanza de que siga cayendo.

En realidad, descubren que las acciones de la empresa suben en contra de sus esperanzas y que están perdiendo, lo que los decepciona. Se prometen a sí mismos que si la acción vuelve a su precio anterior a la venta corta (es decir, el mismo precio que el de la baja anterior), corregirán su error y cerrarán su posición corta (es decir, van a comprar).

Si la acción cae a la misma baja [2], se encontrarán con todos aquellos vendedores decepcionados, encantados de que la acción haya vuelto a su posición de entrada.

¿Podrá la acción superar el soporte de los compradores y caer a un nivel más bajo? Tal vez sí o tal vez no... La respuesta depende del balance de fuerzas entre vendedores y compradores.

En el gráfico anterior, vemos que la acción sigue bajando [3], es decir, en este caso, los vendedores ganaron. El punto de aumento [2] a partir de la baja se denomina un "**double bottom**" (doble piso). Cuando la acción cae a un doble piso, en la mayoría de los casos, sube de nuevo gracias al soporte de los compradores.

¿Cómo se arrastra una serpiente borracha?

¡En línea recta!

Así como las serpientes nunca se arrastran en línea recta, las acciones tampoco se mueven en línea recta, sino siempre en subidas y bajadas, con altas y bajas.

Recuerde esto cuando la acción se esté moviendo en la dirección opuesta a la que desea. Generalmente, una acción se mueve "en contra" de sus deseos porque esa es su naturaleza, lo que no implica necesariamente que la tendencia haya cambiado.

Hay que diferenciar entre el **ruido episódico** en el movimiento de una acción y un verdadero cambio de tendencia. Hablaremos del "ruido" en los precios de las acciones más adelante.

Analizando las velas japonesas

Hasta ahora, hemos visto cómo se representan los precios con las velas japonesas. Ahora vamos a analizar los componentes de la vela: **el cuerpo y la cola**. Cada vela contiene información sobre el balance de poder entre compradores y vendedores.

Vela de rango estrecho

La **vela de rango estrecho** muestra una distancia relativamente corta entre los precios de apertura y de cierre.

Relativamente... ¿comparada con qué? Comparada con el comportamiento común de la acción examinada.

Cada acción tiene su propia "personalidad". Una vela solo puede ser definida como **corta (estrecha)** o **larga (ancha)** si se observa el comportamiento de la acción en un marco temporal representativo en que se pueda ver el comportamiento de varias velas.

Para una acción como AAPL, un rango estrecho intradiario de vela de cinco minutos podría ser de diez a treinta centavos aunque, por el contrario, para la mayoría de las acciones, se consideraría de rango largo.

- Una vela de rango estrecho indica baja volatilidad.

- Un cambio relativamente pequeño en el balance entre compradores y vendedores indica, en muchos casos, un movimiento brusco previsto en un futuro próximo en uno u otro sentido.

- Una vela de rango estrecho también indica que los compradores y los vendedores tienen casi la misma fuerza, al igual que ocurre con la vela llamada "doji". No es un equilibrio perfecto, como lo representa el *doji*, pero es claramente significativo.

Una vela tiene muy poco significado por sí misma pero su importancia aumenta cuando observamos su posición en la formación de varias velas. Por ejemplo: una vela de rango muy estrecho tiene un significado si sigue a varias velas de rango estrecho y otro diferente si se sitúa tras varias velas de rango ancho. Esto se detallará más adelante. También hablaremos de **trend reversals** (reversiones o giros de tendencia). Al igual que ocurre con el *doji*, una vela de rango estrecho también hace alusión a una reversión inminente de la tendencia y proporciona una mayor fiabilidad al patrón de giro.

Vela de rango ancho

A continuación, se muestran varios ejemplos de lo que significan los colores y las longitudes de las velas:

- Cuando es de color claro, los compradores tienen el control.
- Cuando es de color oscuro, los vendedores tienen el control.
- Cuanto más larga, en relación a las otras velas, más claro y más fuerte es el control.

Vela de rango ancho y de rango estrecho de AAPL con velas de cinco minutos

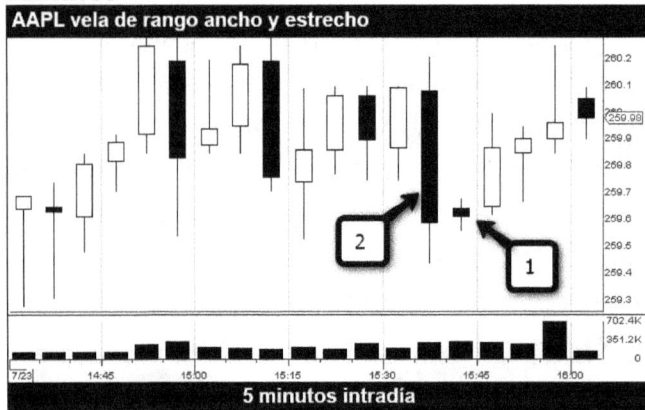

En la vela de rango estrecho [1], la distancia entre la apertura y el cierre de la actividad bursátil es muy pequeña y casi insignificante. El rango estrecho, como se ha señalado, es un término relativo. Para AAPL, una diferencia de cinco centavos entre los precios de apertura y de cierre que vemos en esta vela es un rango minúsculo, pero, en otras acciones, tales como las de Microsoft (MSFT), esto podría indicar un rango relativamente ancho.

Cuando comparamos la vela de rango estrecho [1] con la de rango ancho [2], los rangos estrechos y anchos se esclarecen específicamente para AAPL. En la vela de rango ancho [2], la diferencia entre los precios de apertura y de cierre es de 50 centavos. Observando esta vela con respecto a las adyacentes, no nos cabe duda de que, en ese plazo de cinco minutos, los vendedores controlaron la acción con fuerza. El hecho de que, después de cinco minutos de control de los vendedores, se llegara a un equilibrio entre vendedores y compradores, según lo expresa la vela de rango estrecho [1], indica que la batalla por el control alcanza su clímax y podría desplazarse al grupo opuesto. En este caso, podemos ver que, inmediatamente después de la vela de rango estrecho, los compradores sí recuperaron el control. Muy a menudo, una vela de rango estrecho indica un cambio de dirección conocido como *price reversal* (reversión de precio).

¿Cuál es la tendencia de la acción?

En la tabla anterior no pudimos ver suficientes velas como para determinar la tendencia. Pero supongamos por ahora que, desde el inicio de la actividad bursátil, AAPL está al alza. Dado que, según la estadística, las probabilidades de que la tendencia alcista continúe son mayores que las posibilidades de que cambie, la vela de rango estrecho [1] tiene muchas probabilidades de ir seguida de una tendencia alcista, por lo que el control regresaría a los compradores, que es lo que realmente ocurrió.

La formación de cambio de dirección compuesta por una vela de rango ancho con tendencia bajista [2], seguida de una vela de rango estrecho [1] y, luego, de otra vela alcista se denomina **reversal** (reversión) o sea un giro, algo sobre lo que aprenderemos más adelante.

<table>
<tr><td>DINERO INTELIGENTE</td><td>Nunca tomamos decisiones de actividad bursátil basadas en una sola vela. Cada vela es significativa y fiable únicamente si está dentro de una formación de varias velas alrededor.</td></tr>
</table>

Cola de vela

La cola (*the tail*), también conocida como la "sombra", indica un cambio en el balance de poder entre compradores y vendedores. Para entender cómo se forma la cola, echemos un vistazo al gráfico que aparece a continuación, que muestra el comportamiento intradía de un día de AAPL.

Velas de AAPL de quince minutos

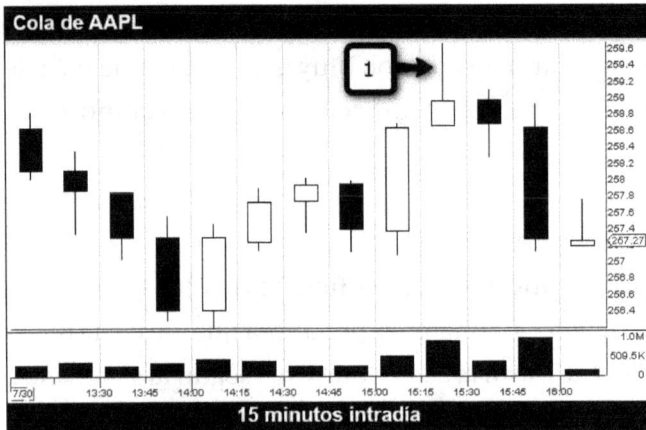

Basándonos en su color claro, la vela [1] indica un aumento en el precio, es decir, el precio de cierre de las acciones es superior a su precio de apertura. Pero una subida de precios no revela toda la historia. Esta vela tiene más que decirnos ya que también tiene una larga **cola de techo**.

¿Qué significa la cola? Como ya se ha señalado, la cola indica el precio máximo de las acciones en el período de quince minutos representado por la vela. En algún momento durante esos quince minutos, el precio de las acciones llegó al alta de la cola y los compradores tenían el control total. La cola también indica que los compradores no lograron mantener ese precio alto. De hecho, la cola en realidad nos muestra que los vendedores recuperaron el control de la acción. Vemos que la cola es casi tan larga como toda la vela. En conclusión, existe una alta probabilidad de reversión de precio, es decir, una baja del precio, como lo indican las velas siguientes [1].

Ahora bien, para comprender aún mejor el significado de la cola, vamos a repartir ese intervalo de quince minutos entre 15:15 y 15:30 en velas de un minuto y examinar más de cerca lo que realmente sucedió.

Velas de AAPL de un minuto

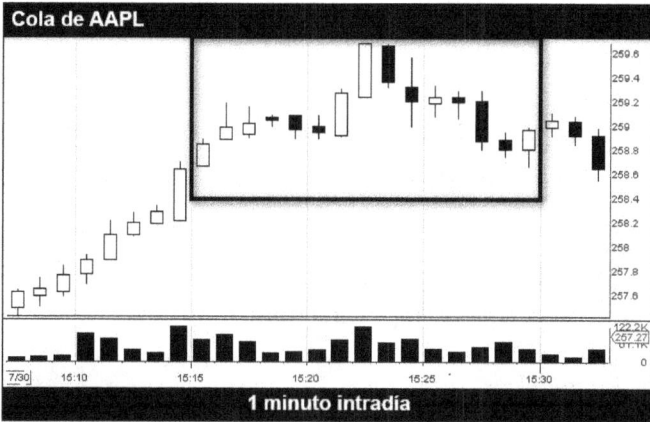

Aquí, la puja por el poder es más evidente. Vemos un constante y firme aumento de velas claras indicando el control de los compradores y, a continuación, una secuencia de velas negras que indican que los vendedores han recuperado el control. Aunque al final del intervalo de quince minutos el precio de las acciones aumentó, la formación de la cola muestra un cambio en el control y, por lo tanto, prevé un cambio en la dirección del precio de la acción. En el gráfico anterior, se puede ver que esto es exactamente lo que sucedió.

DINERO INTELIGENTE

*Una cola de techo indica que los vendedores asumen el control, mientras que una cola de piso indica que son los compradores quienes tienen el control. Las colas son una excelente herramienta para predecir el **price reversal**.*

¿El color de la vela tiene un significado en relación a la cola? En el gráfico de AAPL de quince minutos, la vela es de color claro, lo que indica un aumento en el precio. Si fuera oscura, indicando una reducción en el precio, entonces la cola sugeriría aun más un cambio de control.

Una **cola de techo** indica que los vendedores han tomado el control. Cuanto más larga sea la cola, más firme y claro es el control. El color de la vela no importa.

Una **cola de piso** indica un cambio esperado hacia arriba. Aquí también, la posición de la vela con la cola dentro de la formación de velas le otorga a la cola su importancia. Una cola larga apuntando hacia abajo nos recuerda que hubo un completo control por parte de los vendedores pero que el control ha sido recuperado por los compradores.

Patrones de giro

Las velas nos hablan muy fielmente de las batallas entre compradores y vendedores durante cualquier período determinado, pero estas son solo una pequeña parte de la imagen global de los patrones que crean.

Para entender de dónde empieza una acción y tratar de predecir hacia dónde va, debemos observar mucho más que una simple vela dentro de un grupo de velas y tratar de tomar nuestras decisiones con base en patrones compuestos por varias velas. Cuando aprendemos a identificar patrones, podemos "entender" una acción con solo un vistazo y, por consiguiente, tomar decisiones.

- **Los patrones de giro** o *reversal patterns* son formaciones de un grupo de velas que nos ayudan a identificar puntos altos y bajos.

- Utilizamos patrones de giro para entender cuándo tenemos que comprar o vender las acciones que están a punto de cambiar de dirección (revertir). Por ejemplo: si compramos una acción, desearemos venderla lo más cerca posible de su alta, pero, si tenemos una posición corta, querremos comprarla lo más cerca posible de su baja, justo en el punto en el que apenas comienza a subir.

- Si queremos obtener ganancias cuando vendemos corto una acción, lo haremos antes de que su precio suba.

- Si queremos vender corto, nos interesará vender corto cuando la acción haya terminado un "retroceso" y esté a punto de ejecutar otra caída.

Los patrones de giro generalmente se forman después de un aumento o una disminución significativos en el precio. Los patrones se subdividen en: **alcistas** o *"bullish"* y ***bajistas*** o *"bearish".*

Los patrones que explicaré con más detalle son comunes y están aceptados por los *traders* profesionales. Todos estos patrones son válidos para cualquier marco temporal o período. Pueden implementarse para un grupo de velas semanales, diarias o intradía en función de sus fines y del rango en el que se planea poseer la acción.

Patrones de giro comunes

Doji	Patrón alcista que se forma en la base del movimiento cuando, tras varias velas de tendencias bajistas, aparece una vela mostrando que los precios de apertura y de cierre son los mismos. *Doji* indica un equilibrio perfecto entre compradores y vendedores, o sea indecisión y, generalmente, una posible reversión del patrón.	
Dragonfly Doji [la libélula]	Patrón alcista que se crea en la base de un movimiento, similar al *doji*, pero con una cola de piso de rango ancho que indica que el control ha sido tomado por los compradores.	
Gravestone Doji [la tumba]	Patrón bajista que se crea en el clímax del movimiento, similar al *doji*, pero con una cola de techo de rango ancho que indica que el control ha sido tomado por los vendedores.	
Abandoned Baby [el bebé abandonado]	Patrón "diario" alcista en la base del movimiento. La singularidad de este patrón es que el precio de cierre del día anterior a este *doji* es superior al precio más alto de la cola del *doji*, mientras que el precio de apertura del día siguiente es más alto que el precio más alto de la cola del *doji*.	
Dark Cloud Cover [la nube negra]	Patrón bajista en el que la vela negra cubre más de la mitad del movimiento de la vela clara, en dirección opuesta al movimiento global de la acción.	
Engulfing [engullida]	Patrón alcista en el que la vela clara cubre más que la longitud de la vela negra, en dirección opuesta a la tendencia general de la acción (la vela oscura aparece totalmente eclipsada por la vela clara).	
Evening Doji Star [doji estrella vespertina]	Patrón bajista en el que el *doji* que encabeza la tendencia indica una reversión del patrón y la vela oscura que le sigue se desplaza hacia abajo, al menos, por debajo de la mitad del cuerpo de la vela clara anterior.	

Evening Star [estrella vespertina]	Patrón bajista. En el clímax de la tendencia, hay una vela de rango estrecho que indica una reversión del patrón. La siguiente vela desciende, al menos, por debajo de la mitad de la vela clara anterior a la vela de rango estrecho. La vela de rango estrecho puede ser clara u oscura.	
Morning Doji Star [doji estrella matutina]	Patrón alcista que se encuentra en el lado opuesto al de la *Evening Star*. Aquí, el *doji* indica una reversión del patrón después de la vela oscura, seguida por una vela clara que sube, al menos, hasta la mitad por encima del cuerpo de la vela oscura anterior al doji.	
Morning Star [estrella matutina]	Patrón alcista. En su base, hay una vela de rango estrecho que indica una reversión del patrón, seguida de una vela clara que sube, al menos, hasta la mitad por encima de la vela oscura anterior a la vela de rango estrecho. La vela más baja puede ser clara u oscura.	
Long Lower Shadow [sombra larga inferior]	Patrón alcista. En su base, hay una vela con una larga cola de piso, seguida de una vela clara que sube, al menos, hasta la mitad por encima de la vela oscura anterior.	
Long Upper Shadow [sombra larga superior]	Patrón bajista. Su movimiento llega a su clímax con la vela con una larga cola de techo, seguida de la vela oscura que baja, al menos, hasta la mitad por debajo de la vela clara anterior al clímax.	
Piercing Line [línea penetrante]	Patrón alcista. Después de una vela oscura de rango ancho, se forma una vela blanca que penetra más allá de la mitad del cuerpo de la vela oscura.	
Hammer [martillo]	Patrón alcista que se crea cuando el precio de una acción disminuye de forma significativa pero, durante el período de la vela, vuelve a subir con fuerza y cierra en un precio mucho mayor que el precio más bajo.	

Hanging Man [el ahorcado]	Patrón bajista que se crea cuando el precio de las acciones cae al inicio del período de la vela, pero vuelve a subir fuertemente a su cierre con un precio muy alto. Las fuertes ventas al principio indican el comienzo del fin del control de los compradores.	
Inverted Hammer [martillo invertido]	Patrón alcista que se crea cuando una acción a la baja revierte su patrón brevemente y sube pero, al final del período de la vela, vuelve a la parte inferior y deja una cola de techo. La presencia de compradores fuertes al principio indica el comienzo del fin del control de los vendedores.	
Spinning Top [trompo, peonza]	Patrón bajista. En el clímax del patrón, hay una vela de rango estrecho con dos colas, seguida de una vela oscura que cae, al menos, por debajo del punto medio de la vela clara anterior a la vela del clímax.	

Resumen

Los patrones son espejos que reflejan la guerra entre compradores y vendedores. Los patrones ayudan a predecir los resultados de esta guerra y permiten al *trader* elegir el bando ganador.

Trate de examinar cada uno de los patrones y de imaginar la guerra. Una vez que haya aprendido estos patrones, el siguiente paso será entrar en el juego de verdad. Abra el gráfico de una acción con volatilidad bursátil, como la de AAPL, y trate de adivinar, en tiempo real, de acuerdo a los patrones de velas de cinco minutos, cuál podría ser el siguiente paso de la acción. Creo que se sorprenderá de su capacidad de predicción del patrón.

Tarea

A continuación, encontrará un gráfico de un día de actividad bursátil de acciones de AAPL, representada por velas de cinco minutos. Identifique cada uno de los patrones marcados en el gráfico:

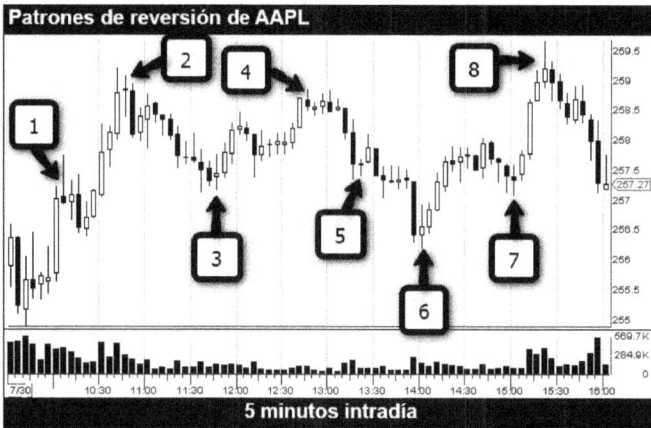

Patrones de reversión de AAPL

5 minutos intradía

No es tan difícil, ¿verdad? Entonces, ¿cuál es el problema? ¡Usted puede ganar millones de esta manera! Pero, por desgracia, no es así de sencillo. La cuestión no es solo si puede identificar los patrones de giro, sino cuánto tiempo va a durar el cambio de dirección. Por ejemplo: si usted identifica correctamente el patrón de giro [1] y ejecuta una venta corta pero no obtiene ganancias rápidas, perderá cuando la acción cambie de dirección hacia [2]. Identificar el patrón es fundamental, pero no lo es todo. Más adelante también aprenderemos que el patrón debe integrarse en la tendencia de la acción. En otras palabras: no ejecutaríamos la venta corta en [1] debido a que, al inicio de la jornada, la acción estaba subiendo y, por tanto, existe una alta probabilidad de que la reversión a la baja sea relativamente corta en comparación con el siguiente giro hacia arriba (con la tendencia) inmediatamente después de [1] y antes de [2].

De hecho, el ejemplo que elegí es una terrible muestra de una acción con la que se comercia durante la mayor parte del día sin mostrar una tendencia. Si intenta obtener ganancias de los resultados de estos giros en un día como ese, está destinado a fracasar.

En resumen, espero no pillarle intentando ganar "dinero rápido". Créame, he estado en esa situación, lo intenté y perdí lo suficiente hasta que me di cuenta de que nunca tengo que meterme con acciones sin tendencia.

El éxito requiere que identifique los resultados de patrones de giro en acciones con una tendencia clara. Un buen rendimiento de una acción con una clara tendencia al alza o a la baja puede ser suficiente para proporcionarle sus ganancias del día.

Patrón de giro intradía para Sears (SHLD)

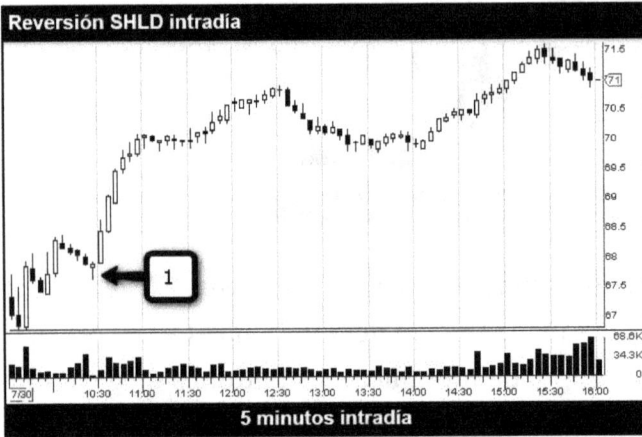

Reversión SHLD intradía

5 minutos intradía

Durante ese día en que AAPL no fue a ninguna parte, Sears comenzó su primera hora de actividad con una clara tendencia al alza. El día comenzó en realidad con dos velas oscuras, pero los *traders* saben que, durante los primeros diez minutos de actividad (las primeras dos velas), la tendencia de una acción aún no se ha determinado y deriva principalmente de las órdenes automatizadas dadas a los brókers por el público antes del inicio de la jornada en la bolsa. Cuando la tercera vela se eleva más alto que las dos velas oscuras, podemos suponer que, a partir de ahí, la acción va a subir.

¿Se ha establecido una tendencia alcista? No, en absoluto. Estamos a la espera. Después de la primera vela con tendencia alcista, vienen dos velas oscuras "correctivas". Estas van seguidas de una nueva alta, por lo que ahora tenemos dos altas más altas. Ahora podemos ver la tendencia. En este momento, estamos a la espera de la corrección de la tendencia y compramos en la primera reversión que se produce en [1]. En este punto, la acción muestra el clásico patrón con una reversión y una larga cola de piso y simplemente nos está rogando que la compremos. ¡SHLD cierra la jornada con un alta del 4.4% por encima del precio de apertura!

Resumen

Una transacción con la tendencia intradía vale más que mil intentos fallidos de hallar el patrón de giro de una acción sin tendencia.

DINERO INTELIGENTE	*Un patrón de giro debe ser examinado solo dentro de la tendencia. En una acción con tendencia alcista, buscaremos el patrón alcista, mientras que, en acciones con tendencias a la baja, buscaremos el patrón bajista.*

De aquí en adelante, en el libro, utilizaremos la denominación más común para estos cambios de patrón: **reversals** o "reversiones".

- La reversión o giro que devuelve a la acción a una tendencia alcista se denomina "**roll-up**".
- La reversión o giro que devuelve a la acción a una tendencia bajista se denomina "**roll-over**".

Tarea

Los *traders* a menudo observarán velas de quince minutos con el fin de reducir la influencia del "ruido" en sus decisiones. En una hoja en blanco, dibuje una vela de quince minutos que sustituya las tres primeras velas de Sears de 5 minutos. ¿Puede hacerlo?

¿Cuándo oprimir el botón?

No tiene mucho sentido aprender los patrones si no sabe cuándo oprimir el botón. En el gráfico que figura a continuación, he marcado las entradas largas [*long*] y cortas [*short*] de las formaciones de reversión aceptadas.

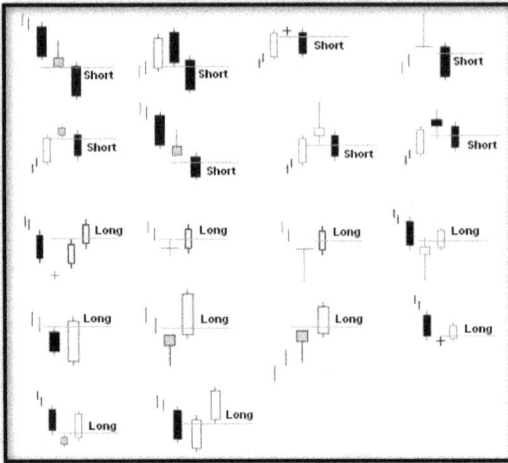

Por supuesto, usted debe recordar que esta no es una ciencia exacta. El punto de entrada es más bien un sentimiento compuesto por múltiples facetas vinculadas, entre otras cosas, a la dirección general del mercado, a la fuerza de la tendencia, al comportamiento de la acción y un gran número de factores adicionales que aprenderemos más adelante. Cuando tenga que oprimir el botón, tendrá que evaluar varios factores que pueden hacer que usted lo oprima tarde o temprano en función de lo que ve y siente.

Como puede comprobar en el gráfico, en la mayoría de los casos, he tratado de preceder al punto de entrada incluso con anterioridad al punto donde el patrón clásico se actualiza. Cuando veo que se está estructurando una reversión justo delante de mí, trato de mantenerme centrado en el pensamiento de "¿Cuál es la probabilidad de que el patrón se llegue a completar?" Si respondo "un 90%", entonces oprimo el botón incluso antes de que el patrón esté completamente desarrollado. Cuando decido oprimirlo en esta etapa temprana, baso mi decisión en mucha experiencia, pero su situación actual no es la misma que la mía. Mi sugerencia para el *trader* principiante es esperar a que se desarrolle claramente la reversión. Solo con el tiempo adquirirá el componente "artístico" en la actividad bursátil.

Los puntos de entrada que se muestran en este gráfico son un poco anteriores al final del desarrollo del patrón, pero creo que puede comenzar a aplicarlos como se muestra en la ilustración.

Una de las principales ventajas de la sala de *trading* en línea en la que desarrollo mi actividad bursátil diariamente con cientos de otros inversores es que puedo ser oído en tiempo real cuando ejecuto mis entradas tempranas. Si me oye aplicar esta estrategia 50 veces, es muy probable que, en la 51ª, usted sea capaz de hacerlo solo.

Tenga en cuenta que, hasta ahora, hemos aprendido cuándo entrar, pero no cuándo salir. En otro capítulo que habla de los métodos, examinaremos las reversiones más a fondo y finalizaremos con información sobre el manejo del dinero, es decir, cuándo vender.

Patrones de ruptura y de colapso

La función de los patrones de ruptura o *breakout patterns*, así como en los de giro o *reversal patterns*, es identificar el punto de entrada de una acción que está al borde de tener una fuerte alza de precio. A diferencia de los patrones de giro, los patrones de ruptura no están destinados a identificar el punto de giro, sino la continuidad.

Los patrones de ruptura funcionan mejor cuando el mercado es más fuerte y el volumen es más alto. Es posible operar con los patrones de ruptura durante toda la jornada bursátil, pero el mejor momento para hacerlo es durante los primeros 90 minutos de la sesión. Más adelante, operaremos con rupturas intradía que parezcan particularmente buenas o que se basen en el gráfico diario y cuyo propósito sea un swing de varios días de duración.

Lo contrario de los patrones de ruptura se conoce como patrones de colapso o *breakdown patterns.* Todo lo que se ha dicho con respecto a las acciones con movimiento al alza se aplica a las acciones que colapsan con un movimiento descendente.

Los patrones de ruptura y de colapso se basan en las formaciones psicológicas de los compradores y de los vendedores, en el miedo y en la codicia. Cada vez que identifique un patrón, imagínese a la gente que actualmente posee la acción o que están a punto de venderla. Piense en la mentalidad de los *traders*, largos y cortos, así como en la desilusión de los que no tuvieron éxito en la compra o venta corta o en aquellos que se encuentran actualmente, al igual que usted, tratando de entrar. Cuando llegue a la etapa de "entender" las acciones, los patrones estarán bien asimilados en su mente.

Bandera alcista

La **bandera alcista** o **bull flag** es un patrón alcista compuesto por una o más velas fuertes que forman el "asta" de la bandera y varias velas (por lo general, de tres a cinco) consolidadas alrededor de la cabeza del patrón y que conforman la bandera. La entrada larga se ejecutará cuando el precio sobrepase la parte superior de la bandera. La fuerza del patrón deriva de la rapidez del aumento del precio de las acciones a su alta pero, en vez de corregirse en su clímax, como se esperaría de una acción que ha tenido una fuerte alza, la acción se consolida alrededor de su clímax y, en un breve plazo, rompe ese techo y sigue subiendo "sin mirar atrás". El significado de una nueva alta es una clara victoria de los compradores sobre los vendedores. Los compradores no están esperando una reversión y están dispuestos a comprar a cualquier precio. Por otro lado, los que vendieron corto, decepcionados por el aumento de la acción y con la esperanza de que se corrija a la baja después del alta, se ven obligados a cerrar sus ventas cortas cuando la acción alcanza un alta más alta (es decir, compran), por lo tanto, generan más altas.

La bandera alcista es una formación fuerte que generalmente nos permite ejecutar lo que se llama un **scalp**. El término se refiere a un método comercial en el que el *trader* ejecuta un rápido movimiento de entrada y de salida de una acción. Por lo general, dura entre unos segundos y varios minutos. Compramos en la ruptura, vendemos tres cuartas partes a la primera señal de debilidad y mantenemos el pedazo que queda con la esperanza de que el último cuarto siga aumentando. Revendemos rápidamente, ya que el precio de las acciones antes de la ruptura estaba extendido hacia arriba y tememos que la ruptura fracase.

Una formación de bandera alcista de Philip Morris (PM)

En este gráfico intradía que muestra dos días de actividad, podemos ver que Philip Morris aumenta fuertemente al inicio de la actividad bursátil, de $49.7 a $50.5, lo que supone un pronunciado aumento de cerca de un 2% que dura apenas quince minutos. Esta es el área que forma el asta. En este punto, se consolida en torno al alta y completa la formación del *bull flag,* la bandera alcista. Tenga en cuenta que, en este caso, podemos ver claramente con el tiempo cómo las velas alrededor de la consolidación se hacen cada vez más cortas, es decir, el precio se encuentra en proceso de consolidación hacia una posible ruptura. Esta es el área de la bandera.

Otro punto interesante es que la acción se consolida por debajo de los $50.5, lo que llamamos un "**número semirredondo**". Como veremos más adelante, en los números redondos, así como a veces en los números semirredondos, muchos vendedores inhiben el aumento. La acción se separa de [1] la cabeza de la bandera alcista —resistencia— y sube un poco más de un 1% [2] "sin mirar atrás".

Bandera bajista

Una bandera bajista o **bear flag** es el patrón inverso de la bandera alcista. El patrón consta de una o más velas con tendencia a la baja que representan el asta y varias velas (por lo general, de tres a cinco) que se consolidan alrededor de la parte inferior del patrón para crear la bandera. La acción se venderá corta cuando el precio caiga por debajo de la baja de la bandera. La fuerza del patrón deriva de la caída del precio de la acción por debajo de la baja pero, en lugar de corregirse al alza, como se podría esperar de una acción que ha tenido una fuerte serie de caídas, la acción colapsa por debajo de la baja. El significado de una nueva baja es una inequívoca victoria de los vendedores sobre los compradores. Los compradores están muy presionados, no esperan la corrección y están dispuestos a vender a cualquier precio. Por otro lado, los compradores que han rezado para que una corrección los salve se decepcionan por la caída de la acción más allá de la baja y venden bajo presión, lo que hace que la acción baje aún más. La formación de bandera bajista nos permite ejecutar un **scalp** (entrar y salir rápido) porque el precio de las acciones se ha estirado hacia abajo incluso antes de la ruptura y tememos que la acción vaya a caer a una nueva baja, pero, inmediatamente después, se corrige por sí misma al alza.

Colapso de bandera bajista de Genzyme (GENZ)

En el ejemplo anterior, el precio de las acciones de la empresa biotecnológica Genzyme cae al inicio de la jornada bursátil y, con una vela de cinco minutos, se forma la bandera bajista [1]. Durante las siguientes cinco velas, se solidifica por la baja intradía, insinuando que, a pesar de la caída de precios, no tiene ninguna intención de corregirse al alza, ya que normalmente se produciría una drástica caída de las acciones. La consolidación alrededor de la parte inferior del asta crea la bandera. Un colapso a través de la base de la bandera resulta, como era de esperar, en bajas continuas.

Formación de taza y asa

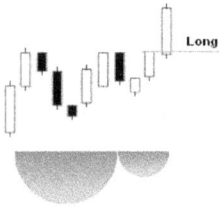

La **formación de taza y asa** o *cup and handle formation* es un patrón alcista que sugiere la forma de una taza y un asa. El patrón se compone de una acción que llega a su alta, encuentra resistencia y se corrige a la baja. La acción vuelve al alta y, de esta manera, se forma la taza. En el alta, la acción, una vez más, encuentra resistencia (¿recuerda cuando aprendimos la expresión "doble techo" o *double top*?) y se corrige a la baja una vez más durante la creación de la forma del asa. Esta vez, cuando vuelve a un alta por tercera vez, atraviesa la resistencia y sube a una nueva alta. El punto de ruptura es el punto en el que debemos comprar la acción.

¿Qué hemos aprendido acerca de las acciones antes de su ruptura? La acción alcanzó un alta, por lo que nos damos cuenta de que es fuerte. Se corrige a la baja, pero regresa a la misma alta, de lo que se deduce que los compradores todavía tienen el control. La acción cae pero, esta vez, cae menos que la vez anterior y durante un período más corto. La acción vuelve a su alta por tercera vez.

Conclusión: los compradores tienen el control y son incluso más agresivos, ya que compran a la más mínima corrección y están comprando más rápido. Los compradores han comenzado a adelantarse a los vendedores. Podemos concluir que la acción se está fortaleciendo y pronto podría romper la resistencia.

Formación de taza y asa de United States Steel (X)

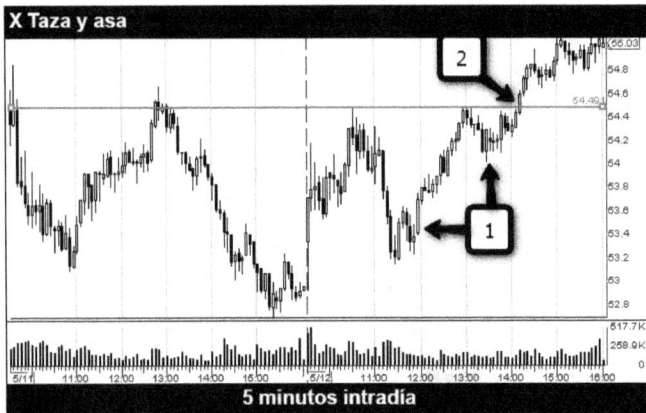

En el gráfico intradía para X, podemos ver que la acción está al alza con fuerza al inicio de la actividad bursátil y encuentra la resistencia a un precio de $54.49. Retrocede, cae [1] pero vuelve al punto de resistencia y, de esta manera, forma la taza. En este punto, desciende a una nueva baja [1], que forma el asa, pero, esta vez, la baja es superior a la anterior porque los compradores son cada vez más agresivos. Vuelve de nuevo a su alta en un período más corto que durante la formación de la taza. La acción atraviesa la resistencia [2] y sube a una nueva alta.

Lo interesante es que, si revisa lo que ocurrió el día anterior, se puede ver que el área de resistencia se formó en ese día. También se puede ver que, si se conecta el día anterior a la formación del día de la ruptura, encontrará una formación más compleja llamada "cabeza y hombros" o *head and shoulders*, que estudiaremos más adelante. Tenga en cuenta que la formación no tiene que ser perfecta desde una perspectiva gráfica;

por ejemplo, la línea de resistencia no tiene que pasar exactamente por los mismos puntos altos anteriores.

DINERO INTELIGENTE	*Los patrones no tienen que ser "bonitos" o "perfectos" desde una perspectiva gráfica. Un patrón es válido incluso con desviaciones de las áreas exactas de soporte o de resistencia.*

Taza y asa inversa

La **taza y asa inversa** o *inverse cup and handle* es una formación bajista y opuesta a la de taza y asa antes descrita. El patrón muestra una acción que cae a la baja, encuentra soporte y luego se corrige al alza. A continuación, la acción vuelve a la baja, creando la forma de taza boca abajo. Luego encuentra soporte una vez más en el punto más bajo y se corrige, una vez más, al alza mientras forma el asa invertida. La pequeña forma del asa y la cantidad de tiempo que lleva formarla son inferiores al tiempo en el que se forma la taza, esto es, los vendedores son más agresivos. En este punto, vuelve a la baja por tercera vez, colapsa a través del soporte y sigue a la baja. El punto de colapso es donde debemos vender corto.

¿Qué hemos aprendido antes del colapso? La acción cayó y, por lo tanto, vemos que es débil. La acción se corrigió al alza pero volvió a caer, de lo que se deduce que los vendedores todavía tienen el control. La acción sube otra vez, pero menos que el alta anterior (esto es el asa) y, a continuación, vuelve a la baja en un período más corto de que lo que se necesitó para llegar a la baja anterior.

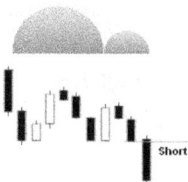

Conclusión: los vendedores mantienen el control y están empezando a vender antes y a precios más bajos que en el alta anterior (la forma de la taza). El hecho de que la acción regrese a la baja más rápido y con un precio más bajo nos indica que la acción se está debilitando y que, probablemente, pronto atravesará la línea de soporte.

Colapso de la taza y del asa de Myriad Genetics (MYGN)

Myriad Genetics comienza su jornada de actividad bursátil con quince minutos de fuertes bajas, encuentra soporte, se corrige al alza, vuelve a la baja y crea la taza inversa [1]. La acción sube una vez más, cae a un nivel bajo y forma el asa inversa [2]. La acción atraviesa el soporte [3] y sigue bajando. Más adelante, cambia de dirección hacia arriba. El hecho de que la acción suba después de la formación de colapso no tiene importancia para nosotros. El colapso tuvo éxito y, con el manejo correcto del dinero, como veremos después, también podemos obtener buenas ganancias de esa situación.

DINERO INTELIGENTE

El éxito de un patrón para originar una ruptura se mide en la distancia a la que el precio se movió después de la ruptura. No hay ninguna garantía de que el éxito a corto plazo dé lugar a una continuación de la tendencia.

Cabeza y hombros

La **formación de cabeza y hombros** o *head and shoulders* se considera una de las más fuertes formaciones bajistas. Al igual que en la formación de taza y asa invertida, en esta formación la estructura implica la consolidación de las velas por encima de la línea de soporte a la espera de su colapso.

La formación de cabeza y hombros, al ser tan influyente, es una de las favoritas de los *traders* y, por lo tanto, llama la atención de los vendedores y de los que venden corto más que otras formaciones.

La formación se compone de un hombro izquierdo que indica el primer precio bajo, una cabeza que indica la corrección al alza y el retorno a la baja, y un hombro derecho que indica una corrección adicional seguida por el regreso de la acción a una baja en el punto de soporte. El colapso de la baja es donde el soporte se rompe y también donde entran las ventas cortas.

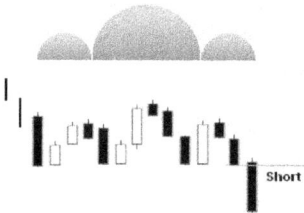

El fabricante de tractores AGCO cae inmediatamente cuando se abre la sesión de actividad bursátil, se corrige un poco al alza y forma el hombro izquierdo [1]; se corrige y forma la cabeza [2]; vuelve a la línea de soporte, se corrige de nuevo y forma el hombro derecho [3] y, finalmente, rompe la línea de soporte.

Formación de cabeza y hombros de AGCO

AGCO Cabeza y hombros

5 minutos intradía

Cabeza y hombros inversa

La **formación de cabeza y hombros inversa** o *inverse head and shoulders* es una formación alcista y la versión opuesta de la formación de cabeza y hombros. Similar a la formación de taza y asa, también en este caso la estructura muestra velas que se consolidan bajo la línea de resistencia en anticipación de su ruptura.

La formación de cabeza y hombros inversa, considerada también una formación sólida, es una de las favoritas entre los *traders* y atrae a más compradores que otras formaciones.

La estructura se compone de un hombro izquierdo que indica un alto precio, una cabeza que indica la corrección a la baja y una vuelta al alza hasta la línea de resistencia, seguida de un hombro derecho indicando una corrección y un regreso del precio a la línea de resistencia. La ruptura a través de la resistencia es también el punto de entrada para comprar largo.

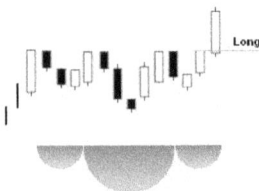

Long

DINERO INTELIGENTE

Las formaciones de cabeza y hombros son formaciones de "largo alcance" estructuradas en varias velas y, por lo tanto, son válidas incluso si funcionan contra la tendencia inicial de la acción.

Formación de cabeza y hombros inversa de The Fuel Company (ATPG)

ATPG cae bruscamente cuando se abre la sesión, se corrige al alza y forma el hombro izquierdo [1]. A continuación, cae a una nueva baja, pero vuelve a la zona de resistencia del hombro izquierdo y, de esta manera, forma la cabeza invertida [2]. Se corrige de nuevo y forma el hombro derecho [3]. En este punto, debería quedar bastante claro que el precio irá en dirección inversa. El hombro derecho [3] indica que los compradores ya no sufren de pánico, en comparación con la cabeza [2], y que una ruptura de la línea de resistencia debe conducir a un alta.

Banderín

El **banderín** o *pennant* puede ser una formación bajista o alcista. En la formación del banderín, el precio se consolida mientras se mueve imitando la forma de un banderín, como se observa en el gráfico. Usted tiene que imaginarse el contorno del banderín y luego esperar a que salga fuera de sus límites, como vemos en el gráfico.

La premisa técnica se basa en que, al final de la consolidación, aproximadamente al 80% del rango esperado del banderín, se debe producir un fuerte cambio en el movimiento. Por lo general, la salida del banderín sigue la tendencia original, es decir, si la acción mostró una tendencia alcista antes de su consolidación en la formación de banderín, es razonable suponer que el precio tendrá una ruptura al alza, conforme a la tendencia original, de forma similar a una bandera alcista, pero sin el asta. Por el contrario, si el precio se consolida en un banderín mientras su tendencia es bajista, es razonable asumir que el colapso se producirá con un movimiento descendente, de forma similar a una bandera bajista, pero sin el asta.

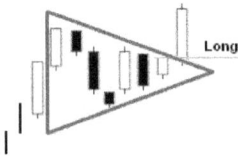

Ruptura de banderín de SanDisk (SNDK)

SanDisk SNDK sube inmediatamente cuando se abre la sesión [1], encuentra resistencia y se consolida en la formación de banderín. El banderín se rompe [2] y SanDisk sigue subiendo. El punto de compra puede ser a la salida del banderín o en la transición por encima de la "bandera". Como se puede ver, esta formación de ruptura es muy similar a la de la bandera alcista (*bull flag*) pero, en vez de consolidarse por debajo de la línea de resistencia superior, el precio se consolida en la forma de un banderín. Personalmente, prefiero operar en la formación de bandera alcista, ya que es más clara y más fácil a la hora de identificar posiciones de entrada.

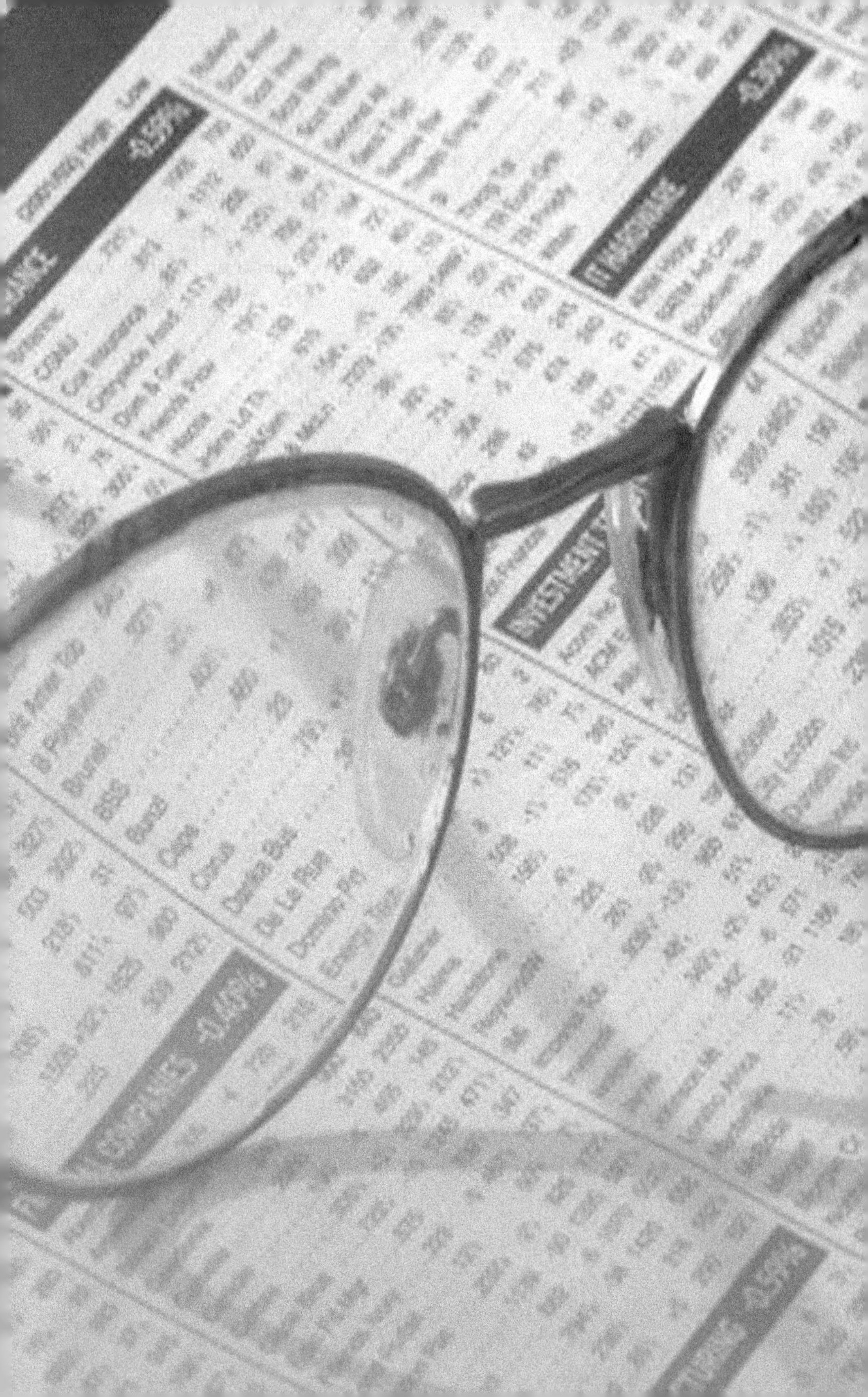

6.

Índices, sectores y bolas de cristal

La mayoría de las tendencias en las acciones se pueden prever según el movimiento del mercado y el sector al que pertenece la compañía

Cómo predecir el movimiento del mercado

El comportamiento del mercado se mide con índices de mercado. Cada índice representa un grupo distinto de compañías y está constituido por distintos sectores del mercado. Los índices pueden estar representados en un gráfico y observamos el movimiento del índice a través de gráficos de velas. Cada índice y cada sector tienen un significado diferente. Algunos son más importantes, otros lo son menos, pero todos tienen relevancia. Un índice de mercado no solo sirve para mostrarnos lo que el mercado ha "hecho", sino, sobre todo, para predecir hacia dónde va la tendencia del mercado. Puesto que el mercado y los sectores son responsables por el 90% del movimiento de los precios de las acciones con las que operamos, si uno sabe cómo predecir el movimiento de un índice de mercado también podrá predecir el movimiento en el precio de las acciones que le interesan. Haga una pausa por un momento y piénselo. ¿Realmente entiende el significado de lo que acaba de leer? Muy bien, sigamos adelante.

DINERO INTELIGENTE

*El **índice de mercado** es nada menos que la bola de cristal del trader. Un total del 90% del movimiento de los precios empieza y termina con el movimiento adelantado del índice de mercado.*

Tenemos que reconocer los índices según su orden de importancia y aprender a usarlos. Además, para ampliar nuestros conocimientos, nos referiremos a otros índices menos útiles, simplemente porque como futuros colegas profesionales, no quiero que se sienta avergonzado de no conocerlos.

Como regla, monitoreamos varios índices. No creemos en uno solo; más bien, tratamos de combinar información de varios. Una vez que conozcamos los índices principales, también aprenderemos acerca de los sectores que constituyen cada índice. Dada la gran importancia del movimiento de los índices de las acciones con las que opero, dedico una pantalla entera a índices y sectores y los observo aún más, en términos de tiempo, que lo que observo los precios de las acciones con las que estoy tratando.

El índice de mercado más importante: S&P 500

El índice S&P 500 (símbolo: SPX) es el más importante del mundo. Sin lugar a dudas, es el índice principal, el rey, la corona y el cetro del *trader*. Fue desarrollado por la compañía de servicios financieros **Standard & Poor's**, que le otorgó sus iniciales. Este índice muestra los precios de 500 de las compañías de mayor *trading* en los Estados Unidos, con una fórmula que calcula la importancia e influencia de las mismas según la opinión de los especialistas de S&P. El Standard & Poor's está considerado como un índice de la más alta calidad por su amplio rango, y sirve como punto de referencia para medir el comportamiento de todo el mercado. Queda claro que el S&P les sirve a los administradores de carteras, fondos de inversión, fondos de cobertura o de protección (en inglés *hedge funds*), y otros en las bolsas de valores de todo el mundo.

Por ejemplo: un fondo de inversión que logra proporcionarle a sus inversionistas un rendimiento positivo del 8% cuando el S&P solo aumentó un 6%, puede manifestar con orgullo que ha "**logrado ganarle al mercado**". Acerca de ese tema, permítame decirle que los estudios demuestran consistentemente el terrible hecho de que el 80% de los fondos de inversión a nivel mundial no logran ganarle al mercado. Por lo tanto, la próxima vez que reciba el informe anual de su fondo de inversión, que orgullosamente muestre su rendimiento anual positivo, descubra la verdad al compararlo con los resultados del mercado. En la mayoría de los casos se sentirá muy decepcionado. De hecho, nunca he encontrado un fondo capaz de ganarle al mercado al largo plazo.

DINERO INTELIGENTE

> *¿Quiere ganarle al 80% de los fondos? Compre la canasta básica de fondos negociables en el mercado [ETF en inglés y FNM en español]. Los estudios en un período de veinte años muestran que el 80% de los fondos a nivel mundial no logran ganarle al índice de mercado.*

Observación: de aquí en adelante, cuando me refiera al "mercado" o al "índice del mercado" me estaré refiriendo al índice S&P 500. Las alzas y las bajas de los índices se miden en porcentajes, pero los especialistas del mercado en las cadenas de televisión, como la CNBC o Bloomberg, típicamente dirán algo como *"El S&P aumentó hoy 18 puntos"*.

Estos especialistas esperan que usted sepa el valor puntual del índice en cualquier momento dado. En la actualidad, por ejemplo, el mercado está por los 1,800 puntos; por lo tanto, necesitará entender que un alza de 18 puntos en un día representa un incremento del 1.0%. El valor en puntos del índice es el precio promedio de 500 acciones distintas, pero no es un índice comerciable. En otras palabras, no se puede comprar o vender el índice en sí. Para operar con valores ligados a un índice, se inventaron los "fondos negociables en el mercado" (**ETF**) que detallaremos más adelante.

Mencioné antes que el S&P 500 es el índice más importante para el *trader* intradía. ¿Por qué? Porque el 60% del movimiento de una acción se determina a partir del movimiento de un índice. En otras palabras, la acción que compró tendrá un alza o una baja después de que el S&P 500 haya experimentado un alza o una baja y usted tendrá ganancias o pérdidas sobre todo en relación a la dirección del mercado.

¿Quiere comprobarlo? Observe el índice en el siguiente gráfico, donde podrá ver la conexión entre el S&P y la acción:

Comparación del comportamiento intradía de Apple (AAPL) y el S&P 500 (SPX)

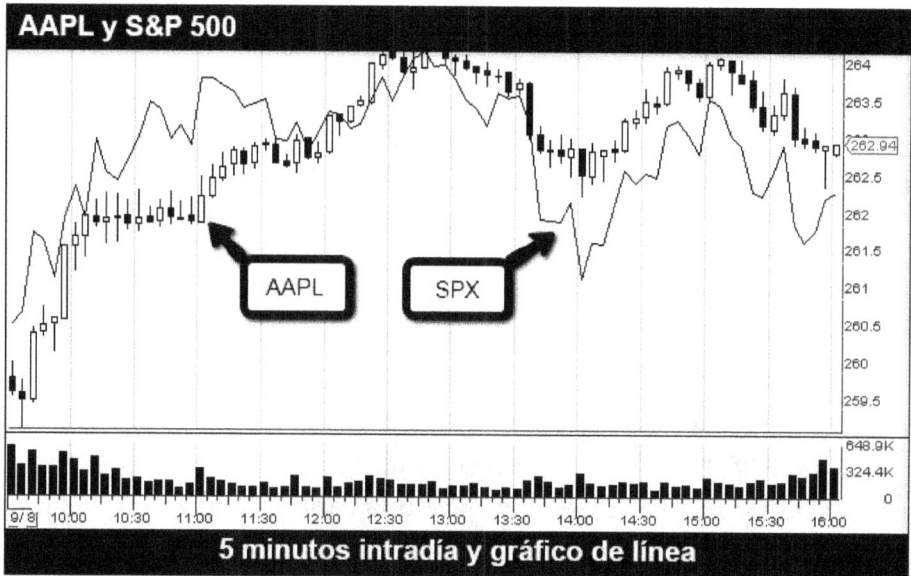

En el gráfico anterior puede ver el movimiento intradía de Apple en velas de cinco minutos. Si pensaba que Apple tenía vida propia... ¡se equivoca! Todos los movimientos intradía están determinados, en un principio, por el movimiento del mercado. El mercado se mueve primero, y las acciones de las compañías individuales le siguen. Por cierto que una acción importante como la de Apple tiene peso en el índice del mercado, pero su peso es relativo al de las otras 499 compañías que el índice abarca. En otras palabras, Apple no tiene el poder de mover el índice por sí sola. Esto no es así con el índice NASDAQ 100, del cual Apple constituye actualmente un 20%.

Puedo imaginarme que usted respira hondo y dice: "¿Y QUÉ quiere decir eso exactamente? ¿Se supone que tengo que saber por adelantado si una acción tendrá un alza aún antes de que lo haga?"

La respuesta es: ¡Sí!

¿Es fácil ganar dinero de esta manera?

La respuesta es: ¡No!

Apple deberá moverse en la dirección de la tendencia del mercado, pero nunca podrá saber cuánto se moverá el mercado, cuánto más allá se moverá Apple ni cuándo se revertirá el mercado.

Sin embargo, ¿cómo podemos aprovechar esta información? De varias formas:

Comprando

Digamos que Apple está a punto de romper la resistencia intradía y usted está sopesando el riesgo de comprar en el punto de ruptura. Ahora vamos a suponer que, justo antes de que Apple alcance la ruptura, el mercado también rompió a una nueva alta. ¿La ruptura del mercado le ayuda a usted a decidir si quiere comprar Apple en el punto de ruptura? ¡Por supuesto! También vamos a suponer que el mercado mostró una gran ruptura. ¿Consideraría comprar una cantidad mayor que la que había pensado originalmente? ¡Sí! Usted estaba pensando en comprar Apple dada la bonita formación técnica, pero tomó esa decisión y la cantidad por la que optó a raíz del "soporte" del mercado. Piense en el caso opuesto: está considerando comprar Apple en el punto de ruptura, pero justo antes de la ruptura de Apple, el mercado colapsa. ¿Qué haría usted? Sí, en efecto, debe abstenerse de comprar.

Obteniendo ganancias

Vamos a suponer que, simultáneamente con el alza del mercado, usted compró Apple y la acción tuvo un alza, llegó al área de ganancias que usted planeaba, y ahora está tratando de "exprimirle" una fracción más de ganancia a la tendencia alcista. Su dedo está listo sobre el ratón, y usted se pregunta si oprimir o no el botón de venta. El mercado deja de subir y de pronto se corrige hacia abajo. Esto típicamente ocurrirá justo antes de que Apple también corrija hacia abajo. ¿Es este el momento de vender y obtener ganancias? Claro que lo es, porque ya hemos aprendido que el 60% del movimiento de Apple está vinculado al movimiento del mercado, así que es casi seguro que Apple baje después de que baje el mercado. Es verdad que a veces las acciones "tienen vida propia" y Apple podría aumentar aun con el mercado a la baja, pero el riesgo de operar sería mucho más alto.

DINERO INTELIGENTE

No vaya en contra del mercado. No compre acciones que se mueven en dirección opuesta al mercado, porque casi siempre perderá dinero. Siga la dirección del mercado. Ir en contra del mercado es difícil y entra dentro de los terrenos donde solo los traders más experimentados se atreven a comerciar y, aun así, rara vez tienen éxito.

Movimiento lateral

Vamos a suponer que está interesado en comprar una acción que está a punto de romper la resistencia cuando el mercado empieza a moverse de forma lateral. ¿Debería comprar cuando la acción tenga la ruptura? No tengo una respuesta perfecta, pero, si no hay soporte del mercado, la ruptura será mucho más débil, y el riesgo será de alto a muy alto. La decisión más sabia en tales casos es comprar en cantidades más pequeñas.

Tendencia

Vamos a suponer que quiere comprar una acción con tendencia alcista cuando el mercado tiene tendencia bajista. ¿Debería comprar? Probablemente, no. Lo más factible es que el mercado siga bajando y, tarde o temprano, su acción seguirá la dirección del mercado. Los inversionistas institucionales solo compran de acuerdo a la dirección del mercado y, si ellos no le ayudan, es mejor que no compre.

Excepciones

A veces infrinjo mis propias reglas a propósito. Si, por ejemplo, creo que algo especial le está sucediendo a la acción y sus probabilidades de aumentar son particularmente altas, puede que la compre aun si el mercado tiene tendencia bajista. Claro que es altamente riesgoso comprar en contra de la dirección del mercado, y por lo tanto mi orden de suspensión (*stop*), que es mi valla de protección, estará más cerca del precio de compra, y por supuesto, compraré una cantidad menor.

Acciones independientes

Hay muy pocas acciones que tienen lo que en el vocabulario profesional se le llama "**una vida propia**", lo cual significa que no les afecta la dirección del mercado. Típicamente son acciones con bajo volumen de actividad en las que los fondos institucionales no invierten y por lo tanto son menos susceptibles a los estados de ánimo de los inversores institucionales, ya que estos estados de ánimo se manifiestan en la dirección del mercado. Normalmente estas son acciones con precios de menos de $10, de las cuales hablaremos más adelante. Tenga cuidado con estas acciones, salvo que haya adquirido mucha experiencia.

A veces una acción tendrá "una vida propia" cuando se publican anuncios especiales. Un ejemplo podría ser un anuncio importante acerca de una acción, cuando un analista emite una recomendación o la cambia, cuando se dan a conocer los informes trimestrales, etc. En tales casos, la acción podrá estar menos vinculada a la dirección del mercado, pero aun así sentirá su influencia. Por ejemplo, el mercado podría caer mientras que una acción determinada sube. Sin embargo, si compara los movimientos de la acción en relación con los movimientos del mercado, verá que toda reversión intradía de la acción ha estado sincronizada con la reversión intradía del mercado. En otras palabras, cuando el mercado corrige hacia abajo durante una tendencia bajista, la acción independiente también corregirá hacia abajo aun cuando muestre una tendencia alcista. Esto significa que, aun si está operando con una acción que se mueve en contra de la tendencia del mercado, tendrá que seguir examinando todos los movimientos en la misma.

Nota

Todos los principios mencionados también son de relevancia en el caso contrario, para acciones con tendencia bajista, es decir, para posiciones cortas en vez de posiciones largas. Si, por ejemplo, el mercado está al alza y ese mismo día, cierta acción con la que deseamos ejecutar una venta corta está a la baja, **aun así se mueve en la dirección del mercado**. Mientras baja, aunque su dirección sea opuesta a la dirección del mercado, corregirá al alza cada vez que el índice del mercado suba y regresará a la baja cada vez que el índice del mercado baje. Al fin del día, el mercado podría terminar con altas y la acción, con bajas, pero el movimiento intradía estará fuertemente influenciado por la dirección del mercado.

Símbolo del índice

Las diferentes plataformas de *trading* pueden presentar el mismo índice bajo diferentes nombres, pero con la misma base. Si quiere encontrar el índice SPX, puede que sea necesario buscar un símbolo idéntico o similar: SPX, $SPX o SPX$ - (el mismo símbolo con el símbolo del dólar antes o después). Si ninguno de estos símbolos aparece en su software de gráficos, utilice el campo de búsqueda de símbolos para buscar el término: S&P 500.

Resumen

El índice de mercado conocido como **S&P 500** no solo representa la dirección del mercado sino también el estado de ánimo de los inversores privados e institucionales. Los inversores institucionales no compran acciones cuando el índice del mercado está a la baja, sino que esperan con paciencia hasta que la tendencia bajista haga que la acción por la que están esperando caiga, permitiéndoles comprarla a un precio más bajo después de la corrección. Cuando compre una acción, debe buscar el apoyo de los inversionistas institucionales. Lo ideal es que el estado de ánimo de estos sea tan bueno como sea posible, y lo deseable es que el dinero de ellos entre en la acción que usted acaba de comprar. No espere que eso suceda cuando el mercado esté bajando. ¡No vaya en contra de la dirección del mercado!

SPY – EL ETF S&P 500

Como ya mencioné, el índice de mercado S&P 500, (símbolo SPX) no es un índice con *trading*, sino que muestra en ciertos puntos el estado de las acciones que lo componen. Ya que muchos inversionistas, especialmente aquellos que están decepcionados de los fondos, están interesados en encontrar una manera simple de vincular su dinero con los rendimientos del mercado, es decir, de "comprar el mercado", la solución para ellos es comprar los ETF S&P 500 (fondos negociables en el mercado) que siguen el mercado y se conocen como SPYDERS, con el símbolo reconocido de **SPY**.

Los ETF son instrumentos financieros con actividad bursátil igual a la de las acciones. El precio del SPY es muy similar a su valor en puntos con la substracción de un cero. En otras palabras, si el SPX está en 1500 puntos, el precio del SPY estará alrededor de los $150. Los ETF son más sensibles a las fluctuaciones de la oferta y la demanda.

A diferencia del SPX, el SPY se puede medir con gráficos para mostrar su volumen, algo que no existe para los índices.

ES – Los futuros del S&P 500

Si aún no lo he confundido con la diferencia entre índices sin actividad bursátil representado por el **SPX** y los ETF representados por el **SPY**, seguro que lograré confundirlo ahora cuando le presente la variación más importante del S&P 500, representada por el símbolo **ES.**

El ES es el contrato de futuros del S&P 500 o, como se conoce profesionalmente: **E-mini S&P 500 Futures.**

Sin entrar en explicaciones detalladas de los "contratos de futuros" vamos a distinguir entre acciones y contratos de futuros: un contrato de futuros es un producto financiero, que puede ser comprado y vendido al igual que las acciones, pero con una diferencia: su fecha de vencimiento es al final de cada trimestre.

El precio del contrato de futuros representa el "futuro anticipado" del S&P 500. En otras palabras, el ES representa la dirección prevista del mercado. De hecho, el ES es un contrato comerciable con el que un montón de locos expertos de **la Bolsa de valores de Chicago,** (**CME**, por sus siglas en inglés), desarrollan su actividad bursátil. Estos inversores operan con transacciones con un volumen de miles de millones de dólares al día. Es algo generalmente aceptado en Wall Street que los inversores en futuros son los que más saben, en toda la faz de la Tierra, si el mercado subirá o bajará. Si verifica el ES al fin de un día de actividad bursátil, observará que precede al SPX o al SPY por varios segundos y, por lo tanto, le permite a uno notar también la dirección del mercado con anterioridad. Ya que entendemos que el S&P 500 es el índice MÁS importante para un *day trader* y que determina el 60% de la dirección de las acciones con las que comercia, si usted también usa el ES, definitivamente sabrá antes que otros hacia dónde se moverá el mercado. En resumen, vale dinero.

No todo corredor o proveedor de gráficos muestra el ES, ya que tienen que pagar por la información proveniente de la Bolsa de futuros de Chicago o CFE por Chicago Futures Exchange. Si su corredor no le proporciona esta información, lo más probable es que tenga que pagar alrededor de $50 al mes por ella.

Otra ventaja del ES es el hecho de que tiene actividad bursátil electrónica casi 24 horas al día (cierra por 15 minutos a las 4:15 pm EST) excepto los fines de semana, lo que va mucho más allá de las horas de actividad de las bolsas de valores, que operan entre las 9:30 y las 16:00 horas (EST). Esto quiere decir que el ES tiene actividad antes de que otras sesiones abran. Por lo tanto, si observa el gráfico premercado una hora antes del comienzo de la actividad bursátil, que es lo que yo hago, usted sabrá si el mercado abrirá de forma positiva o negativa en comparación con el cierre del día anterior. Pero claro, no será el único que pueda verificar el gráfico premercado: todo sitio web o canal de televisión, como la CNBC, lo mantendrá al tanto del tipo de apertura que los futuros "señalan" antes de la apertura de la sesión de actividad bursátil, añadiendo una declaración de advertencia tal como: "Los futuros no siempre representan la dirección del mercado".

¿Debería usted comerciar con futuros?

Comerciar con futuros no es para todos. Los contratos de futuros se comportan como acciones, pero con un apalancamiento de 1 a 20. Esto quiere decir que su dinero le rinde más comerciando con contratos de futuros. Aun si el precio de los futuros no muestra volatilidad, el movimiento de dinero en las cuentas crea la ilusión de verdadera volatilidad. Esta ilusión, acompañada por el entusiasmo que produce ver dinero en la cuenta, atrae a "apostadores" que típicamente pierden su dinero muy rápidamente. Los traders veteranos como yo también operamos (pero no exclusivamente) con futuros. Yo recomendaría que los *traders* principiantes con menos de tres años de experiencia ni siquiera lo intenten. Hacer todo a su tiempo y tener paciencia dan buenos resultados.

¿Qué es el símbolo ES?

Los futuros vencen cada tres meses, al final del tercer viernes de cada trimestre. Simultáneamente a su vencimiento, se forman y se negocian nuevos contratos de futuros: su fecha de vencimiento será al final del tercer viernes del próximo trimestre. A diferencia de una acción que tiene un símbolo fijo, cada futuro tiene su propio símbolo. Su bróker puede ayudarle a encontrar el símbolo actual de un futuro, pero también lo puede hacer usted, como se explicará más adelante.

Un ejemplo de un símbolo de futuros con una fecha de vencimiento del primer trimestre del 2013 sería así /**ESH3**.

Explicación del símbolo

La barra siempre precede a las letras "ES", que son las dos letras en el símbolo que nunca van a variar. La "H" representa el trimestre, que en este caso, es el primer trimestre del año, es decir, este futuro vence a fin de marzo. El dígito indica el año, es decir, 2013. El dígito siempre será solo uno: 3 es 2013, 4 es 2014, 5 es 2015, etc.

Los trimestres se representan como se detalla a continuación:

H – contratos de futuros que vencen a fin de marzo

M – contratos de futuros que vencen a fin de junio

U – contratos de futuros que vencen a fin de septiembre

Z – contratos de futuros que vencen a fin de diciembre

Aprendí a recordar qué letra representa qué trimestre al vincularlo con el nombre de una comida que me gusta mucho, el "humus" [puré de garbanzos] y también por el hecho de que las letras están en orden alfabético.

Pregunta: Actualmente estamos a 2 de septiembre de 2013, y usted quiere ver los gráficos de futuros relevantes. ¿Qué símbolo llevará?

Respuesta: Ya puede usted ver los futuros que vencen en diciembre del 2013, pero mostrarán una liquidez más baja que aquellos que vencen en septiembre, y por lo tanto escogerá futuros que vencen en septiembre: después del tercer viernes de septiembre, todo el volumen de actividad bursátil estará en el contrato de diciembre, aunque la mayoría de los profesionales "se pasan" al nuevo contrato más de una semana antes del vencimiento.

Los símbolos serán:

Futuros que vencen en septiembre: /ESU3

Futuros que vencen en diciembre: /ESZ3

Resumen: SPX, SPY y ES

El índice de mercado es el índice más importante para los *traders* intradía. Si estoy de vacaciones en Tailandia sin todas las pantallas de mi oficina y tengo que arreglármelas con mi portátil de 12 pulgadas, el único índice que voy a utilizar, aparte del gráfico de la acción con la que estoy operando, es el gráfico intradía de cinco minutos del SPY, o el gráfico intradía de cinco minutos del ES. Cada movimiento del índice será importante para ayudarme a decidir si comprar o vender una acción. Utilizaré el SPX solo cuando necesite mencionar un cambio en el mercado para algún artículo profesional que esté preparando para los medios de comunicación.

He decidido no gastar costoso papel en poner ejemplos de gráficos de SPY o de ES, ya que se verán idénticos a los del SPX, y solo podrá ver las diferencias cuando empiece a seguirlos en tiempo real.

NASDAQ 100: El segundo índice más importante

La bolsa de valores de NASDAQ también ocupa una buena porción en mis pantallas. El índice NASDAQ 100, con su símbolo **NDX**, es el segundo en importancia para los *day traders*. El índice fue desarrollado por la NASD, la Asociación Nacional de Brókeres (o National Association of Securities Dealers), la cual creó la bolsa de valores de NASDAQ. Este índice representa el precio de las 100 compañías más importantes de la NASDAQ. Ya que la bolsa de valores de NASDAQ contiene una alta porción de compañías de tecnología, el índice refleja fielmente el estado de estas compañías. Un fenómeno único para nuestros tiempos, considerando el pronunciado aumento de precio en las acciones de Apple [AAPL], tuvo lugar cuando Apple cubría aproximadamente el 20% del movimiento del índice. A menudo decimos en broma que si se compra el ETF de NASDAQ 100, lo que se está comprando es Apple más un extra de otras 99 acciones…

En este momento no es necesario mencionar las 100 compañías importantes representadas por el índice, que se pueden encontrar fácilmente en cualquier sitio web financiero, pero seguro que reconoce que, aparte de Apple, el NASDAQ 100 incluye otras compañías bien conocidas tales como Microsoft [MSFT], Intel [INTC], y Google [GOOG]. Como con el S&P 500, aquí también, cada acción tiene un peso diferente. Si Apple sube un 3%, tendrá una influencia más fuerte en el rendimiento del índice que un alza similar en una acción de menor importancia.

Ya que el S&P 500 contiene 500 de las acciones más importantes del mercado, está claro que una parte importante de las 100 acciones de NASDAQ estarán entre las 500 del S&P. Esto explica por qué el S&P se considera más importante y fiable que el NASDAQ 100. Entonces, ¿por qué le doy a este índice una posición central en mis pantallas? ¿No es suficiente con el S&P 500?

La respuesta está relacionada con la volatilidad del NASDAQ 100, el cual se compone sobre todo de acciones de compañías de alta tecnología. Es bien sabido que estas acciones muestran una alta volatilidad en comparación con la falta de volatilidad de la mayoría de las acciones "sólidas", en el índice más amplio del S&P 500. Las acciones de tecnología son más volátiles debido a que el "elemento del sueño" encarnado en su precio es más alto que el mismo "elemento del sueño" en una compañía no relacionada con la esfera de la alta tecnología. Por ejemplo, el impacto de un nuevo *gadget* electrónico en el precio de las acciones de Apple será más significativo que en las acciones de Ford (F) cuando anuncia un nuevo modelo. Los índices volátiles no son necesariamente fiables, por lo tanto al NASDAQ 100 se le otorga el segundo lugar en la lista de índices importantes. Ese segundo lugar se debe a su volatilidad.

Como he mencionado, el 60% del movimiento del mercado lo dicta principalmente el S&P 500. Por lo tanto, es importante para mí analizar la dirección del índice. Ya que el NASDAQ 100 es más volátil que el S&P 500, el índice NASDAQ a menudo indica la dirección esperada **antes** que el S&P 500. Como ejemplo, vamos a suponer que el NASDAQ 100 tiene una ruptura hacia una nueva alta. ¿Eso quiere decir que la acción que yo compre también logrará una nueva alta? No. Como aprendimos, se moverá sobre todo de acuerdo al S&P 500, en lugar de al NASDAQ 100, pero la ruptura del NASDAQ ciertamente puede dar una pista de la dirección que tomará el S&P 500. Para resumir: una ruptura temprana del NASDAQ 100 me hace sospechar que el S&P 500 podría seguir la misma tendencia. La temprana ruptura del NASDAQ 100 a menudo funciona como un sistema de alerta de lo que sucederá con el S&P 500.

Símbolo del NASDAQ 100

El símbolo del NASDAQ 100 es **NDX**. Como con el SPX, puede aparecer en su gráfico con el símbolo de $ antes o después de las letras, o sin él: NDX$, NDX, o $NDX. Si alguno de estos símbolos no concuerda con su plataforma de *trading*, utilice el campo de búsqueda de símbolos e introduzca el término NASDAQ 100.

El NDX, así como el SPX, no es un índice con actividad bursátil, lo cual significa que no podrá apreciar su volumen. Se mueve sólo en horario de actividad bursátil, y se calcula sobre la base del precio de las 100 acciones que lo componen y con las que se comercia en tiempo real.

NASDAQ 100 ETF: QQQ

El índice NASDAQ 100 NDX no es un índice negociable, pero son muchos los interesados en vincular su dinero a los rendimientos del NASDAQ 100 (¡lo cual es muy peligroso!). Como resultado, surgieron los ETF. El que sigue al NASDAQ 100 es conocido como "**las Q**" o por su famoso símbolo **QQQ**. Como con los ETF de SPY, que siguen al S&P 500, los QQQ también se cotizan como si fueran acciones. Tienen su propio símbolo, compradores y vendedores. Ya que es un ETF que se cotiza, muchos *traders* prefieren darle seguimiento a las Q más que al propio NDX porque con los ETF, "el dinero habla". Los ETF son más sensibles a los cambios en la oferta y en la demanda, y esto crea un volumen que puede ser representado.

Contratos de futuros del NASDAQ 100: NQ

El NQ es el contrato de futuros del NASDAQ 100. Se le conoce profesionalmente como **E-mini NASDAQ 100 Future Contracts**. Así como el ES representa el futuro anticipado del S&P 500, el NQ representa el futuro anticipado del NASDAQ 100.

El NQ es un contrato con actividad bursátil en la **CME** [Bolsa de valores de Chicago]. Si usted observa el NQ durante la sesión de actividad bursátil, verá que, en realidad, precede al NDX o al QQQ. El pago a su bróker por el paquete del ES debe incluir automáticamente todos los índices E-mini, por lo que el NQ estará dentro del paquete. El NQ se compra y se vende durante prácticamente las 24 horas del día. El examen del gráfico justo antes de que se abra la sesión le mostrará si el NASDAQ se abrirá al alza o a la baja mucho antes de que lo sepan muchos otros.

El símbolo NQ

Como con el ES, los contratos NQ caducan cada tres meses el tercer viernes al fin del trimestre.

Un ejemplo del símbolo para futuros que vencen a finales del segundo trimestre sería /NQM3. La barra y las letras "NQ" seguirán siendo siempre parte del símbolo. El resto se decodifica exactamente como el ES: la "M" representa los contratos que vencen a finales del segundo trimestre, y el "3" representa el año 2013.

El índice olvidado: el Dow Jones (DJI)

El promedio industrial Dow Jones [símbolo: DJI], también conocido simplemente como "**el Dow**", fue desarrollado por Dow Jones & Company. Es el índice más veterano y famoso de Wall Street. Está constituido por las empresas más grandes de los Estados Unidos, abarca una gran variedad de sectores y está destinado a actuar como el cabecilla o líder del rebaño en la economía. Un gran número de inversores de todo el mundo ve el índice Dow como el principal instrumento para el seguimiento del estado de ánimo del mercado bursátil de los EE.UU. Se menciona la mayor parte del tiempo en los medios de comunicación financieros, pero el Dow es el índice que menos le tiene que interesar al *trader*. Los *traders* adoptan a menudo una actitud burlona al encontrarse con inversionistas que mencionan el Dow, al que denominan "el índice olvidado". La única razón por la que se ubica en la tercera (y aún así, muy respetable) posición no es porque tenga que utilizarlo, sino por la frecuencia con la que se menciona.

Tenga en cuenta que Dow Jones & Company publica cientos de distintos índices relativos a diversos sectores y a varios estados. El DJI es sin duda el más famoso de todos, pero sigue siendo sólo uno de muchos índices.

¿Por qué no utilizamos el DJI? En primer lugar, porque se compone de sólo 30 acciones; por lo tanto, no es verdaderamente representativo del mercado. En segundo lugar, las 30 acciones que constituyen el índice son a menudo las acciones más "cansadas" de mega-empresas y son muy letárgicas. Como *traders*, necesitamos índices volátiles que representen expectativas de futuro y no las viejas historias de mega-corporaciones. El Dow simplemente no responde a las expectativas.

¿Cómo se representa el índice?

El DJI puede aparecer en su plataforma de *trading* con o sin el símbolo $ precediendo o siguiendo a las letras: DJI, DJI o DJI. Si uno de estos símbolos no coincide con su plataforma de *trading*, utilice el campo de búsqueda para encontrar el símbolo con el término: Dow Jones Industrial Average.

El DJI, al igual que el SPX y el NDX, no es un índice comerciable, por lo que no se puede ver ningún volumen de actividad bursátil. No hay ningún volumen. El índice se mueve durante el horario de sesión y es un derivado calculado para 30 acciones que se negocian en tiempo real.

El ETF de Dow Jones: DIA

Al índice Dow Jones (DJI) se le da seguimiento con el **ETF "Diamonds"**, cuyo símbolo es **DIA**. El DIA es para una gran cantidad de gente a nivel mundial que quiere vincular su dinero al rendimiento de este índice. Así como el SPY y el QQQ, el DIA tiene actividad bursátil como cualquier acción. En otras palabras, tiene un símbolo, oferta y demanda.

El contrato de futuros del Dow Jones: YM

El YM es el índice de futuros del Dow Jones y se lo conoce profesionalmente como **E-mini Dow Jones Industrial Average Futures Contract.** Al igual que con los otros futuros descritos, el YM representa la expectativa de los resultados futuros del Dow. También tiene actividad bursátil electrónica 24 horas al día en la **CME** (la Bolsa de valores de Chicago).

El símbolo YM

Este símbolo también sigue el patrón de los ES y NQ. El YM vence el tercer viernes del último mes de cada trimestre. Un ejemplo del YM para el cuarto trimestre de 2010 sería /**YMZ0.**

Rebalance: cómo aprovechar la actualización de los índices

Una vez al año, las organizaciones de investigación Standard & Poor's (S&P), Dow Jones y NASDAQ emprenden un estudio conjunto de las empresas incluidas en los índices que manejan. Cuando una empresa se enfrenta a dificultades y sus acciones han caído, es muy probable que sea eliminada de la lista y sustituida por una nueva estrella. Acciones como las de Apple o Google no estuvieron siempre en el índice, pero entraron en él por sus grandes éxitos y desplazaron a otras a las que les iba mal o que estaban completamente inactivas.

¿Por qué le tiene que interesar esto? Por dos razones: en primer lugar, nunca le crea a una persona que le diga algo así como: "Si usted hubiera invertido $1000 en el Dow Jones hace 30 años, sería rico hoy". Eso es nada más y nada menos que un fraude utilizado por los vendedores de Wall Street y por los administradores de fondos que están tratando de venderle una inversión a largo plazo. En realidad, el índice cambia anualmente, ya que las acciones más fuertes reemplazan a las que les va mal. Si hubiera invertido en el índice original, esto le habría generado la pérdida de mucho dinero en la actualidad.

La segunda razón se basa en un conocido método de *trading*: muchos fondos se enlazan a un índice. Por ejemplo, un fondo puede prometerle a sus inversores que solo invertirá en acciones pertenecientes al índice S&P 500, pero cuando la acción sale de la lista, el fondo está obligado a venderla y a comprar la acción que la ha sustituido.

Hasta ahora, todo bien. ¿Es necesario que detalle cómo se gana dinero con esta actividad? Ya que la información relativa a las acciones que están saliendo y las que están entrando al índice se da a conocer varias semanas antes de que se proceda a la actualización, los fondos se ven obligados a venderlas y a empezar a comprar por adelantado. En otras palabras, una acción que se quitó del índice tendrá una **baja**, puesto que los fondos se ven obligados a venderla, y la acción que está entrando al índice tendrá un **alza**, puesto que los fondos se ven obligados a comprarla. Es así de sencillo. Escriba el término **"S&P Rebalance"** en su buscador de internet para encontrar las fechas y la lista precisa de las acciones que salen del índice y las que entran.

Resumen: los índices del mercado

Ha llegado la hora de organizar un poco toda la información anterior.

Si usted está trabajando con una sola pantalla (espero que no sea por demasiado tiempo), el gráfico que necesita cubrir casi un cuarto de la misma es el ES, si usted tiene acceso a los futuros, o el SPY, si no.

Si tiene dos o más pantallas, dedíquele desde un tercio hasta la mitad de una pantalla al ES junto con el NQ (o al SPY y al QQQ). Yo asigno alrededor de las tres cuartas partes de la pantalla de 23 pulgadas a estos dos índices.

Utilice la información en velas intradía de cinco minutos. Cuanto más grande sea su pantalla, más días de actividad bursátil aparecerán a la vez. Sugiero que su pantalla abarque al menos tres días de cotización. Una historia que muestra tres días me ayuda a buscar los puntos de soporte y de resistencia de los últimos días.

Examen relámpago

Las respuestas están más abajo.

1. Usted está por comprar una acción que está a punto de tener una ruptura, mientras que el índice ES subió hace pocos minutos a un nuevo precio al alza (high). ¿Debería comprar?

2. Usted quiere comprar una acción actualmente al alza, mientras que el S&P 500 tiene una tendencia bajista. ¿Debe comprar las acciones?

3. Usted está por comprar una acción, y en ese mismo instante, el S&P 500 tiene una ruptura a un nuevo precio al alza (high). ¿Debería comprar?

4. Usted desea ejecutar una venta corta con una acción y parece que el índice S&P 500 está a punto de tener una caída a una nueva baja, mientras que el NASDAQ 100 está al alza en un orden inverso al índice del mercado. ¿Qué debe hacer?

5. Usted está por comprar una acción al mismo tiempo que el NASDAQ 100 está a punto de tener una ruptura, pero el S&P 500 no ha tenido una ruptura aún. ¿Debería comprar?

Respuestas:

1. Como se ha señalado, el 60% del movimiento de una acción está determinado por el movimiento del índice del mercado. Si el índice ha subido y su acción no subió más alto junto con él, algo no suena bien. ¿Tal vez un vendedor de grandes cantidades está impidiendo que suba? ¿Tal vez otros compradores no están interesados? Es razonable suponer que el mercado se corrija muy pronto, por lo menos, por una parte de las altas, lo que significa que la acción probablemente caiga en vez de subir.

   Conclusión: no compre o compre solo una pequeña cantidad con una orden de suspensión (STOP) ajustada para protegerse.

2. En sus tres primeros años de *trading*, no permito que compre acciones en dirección opuesta al movimiento del mercado. Si lo hace, o si ejecuta una venta corta sobre las acciones que no siguen la dirección del mercado, las posibilidades de que pierda dinero son, por lo menos, del 60%. Una vez que haya acumulado más experiencia, aprenderá cómo actuar en contra de la dirección del mercado en algunos casos, pero solo en circunstancias excepcionales y con acciones específicas que muestran un movimiento extremo y hacen caso omiso de las

condiciones del mercado. Pero, en primer lugar, tiene que acumular mucha más experiencia.

3. ¡Por supuesto que sí! Si está a punto de pulsar el botón de compra (**BUY**) al mismo tiempo que el mercado tiene una ruptura a una nueva alta, comprar es la acción correcta que reduce los riesgos y mejora significativamente las oportunidades. Es razonable asumir que el mercado tendrá un grave impacto sobre su acción y el precio subirá, incluso si su elección ha sido equivocada.

4. El NASDAQ 100 muy a menudo precede al índice del mercado. Si el NASDAQ 100 se eleva cuando parece que el mercado está a punto de tener una tendencia bajista, hay una posibilidad razonable de que el mercado no caiga, lo cual incrementa el riesgo. Espere a que el índice de precios de mercado caiga, y solamente entonces, oprima el botón. Si la bolsa tiene un colapso antes de que el mercado coopere, ejecute una venta corta por una cantidad más pequeña y esté constantemente pendiente de las reversiones.

5. Ya que parece que en este caso, también, el NASDAQ 100 puede preceder al índice del mercado, de hecho es mejor comprar, pero con mucha cautela. Compre, por ejemplo, la mitad de la cantidad total que usted desee con la esperanza de que el índice de precios de mercado tenga también una ruptura a una nueva alza. Si esto ocurre, compre la segunda mitad de la cantidad que tiene en mente, siempre y cuando el precio de las acciones no haya avanzado demasiado lejos.

Las industrias y los sectores

Hasta ahora, hemos aprendido que el 60% de la evolución de los precios está influenciado por el movimiento del índice de mercado (S&P 500). Pero esto es solo una parte de la información. Del resto, el 30% deriva del movimiento del sector al que pertenece la acción. Solo en el 10% de los casos, una acción "asume el control de sí misma" y avanza en el mercado de forma independiente.

Las acciones pertenecen a industrias que, en conjunto, representan a sectores. El sector financiero, conocido simplemente como **financials**, se divide en cuatro industrias: banca, entidades financieras, aseguradoras e inmobiliarias.

Supongamos que desea comprar acciones de un banco, como Citigroup, que tiene el símbolo **C**. Ya sabemos que el S&P 500 es responsable del 60% del movimiento de la acción, así que, antes de hacer clic en **BUY**, tendría que observar el índice de mercado para cerciorarse de que está al alza. Ahora, le pido que también le eche un vistazo al gráfico de la industria a la que pertenece la acción, en este caso, la banca. Supongo que no es necesario recordarle que, durante y después de la caída financiera de 2008, los bancos fueron la industria más débil del mercado; en otras palabras, el índice de precios del mercado podría estar subiendo, pero los bancos estaban muy rezagados e incluso podía ser que hubieran estado bajando. Una acción perteneciente a una industria que no está funcionando correctamente se topará con dificultades, incluso cuando el mercado sea, en general, optimista.

Cuando esté a punto de comprar una acción, verifique en primer lugar a qué industria pertenece la acción. Esto le puede llevar unos segundos antes de que llegue a tomar una decisión, pero son, sin duda, unos segundos bien invertidos. Con el tiempo, podrá reconocer la mayoría de las acciones y no será necesario averiguar a qué industria pertenece cada una; por ejemplo, ¿a qué industria pertenece Teva Pharmaceuticals (símbolo: TEVA)? A la farmacéutica. ¿A qué industria pertenece INTEL (símbolo: INTC)? A la de los semiconductores. La próxima vez que se tope con una de estas dos, por ejemplo, usted debería ser capaz de recordarla. En el transcurso de los próximos dos o tres años, usted sabrá desenvolverse en los sectores del 70% de las acciones con las que opera.

DINERO INTELIGENTE	*No siempre averiguo cuál es el sector o la industria antes de realizar una transacción. No se indaga en las acciones pertenecientes a sectores marginales.*

Una buena porción de las acciones con las que operamos va a pertenecer a una de las **cuatro industrias principales: banca, tecnología, semiconductores y biotecnología**. En la pantalla que muestra los dos índices más importantes del mercado, también le doy espacio a unos gráficos relativamente pequeños que muestran las velas de cinco minutos para tres de esas industrias: banca, biotecnología y semiconductores. Por supuesto, hay muchos más sectores, desde las acciones relacionadas con los aviones y el transporte aéreo hasta la producción de papel, pero los efectos de estos sectores en el mercado son desdeñables, por lo tanto, no les asigno espacio en la pantalla.

Ejercicio de comprensión

En el gráfico diario, Southwest Airlines (LUV) muestra un buen patrón mientras desarrolla una tendencia alcista y desea comprar para mantener las acciones por varios días (recuerde que una transacción de varios días se denomina "**swing**"). Usted está esperando a las mejores condiciones posibles.

Cuando se abre la sesión de actividad bursátil, se observa que el mercado está subiendo con fuerza y el sector de petróleo y gas [**Oil & Gas**] está aumentando aún con más fuerza que el mercado. Usted busca el motivo y descubre que los precios de los combustibles están al alza. Uno de los resultados inmediatos del aumento de los precios del combustible es una caída de las acciones de las aerolíneas [**Airlines**] que son altamente dependientes de los precios del combustible. Conclusión: hoy no es el día propicio para comprar acciones de ese sector.

En los días en los que el mercado está al alza, la pregunta es ¿qué sectores aumentaron también?, ¿cuáles de ellos se elevaron más que el mercado? Y ¿cuáles cayeron a pesar del movimiento del mercado? En un día de alzas, podemos suponer que entre el 70% y el 90% de los sectores también están aumentando. Por otro lado, como se señaló anteriormente, algunos sectores casi siempre se mueven en direcciones opuestas entre sí, por ejemplo, el movimiento contradictorio del sector de las aerolíneas respecto del sector de petróleo y gas, dada la fuerte incidencia de los precios del combustible en la rentabilidad de las mismas. Por otra parte, cuando el índice de mercado cae, por ejemplo, el precio del oro [**gold**] casi siempre sube. Cuando el precio del oro sube, el sector minero [**Mining**] también aumentará. Vemos que el oro y las empresas mineras a menudo se mueven en oposición a la dirección del mercado. En un día de fuerte movimiento al alza en el mercado, ¿desearía enterrar su dinero en una acción a la baja? Por supuesto que no. Por lo tanto, compruebe la dirección del sector antes de entrar en el mercado.

He aquí una lista de las principales industrias y sus símbolos:

Símbolo	Sector/Industria
DJI$	Industrial
BKX$	Bancario
NBI$	Biotecnología
SOX$	Semiconductores
MVR$	Minoristas
NDXT	Tecnología
DJUSEN$	Petróleo y gas
QNET$	Internet
DJT$	Transporte
DJUSAR$	Aerolíneas
DJU$	Servicios públicos
DJUSAP$	Automotores
DFX$	Defensa
RXS$	Farmacéuticos
IXTC$	Telecomunicaciones

Tenga en cuenta que los sectores y las industrias tienden a mezclarse: los bancos, por ejemplo, son una industria dentro del sector de las finanzas, pero, dado que su peso en el sector es muy variado, los *traders* tienden sobre todo a seguir al sector bancario.

Símbolos múltiples

Para examinar la situación de los bancos, es posible seguir varios símbolos diferentes derivados de los distintos índices desarrollados por las diferentes empresas. Dow Jones, por ejemplo, tiene su propio índice bancario, que es diferente del elaborado por Merrill Lynch. Esto significa, simplemente, que los analistas de Dow Jones califican a algunos bancos de forma diferente que los analistas de Merrill Lynch. Los símbolos del gráfico anterior son los más utilizados entre los *traders*, pero algunos de ellos pueden tener otras preferencias.

Integrar herramientas

Para obtener la fórmula más exitosa se requiere la integración inteligente de todos los instrumentos descritos anteriormente. En la transacción ideal, se integrará la compra en el punto técnico correcto de entrada para la acción, mientras se vigila el mercado y la industria a la que pertenece. Si usted decide comprar una acción que es más fuerte que el mercado y que pertenece a un sector que muestra solidez en un día con un mercado de tendencias alcistas, mejorará en gran medida sus probabilidades de éxito.

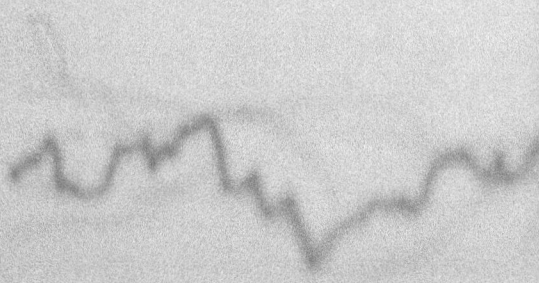

FINANCIAL TIMES *All times are Lond*

INTERACTIVE CHARTING NIKKEI 225

| | 5 Days | 10 Days | 1 Month |

Add Indicators   Add Events

Simple Moving Average (60) Edit | Remove

Price Channel (20) Edit | Remove

19/05/2008 Close 14,269.61 Open 14,294.52

16,000

14,000

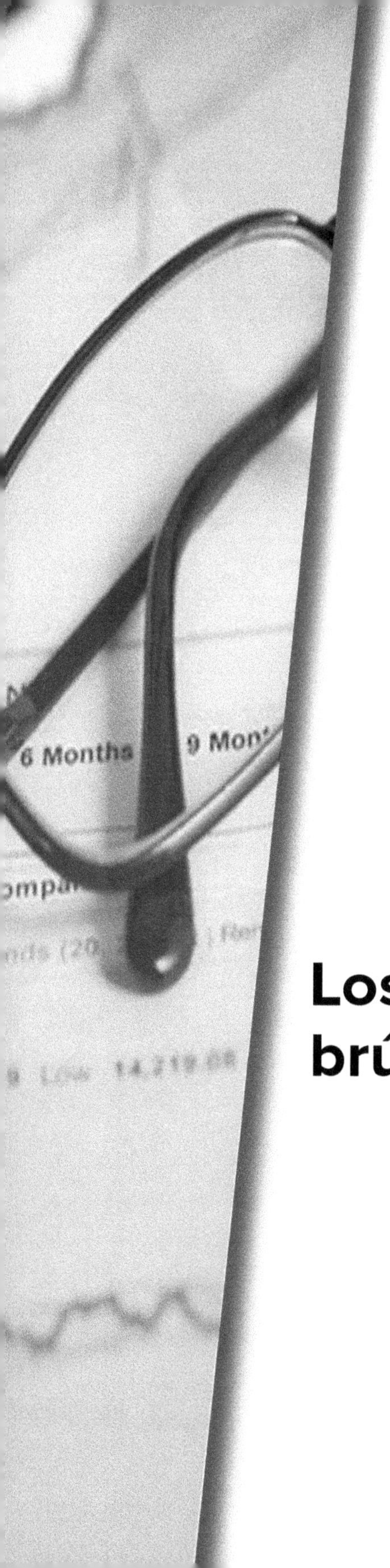

7.

Los indicadores: la brújula del *trader*

Los indicadores, como las brújulas, muestran la dirección pero no el camino

Leyendo los pensamientos de millones de personas

Hemos aprendido acerca de las tendencias, los patrones de los gráficos y los índices. Ahora, vamos a examinar los indicadores, que derivan generalmente de la tendencia.

Los indicadores no suelen añadir nueva información que no se pueda aprender de los gráficos, pero afinan y aclaran la información inherente en ellos. Supongamos, por ejemplo, que usted ha comprado una acción en ascenso y desea saber cuándo venderla lo más cerca posible de su alta. ¿Qué es lo que define un alta? ¿Cómo se puede usar el índice para identificar el alta?

DINERO INTELIGENTE	*Un "indicador" es una herramienta de asistencia para la toma de decisiones. Los indicadores no añaden información nueva, pero nos ayudarán a decidir cuándo oprimir el botón de compra o venta.*

De hecho, no son pocos los indicadores que pretenden proporcionarle la respuesta absoluta. Yo diría que los indicadores son lo que su propio nombre implica: proporcionan orientación, pero no son el factor definitivo absoluto en el que debe basar su decisión. El uso de indicadores es similar a navegar con una brújula. La brújula indica la dirección en la que va, pero no cómo llegar a destino. Usted tendrá que decidir qué camino tomar y, a menudo, el camino no será el que la brújula le ha indicado. Si el comerciar con acciones fuera algo tan sencillo como utilizar un indicador, ¡cualquier computadora me podría sustituir sin problema!

Cuando empecé mi carrera como *trader*, dependía mucho de los indicadores. Ahora, después de muchos años de experiencia, están bien integrados en mi subconsciente y ya casi ni los miro. Además, para ahorrar espacio en la pantalla y "limpiar" los gráficos de las acciones con las que estoy operando, he eliminado todos los indicadores de la pantalla. ¿Le estoy sugiriendo que haga lo mismo? Por supuesto que no. Después de muchos años de estar mirando las pantallas, he llegado a la fase de "entendimiento" y veo los gráficos al igual que Neo "ve" la Matrix. Si apenas está empezando, y aun si cuenta con algunos años de experiencia en *trading*, usted todavía necesita utilizar los indicadores para darle base a su comprensión y para que le sirvan de orientación. En los años venideros, creo que usted también alcanzará la fase avanzada en la que se liberará de la dependencia de los indicadores.

Pero, hasta que llegue ese momento, utilícelos y entiéndalos, pero no los tome como un hecho y no opere con ellos mecánicamente como si fueran el único factor de instrucción.

Hay muchos indicadores técnicos, incluidos el RSI, el MACD y el ADX, entre otros. Cuanto más se desarrolla el análisis técnico, más indicadores y herramientas técnicas se desarrollan. Sin embargo, el *trader* profesional se ayuda con muy pocos indicadores ya que, mientras opera, no tiene tiempo para leer varios indicadores y porque debe concentrarse en el gráfico del que esos indicadores derivan.

El indicador más importante para analizar la tendencia actual es el **volumen [volume** en inglés], ya que es uno de los pocos indicadores técnicos que no derivan de una tendencia y le ofrece al *trader* una importante perspectiva adicional del estado de una acción. El volumen de transacciones es el único indicador técnico al que nunca estoy dispuesto a renunciar.

Volumen de actividad bursátil

El volumen de actividad bursátil o como se le conoce simplemente **volume**, da seguimiento al número de acciones con las que se comercia en un momento determinado. El volumen está marcado por las barras en la base del gráfico. Debajo de cada vela japonesa, está la barra de volumen adecuada para ese período. Si las velas japonesas representan cinco minutos, el volumen representará cinco minutos y, si la vela es de color verde, la barra también será verde. En ocasiones, según la preferencia del *trader* o las limitaciones de la plataforma, el color de todas las barras de volumen será idéntico y no será posible distinguir entre el volumen ascendente y el volumen descendente.

Volumen de TEVA en velas de cinco minutos

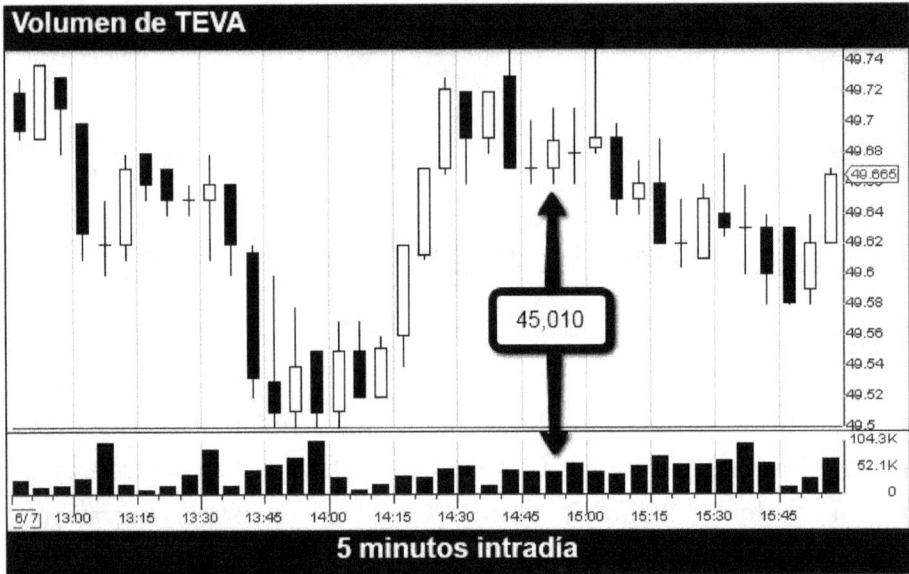

Para la vela de cinco minutos marcada en el gráfico de arriba, a partir de las 14:50 horas, el volumen muestra 45,010 acciones. Para ver el volumen de cada vela, coloque el ratón sobre la vela y pulse el botón del ratón (esto puede variar en función de la plataforma).

El volumen indica la fuerza de la tendencia. Algunos sostienen, sin embargo, que, debido a que cada operación implica un comprador y un vendedor, o, en otras palabras, alguien que piensa que la acción es barata y alguien más que piensa que es cara, la suma total de las opiniones en el mercado es cero y el volumen no tiene importancia. Hay un cierto grado de verdad en esta afirmación, pero los que sostienen este punto de vista ignoran la identidad de los compradores y de los vendedores. Dado que los compradores institucionales son, generalmente, los más listos en el mercado, su opinión tiene más peso, lo que hace más difícil afirmar que la suma total de todas las opiniones es cero. Como resultado, es importante identificar los cambios en el volumen derivado de la actividad de estos compradores institucionales.

El volumen precede al precio

Uno de los clichés más conocidos con respecto al volumen es que el "volumen precede al precio". ¿Por qué precedería el volumen a un aumento de los precios? Los agentes institucionales que reciben instrucciones de grandes clientes que desean comprar millones de acciones de una determinada compañía no pasan la orden de compra en sus plataformas para la totalidad de la suma de una sola vez, ya que, de este modo, el cliente revela completamente sus intenciones y hace que el precio salte más alto, reduciendo así la remuneración que los agentes reciben al comprar más barato. Los agentes, por lo tanto, estarán interesados en comprar barato a fin de recibir la remuneración completa del cliente, ya que su gratificación aumenta cuanto más bajo sea el precio neto que obtengan para su cliente. Por lo tanto, los agentes ocultan sus verdaderas intenciones: entran y salen del mercado repetidamente, comprando, cada vez, una cantidad relativamente pequeña. De esta manera, pueden ocultar sus intenciones y preservar el precio bajo de la acción, pero el alcance de las compras que se manifiesta en el volumen no se puede ocultar. El volumen puede, por lo tanto, revelar que las acciones están siendo recolectadas antes de un aumento de los precios. Lo mismo es cierto en el caso de caídas en el precio. Los grandes vendedores —por lo general, los fondos de inversión— reciben información antes de que llegue al público y comienzan a hacer transacciones en grandes cantidades antes de que la acción se empiece a mover.

DINERO INTELIGENTE | *Las órdenes de compra y de venta se pueden ocultar, pero el volumen no. Un aumento en el volumen siempre indica una razón: alguien sabe algo que todavía no sabemos.*

Volumen promedio

Es importante verificar el volumen promedio diario de la actividad bursátil antes de comprar una acción por dos razones:

1. La identificación de un aumento relativo en el volumen

Un gran volumen intradía en comparación con el del día anterior indica alguna actividad especial que involucra a esa acción. Nos encanta identificar y dar seguimiento a las acciones que muestran aumentos de volumen, especialmente, con un doble salto o incluso mucho más. Las acciones con mayor volumen se pueden encontrar fácilmente mediante sencillos programas de filtrado o echando un vistazo al gráfico de la acción. Podemos distinguir fácilmente el crecimiento en el volumen si se comparan los gráficos que muestran los volúmenes del día anterior y del día actual. Por supuesto, la comparación solo es posible después de, por lo menos, la mitad del día de actividad en curso y debe de ser para el mismo período del día anterior. Cuando considero la compra de una acción y observo un crecimiento relativamente notable en el volumen, puedo tomar la decisión más fácilmente. Puedo incluso aumentar la cantidad de mi compra, basada en la premisa de que el aumento de volumen indica un mayor interés y, por lo tanto, mayores posibilidades de éxito.

2. La posibilidad de comprar y vender en cualquier momento

Los *traders* comprarán una acción solo si están seguros de que pueden comprar y vender en cualquier momento, a cualquier precio y por la totalidad de la cantidad comprada. Cuando el promedio diario del volumen es bajo, por ejemplo, solo 100,000 acciones por día, la diferencia entre la oferta de adquisición (los compradores) y el precio solicitado (los vendedores) será normalmente de más de un centavo. Esto hace que le sea difícil comprar y vender al precio que usted quiere; por ejemplo, usted compra una acción y desea venderla inmediatamente, pero se ve obligado a hacerlo con una pérdida considerable porque el comprador más cercano ofrece un precio muy por debajo del precio al que la compró.

Además, las acciones con bajos volúmenes son poco "carnosas", y su liquidez de compra y venta a cualquier precio, incluso si hay compradores, será relativamente pequeña. Debido a la gran diferencia entre la oferta y la demanda y a la ausencia de "carne", solo una transacción muy grande es suficiente para impactar fuertemente en el precio de las acciones.

De repente, podría subir, lo cual es estupendo si la ha comprado. Sin embargo, por la misma razón, podría caer súbitamente, dejándole sin oportunidad de vender con una pérdida mínima. En resumen, las acciones de bajo volumen no son para los pusilánimes ni para aquellos que odian el alto riesgo como yo.

DINERO INTELIGENTE	*Con el paso del tiempo, reconocerá la mayoría de las acciones con las que opera y no necesitará comprobar si responden a los requisitos de volumen. Llegará a un punto en el que esos controles serán necesarios solo para una pequeña gama de acciones.*

Conclusión

El *day trader* profesional no comerciará normalmente con acciones cuyo volumen promedio es de menos de un millón de acciones por día. No se preocupe: hay miles de acciones con un volumen más alto que esa cantidad.

En resumen, el profesional busca acciones que tengan una actividad de más de un millón de acciones por día en promedio y un volumen mejor que el del día anterior.

¿Cómo podemos saber, al cabo de una hora de *trading*, si el volumen del día será superior a un millón? Cambie rápidamente la vela intradía de cinco minutos por el gráfico diario y examine los volúmenes en los últimos días. Con solo un vistazo, usted debe ser capaz de ver si el volumen es de solo unos miles de acciones o si supera el millón. Si el volumen está al límite, compare el volumen de apertura del día actual con el del día anterior a la apertura y trate de evaluar el potencial del día actual sobre esa base.

Preste atención a otro fenómeno que puede inducirle a error. A veces, una parte considerable del volumen deriva de varias transacciones o de una sola transacción muy grande. En otras palabras, se podría creer que el volumen es lo suficientemente grande, pero, en realidad, en su mayoría deriva de una sola transacción de cientos de miles de acciones.

Para comprobar si este estado es relevante, examine el indicador de volumen y busque una sola vela que represente un volumen muy alto.

¿Qué significan los cambios de volumen?

Hay una sabia regla que dice: "Compre el rumor, venda la noticia".

A veces, los rumores se pueden exponer identificando aumentos de volumen. Los cambios en el volumen, si se interpretan correctamente, pueden constituir, en ciertas circunstancias, un índice importante para las decisiones de compra y de venta; por ejemplo, cuando la acción sube y rompe la línea de resistencia, la ruptura debe estar tipificada por un notable crecimiento en el volumen y, en consecuencia, indica un mayor interés de los compradores. Por regla general, el aumento de volumen es significativo cuando la vela de cinco minutos que muestra la ruptura se duplica respecto de las velas anteriores a la ruptura. Más adelante, examinaremos varias reglas que necesitamos para interpretar los cambios en el volumen a medida que la acción se mueve.

Tenemos que diferenciar entre los aumentos de volumen antes de la **ruptura diaria** (en velas de un día durante varios días) y los aumentos en el volumen anteriores a la **ruptura intradía** (en las velas de cinco minutos durante la sesión de actividad bursátil).

Cómo interpretar el aumento de volumen antes de la ruptura diaria

Cuando el volumen de actividad de una acción aumenta antes de la ruptura diaria, debemos sospechar que algo importante está ocurriendo con la acción. El volumen diario aumenta por alguna razón. A veces, esto indica que existe una noticia que aún no se ha publicado oficialmente pero que ya se ha filtrado entre "los que están en el asunto". También podría indicar que un gran comprador institucional ha estado acumulando acciones. Como es habitual en los fondos institucionales, una vez que han alcanzado el 90% de su meta, sueltan el freno y quieren que se sepa, mediante la compra de grandes cantidades, que están interesados en apoyar la acción. El agente está esperando que usted y muchos otros como usted se den cuenta del aumento en el volumen, compren y ayuden así a hacer subir el precio de las acciones.

El aumento en el volumen diario se puede identificar sencillamente con programas gratuitos de filtrado en internet, como Yahoo Screener o Stock Fetcher. Para identificar cambios de volumen intradía, tendrá que comprar un programa más avanzado, como Metastock. Muchos *traders* nuevos podrían sentir que no necesitan comprar estos paquetes de software y que pueden hacer todo este trabajo por sí solos. Solo el comerciar con acciones es ya suficiente trabajo. Utilice a los profesionales y las sugerencias que estén dispuestos a compartir con usted para encontrar acciones hasta que tenga el éxito suficiente como para tratar de encontrar por sí mismo las pautas para comprar o vender.

Una de las diferencias entre el profesional y el *amateur* es la capacidad del primero para identificar correctamente el precio de entrada. El aumento del volumen nos ayuda a ubicar el precio de entrada. Un *amateur* analizará varios índices (por lo general, una acción innecesaria) y tomará la decisión de comprar con retraso, solo después de que su nivel de confianza sea lo suficientemente fuerte. Es un hecho muy bien conocido que el nivel de confianza de un *amateur* aumenta en relación directa con el aumento de los precios de las acciones, de modo que, en la mayoría de los casos, el precio de entrada de los *amateurs* estará retrasado. El profesional sabe cómo pasar por alto los índices externos y evaluar de manera fiable la entrada al precio correcto, con la acción a punto de tener una ruptura. El aumento del volumen antes de la ruptura es, en muchos casos, la primera señal de la inminente ruptura. Los *amateurs* ingresan más tarde, mientras que los profesionales observan cómo aumentan los precios de sus acciones. En gran medida, esta es también la diferencia entre pérdidas y ganancias.

Un alto volumen en la ruptura representa el punto de cambio en la percepción del público acerca del valor de la acción. Durante el período de consolidación antes de la ruptura, hay muy pocos interesados en la compra de acciones. Cuanto más crezca el volumen, mayor será el número de partes interesadas. Cuantos más compradores convencidos de que la acción continuará su nueva tendencia haya, mayores serán las probabilidades de éxito.

El "radar" del *trader* no detecta acciones que tienen una ruptura con un pequeño volumen, por lo que sus posibilidades de éxito en la nueva tendencia son mucho menores. Después de la ruptura, los inversores se muestran más escépticos y tratan de conseguir nuevas "pruebas" que apoyen el movimiento. Un alto volumen es, sin duda, una de las señales más importantes que nos ayudan a la hora de decidir si debemos mantener la acción. Las acciones que no muestran un aumento de volumen se toparán, por lo general, con vendedores institucionales intradía hasta tres días después de la ruptura. El suministro institucional creará una nueva área de resistencia que la acción hallará difícil de romper.

Aumento de volumen a la ruptura de Caterpillar, CAT

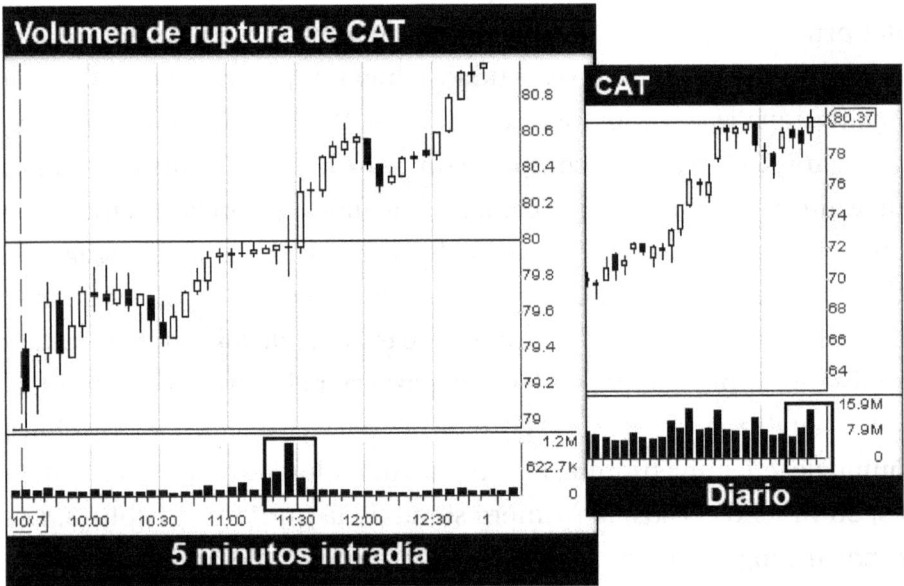

En el gráfico diario de la derecha se puede ver cómo Caterpillar rompió para lograr una nueva alta diaria de $80. También se puede ver, en la base del gráfico, que la ruptura involucró casi el doble del volumen de los días anteriores. A la izquierda, el gráfico intradía muestra cómo la acción se consolida por debajo de los $80 y, cuando rompe la resistencia, ¡el volumen salta a 1.2 millones de acciones en una sola vela de cinco minutos! Sin duda, hubo un gran interés en esta acción, lo que aumenta sus posibilidades de seguir la tendencia alcista. La ruptura potencial de Caterpillar fue identificada en la sala de *trading* varios días antes del salto propiamente dicho y la seguimos de cerca con la esperanza de comprar en el momento de la ruptura. Esta transacción fue definitivamente algo notable.

DINERO INTELIGENTE

Los fondos mantienen reservas a largo plazo y, por lo tanto, no son sensibles a los cambios intradía en los precios. Los traders que compran antes de la ruptura intradía son muy sensibles a la más mínima variación de los precios.

Cómo interpretar el aumento de volumen antes de la ruptura intradía

Como hemos señalado, es necesario distinguir entre un aumento de volumen antes de una ruptura diaria y antes de una ruptura **intradía**. En el nivel intradía, el aumento en el volumen antes de la ruptura no es, por lo general, una buena señal, ya que está causada, generalmente, por *day traders* independientes y no por inversores institucionales. Como vamos a estudiar en detalle más adelante, los *traders* que compran acciones antes de la ruptura intradía pueden ser particularmente sensibles a la menor caída de los precios. Un gran volumen pre-ruptura indica que hay muchas "manos nuevas" comprando acciones. Estos nuevos compradores, a diferencia de los veteranos que compraron la acción cuando estaba mucho más barata, todavía se encuentran en una posición peligrosa: todavía no han obtenido ganancias y, por lo tanto, son mucho más sensibles que los inversores veteranos. Si la acción tiene una ruptura y corrige un poco, hay una posibilidad razonable de que los nuevos compradores huyan rápidamente y provoquen una caída de los precios. Por lo general, estas bajas se corrigen rápidamente y la acción reanuda su tendencia al alza. Los inversores experimentados incluso aprovechan la baja temporal para comprar a bajo precio.

Los compradores huyen de Caterpillar, CAT

Los compradores de CAT se escapan

1 minuto intradía

Observando la ruptura de Caterpillar a $88 en la resolución de velas de un minuto, vemos la estampida de compradores precisamente en la ruptura. El precio se rompió con un gran volumen de 600,000 acciones en un minuto (la mayoría de los cuales son nuevos compradores como yo) y aumentó en 15 centavos [1]. Hasta ahora, todo bien.

A continuación, debería seguirle una ruptura integradora del alto volumen en el gráfico diario y una buena ruptura técnica en la sesión de *trading*, pero preste atención al aumento de volumen pre-ruptura. El problema surge cuando muchas de esas "manos nuevas"" sienten la presión y empiezan a vender cuando el precio ha subido solo 15 centavos, creando una bola de nieve que, en dos minutos, manda la acción a un retroceso de 38 centavos [2]. Hace muchos años, yo también habría estado entre aquellos que se sintieron presionados y vendieron con pérdidas, quedándose con la boca abierta cuando la acción volvió a subir y alcanzó nuevas altas. En esta ocasión, con muchos años de experiencia y muchos conocimientos adquiridos en materia del comportamiento humano, dupliqué la cantidad que compré a $79.89 y disfruté contemplando la continua tendencia alcista. ¡Fue una transacción fenomenal en lugar de una pérdida devastadora!

Cómo interpretar el volumen en una tendencia alcista

Dado que un aumento en el volumen es indicativo de la fuerza de la tendencia, nos gustaría ver aumentos de volumen cada vez que una acción vuelve a moverse en la dirección de su tendencia. Si el volumen no crece mientras la tendencia se desarrolla, tal vez está a punto de producirse una reversión, lo que pone su fiabilidad en duda.

Cuando tratamos de decidir si comprar o no una acción con tendencia alcista, tenemos que examinar el comportamiento del volumen en los puntos de cambio de los precios dentro de la misma tendencia.

Ejemplo de cambio de volumen intradía de Akamai, AKAM

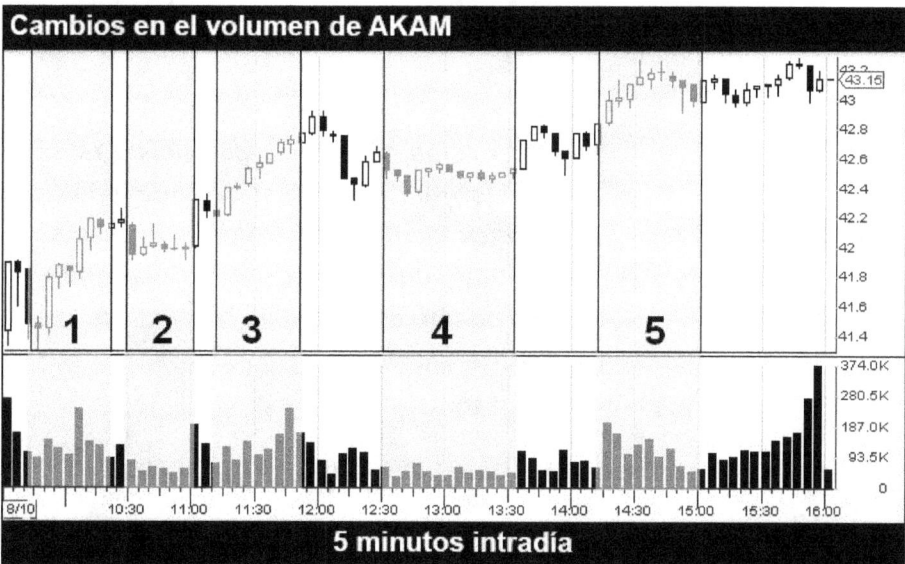

En el gráfico anterior, note el fuerte día de alzas de Akamai que muestran las velas de cinco minutos. Observe también que el volumen durante los primeros y últimos minutos de actividad es mayor; eso se debe a las órdenes de compra y venta automáticas de *traders* particulares e institucionales y por lo tanto, estos puntos no tienen importancia técnica. En el área marcada [1], la acción está al alza con un volumen (relativamente) alto. En el área marcada [2], Akamai está cayendo con un volumen bajo: esta es una señal segura de la falta de entusiasmo por la baja. En el área [3], está al alza de nuevo con un alto volumen. En el área [4], su tendencia es bajista una vez más con un volumen reducido y, en [5], llega a una nueva alta con un alto volumen. La conclusión es simple: un mayor entusiasmo durante los movimientos ascendentes que durante los descendentes indica que las posibilidades de que continúen las tendencias al alza son mayores que sus posibilidades de caer.

¿Qué podría haber ocurrido si hubiéramos visto los volúmenes crecer durante las bajas? ¿Hubiéramos vendido? No inmediatamente, pero, sin duda, hubiéramos empezado a abrigar "sospechas" sobre la continuación de la tendencia, y hubiéramos empezado a planear nuestro punto de salida de haberse fortalecido la reversión. A veces un aumento del volumen no es más que una coincidencia, un "ruido" que no significa nada.

DINERO INTELIGENTE	*Una acción con tendencia alcista tiene que mostrar un volumen creciente cuando va hacia arriba (indicando entusiasmo) y menor volumen cuando está bajando. Una acción con tendencia bajista tiene que mostrar lo contrario.*

Cómo interpretar el volumen en una tendencia bajista

El comportamiento de una acción con tendencia bajista es ligeramente diferente al de una acción con tendencia alcista. Es más difícil interpretar el volumen de una acción cuando tiene una tendencia bajista en comparación a cuando tiene una tendencia alcista. A veces, cuando la acción rompe la línea de soporte, el colapso no se caracteriza por tener grandes volúmenes, ya que muchos inversores tienden a negar su fracaso y siguen creyendo en la acción a pesar de tratarse de una transacción perdedora. Los *amateurs* tienden a seguir siendo fieles a una acción de la misma manera que lo hacen con un equipo de fútbol durante una mala racha. ¿Han visto alguna vez a un hincha de fútbol abandonar a su equipo perdedor? Los *amateurs* siempre darán la misma respuesta: "Es buena"; "Se recuperará"; "Tiene buenos productos"; "Su gestión es buena", etc. Los profesionales, por otra parte, saben cuándo reducir sus pérdidas con rapidez. Los *amateurs* niegan su propio fracaso y eso les lleva, a veces, a grandes pérdidas que les causan parálisis emocionales, lo que les impide funcionar lógicamente. La parálisis y la negación pueden reducir el volumen de una acción durante las primeras bajas.

Otro motivo de bajo volumen es la falta de demanda. Una acción perdedora baja por falta de demanda, lo que no permite a los vendedores vender. En una etapa más avanzada, mientras la acción sigue disminuyendo, el miedo toma el control. El público se ve atrapado por el pánico y el volumen aumenta cuando los vendedores comienzan a competir por la demanda y venden agresivamente a cualquier precio. Por otro lado, es también la fase en la que algunos inversores institucionales comienzan a acumular acciones.

Por lo general, de tres a cinco días antes de que una acción caiga, cuando el volumen crece, la acción encontrará apoyo y posiblemente incluso vuelva a un alta. La corrección de los precios con un volumen reducido principalmente indica que los "jugadores del mercado de pulgas" se han sumado a la actividad bursátil a corto plazo, buscando gangas. Por lo general fracasarán, ya que la acción normalmente continúa su tendencia bajista, pero esto no les impide alardear de su impresionante éxito. Yo me encuentro con estos inversores con frecuencia en las conferencias que dicto. Siempre alardean de las últimas acciones que compraron. Suena algo así como: "Justo compré Citigroup cuando estaba en $2 y ahora está en $11". Casi siempre recuerdan sus infrecuentes éxitos en lugar de sus múltiples fracasos. Convenientemente, se olvidan de haber comprado también Lehman Brothers a $3 para descubrir al día siguiente que había caído a cero, al igual que les sucedió con un sinnúmero de otras transacciones, todo lo cual conduce al cierre final de su cuenta bursátil.

Cómo interpretar los volúmenes altos sin ningún movimiento de precios

Un volumen alto sin ningún movimiento de precios puede proceder de la demanda de un inversor institucional. Los procesos de toma de decisiones de los inversores institucionales son muy diferentes a los de los *day traders* o a los de los inversionistas privados. Los inversores institucionales dedican semanas, si no meses, a considerar la compra de una acción. Durante ese período, realizan un estudio económico a profundidad, conocido como investigación fundamental, de la compañía y sus productos, sus informes financieros, su situación en el mercado, y mucho más. Como los inversores institucionales manejan enormes sumas de dinero, necesitan comprar grandes cantidades de acciones, por lo general, en los cientos de miles, cuando no millones de acciones, con el fin de "mover dinero". Ese tipo de cantidad, si se comprara en el mercado de vendedores al azar, crearía una alta demanda y causaría alzas en el precio antes de que el fondo haya conseguido recaudar la cantidad necesaria.

Se puede solucionar de varias formas. En primer lugar, el fondo tratará de localizar vendedores con grandes cantidades y comprarles directamente en transacciones "fuera de bolsa". Estas usualmente cubren cientos de miles de acciones en una sola transacción. Los compradores de grandes cantidades están dispuestos a pagar un poco más de lo que indica el precio del mercado basándose en la premisa de que si tratan de comprar durante la actividad en el mercado, el precio será impulsado hacia arriba. Un vendedor al que se le dirige un inversor institucional sabe que si trata de vender una cantidad muy grande dentro de la actividad regular del mercado, el precio va a bajar, y por tanto recibirá mucho menos que el precio ofrecido por el fondo.

Sin embargo, por ley, estas transacciones fuera de bolsa se deben comunicar a la bolsa, lo que significa que el volumen de actividad bursátil aparecerá en su pantalla sin afectar al balance de compra y venta y, por lo tanto, sin afectar al precio de las acciones incluso si la transacción tuvo lugar a un precio superior o inferior al que en ese momento se cotiza en el mercado. El fondo tratará de obtener el 80% de la cantidad total planificada de esta manera. A continuación, tratará de comprar el 20% restante más despacio, con cuidado, tranquilamente, en pequeñas cantidades cada vez, directamente de los vendedores de la bolsa de valores. Este proceso que depende del volumen puede tomar de varios días a varias semanas.

La siguiente etapa es de gran interés. El fondo ya tiene una gran cantidad de acciones y ahora tratará de dar muestras de su interés en el mercado, lo que provocará la subida del precio de las acciones. El fondo empieza a comprar en el mercado, creando volumen y altas de precios que suscitan interés e impulsan el precio de las acciones a alturas aún mayores. Los precios suben aún más, y más compradores, que perciben la resonancia, se incorporan a la actividad. Esto, a su vez, empuja el precio a mayores altas. Puesto que una gran parte de la liquidez está ya en posesión del fondo, el camino se ha allanado para que la acción suba prácticamente sin resistencia.

¿Esto le parece un poco sospechoso? ¿Quién le ha dicho que la bolsa es la personificación de la justicia?

Cómo interpretar el volumen alto en el alta del día

Cuando la acción tiene una ruptura hacia un alta en el gráfico diario, a menudo, podemos ver un extremado aumento de volumen, conocido como **volumen climático** o bien **climatic volume** en inglés. Por lo general, toma algún tiempo hasta que el público se convence de que hay una historia real detrás de la ruptura, y comienza a comprar. La razón para el volumen climático es el entusiasmo del público. Cuando, por lo general con un poco de retraso, el público finalmente se convence y compra en masa, los "grandes actores del dinero" entran en el juego: estos son los vendedores institucionales que aprovechan las altas y los volúmenes pesados para deshacerse de grandes "bloques" de acciones mientras la tendencia alcista está en su punto más alto. Nosotros llamamos a este fenómeno **"vender en el poder"** o en inglés **selling into power.** Los vendedores causan resistencia a las continuas altas, y crean el volumen climático. El voluminoso suministro estimula a los vendedores de posiciones cortas y empieza a aparecer una corrección de los precios. El último grupo de vendedores, el público, es el mayor perdedor. Se sienten presionados, venden, las acciones caen a casi el nivel de soporte donde una vez más los inversores institucionales las acumulan a precios más baratos, y empiezan a alcanzar más altas otra vez con grandes volúmenes.

DINERO INTELIGENTE	*El público no compra una acción cuando empieza a subir. El público siempre compra con retraso, una vez que se ha "demostrado" que la acción es fuerte.*

Cómo interpretar el volumen climático en el alta intradía

El volumen climático en el alta es típicamente una señal de alerta de una corrección anticipada.

Corrección de volumen climático intradía en BBT

En el ejemplo de este día, como se ve arriba, BBT está llegando a altas en la apertura de la sesión, se aproxima al alta y adyacente al alta, el volumen crece notablemente [1]. Como hemos visto, el volumen que crece durante la tendencia alcista es un signo positivo. Normalmente esto es cierto, pero no en caso de un salto pronunciado en el volumen, como en el ejemplo anterior. Este es un volumen irregular. Los compradores veteranos están aprovechando el alta para obtener ganancias y vender en el poder, mientras que los compradores menos experimentados están persiguiendo a las acciones, y siguen comprándolas cerca del alta. Ahora, muchos nuevos compradores entran al mercado, y en ese momento, antes incluso de que ganen un centavo, son muy sensibles a cualquier pequeño cambio en el precio de las acciones. Sólo una pequeña corrección de unos pocos centavos será suficiente para hacer que la acción vuelva a bajar y se desplome. Este proceso es similar a la primera ruptura fallida de Caterpillar que analizamos antes.

Promedios móviles

Como hemos aprendido, las acciones no suben en línea recta, sino en zigzag. Esa es la naturaleza de las tendencias. Parte del proceso natural de alcanzar altas implica tener algunos retrocesos. Una acción en tendencia alcista que tiene una corrección sigue siendo una acción que se mueve dentro de su tendencia y esta es la forma en que debe ser vista.

Por supuesto, no todas las bajas serán aceptadas con clemencia, lo que significa que necesitamos una herramienta que ayude a definir la tendencia. **Los promedios móviles (**o **moving averages [MA],** en inglés**) son herramientas que sirven para definir la tendencia y llamar la atención sobre posibles reversiones**. Su función es enderezar el zig-zag y facilitar la lectura de la tendencia. A diferencia de otros indicadores que se describen más adelante, la información proporcionada por el MA es inequívoca y facilita el llegar a conclusiones.

El MA se calcula en función de **los promedios (o las medias) de los precios de cierre** durante un período determinado y aparece en el gráfico de líneas como una línea continua. A modo de recordatorio, el "precio de cierre" es el precio al que se realizó la última transacción durante el período que se examina. Por ejemplo, este podría ser el precio al final de la jornada bursátil si el marco temporal es de días, o el precio de la última transacción si el marco temporal es de velas de cinco minutos.

El promedio se llama **móvil** porque la media de los precios de cierre se calcula cada vez dentro del período que se está examinando. Un ejemplo es el promedio móvil conocido como el "MA de 10 períodos" o bien **10 period MA** en inglés en el gráfico diario, donde se han calculado las medias de los precios de cierre de los últimos diez días. De esta manera, el promedio "se mueve" cada día según el precio de cierre del día que se añade a los nueve días anteriores. El precio de cierre es la base de cálculo del MA, ya que el precio de cierre es el dato más importante.

Ejemplo de cálculo

Ejercicio: Calcular el MA de 10 períodos (10MA) al final del 10º día para una acción que aumentó de $10 a $20 con un margen de $1 dólar por día durante 10 días consecutivos.

Respuesta: Sumemos los precios de cierre de los últimos diez días:

11 + 12 + 13 + 14 + 15 + 16 + 17 + 18 + 19 + 20 = 155

El promedio de 10 días es de 155/10 = 15.5

En otras palabras, el MA al final del décimo día es de 15.5, y se escribe así:

10MA=15.5

Si conociéramos también los datos del comercio de unos pocos días antes de este grupo de diez, seríamos capaces de calcular el MA para el día 9, el día 8, y así sucesivamente, luego conectar todos estos resultados en una línea continua, y llegar al MA de 10 períodos.

Ejemplo de promedio móvil (MA) de FFIV

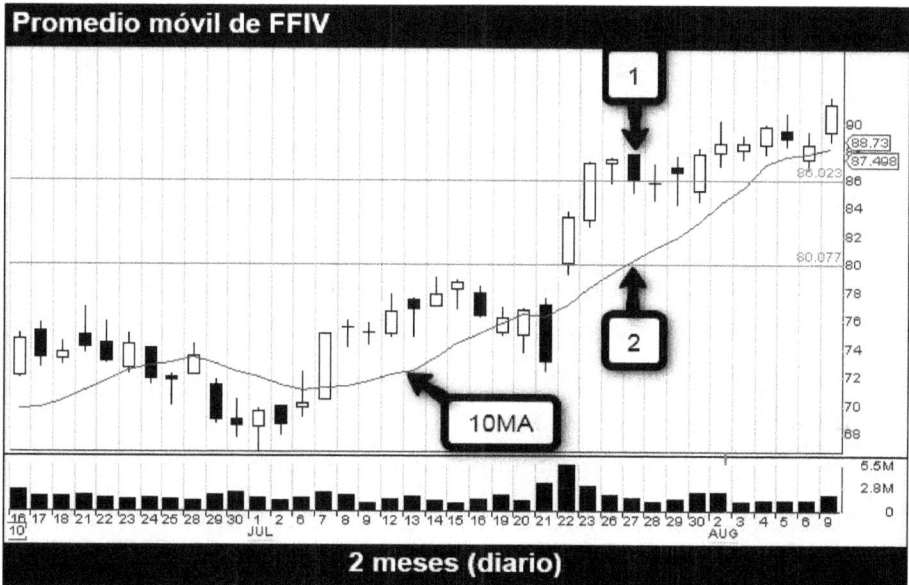

Promedio móvil de FFIV

2 meses (diario)

He agregado al gráfico diario de FFIV la línea de promedios móviles de diez períodos (10MA). El 27 de julio de 2010, la jornada de actividad bursátil cerró a $86 [1], y para ese día el 10MA era de $80 [2]. Si sumamos el precio de cierre del 27 de julio [1] a los precios de cierre de los últimos nueve días y calculamos el promedio, llegamos a 80 dólares.

Los *traders* tienden a utilizar dos de los diversos promedios móviles: el **promedio móvil simple (SMA, o Simple Moving Average en inglés)** y el **promedio móvil exponencial (EMA o Exponential Moving Average en inglés).** ¡No se asuste! No es demasiado difícil comprender los dos y las diferencias entre ellos.

DINERO INTELIGENTE | *Para el trading intradía en velas de cinco minutos, use un promedio móvil de ocho o diez períodos. Para una actividad* **swing** *(velas de un día), use 20, 50 y 200 períodos.*

El talón de Aquiles de los promedios móviles es que los datos son históricos, es decir, se refieren a la información del pasado y por tanto se les conoce como **indicadores seguidores-de-tendencias**, o **indicadores "rezagados"** [en inglés, **trend-following indicators** o bien **lagging indicators**]. Cuanto más nos extendemos sobre el eje temporal, los datos utilizados para calcular el promedio al inicio del período pasan a ser mucho menos relevantes para el presente. Por esta razón, en lugar de emplear un promedio móvil simple **(SMA)** que le da un peso equivalente a cada marco temporal, muchos inversores utilizan el **promedio móvil exponencial (EMA)**, que da más peso a los marcos temporales más cercanos al presente. En otras palabras, los precios de cierre de los marcos temporales más recientes se consideran más significativos que los de los más distantes. En este enfoque hay cierta lógica, por supuesto, pero tenemos que tener en cuenta que el MA se usa sólo como indicador. Es interesante que los *traders* que utilizan el SMA llegan a las mismas conclusiones que los que utilizan el EMA. Es más una cuestión de hábito, de preferencia y experiencia que otra cosa, así que puede usar el MA que prefiera o le atraiga más. Los nuevos *traders*, en general, prefieren el EMA, pero incluso entonces tienden a utilizar el SMA en lo que se refiere a los 200 períodos. ¿Por qué? Porque esa es la norma, y por tanto es lo que le conviene seguir.

Promedios "rápidos" y "lentos"

Un promedio móvil de largo alcance, como el 200MA, es menos sensible a las diferencias recientes de precios de cierre, dado que el peso de cada marco temporal es relativamente pequeño, y, por lo tanto, los cambios serán "más lentos". Un promedio móvil de corto alcance, como el 20MA, muestra mayor sensibilidad a los últimos precios de cierre, por lo que los cambios serán "más rápidos". Como se verá más adelante, la integración de los MA lentos y rápidos puede ser un buen indicador de la dirección de la tendencia.

Dentro de la sesión de *trading*, y usando velas de cinco minutos, preferimos utilizar el 8MA o el 10MA. Para una actividad a más largo plazo, como cuando revisamos un gráfico para un *swing* de varios días, usaríamos el 20MA, el 50MA y el 200MA. Más adelante, practicaremos su correcta aplicación.

Cómo aplicar el MA

Como ya se señaló, el MA nos ayuda a definir la tendencia. Se pueden identificar la tendencia y sus reversiones de dos maneras: examinando el vínculo entre el MA y el gráfico de velas japonesas y examinando los vínculos entre los distintos MA. Además de analizar las tendencias, el MA también sirve para definir los puntos de entrada y de salida, como veremos más adelante.

Al analizar el significado del MA de una acción que está al alza, recuerde que la explicación a la inversa es válida para acciones con tendencia bajista.

- **Regla 1**: La trayectoria de una acción por encima del MA indica una tendencia constante. Una caída por debajo del MA señala el fin de la tendencia.

Desarrollo de la tendencia en el gráfico diario de Akamai (AKAM)

En marzo, Akamai salió de un largo período de movimiento lateral y empezó a subir [1]. Vea cómo la acción "va por encima" del 20MA. En algunos casos, se puede ver la caída de la acción por debajo de la línea del 20MA, pero estas son las bajas intradía que comenzaron y terminaron en el mismo día de actividad bursátil. La primera sospecha de un cambio en la tendencia ocurre cerca del alza cuando rompe el 20MA, pero encuentra soporte en el 50MA. Finalmente colapsa [2] y abandona la tendencia alcista.

Lo que se debe prever

En primer lugar, usted debe esperar que una acción con tendencia alcista se mueva por encima del 20MA exactamente como Akamai lo hizo durante varios meses, a partir de [1] y hasta el colapso del promedio móvil. Que una acción "cabalgue" por encima del 20MA se considera una clásica tendencia alcista.

La línea del 20MA es, por lo tanto, la línea de soporte. Si busco un punto de entrada para una acción con tendencia alcista, tengo que encontrarlo cuando la acción está cerca de la línea del 20MA. Esto presupone que una acción fuerte se separará de la línea de soporte de 20 períodos, pero regresará al soporte mientras siga en tendencia alcista. Cuando la acción cae claramente por debajo de la línea del 20MA, esperamos que encuentre soporte en la línea del 50MA, pero también es esta la fase en la que podemos empezar a sospechar una reversión inminente. El colapso por debajo de la línea de 50 períodos implica casi siempre una reversión de la tendencia. El apoyo adicional debe venir de la línea del 200MA.

Para las acciones de tendencia alcista, cuando el gráfico cruza por debajo de la línea del 20MA, significa que el alza podría estar a punto de tener una reversión. De igual manera, para las acciones con tendencia bajista, cuando el gráfico cruza por encima de la línea del 20MA, significa que la tendencia bajista está a punto de tener una reversión.

Una reversión formal se puede definir como el momento en que las líneas de promedio móvil lenta y rápida convergen: por ejemplo, en el gráfico de Akamai, vemos que las líneas de los períodos 50 y 20 convergen en el punto [2]. La importancia de la reversión es que en el corto plazo de 20 períodos, la acción ha caído, mientras que en el largo plazo de 50 períodos, las acciones aún se mantienen con tendencia alcista. Algunos inversores esperan este punto de convergencia para vender, pero en mi opinión ya es demasiado tarde. Al observar el gráfico de Akamai podemos ver claramente que la decisión de salida podría haberse tomado mucho antes.

Los promedios móviles paralelos entre sí se conocen como **"las vías del ferrocarril"** [en inglés **railway tracks**] e indican una tendencia larga y continuada. El distanciamiento entre las líneas del MA indica un fortalecimiento de la tendencia, mientras que la aproximación de las líneas indica un debilitamiento. En [1], podemos ver el inicio del distanciamiento (divergencia) y, cerca de [2], vemos indicios de una aproximación que termina en la convergencia de las líneas.

DINERO INTELIGENTE

Las "vías de ferrocarril" divergentes indican un fortalecimiento de la tendencia. Las vías que empiezan a converger indican el peligro potencial de una reversión de la tendencia.

¿Por qué calcular una línea de 20 períodos?

Por dos razones: la primera, es que se ha convertido en la conducta normal para el mercado; la segunda, es que se trata de una profecía que fomenta su cumplimiento. Muchos inversores suponen que habrá soporte en el 20MA, por lo que compran acciones soportadas por esta línea, considerada como el punto de apoyo técnico.

¿Qué es arriba? ¿Qué es abajo?

En una acción con tendencia alcista, es posible que quiera ver a la acción por encima de la línea de 20 períodos, que está por encima de la línea del período 50, que debería estar por encima de la línea de 200 períodos. Esta es la definición clásica de una tendencia alcista.

¿Puede la línea del 200MA estar por encima de las líneas del 20MA y del 50MA? Claro que puede. Imagínese que la acción ha tenido una tendencia alcista durante 50 días consecutivos, lo que significa que las líneas del 20MA y del 50MA están por debajo del precio de las acciones. Sin embargo, al verificarlo 51 o más días antes, revela que la acción colapsó de un alta extrema y, por lo tanto, la línea del 200MA sería más alta que las líneas del 20MA y del 50MA.

¿Cuándo debería comprar?

Una vez que ha identificado una acción con tendencia alcista y ha decidido participar en su continua tendencia, deberá comprar cuando el precio entre en reversión, como aprendimos en el capítulo anterior. El punto de entrada (compra) debe estar en la línea del 20MA o ligeramente por encima de ella, pero no demasiado.

¿Cuándo vender?

Deberá vender cuando el precio de cierre de las acciones durante dos días consecutivos sea inferior a la línea del 20MA.

¿Cuándo comprar o vender durante la sesión de *trading* (intradía)?

Las mismas normas se aplican al *trading* intradía, solo que el tiempo que usted contempla es de diez períodos de velas de cinco minutos, aunque algunos prefieren utilizar solo ocho períodos. De hecho, usted descubrirá, como veremos más adelante, que su decisión de compra o venta intradía no se basa sólo en el comportamiento de los MA, sino que también integrará otros factores.

La importancia singular del 200MA

El 200MA se conoce como una fuerte área de soporte o de resistencia, en función de la dirección de la cual proviene el precio de las acciones. Cuando la tendencia de la acción es bajista, encuentra un gran soporte a lo largo de la línea del 200 MA. Por lo contrario, cuando la línea del 200MA está por encima del precio de las acciones, la acción tendrá dificultades para cruzar la línea en la subida. Incluso los *traders* que prefieren el promedio móvil exponencial (EMA) usarán casi siempre el promedio móvil simple (SMA) en lo que se refiere a un marco temporal de 200 períodos.

Recuerde que también usted debe comportarse como la mayoría de los *traders*. Si decide trabajar con un MA distinto del que usa la mayoría de los *traders*, no recibirá el apoyo de la mayoría.

Ejemplo de resistencia del 200 MA de Teva Pharmaceuticals, TEVA

TEVA mantiene una clara tendencia bajista justo por debajo de la línea del 20MA. La línea del 50MA está correctamente colocada por encima de la línea del 20MA y, por último, la línea del 200MA se encuentra entre ambas. En [1], TEVA intenta revertir la tendencia: cruza la línea del 20MA, cruza la línea del 50MA y, a continuación, se da de cabeza contra el techo del 200MA. La resistencia de la línea del 200MA es un fenómeno sorprendente que se repite varias veces. ¿Qué significa esto para usted?

Digamos que desea comprar TEVA porque cree que subirá. No la compre cuando esté justo por debajo de la línea del 200MA, ya que la acción muestra dificultades para cruzar esa barrera. Si compró las acciones muy por debajo de la línea del 200MA, sería aconsejable hacer efectivas algunas ganancias a medida que se acerque a esa línea.

Ya que estamos prestando especial atención al estado actual de TEVA, debemos también observar la hermosa consolidación en [2]. La acción está "alzando el vuelo" y a punto de girar en una de las dos direcciones, hacia arriba o hacia abajo. Las dos direcciones son adecuadas para comerciar con ella y es probable que ambas den lugar a buenas transacciones. Yo seguí la acción con la intención de operar con ella, siempre y cuando se decidiera a dejar esa área de corto alcance.

Al final, no pude resistir. Aquí está el resultado, apenas unas semanas después de escribir los párrafos de arriba: hubo un salto de 9% en pocos días. A veces parece que este juego es, simplemente, demasiado fácil...

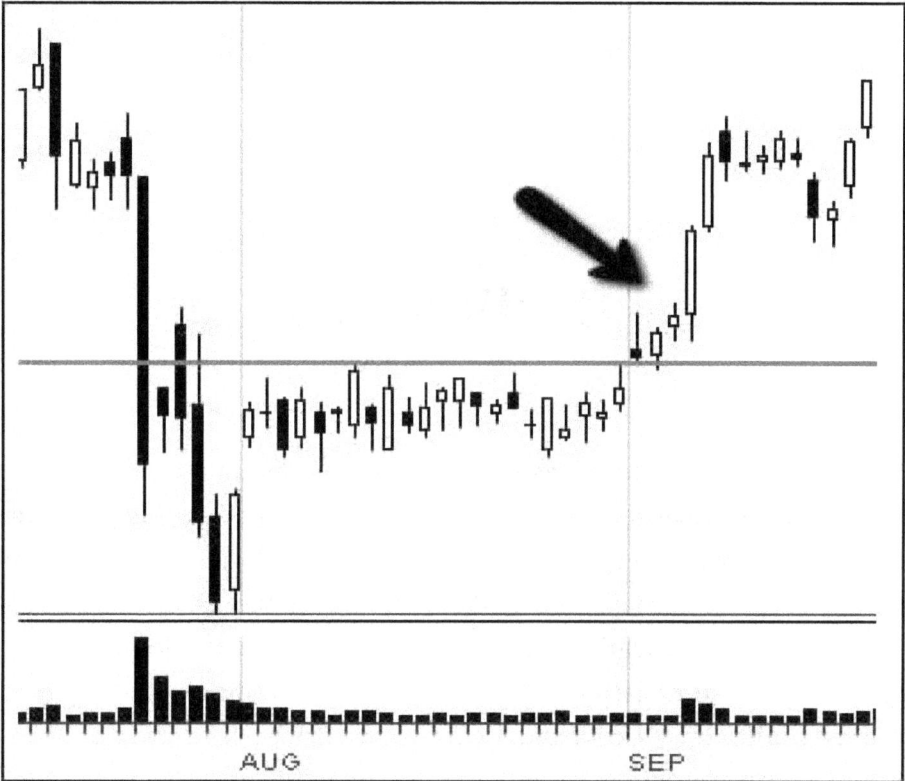

Osciladores

El oscilador es una herramienta técnica que ayuda a identificar los estados de **sobreventa** (en inglés **oversold**) y **sobrecompra** (en inglés **overbought**), y señala que la tendencia actual está llegando a su fin antes de que el cambio se vea en el gráfico. En otras palabras, el oscilador es una especie de indicador que ayuda a identificar cuándo entra en el mercado el **"dinero estúpido"**, en contraste con el **"dinero inteligente"** que está saliendo, y viceversa.

Al superponerse en un gráfico, los osciladores son muy útiles para identificar los puntos extremos y los precios de sobreventa y de sobrecompra de las acciones. A veces, sin embargo, los osciladores pueden ser demasiado eficaces y causar una actividad innecesaria e incluso confusa. Esta es la razón por la que la señal inicial de entrada es insuficiente y es mejor esperar la confirmación de la segunda señal. Cuando el oscilador no se mueve en la misma dirección que la tendencia, está señalando que se acerca una reversión de la misma.

A diferencia de las herramientas técnicas que le dan seguimiento a las tendencias, los osciladores son muy eficaces cuando la acción se está moviendo lateralmente. A medida que se desarrolla el ámbito del análisis técnico, crece la cantidad de osciladores. En general, como gran partidario de "entender la acción" y porque no me gusta que haya mucho "ruido" en el gráfico durante la sesión de *trading* excepto en el volumen, tiendo a no utilizar osciladores. Al comienzo de mi experiencia como *trader*, yo estaba muy lejos de entender las acciones y necesitaba los osciladores como usted los necesitará durante la fase inicial. Ojalá, con el tiempo, usted tampoco los necesite. Dentro de unos años, cuando esté completamente libre de la dependencia de los osciladores, será capaz de operar más rápido y de forma más eficaz.

Sin embargo, cuando se trata de seleccionar acciones, no hay ningún sustituto para los osciladores. A la hora de identificar candidatas para el comercio, al final de la sesión de *trading*, antes de iniciar una nueva sesión o durante la jornada de *trading*, acudimos a los osciladores para que nos ayuden a preparar una lista filtrada y muy útil de acciones selectas.

Ahora es el momento de introducir una importante nota de advertencia: a veces, los *traders* nuevos intentan usar varios osciladores a la vez, lo que aumenta el "ruido" mientras trabajan: por lo general, el resultado puede ser confuso, algo así como "no poder apreciar el bosque por mirar los árboles".

El Índice de Fuerza Relativa (RSI)

El índice de fuerza relativa o **RSI** por las siglas en inglés de **Relative Strength Index**, es un oscilador que mide la fuerza de aceleración de una acción, en lugar de comparar dos o más acciones, como el término "relativa" parecería insinuar. Lo hace comprobando el promedio de los cambios que se producen en los precios de cierre durante un determinado período. El indicador fue desarrollado durante la década de 1970 por Welles Wilder, y tiene la intención de ayudar a identificar los puntos de sobrecompra y sobreventa.

Cualquier oscilador que muestre en sus gráficos tendrá que ser definido para verificar de forma retroactiva un período determinado. El período normalmente aceptado para el RSI es de catorce días para los "*swing traders*". Algunos lo definen en plazos más cortos de nueve días, y otros en plazos más largos de hasta veinticinco días.

- Cuanto más corto sea el período predeterminado, más sensible, o **rápido**, será el oscilador, y mayor será la posibilidad de recibir señales falsas.

- Cuanto más largo sea el período predeterminado, menos sensible, o **lento**, pasará a ser el oscilador, pero a continuación, hay una mayor posibilidad de que usted obtenga las señales de comprar y vender una vez iniciado el movimiento.

Muestra del oscilador RSI en mis programas de filtrado

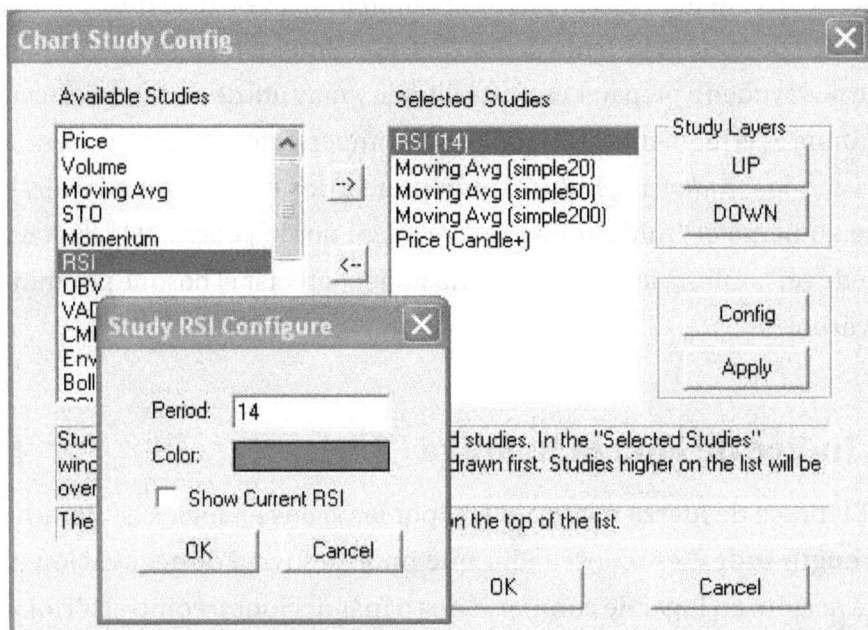

En mi plataforma comercial (COLMEX), así como en otros programas similares, tengo que hacer clic en el gráfico para elegir el tipo de oscilador que quiero añadir. Como se puede ver, he añadido un total de cinco características: el precio en velas japonesas, los tres promedios móviles que se comentaron antes (20, 50 y 200), y el RSI por un período de 14 días. Al hacer doble clic en cualquier oscilador se abre una ventana que permite cambiar los parámetros del oscilador: por ejemplo, el período y el color en el gráfico. Es así de simple.

- El oscilador RSI opera en una escala del 0 al 100.
- Cuando esté por encima de 70, sospecharemos un posible estado de sobrecompra, es decir, una señal de que la acción va a caer.

- Cuando descienda por debajo de 30, podría estar indicando un estado de sobreventa, es decir, una señal de que la acción está a punto de revertir hacia el alza.

- Además de señalar las áreas de compra y de venta óptimas, el oscilador indica también las líneas de soporte y las de resistencia, incluso antes de que se vean claramente en el gráfico.

Ejemplo: encontrar un punto extremo en el gráfico diario de Net Ease (NTES)

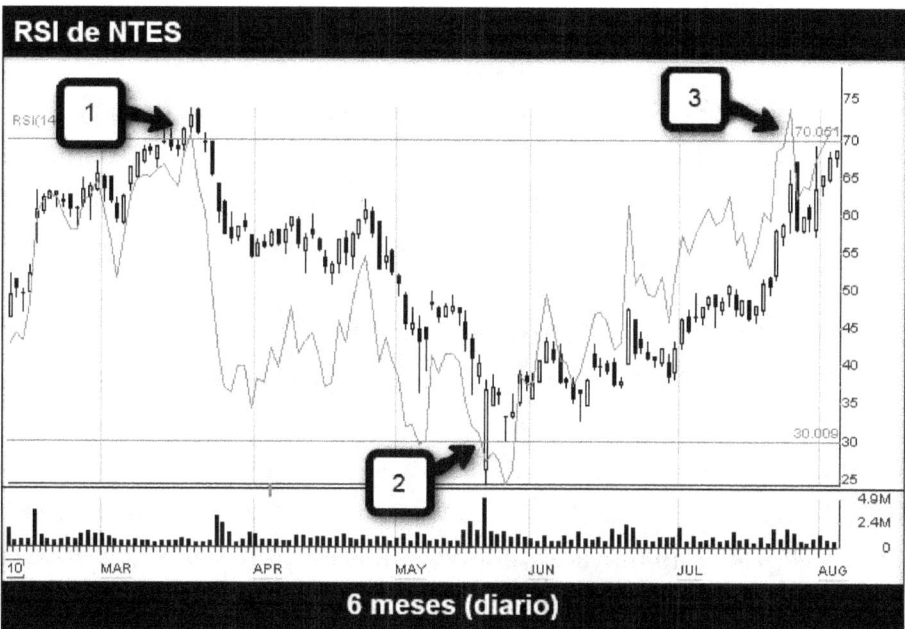

He añadido el RSI calibrado a 14 períodos de este gráfico diario de velas de NTES por seis meses. Las cifras a la derecha del gráfico se refieren a la lectura del indicador y no al precio de las acciones. También he añadido las líneas horizontales que son los dos extremos de líneas del RSI en 30 y 70. Como se observa en el gráfico, se pueden encontrar tres puntos en los que el indicador advierte de una transición por encima o por debajo de los extremos. En [1], el indicador cruza fraccionalmente por encima de 70, es decir, que indica un techo y es correcto. En [2], el indicador cae por debajo de 30 y avisa que se espera un piso y está otra vez en lo cierto. En [3], insinúa, una vez más, que se esperan bajas.

¿Es este el momento para vender corto? Le aseguro que no tengo la menor intención de realizar una venta corta con una acción que está al alza, así que, ¿para qué utilizar el oscilador? Se usa como un sistema avanzado de advertencia. Si usted actualmente posee una acción, debería estar preocupado, pero no necesariamente tiene que vender, a menos que otros indicadores, como la tendencia, el volumen, las configuraciones de reversión y demás, estén apoyando esa decisión. En resumen, el RSI es solo una herramienta de asistencia. Y solo una de muchas.

El índice MACD

Las siglas **MACD** representan la convergencia-divergencia del promedio móvil (en inglés **Moving Average Convergence-Divergence**). Los analistas le llaman el "Mac-Dee". Sirve como indicador y oscilador. El MACD aparece en el gráfico de cotizaciones representado por dos líneas que se mueven una cerca de la otra y señalan las compras y las ventas en los puntos donde se cruzan.

No es imprescindible leer lo siguiente, pero si lo que quiere es enredarse en una explicación técnica, apriete los dientes y lea el resto de este párrafo. El MACD se compone de dos líneas. La primera se obtiene deduciendo el promedio móvil exponencial de 12 días (12EMA) del promedio móvil exponencial de 26 días (26EMA). Junto a esta línea está la segunda, que es el promedio móvil exponencial de 9 días (9EMA). Cuando esta segunda línea cruza la primera, moviéndose hacia arriba o hacia abajo, se producen las señales relevantes de compra o de venta. ¿Recuerda que hablamos de los promedios móviles que se cruzan entre sí e indican la reversión de la tendencia? El MACD es un uso un poco más inteligente de estos promedios móviles.

Examen del indicador MACD de NTES en el mismo gráfico

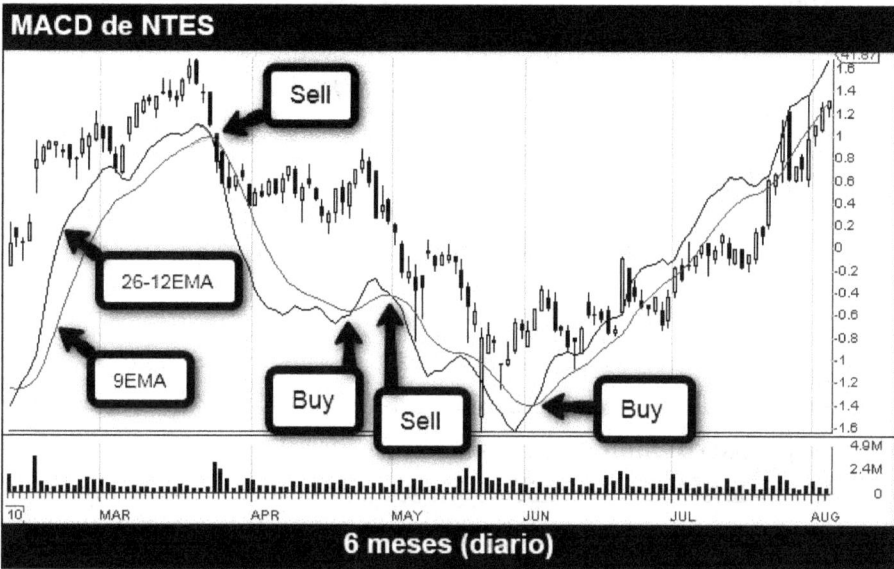

MACD de NTES

6 meses (diario)

El resultado es sin duda interesante, especialmente si comparamos las instrucciones de compra y venta del MACD cada vez que el 26-12 EMA atraviesa el 9EMA con las lecturas de compra y venta del RSI. Ahora piense: ¿Mejorará el resultado si integramos estos dos indicadores?

Secuencia de Fibonacci

El matemático italiano Leonardo Fibonacci (1170 - 1250) quería encontrar una representación matemática de la forma en que los conejos se reproducen. En sus experimentos, creó la secuencia (también llamada serie o sucesión) matemática que lleva su nombre. La secuencia es la siguiente: 1, 2, 3, 5, 8, 13, 21, 34 y así sucesivamente. La secuencia se basa en varias reglas interesantes: a partir del tercer número, cada nuevo número es la suma de los dos anteriores; a partir del quinto número, la proporción de cualquier número con respecto al número anterior es aproximadamente 1.618, y para cualquier número y el que le sigue, la relación es 0.618.

¿Y entonces qué es lo más fascinante acerca del 1.618? Se le conoce como "número áureo" (o también proporción áurea) y, sorprendentemente, se puede encontrar en muchos ámbitos de nuestra vida, desde fenómenos naturales a obras de arte y hasta en el comportamiento de los precios de las acciones.

DINERO INTELIGENTE

¿Realmente tiene Fibonacci algún impacto en las acciones? En mi opinión, esta no es más que una profecía que fomenta su cumplimiento, pero, ya que es así, no tengo otra opción que darle a este indicador el lugar que le corresponde.

Los seguidores de la teoría del "número áureo", afirman que esta proporción o ratio es muy frecuente en el arte y en la arquitectura. En realidad, es un poco difícil de probar o refutar esta afirmación, principalmente por la dificultad de poder medirla. Entre los edificios que se dice que fueron estructurados en función del número áureo, se encuentran las antiguas pirámides de Egipto, el Partenón ateniense e incluso la Cúpula de la Roca en Jerusalén. Ya que la opinión prevalente por muchos años es que el número áureo es el del equilibrio mejor proporcionado y, por ende, el más atractivo que percibe la humanidad, los arquitectos y artistas la han adoptado en sus obras de arte y estructuras. Es sabido que Leonardo da Vinci lo aplicó en varias de sus obras más famosas, entre ellas, los rasgos faciales de La Gioconda (o Mona Lisa).

Entonces, ¿cuál es la conexión entre los conejos, la cultura y el arte y el comercio con acciones? El *trader* Ralph Elliott publicó en 1932 una teoría conocida como "El principio de la ola de Elliott". No voy a describir la teoría en todos sus detalles, ya que no creo que sea muy importante para los *traders* a corto plazo, pero cabe mencionar que según ella, las proporciones más comunes entre las olas del mercado son 38.2%, 50% y 61.8%, siendo esta última el número áureo. Ser capaz de reconocer esta relación ayuda a estimar cómo será la ola siguiente, y determinar los puntos de entrada y salida. Desde ese momento, el número áureo también creció en importancia en el *trading* a corto plazo, como se explicará más adelante.

Aplicación principal: la corrección de los precios

La aplicación principal de la proporción o ratio de Fibonacci en el *trading* a corto plazo es el cálculo de la corrección de los precios: por ejemplo, cuando una acción ha llegado a su alta y empieza a regresar hacia abajo. ¿Dónde encontrará soporte? Según la relación de Fibonacci, eso debe ocurrir en varios puntos: cuando se cae 31.2% del alta, el 50% del alta, y el 61.8% del alta. Así, si la acción aumentó en un dólar, encontrará un soporte significativo siempre y cuando baje 31 centavos, 50 centavos, o 62 centavos de su alta. La cuestión es que los compradores esperarán la corrección de Fibonacci y comprarán en función de la hipótesis de que el punto de Fibonacci es el punto de soporte. Lo contrario se aplicará en caso de una acción con tendencia bajista que regresa al alza.

Visto que hay numerosos aficionados de Fibonacci, debo admitir que muy a menudo, la maniobra tiene éxito. Pero, como habrá deducido por el tono de mis comentarios, no estoy entre los seguidores de este indicador. Por otra parte, nunca debemos ponernos a discutir con los compradores o los vendedores que esperan pacientemente al punto de soporte designado, aun cuando, personalmente, crea que el método no vale más que adivinar el futuro a través de la borra del café. Por tanto, no tengo más remedio que darle a las olas de Fibonacci el respeto que merecen. He aquí dos ejemplos:

Ejemplo de corrección de los precios de Bank of America, BAC

Las acciones de Bank of America caen durante la jornada del punto [1] al punto [2]. La distancia entre los dos puntos es el 100% de la caída. ¿Hasta dónde corregirá la acción al alza? Corrige precisamente hasta el punto de Fibonacci que indica 61.8% [3] de la baja. ¿Es una casualidad? No. Cuanto mayor sea el número de personas que cree en el método, más fácil será que la profecía se cumpla.

Otras aplicaciones: fijación de objetivos mediante las extensiones de Fibonacci

Cuando el precio de una acción rompe la resistencia y sube a una nueva alta, algunos *traders* planean el precio objetivo de la ruptura de acuerdo con el principio de Fibonacci. En tal caso, el alta antes de la ruptura de la línea de resistencia es el 100%, y el objetivo del precio si la acción tiene una ruptura es 131.2% o 161.8%. Por ejemplo, si la acción subió un dólar y se detuvo en la línea de resistencia, el objetivo de la ruptura será 31 o 62 centavos. Esto se llama una extensión de Fibonacci, en vez de un rebote o "retracement" de Fibonacci.

Ejemplo de cálculo de objetivo de ruptura para Cephalon, CEPH

Cephalon se consolida por debajo de la línea de resistencia en un clásico patrón de taza y asa. La distancia desde la base hasta la línea de resistencia es del 100%. Cuando la acción tiene una ruptura, llega justo al objetivo de Fibonacci de 161.8%. ¿Otro caso interesante? O tal vez sólo sea que muchos *traders* creen en el método y hacen efectivas sus ganancias en el punto de objetivo más comúnmente aceptado. ¿Eran de hecho ellos los que inhibían el progreso de la acción a ese nivel porque creían que habría resistencia?

Bandas de Bollinger

Las bandas de Bollinger fueron inventadas por John Bollinger al inicio de la década de 1980. El concepto de Bollinger es simple: trazó una línea de promedio móvil a través del gráfico y dibujó dos bandas, una por encima y otra por debajo. De este modo formó una especie de "tubo", el cual describe el movimiento de la acción. La premisa para la creación de un tubo en torno al movimiento de la acción es que puede esperarse que la acción se mueva en el futuro dentro del mismo marco en el que se movió en el pasado.

Los "tubos" no son un concepto nuevo y sin duda existían antes de Bollinger. El problema con este método es su fiabilidad: en diversas condiciones del mercado, tales como las crisis, las acciones tienden a ser más inestables y por lo tanto rompen los límites del marco más a menudo. La innovación de Bollinger fue colocar las bandas a una distancia variable del MA. Él no definió la distancia sobre la base de un porcentaje fijo, sino en el método estadístico que tal vez usted haya aprendido hace años, llamado "desviación estándar". La desviación estándar es un valor estadístico calculado que representa la volatilidad de los datos. Utilizando la desviación estándar, se puede medir la volatilidad de las acciones y, por tanto, podemos usarla para ajustar la distancia entre las bandas y el MA de forma que se adapte a la volatilidad de las acciones. La belleza de la desviación estándar es el hecho de que la distancia entre las bandas se expande cuando la volatilidad de las acciones aumenta y disminuye cuando la volatilidad de las acciones cae. De hecho, Bollinger creó un tubo que se contrae o se dilata en función de la volatilidad, y así logró aumentar la fiabilidad del método de forma significativa y satisfactoria. Esta ha sido una explicación exhaustiva y ahora será, probablemente, el momento en que querrá conocer su aplicación.

Si partimos de la premisa de que, en la gran mayoría de los casos, la acción se moverá entre las bandas, entonces, cuando el precio alcance la línea superior, esto significa que la acción se encuentra en un estado de **"sobrecompra"**, y por lo tanto debe volver hacia abajo. Por el contrario, cuando el precio de la acción cae a la línea inferior, significa que la acción se encuentra en un estado de **"sobreventa"**, y hay una buena probabilidad de que vuelva al alza.

Cuando defina las bandas de Bollinger en sus gráficos, deberá tener en cuenta los siguientes datos: el MA debe establecerse en diez períodos y la desviación estándar (o **SD**, por sus siglas en inglés), debe ajustarse en 1.5. En otras palabras, las bandas de Bollinger envueltas alrededor del movimiento de las acciones que está viendo, se calcularán en función de la volatilidad en los últimos diez días de cotización. El valor matemático de la SD es que el 90% de los movimientos de las acciones serán capturados entre las dos bandas.

Cuando tengo en cuenta de antemano que las bandas de Bollinger, en función de los parámetros anteriores, abarcarán el 90% del movimiento de las acciones, ¿la premisa no debería ser que una acción que ha ido más allá de esos límites no volverá a encontrarse dentro de ellas? ¿No podría este hecho matemático definir un método bursátil con más de un 90% de éxito? Sí, claro que puede. Vamos a aprender más sobre esto en el capítulo sobre métodos de *trading*.

Bandas de Bollinger para Visa, V

Bandas de Bollinger para V
5 meses (diario)

Note cómo el 90% del movimiento de la acción está atrapado entre las dos bandas. Tenga también en cuenta que la distancia entre las bandas se dilata cuando la volatilidad aumenta. En mi opinión personal, las bandas de Bollinger son las más útiles e interesantes de todos los indicadores que aparecen en mis gráficos intradiarios.

TRIN

Tal como se explica en el capítulo sobre los índices del mercado, a fin de determinar estrategias de mercado y evaluar el camino a seguir, tendemos a confiar sobre todo en el S&P 500 con la asistencia adicional del NASDAQ 100. Estos dos índices son excelentes herramientas que permiten evaluar la dirección del mercado, pero tienen un inconveniente: cuando el mercado sube o baja, es difícil saber qué fuerza tienen los compradores y los vendedores. Esto se debe a que los gráficos indican la dirección del mercado, pero no otro componente importante que influye en nuestras decisiones: el volumen. Completar el panorama requiere que sepamos la fuerza del volumen de transacciones que fluye en el aumento o en la disminución de los precios. El **TRIN**, también conocido como el Índice de Arms o **Arms Index** en honor a su creador Richard Arms, está destinado a mejorar ese estado de incertidumbre. La función del **TRIN** es medir un volumen de *trading* descendente en comparación con un volumen de *trading* ascendente.

El símbolo del TRIN en sus gráficos difiere de una plataforma a otra, pero por lo general será **$TRIN**, aunque el signo del dólar también puede aparecer después de las letras. Podemos ver el indicador TRIN en las velas de cinco minutos intradía.

La premisa detrás del indicador TRIN es que no debemos referirnos sólo a la dirección del mercado. Por ejemplo, imagínese una situación en la que el mercado está subiendo con volumen bajo, pero más y más transacciones están teniendo lugar con acciones a la baja. En otras palabras, las acciones que suben no muestran el entusiasmo de los compradores en relación con las acciones que están cayendo en grandes volúmenes. Este estado indica que no hay, en ese momento específico, un cambio de dirección, dado que la cantidad de las acciones al alza es aún más alta que la cantidad de las acciones a la baja, pero el aumento de los volúmenes de actividad en las acciones que están a la baja parece indicar definitivamente que se avecina una reversión del patrón.

El TRIN examina los volúmenes de comercio de las acciones en el NYSE y es una herramienta intradía sumamente útil en el corto plazo. El hecho de que sólo represente las acciones que se comercian en la Bolsa de Valores de Nueva York no es de importancia, ya que esas acciones representan el mercado global. En otras palabras, si usted está operando con una acción vinculada al NASDAQ, no hay por qué preocuparse: el indicador representa también el comportamiento esperado de su acción.

A continuación, se ofrece una explicación de la fórmula con la que se calcula el TRIN:

$$TRIN = \frac{\text{Volumen de comercio de acciones a la baja}}{\text{Volumen de comercio de acciones al alza}}$$

Al analizar los componentes de esta fórmula, entendemos que:

- Cuando el TRIN es mayor que 1, significa que el volumen de comercio de acciones a la baja es mayor que el volumen de comercio de acciones al alza. En este caso, el riesgo de comprar la acción es mayor y, por el contrario, las posibilidades de éxito con una venta corta también son mayores.

- Cuando el TRIN es menor que 1, significa que el volumen de comercio de acciones al alza es mayor que el volumen de comercio de acciones a la baja. En este caso, el riesgo de ejecutar ventas cortas es mayor y, por otro lado, las probabilidades de éxito son mejores para los compradores.

En la mayoría de los casos, cuando se comprueba el indicador TRIN en un mercado a la baja, el TRIN será mayor que 1 y, en casos extremos, estará en torno a 3 o 4. Cuando el mercado suba, el TRIN será menor que 1 y, en casos extremos, estará en torno a 0.3. Matemáticamente, el resultado de la fórmula nunca podrá ser inferior a cero.

DINERO INTELIGENTE | *En un mercado normal, el TRIN oscilará en una escala de 0.7 a 1.3. En situaciones extremas, el indicador puede pasar de 0.3 en días de altas pronunciadas a 4 en los días de bajas fuertes.*

¿Por qué necesitamos el indicador TRIN si, de hecho, podemos ver los precios de mercado y adivinar con bastante claridad dónde se encuentra el TRIN? Muy sencillo: porque el TRIN permite examinar dos variables principales:

1. **Puntos de extremidad**: Los puntos de extremidad para el TRIN son superiores a 1.4 para un mercado a la baja e inferiores a 0.6 en un mercado al alza. El significado de que el TRIN llegue a estos extremos, por lo general, se debe a un mercado extremo. Supongamos que el mercado está subiendo rápidamente y el TRIN muestra una lectura de menos de 0.6. Esto indica que el mercado está a punto de sufrir

una reversión y un retorno a la baja. Por el contrario, cuando el TRIN muestra una lectura por encima de 1.4, lo que significa es que el mercado está agotado desde el punto de vista negativo y a punto de girar hacia el alza.

2. **La tendencia TRIN**: Cuando el TRIN muestra una lectura de 0.7 (mercado al alza), y sigue aumentando continuamente durante aproximadamente 30 minutos hacia una lectura de 1, hay una posibilidad razonable de que continúe la tendencia (como recordará, hemos aprendido que la tendencia es nuestra mejor amiga) y cruce la lectura de 1 entrando en ese territorio que representa una tendencia descendente. Esto significa que la cantidad de compradores se está reduciendo y la de vendedores está creciendo. En otras palabras, el mercado puede revertir su tendencia alcista y girar hacia una tendencia descendente.

Comportamiento del TRIN en velas de cinco minutos

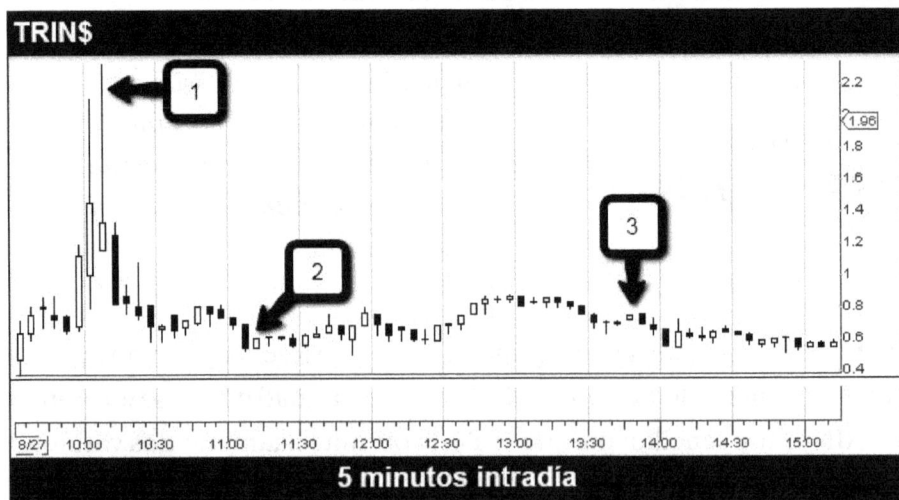

Vamos a analizar el TRIN sin mirar el gráfico de mercado:

Al inicio de la jornada, el TRIN sube, por lo que entendemos que el mercado tiene una tendencia bajista. Media hora más tarde, nos encontramos con un salto a 2.2 [1]. Esto significa que es razonable suponer que se ha producido una fuerte baja con altos volúmenes de transacciones. Una lectura de 2.2 es muy extrema e indica que el mercado se encuentra en un estado de tensión a la baja (estado de sobreventa) y que cabe esperar una corrección. El TRIN cae a menos de 1, lo que indica que el mercado se está moviendo nuevamente a una tendencia alcista. En [2], podemos ver que la tendencia al alta se detiene y el mercado comienza a moverse lateralmente. En [3], el TRIN cae lentamente, lo que indica un nuevo intento de subida, pero el lento movimiento indica que el mercado está aumentando en pequeños volúmenes que no crean entusiasmo.

Ahora vamos a examinar **el SPY en esos mismos puntos**:

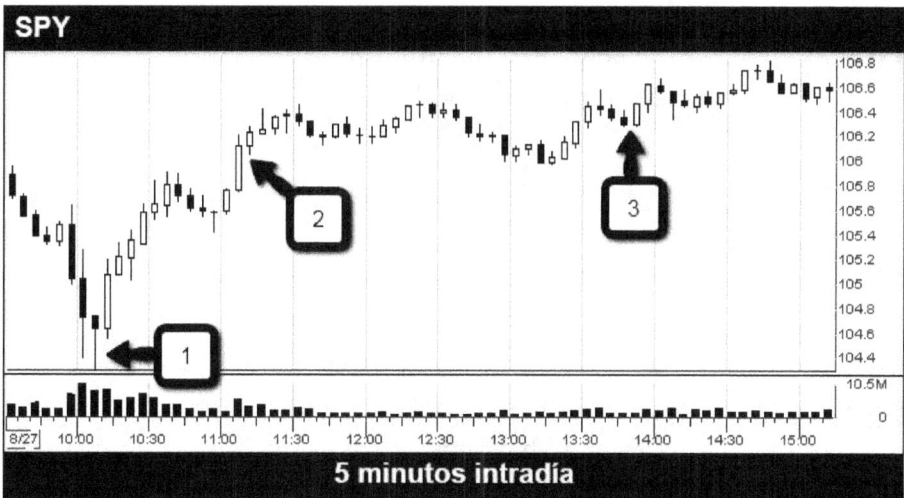

Examine el TRIN y el gráfico del mercado y trate de "entender" la relación entre estos dos índices. No espero que llegue a conclusiones en este momento, pero sí que cuando comience a hacer transacciones, no deje de observar con cuidado a los dos y a tratar de entender el balance y la influencia sobre los patrones de actividad, sobre todo, en los puntos de las extremidades.

Advertencia: el TRIN no es un indicador independiente fiable. Es sólo uno de varios indicadores que, en conjunto, le proporcionan una visión al *trader*. El TRIN debe estar integrado con otros indicadores, y para crear una comprensión más informada de los patrones anticipados del mercado debe sopesarse toda la información.

Un apunte más: el TRIN funciona bien en días normales. En los días en los que Wall Street está muy inquieto, muchos indicadores (entre ellos, el TRIN) pueden mostrar resultados extremos, como una lectura de 3. El *trader* necesita mucha experiencia para saber cuándo utilizar los indicadores en un mercado con una actividad fuera de lo normal y, sobre todo, movido por el miedo o la codicia. Esos días pueden, en efecto, ser un gran éxito para su cuenta bursátil, ya que son días en los que es relativamente fácil adivinar patrones de mercado sin el uso de indicadores.

TICK

Un "tick" o marquita en una acción señala un cambio de un centavo. El **TICK** es un indicador sencillo pero importante que examina los "ticks" en un momento dado para acciones al alza, les resta los "ticks" para las acciones a la baja en el NYSE, y muestra el resultado, es decir, la diferencia entre las cantidades de acciones que suben y las que bajan.

Digamos, por ejemplo, que en un momento dado, 2500 de las aproximadamente 4000 empresas registradas en la Bolsa de Nueva York están subiendo, y exactamente en el mismo momento, 1500 empresas están cayendo. El resultado del indicador será 1000, de acuerdo con el siguiente cálculo: 2500 menos 1500 = 1000. En otras palabras, en ese momento en particular, hay más acciones de empresas que están aumentando que acciones que se están rezagando. El indicador puede mostrar un desenlace como el del ejemplo anterior, o un resultado a la baja, en caso de que la cantidad de empresas cuyos precios bajan sea mayor que aquellas cuyos precios aumentan. Los "ticks" pueden moverse muy rápidamente entre lecturas ascendentes o descendentes, incluso cuando el mercado está aumentando o disminuyendo, dado que representan resultados fugaces y transitorios. Durante la reversión de un patrón alcista, la cantidad de acciones que están al alza será mayor en ese momento que las que están a la baja: el tick mostrará un número positivo incluso si el mercado tiene una tendencia general bajista. Cuando el tick es negativo, la cantidad de acciones a la baja es mayor que las que están al alza. Cuando el mercado se mueve lateralmente, el tick estará cerca de la marca cero.

DINERO INTELIGENTE

Durante una tendencia alcista, las altas más elevadas del tick estarán más arriba en valores absolutos que la baja más baja del tick cuando el mercado vuelva a ir hacia abajo.

El símbolo en sus gráficos será $TICK, aunque el signo del dólar podría estar en cualquier lado de las letras. Mostrar el indicador podría ser un problema. Pocas plataformas saben cómo visualizarlo adecuadamente, ya que el gráfico normal generalmente es incapaz de mostrar un resultado negativo. Por esta razón es posible que tenga que contentarse con los resultados de TICKS positivos. Visualizamos el TICK en velas de cinco minutos intradía.

A pesar de que el TICK muestra los datos de la NYSE y no los datos de la NASDAQ, deberá considerarse como si representara los datos de todo el mercado.

Ejercicio

El mercado está aumentando, la tendencia es alcista y el TICK muestra una fuerte lectura de 1000. La acción que usted desea comprar acaba de llegar al punto de activación (en la jerga y en inglés, **trigger point**). ¿Debería comprarla, o no?

Podemos utilizar el TICK de dos formas:

1. Punto de extremidad

Una lectura de menos 1000 es una lectura extrema. Este es un estado negativo extremo en el que **hay 1000 acciones más a la baja** que acciones al alza. Conclusión: el mercado está mostrando una baja por agotamiento y debería girar hacia arriba.

Una lectura positiva de 1000 también representa una situación extrema, en la que **hay 1000 acciones más al alza** que acciones a la baja. Conclusión: el mercado está mostrando un fuerte agotamiento al alza y, debería girar pronto hacia la baja. En raras ocasiones, la lectura puede llegar a un positivo o negativo de 1300. Por lo general girará en torno a la marca de 800 a 1000, en cuanto el patrón del mercado se invierta.

¿Ha entendido la respuesta al ejercicio?

Se pueden producir altas o bajas extremas varias veces al día y, generalmente, se corrigen en pocos minutos. Siguiendo la reversión del patrón, el TICK regresa al área de movimiento lateral entre -500 y +500, un área en la que el indicador básicamente no nos dice nada.

DINERO INTELIGENTE	*Una lectura extrema no nos impide entrar en el mercado para un **swing** largo de varios días, en el que las fluctuaciones breves intradía no tienen ningún efecto.*

Respuesta al ejercicio

¿Cómo afecta una lectura extrema a nuestras decisiones como *traders*? Muy sencillo: si usted planea comprar una acción con tendencia alcista, creyendo que continuará subiendo, debe adquirirla en el momento óptimo y no en el punto extremo en el cual tiene la mayor posibilidad de caer. Por lo tanto, antes de comprar, vale la pena comprobar el indicador TICK.

Digamos que vio que el indicador muestra una lectura positiva de 1000. Como hemos visto, esta es una lectura extrema que significa una inminente reversión del mercado. Es muy razonable pensar que la acción que está a punto de comprar también va a corregirse con la tendencia del mercado. El mercado no puede resistir a una lectura positiva de 1000, de modo que vale la pena esperar a la reversión de la acción, junto con el mercado, y tal vez la compre a un precio más reducido, mientras dure la reversión. Lo mismo es cierto para el caso contrario: una lectura negativa extrema indica generalmente un cambio de tendencia, y esta corrección hará que la acción con la que está a punto de ejecutar una venta corta, suba.

Con frecuencia les presento este ejercicio a mis alumnos y casi ninguno me da la respuesta correcta. Interpretan la lectura TICK de 1000 como si indicara un mercado fuerte y se muestran interesados en comprar. ¡Craso error! Ahora, puede ver cómo, en efecto, aunque sea muy fuerte, esta lectura indica que el mercado está a punto de agotarse y la corrección se puede prever. El apoyo del mercado es importante para la ruptura de su acción y, por ello, si hay una reversión, las posibilidades de fracaso son aún más altas de lo habitual. Espere pacientemente a la reversión y compre a un precio bajo. El precio de las acciones no siempre cae, pero es mejor reducir los riesgos y aumentar los porcentajes de éxito.

2. Tendencia del TICK

TICK en velas de cinco minutos

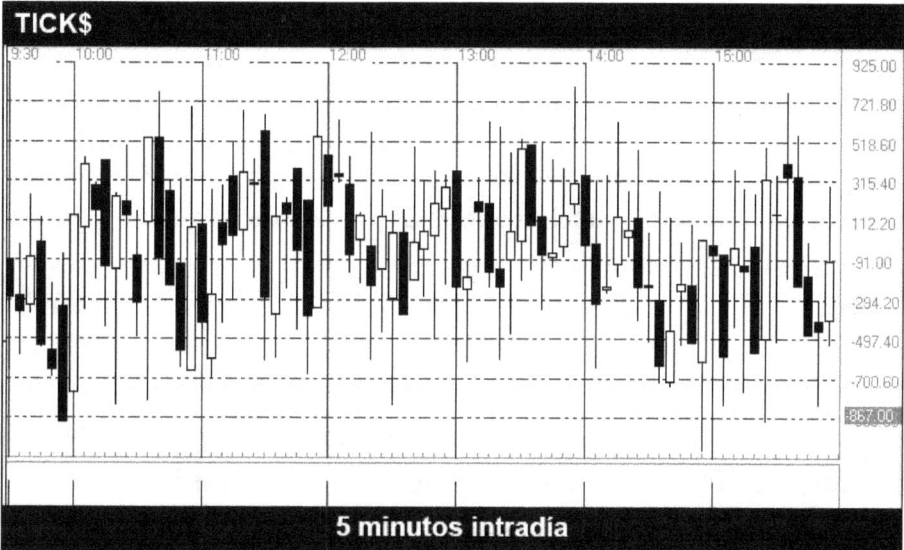

- Cuando el mercado está mostrando una tendencia intradía a la baja, el TICK a menudo se desplaza entre las lecturas negativas de menos 1200 (entusiasmo por las bajas) y las lecturas positivas de más 800 (sin entusiasmo por las reversiones).
- Cuando la tendencia intradía es alcista, el TICK se moverá entre menos 800 y más 1200.

Es preciso examinar varias veces al día la tendencia del TICK; por ejemplo, mientras el mercado está al alza, ¿el TICK muestra lecturas de más 800 con mayor velocidad? En otras palabras, ¿crece el entusiasmo?

Soy consciente de que el gráfico de arriba parece un tremendo revoltijo, pero si intenta decodificarlo según la tendencia del TICK, se dará cuenta de que el mercado subió al inicio de la sesión y luego se movió lateralmente para, después, descender hacia el final del día. En realidad, cuando observe el TICK en tiempo real, lo podrá entender mucho mejor que en el gráfico de arriba. No pretendo que comprenda el gráfico a estas alturas, pero, sin duda, espero que cuando observe el TICK y la dirección del mercado en tiempo real, trate de entender las relaciones y las influencias del TICK en las transacciones anticipadas, sobre todo en los puntos de las extremidades.

Resumen

El TICK advierte principalmente de los puntos de agotamiento cuando el mercado está a punto de manifestar una reversión a corto plazo de pocos minutos de duración. Ya que la dirección del mercado influye en el 60% del movimiento de las acciones con las que usted opera, es necesario que sepa si la acción que está comprando está en el punto de la extremidad y a punto de regresar.

En casos especiales, a pesar de la explicación anterior, podemos comprar una acción para un *trading* intradía aunque la lectura del TICK insinúe una reversión anticipada. En este caso, es necesario que se refiera a la acción como un **scalp**, u operación de poca monta en que compra y vende en un breve período de segundos a minutos. En otras palabras, usted debe ser consciente del hecho de que la acción puede regresar de improviso, así que tiene que estar más atento y hacer efectivas algunas ganancias a la primera señal de debilidad, cuando la acción parece próxima a una reversión. Con un poco de suerte, no volverá.

El indicador VWAP

El **VWAP** (en inglés, Volume Weighted Average Price) o precio promedio ponderado por volumen, es uno de los instrumentos más importantes del *trader* intradía, ya que representa los movimientos de muchos *traders* institucionales de manera muy fiable. Como hemos aprendido, los *traders* institucionales son responsables por el 80% del volumen de las acciones con las que comerciamos. Si pasamos por alto al público, que constituye tan sólo el 20% del volumen de las acciones, veremos que en cualquier momento, los compradores y vendedores institucionales no están actuando con el objetivo de obtener ganancias por transacciones a corto plazo, sino que están operando con instrucciones claras: "comprar barato" y "vender a precios altos". Aquí es donde surge un problema esencial: sería fácil verificar sus éxitos si vendieran las acciones el mismo día en que las compraron. Sin embargo, cuando los *traders* institucionales compran acciones con el fin de mantenerlas a largo plazo, ¿cómo podemos saber si compraron a precios altos o bajos? ¿Cómo se definen "caro" y "barato" en un día de *trading*? Esta es la función del **VWAP**. Permite definir qué es caro y qué es barato en relación a una acción en cualquier momento.

La primera plataforma que presentó el indicador VWAP era de una empresa llamada Instinet, que incluyó la nueva herramienta en las pantallas de muchos *traders* institucionales.

El cálculo VWAP. Respire hondo y lea esto dos veces: el VWAP es el precio promedio intradía de una acción en función del volumen en todos los niveles de precio. Para calcular el VWAP en cualquier momento, se muestrean los precios de todas las transacciones efectuadas hasta el punto de cálculo, el precio se multiplica por el volumen de cada transacción, todos los valores se agregan hasta el punto del muestreo, y el resultado se divide por el número acumulado de acciones negociadas hasta el mismo punto (volumen). Si esta explicación es demasiado compleja, no se devane los sesos tratando de entenderla: pásela por alto y simplemente vea el siguiente ejemplo.

Ejemplo: digamos que cuando se abre la sesión bursátil, la primera transacción de la acción ABC se ejecuta a $30, por una cantidad de 100 acciones. La multiplicación de esas dos cifras produce 3000; por lo tanto, el **VWAP** (división del resultado por el volumen) es de 30 dólares. Supongamos que la segunda actividad bursátil de ABC es de $30.10 por 1000 acciones. El resultado de multiplicar esas dos cifras es 30,100. Ahora la suma de los dos primeras transacciones es [3,000 + 30,100 = 33,100] y el volumen total de actividad bursátil es [100 acciones + 1000 = 1,100]. La división del resultado acumulado de 33,100 por el volumen de actividad bursátil de 1,100 produce un cociente de $30.09.

Si hubiéramos calculado un promedio regular de dos transacciones sin abarcar los diferentes volúmenes de actividad para cada transacción, el resultado habría sido US$ 30.05. ¿Esta cifra refleja fielmente el precio de las acciones? Por supuesto que no. Es evidente que una transacción de 1000 acciones pesa más que otra de 100 acciones. El VWAP produce un mayor promedio en función de incluir el volumen de cada transacción. Produce lo que se conoce como "**el precio justo**" o "**fair price**" de ABC.

Ahora volvamos a los *traders* institucionales: cuando reciben instrucciones de comprar 100,000 acciones "al precio más bajo", sus clientes y administradores esperan que sean capaces de hacer la mayor parte de las compras al precio más bajo posible por debajo del "precio justo" intradía. Si dibujamos la línea VWAP a través del gráfico de la acción, nos mostrará el precio por encima y por debajo del cual se ejecutó un 50% del volumen de las acciones. En otras palabras, si los *traders* institucionales logran comprar las acciones por debajo de la línea VWAP, disfrutarán de una bonificación, y si las compraron por encima de la línea... tal vez tengan que buscarse otro empleo.

DINERO INTELIGENTE	*Cuando una acción se cotiza por mucho tiempo al mismo precio, esto es lo que llamamos un "valor razonable dinámico" o "balance de poder".*

Con el tiempo, el VWAP se convirtió en un favorito entre los *traders* institucionales, especialmente cuando los grandes compradores de los fondos de cobertura o especulativos de alto riesgo (en inglés **hedge funds**) comenzaron a utilizarlo para revisar los éxitos intradía de sus propios operadores. Actualmente, un *trader* institucional se mide por su capacidad de "ganarle al VWAP". Cada una de las transacciones que ejecutan se compara en tiempo real a los indicadores VWAP. Se les considera exitosos si le ganan al VWAP, es decir, si el precio promedio de compra es más bajo que el VWAP en ese momento. Cuanto más le gane al indicador, mayor será el valor del *trader*. A partir de eso, calcular la remuneración de los *traders* se hizo un camino muy corto. El interés en el VWAP alcanzó su clímax cuando finalmente se convirtió en la herramienta a través de la cual se calculan las bonificaciones para los *traders*.

DINERO INTELIGENTE | *¿Entiende usted la increíble importancia de este indicador? Saber lo que los traders institucionales están por hacer, en cualquier momento dado, es una información esencial ¡y muy útil!*

El VWAP fue reconocido por primera vez como importante, y adoptado en general a comienzos del año 2003. Originalmente, había surgido como una necesidad por parte de grupos con grandes sumas de dinero y de los fondos de inversión. Estos últimos necesitaban la asistencia de *traders* institucionales cuando compraban y vendían cantidades muy grandes de acciones. La única forma de supervisar la eficacia de las transacciones era darles instrucciones de ganarle al VWAP. Por lo general los fondos institucionales remuneraban a los *traders* institucionales sobre la base de una comisión de 2.5 a 3.5 centavos por acción. Sin embargo, los que le ganaban al VWAP podían recibir en su lugar una bonificación de 10 a 12 centavos por acción.

La mayoría de las operaciones de los *traders* institucionales tienen lugar durante los primeros 90 minutos y la última hora de actividad bursátil. Actualmente, ellos trabajan con plataformas de múltiples algoritmos con el objeto de promover actividades relacionadas con el precio VWAP, como el programa que compra acciones cuando de pronto caen por debajo del VWAP y las vende cuando suben por encima de los precios VWAP.

Ahora que ya sabemos cómo trabajan los *traders* institucionales, veamos algunas formas prácticas de utilizar el VWAP en las transacciones intradía.

Aplicaciones prácticas

Desde nuestro punto de vista, el indicador VWAP empieza a ponerse interesante sólo después de la primera media hora de actividad bursátil, una vez que se han hecho transacciones por un volumen importante. Nuestro punto de partida está en que cabe esperar que una acción comerciada por encima del VWAP "regrese" al VWAP. Esto es porque los *traders* institucionales a los que les dieron instrucciones de comprar acciones no lo harán mientras el precio esté por encima de ese nivel, y aquellos a los que les dieron instrucciones de vender reciben incentivos cuando venden por encima del "precio justo", es decir, por encima del nivel del indicador. Lo contrario ocurrirá cuando la acción se encuentre por debajo del VWAP: recibirá el apoyo de los *traders* institucionales que compran "barato", mientras que por otro lado los vendedores esperarán a que pase por encima del VWAP. Para nosotros, el significado es claro y sencillo: cabe esperar que una acción que está por encima del VWAP baje y que una acción que está por debajo del mismo suba. El VWAP, por lo tanto, es como un punto magnético en el transcurso del día.

Examen del gráfico intradía del VWAP para Apple (AAPL)

Observe la línea del VWAP. ¿Por qué Apple vuelve a ella constantemente? Muy sencillo: cuando la acción se encuentra por encima de la línea, lo que la convierte en una acción "cara", los *traders* institucionales que tienen instrucciones de vender lo hacen; y cuando está por debajo de la línea, y por lo tanto se la considera "barata", lo hacen los que tienen instrucciones de comprar.

Otros usos prácticos

Cuando una acción con tendencia alcista se va hacia atrás, es decir que vuelve a la baja, ¿cuán bajo llegará? Lo más probable es que usted haya contestado correctamente: a la altura del VWAP. En este punto, los *traders* institucionales comienzan a comprar otra vez, y es muy probable que este también sea el punto en que el precio empiece a aumentar de nuevo.

¿Qué sucede si el precio no recibe apoyo sino que continúa su tendencia bajista? Si la tendencia lo lleva por debajo del nivel VWAP, es razonable suponer que la acción ha revertido su patrón. Los compradores que habían sido los vencedores ahora son derrotados. En el balance de poder, los compradores y los vendedores han intercambiado posiciones. El más claro apoyo de esa suposición es que ni siquiera los *traders* institucionales están comprando.

Puntos de pivote

Los puntos de pivote (en inglés **pivot points**) son de hecho las líneas intradía de soporte y resistencia. Podemos verlas en la pantalla del gráfico de la acción o del índice que estamos siguiendo. Cuando el precio cae a la línea del pivote o se levanta hacia ella, la línea sirve de soporte o de resistencia.

Los puntos de pivote se basan en un cálculo que hace un promedio del precio más alto, el precio más bajo y el precio de cierre del día anterior. Más adelante aprenderemos cómo se ha realizado el cálculo.

- Los puntos de pivote están representados en el gráfico intradía por cinco líneas: S1, S2, PP, R1, R2.
- S = soporte, R = resistencia

Los puntos de pivote tienen dos funciones:

1. Nos permiten determinar la tendencia del mercado. Una ruptura de la primera línea de resistencia, R1, indica una buena probabilidad de alza continuada; viceversa, un colapso de la línea de soporte, S1, indica una tendencia bajista.

2. Determinan los puntos de entrada y salida. Por ejemplo:

- Cuando la línea de pivote se rompe, la próxima resistencia anticipada está en R1; por lo tanto, a este nivel, vale la pena hacer efectiva una parte de las ganancias o comprar por encima de ella.

- Si esta primera línea de resistencia R1 también se rompe, el siguiente objetivo es R2, y, en este caso también, vale la pena hacer efectiva una parte de las ganancias o comprar por encima de ella.

- Lo mismo se aplica para la situación opuesta, la tendencia bajista: las líneas de soporte en S1 y S2 pueden retrasar la bajada de precios, por lo tanto, se deben hacer efectivas las ganancias en las líneas de soporte S1 o S2, o entrar en ventas cortas por debajo de esas dos líneas cuando se rompan.

Impacto de los puntos de pivote de las acciones de Steel Trading Company (X)

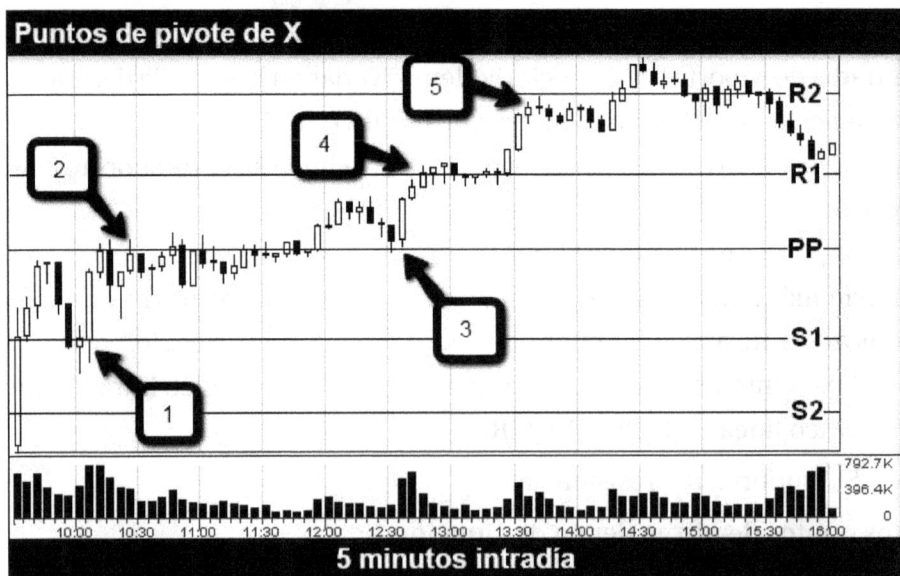

X está con una fuerte tendencia alcista cuando se inicia la actividad bursátil y se detiene muy cerca de la línea del punto de pivote (PP). Como comprenderá por los cálculos que se muestran a continuación, la línea intradía del PP está considerada como el eje intradía de movimiento de la cotización del día anterior, que en ese sentido hace también que se le considere el "precio justo", como el VWAP.

Esto significa que cuando la acción se abra por debajo del punto de pivote habrá compradores dispuestos a comprarla. Eso sí, comprarán sólo hasta la etapa en que el precio alcance el punto de pivote, que actualmente sirve como resistencia.

El precio cae y encuentra soporte en S1 [1]. Los compradores vuelven a la escena y el precio sube pero encuentra resistencia en el pivote [2]. Logra atravesar el pivote y vuelve hacia abajo, con el pivote sirviendo ahora de soporte [3]. El precio sigue hasta la próxima línea de resistencia en R1, permanece allí un tiempo como cabe esperar [4], y, a continuación, sigue subiendo hasta el próximo punto de resistencia R2 [5].

Cómo calcular el punto de pivote

Que no cunda el pánico: si bien los cálculos parecen complejos, encontrar el punto de pivote es sencillo, incluso muy sencillo, y realmente, muy poco importante. En resumen, ¡pase por alto la siguiente explicación si estos temas le aburren!

- El punto de pivote (PP) es el promedio del precio más alto, el precio más bajo y el precio de cierre de la actividad bursátil del día anterior:

$$\text{Punto de pivote} = (\text{Alta} + \text{Baja} + \text{Cierre}) / 3$$

Una vez que se ha calculado, el punto de pivote se utiliza para calcular los puntos de soporte y de resistencia. Tenga en cuenta que el orden de los resultados tiene su importancia:

- S1 es el primer (1) nivel de soporte (S) y es el pivote duplicado, menos el alta del día anterior:

$$S1 = (PP \times 2) - \text{Alta}$$

- R1 es el primer nivel de resistencia y es el pivote duplicado, menos la baja del día anterior:

$$R1 = (PP \times 2) - \text{Baja}$$

- S2 y R2. Una vez calculados los primeros niveles de soporte y resistencia, podemos calcular los segundos niveles de soporte y resistencia:

$$S2 = \text{pivote} - S1 - R1$$
$$R2 = \text{pivote} - S1 \; R1$$

Resumen

¿Cuál es el verdadero significado de las líneas de soporte y de resistencia calculadas en relación al día precedente? Al igual que con Fibonacci, las líneas de pivote no tendrían sentido si los *traders* institucionales y los creadores de mercado no hubieran utilizado intensamente estos métodos. Son, una vez más, una especie de profecía que fomenta su cumplimiento. El uso original de los puntos de pivote comenzó cuando los *traders* del piso de la bolsa recibían las listas de puntos de pivote en gráficos de papel al inicio de la sesión. La naturaleza de su labor les exigía moverse constantemente, empujarse a codazos y gritar sobre las cabezas del prójimo. Simple y sencillamente, no podían moverse con los gráficos intradía, de modo que se veían obligados a mirar hacia un teletipo de números que pasaba por las pantallas que cubrían las paredes de la sala. Cuando la acción que poseían se iba al alza y alcanzaba uno de los puntos de pivote, ¿qué era lo que hacían a continuación? Vendían. Eso era todo lo que había que hacer. La mayoría de las salas de bolsa han cerrado y los *traders* que aún están físicamente dentro de ellas aparentemente usan ahora iPads, pero los puntos de pivote aún están con nosotros. Dado que los *traders* institucionales compran y venden en función de los puntos de pivote, no queda más remedio que seguir su ejemplo y darles el lugar que merecen.

¿Qué indicadores debe utilizar?

Muchas manos en un plato hacen mucho garabato, dice el refrán. Demasiados indicadores no son útiles, sino dañinos. Si intenta adoptar decisiones mediante una serie de indicadores, es probable que yo alcance a comprar y a vender una acción antes de que usted diga "Fibonacci".

Aun siendo novato en la actividad bursátil, le sugiero usar los siguientes indicadores:

- En el gráfico intradía de velas de cinco minutos:
  1. volumen
  2. promedios móviles de 8 o 10 períodos y
  3. el VWAP en un gráfico y los puntos de pivote en otro.

- En el gráfico diario con velas de un día:
  1. volumen y
  2. promedios móviles de 20, 50 y 200 períodos.

- En un segundo gráfico diario para analizar las acciones:
  1. volumen
  2. promedios móviles de 20, 50 y 200 períodos y
  3. el MACD, las bandas de Bollinger o el RSI en función del tipo de análisis.

8.

Shorts: obtener ganancias de las caídas de precio

Las crisis siempre nos brindan las mejores oportunidades

La historia de las ventas cortas

El primer incidente conocido de ventas cortas, o lo que en la jerga de los *traders* se llama **shorts**, se atribuye a un *trader* holandés llamado Isaac Le Maire, quien en 1609 vendió "más acciones de las que tenía" en VOC, una empresa holandesa. Con este acto, hizo algo inaudito en el mercado de capitales de su tiempo.

Esta operación condujo también a la primera ley de la historia que prohibió la ejecución de **shorts** por un breve período de dos años. Desde entonces y hasta la fecha, los vendedores cortos han provocado la ira de los reguladores, los políticos y el público en general. Se culpó a los vendedores cortos por el primer célebre colapso en la historia de las acciones de una compañía "pública", la East India Company. También se les acusó de haber provocado la caída del mercado de tulipanes holandés del siglo XVII, el cataclismo de Wall Street de 1929, y la caída de la libra esterlina en 1992, cuando George Soros, el famoso inversor húngaro, vendió £10 mil millones y ganó miles de millones de la noche a la mañana. A los vendedores cortos también se les culpa por la crisis de las puntocom del año 2000, e incluso por la crisis del *subprime* de 2008. Napoleón les llamaba "enemigos del pueblo", el presidente Herbert Hoover los condenó públicamente, y el Director del FBI, J. Edgar Hoover abrió una investigación en contra de ellos. ¡Es mucha la gente en contra de los *shorts*!

Los vendedores cortos nunca han sido queridos por el público ni por los legisladores, puesto que es bien sabido que obtienen sus ganancias de las pérdidas de otras personas. A nadie le gusta escuchar historias de éxito financiero cuando están del lado perdedor, y todo el mundo necesita un chivo expiatorio para culparle de todas las aflicciones del mundo. Por otro lado, los vendedores cortos o ***shorters*** como se les conoce, recibieron la bendición de varios famosos inversionistas como Warren Buffet, que apoyan su influencia positiva en el mercado de capital. A los vendedores cortos se les puede atribuir un simple hecho positivo: cuando encuentran una burbuja, harán todo lo posible para exponerla y ¡reventarla! Por lo general, la burbuja revienta mucho más rápido que si la hubieran dejado sola, pero, por otro lado, la explosión de burbujas evita que más inversores coloquen su dinero en el mercado y después lo pierdan. Los *shorters* son la fuerza opuesta a los inversionistas, una especie de contrabalanceo en burbujas y sobreprecios de todo tipo. En resumen, estos son los que monitorean el mercado, aportan liquidez y alertan contra desgracias inminentes. Tienen un papel importante y están muy bien remunerados. Además, una vez reventada la burbuja, ¡ellos son los compradores que impiden que la acción se vaya a cero!

¿Por qué vender corto?

Dos terceras partes del tiempo, la bolsa de valores tiene tendencias alcistas y una tercera parte del tiempo se va a la baja. A veces, los períodos de caída de los mercados son largos y, como ocurrió con la caída de las puntocoms en el año 2000, pueden durar varios años. Hubo crisis en el pasado y las habrá en el futuro. Incluso cuando caen los mercados, el *trader* tiene que ganarse la vida. En esos períodos, ni pienso en buscarme un nuevo trabajo en la industria de la alta tecnología. Ahí es cuando los ***shorts*** entran en juego. Cuando usted compra una acción, se le denomina una posición "larga" o en inglés *long*. La posición "corta" o *short* es la operación contraria.

- Utilizamos *shorts* para tratar de sacar provecho de las acciones con tendencia a la baja.

- Por lo general las leyes de entrada para las compras largas son válidas al revés para los *shorts*.

Aprenderemos más sobre esto más adelante. En este capítulo, examinaremos cómo operan los *shorts*.

Shorts: el potencial

El potencial de beneficio de los *shorts* es mucho mayor que el de las compras largas. De hecho, la mayor parte de mis ganancias como *trader* provienen de los *shorts*. ¿Por qué es mayor la probabilidad de ganancia? Por dos razones principales:

- En primer lugar, porque las acciones tardan menos en bajar que en subir. ¿Por qué? Porque un inversor presionado va a vender más rápido de lo que tarda un inversor codicioso en comprar una acción al alza.

- En segundo lugar, los *shorts* son un excelente medio para obtener ganancias, ya que el 99% del público no entiende de ventas cortas ni sabe cómo ejecutarlas. Como es habitual, las grandes sumas de dinero están donde el público no sabe qué hacer.

DINERO INTELIGENTE	*La mayoría de la gente no sabe cómo ejecutar una venta corta. ¡Las grandes sumas de dinero se pueden obtener allí donde el público no sabe lo que hay que hacer!*

¿Cómo funcionan las ventas cortas?

Ejecutamos una venta corta en una acción que consideramos que está a punto de caer. Técnicamente, cuando compramos una acción con tendencia alcista, oprimimos el botón de COMPRA (***BUY***). Los *shorts* no son más complejos de ejecutar. En una plataforma de *trading*, junto al botón VENDER (***SELL***) usted encontrará el botón **SHORT**. Todo lo que hay que hacer para ejecutarlo es pulsar el botón. ¿Todavía no entiende cómo hacerlo? Solo tiene que pulsar el botón; todo saldrá bien.

He aquí un ejemplo de la vida real. Cuando vendemos corto, o bien "vendemos en descubierto", estamos vendiendo a un alto precio una acción que no tenemos, con la intención de comprarla más adelante a un precio más barato.

¿Cómo podemos vender una acción que no poseemos? Muy simplemente. Veamos la descripción de una situación muy conocida: supongamos que usted entra a una mueblería exclusiva y compra un sofá pedido especialmente, tapizado a su gusto. Ya que se trata de un encargo especial, es razonable suponer que el sofá no está en el almacén de la tienda, y que solo lo recibirá cuando se hayan cumplido sus deseos. Digamos que el dependiente de la mueblería le vende el sofá por $5000, toma el dinero y le promete entregárselo al cabo de varias semanas. Una vez que usted ha salido de la mueblería, el vendedor le telefonea al fabricante y le encarga el sofá por menos de lo que usted pagó, por ejemplo, $4000. Unas semanas más tarde, le entregan el sofá de acuerdo con lo prometido.

¿Esto le suena a usted como una situación común? Sin embargo, tenga en cuenta que en la primera etapa, el vendedor le vende por $5000 un sofá que la tienda no tiene, y sólo después de que usted ha salido de la tienda es que en verdad adquieren el sofá a $4000, registrando una ganancia de $1000. En la terminología del mercado de valores, la tienda ha llevado a cabo una venta "corta": en otras palabras, **el sofá se vendió primero a un precio alto, y sólo después se compró a un precio bajo**. El mismo procedimiento es tan válido para las acciones como para sofás, coches o cualquier artículo que no se recibe inmediatamente al pagarlo. El sistema funciona. Entonces, ¿cómo puedo vender acciones que no me pertenecen?

Ejemplo de venta corta de Checkpoint (CHKP)

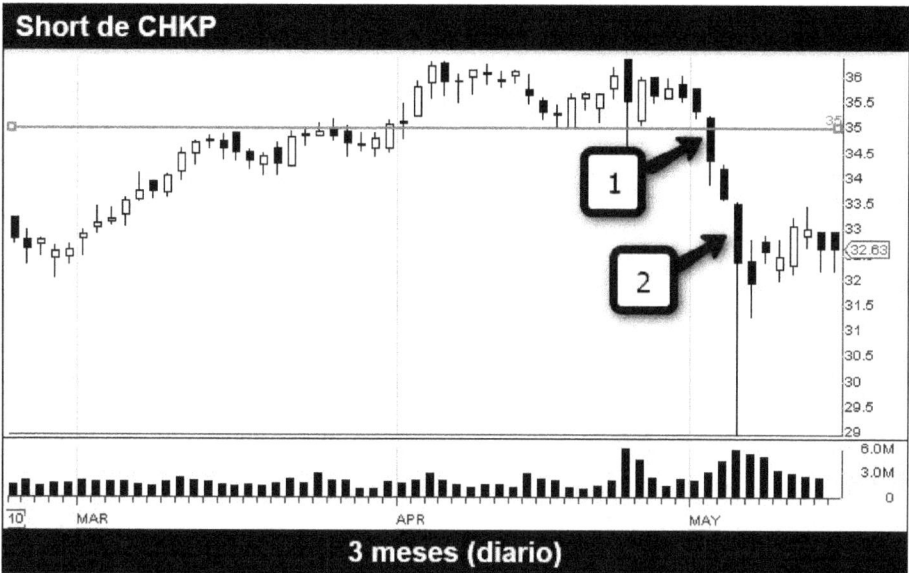

Checkpoint se hundió por debajo de la línea de soporte a 35 dólares. Supongamos que quiero vender 100 acciones, y pulso el botón SHORT en [1]. ¿Qué sucede? ¡Acabo de vender 100 acciones que no tengo!

¿Cómo puedo hacer eso? Muy simple, porque mi bróker me las prestó. ¿Cómo es que mi bróker tiene 100 acciones de Checkpoint? El bróker administra las cuentas de varios clientes. Como Checkpoint es una acción de alto volumen, es razonable suponer que algunos de los clientes del bróker tengan acciones de esa compañía.

Ahora, supongamos que uno de los clientes del bróker, un hombre llamado David, tiene 300 acciones en su cuenta. David las compró hace dos años y cree en su futuro a largo plazo. Cuando yo oprimí el botón SHORT, el bróker tomó 100 de las acciones de David y las vendió por mí según mis instrucciones. En realidad, yo vendí 100 acciones auténticas, pero no son mías. Si David repentinamente fuera a verificar su cuenta, ¿tendría 300 o 200 acciones? Ya que nadie se tomó la molestia de poner a David al día y decirle que yo he vendido 100 de sus acciones, David todavía cree tener 300 en su cuenta, aunque, en realidad, solo tiene 200. Entonces, ¿qué pasaría si David decidiera vender las 300? El bróker simplemente tomaría 100 de un tercero. ¿Es esto legal? Absolutamente.

En una de mis conferencias, una joven levantó la mano y dijo con toda seriedad que ella sentía que el sistema de los *shorts* no pasaba la prueba de integridad. Tal vez no, pero, sin duda, pasa las pruebas del mercado y de la ley. Los mercados no son socialistas por naturaleza. El mercado no está destinado a ayudar a nadie, y a ningún vendedor corto le preocupan los intereses del público, sólo los suyos. Podemos pensar en la situación de la siguiente manera: yo tomo prestadas las acciones de David y las vendo. David tiene interés en que sus acciones aumenten de valor, pero al vender sus acciones, yo hago que aumente la oferta y el precio baje. No solo que David no tiene la menor idea de que me está ayudando, sino que, al vender sus acciones, yo le estoy causando daños: capitalismo puro.

¿Suena terrible? La verdad es que, en comparación con otros servicios a los que nos hemos acostumbrado, los *shorts* no son tan terribles. Por ejemplo: usted sabe, por supuesto, que, cuando usted deposita dinero en el banco, este se utiliza como base para dar préstamos a otras personas. ¡Es la ley de adecuación del capital la que permite a los bancos prestar nueve dólares por cada dólar que usted deposite! Los *shorts* son un juego de niños en comparación con el sistema bancario común.

Cuando ejecuto una venta corta con Checkpoint, puedo vender 100 acciones a $35, y recibir $3500 por ellas. En realidad este no es mi dinero, y el valor de las acciones se imputarán a mí para que yo devuelva las 100 acciones de David tan pronto como sea posible. Recuerde que, al vender 100 de sus acciones, se las estoy debiendo. Solo hay una manera de salir de una venta corta, ya suponga una pérdida o una ganancia: en algún momento, voy a tener que comprar 100 acciones y devolvérselas a David.

Para mi gran alegría, descubro que estaba en lo cierto y que Checkpoint ha caído a 33 dólares, como lo había previsto. En este punto, me decido a salir de la operación y hacer efectivas mis ganancias. ¿Cómo se hace eso? Puedo comprar 100 acciones en [2]. Dado que el precio ahora es de $33, el costo de la compra es $3300. Las 100 acciones que compré ahora han vuelto a la cuenta de David, y se ha cerrado el círculo de la transacción.

Ahora no le debo nada a David. Al examinar el proceso, compré por $3300 y vendí por $3500, por lo tanto me queda una ganancia de $200.

La diferencia entre una posición corta y una larga reside en el orden en el que el proceso se lleva a cabo. Con una venta corta, empezamos por vender y, al final, compramos. Vendemos a precios altos y tratamos de comprar a precios bajos. Esto es lo que se conoce como **vender alto y comprar bajo** (*SELL high, BUY low*).

¿Qué hubiera sucedido si mi predicción hubiera sido un fracaso, y el precio de las acciones hubiera subido a $37 en lugar de caer a $ 33? En tales circunstancias, me habría visto forzado a comprar 100 acciones por $3700. Ya que las vendí a $3500, y ahora tengo que comprarlas más caro, el proceso resultaría ser **vender bajo y comprar alto** (*SELL low, BUY high*) con una pérdida para mí de $200.

Resumen

Cuando estamos a la espera de que una acción suba, podemos comprar bajo y vender alto. Cuando estamos a la espera de que una acción baje, seguimos comprando bajo y vendiendo alto, pero en el orden inverso: **primero vendemos alto, y luego compramos bajo.** Como se puede ver, aún no se ha inventado una mejor manera de obtener ganancias fuera del antiguo método de comprar barato y vender más caro.

DINERO INTELIGENTE

La diferencia entre una venta corta y una compra larga reside en el orden de las operaciones. Para ejecutar una venta corta, empezamos por vender y, después, compramos.

¿Las posiciones cortas son más riesgosas que las posiciones largas?

Por el hecho de que las acciones bajan más rápido de lo que suben, los *shorts* funcionan mejor y son más rápidos y fiables que las compras largas. Desde mi punto de vista, el *trading* intradía en *shorts* es menos arriesgado; si hace un *swing* con una venta corta y la mantiene durante varios días, corre el riesgo de caer en una emboscada, ya que nunca se puede saber cuál será la situación cuando se despierte. Los *shorts* se ejecutan con acciones débiles. En la reversión de la acción débil, el efecto de la corrección al alza puede ser pronunciado. (Más adelante hablaremos sobre el **short squeeze** o "estrangulamiento de posiciones cortas").

Otro aspecto es el potencial de sufrir pérdidas. Si mantiene una posición larga o **long**, el potencial máximo de pérdida es el valor de las acciones. Una acción que vale 20 puede caer a $0, por lo que la pérdida máxima está limitada a $20 dólares por acción. Por el contrario, en una posición corta, el potencial de pérdidas es ilimitado, ya que la acción que vale $20 también puede aumentar a $200, o en teoría, "hasta el infinito". Esto ocurre en casos muy raros y la probabilidad de experimentar una situación de este tipo es muy baja, pero sin duda es un riesgo que debe tener en cuenta y reconocer.

Resumen

Durante la jornada bursátil, los "*shorts*" no son más peligrosos que los "**longs**". Sin embargo, si usted elige mantenerlos durante varios días de cotización, los *shorts* pueden ser peligrosos y requerirán un alto nivel de destreza y cautela. ¿Cuánto tiempo le permite a usted su bróker mantener una posición corta? Esto varía de un bróker a otro. Algunos exigen cerrar las posiciones cortas en un plazo de tres días de *trading*, mientras que otros no ponen ningún tipo de limitación.

Shorts para *traders* avanzados

Hasta aquí, he reseñado los principios de los *shorts*, el motivo de su existencia (la necesidad de obtener ganancias de la caída de los precios de las acciones) y cómo se lleva a cabo el procedimiento. Ahora es el momento de mirar el tema más a fondo.

Usted sabe que cuando ejecuta una venta corta, está vendiendo acciones que no son suyas con la esperanza de comprarlas más tarde a un precio más bajo. Hasta este punto, parece muy simple, y para muchos *traders* e inversionistas es todo lo que hay que saber. Pero para los que desean entender cómo funciona el comercio con acciones, hay que aprender mucho más.

¿Pueden ejecutarse *shorts* con todas las acciones? ¿Qué sucedería si le interesara vender corto una acción que su corredor no tiene? De hecho, descubrirá que no puede ejecutar *shorts* con todas las acciones. La limitación está ligada a la titularidad pública de la acción y el número de posiciones cortas abiertas (**open *shorts***) que tiene. En otras palabras, una acción de baja propiedad pública no estará en posesión de un gran número de clientes y, en consecuencia, la posibilidad de que su bróker se la preste es limitada. Una segunda limitación se produce a menudo cuando una acción de alta actividad bursátil cae bruscamente, por lo general como resultado de un acontecimiento de interés público. A veces, la cantidad de *shorts* en una acción es tan grande que todas las acciones han sido ya prestadas a otros *shorters*. Sin embargo, con respecto al 95% de las acciones con alta negociabilidad, que es el único tipo con el que operamos, se pueden ejecutar *shorts* y cualquier limitación es bastante poco frecuente.

Ejemplo de una acción que, temporalmente, no se puede vender corto

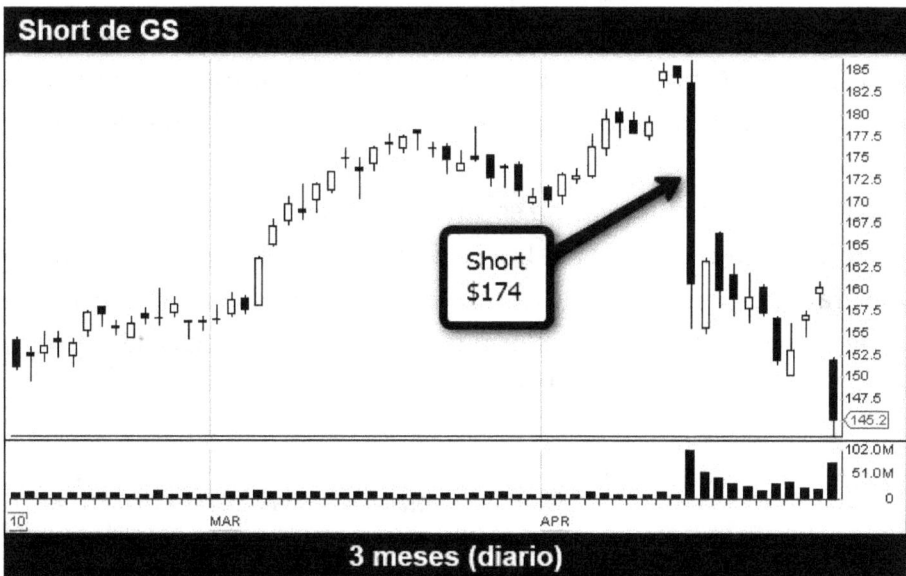

En este gráfico diario se puede ver un raro ejemplo de un colapso por un alto porcentaje de Goldman Sachs (GS) a raíz de la publicidad que se le dio a la investigación penal de la conducta de la empresa basada en la sospecha de fraude durante la crisis financiera del 2008. En la sala comercial Tradenet, vendimos corto al inicio del proceso, cuando las acciones cayeron por debajo de $174. Dos días más tarde, cuando vimos que continuaba la tendencia a la baja, quisimos aumentar la cantidad de *shorts*, pero descubrimos que esto no era posible porque todas las acciones disponibles ya habían sido tomadas por otros *shorters*.

También puede haber limitaciones regulatorias, aunque con escasa frecuencia. En casos como la crisis financiera de 2008, se impidieron los *shorts* por consideraciones políticas. De tanto en tanto y, por lo general, en tiempos de crisis, la voz del público se hace oír en contra de los *shorters* y se desarrolla un debate moral acerca de la contribución o del daño que estos ejercen sobre la estabilidad del mercado. En algunas raras ocasiones, se prohibieron los *shorts* de algunas acciones del sector financiero durante varias semanas. De hecho, la prohibición solo se dio hacia el final de la crisis en puntos en los que ningún *shorter* sano ejecutaría nuevos *shorts*, y por consiguiente, la prohibición casi no afectó a los *traders*. Como tales, nos hemos acostumbrado al resurgimiento, de vez en cuando, de la añeja disputa entre los partidarios y los detractores de los *shorts*. Cada bando tiene sus "razones justificadas", pero al fin de cuentas, la historia ha demostrado que la voz de la lógica vence a la oposición.

¿Cómo puede saber que no es posible vender corto una determinada acción? Cuando se pulsa el botón **SHORT**, la plataforma de *trading* mostrará un mensaje, por lo general de una sola palabra: **Unshortable** o sea sin *shorts*. Algunas plataformas de *trading* permiten acceder a esta información incluso antes de dar la orden.

DINERO INTELIGENTE

Una alternativa a los shorts cuando el bróker no tiene una acción en particular es la opción PUT. No aprenderemos acerca de esta opción aquí, pero no se trata de un proceso complejo.

¿Será posible que un bróker le permita vender corto una acción determinada, y que otro no se lo permita? Sí. En realidad, no es su bróker el que le presta las acciones, sino el banco de compensación o **clearing bank**, una organización central que trabaja con muchos brókeres. Los distintos corredores trabajan con diferentes bancos de compensación. Aunque el banco de compensación con el que trabaja su bróker podría no tener una determinada acción, otro banco de la competencia sí podría tenerla. Si insiste en ejecutar una venta corta en una acción que el banco de compensación del corredor no tiene, puede pedir comerciar con acciones que llevan la etiqueta **HTB** (que significa **hard to borrow** o difícil de tomar prestadas), pero tendrá que pagar casi el doble de la comisión por cada venta corta ejecutada. Generalmente esto hace que el uso las acciones **HTB** valga menos la pena. También pagará intereses por tomar las acciones prestadas, especialmente, si retiene la posición de un día para otro.

La cantidad de *shorts* de una acción está supervisada por el Regulador para asegurarse de que los brókeres, ansiosos por recibir sus comisiones, no puedan vender corto cantidades mayores que la cantidad de acciones que realmente poseen. Una vez al mes, todas las empresas de corretaje deben presentar un informe de la cantidad de *shorts* en las cuentas de sus clientes. A modo de ejemplo, una empresa tiene 100 millones de acciones emitidas. ¿Es posible que el público les pida prestadas a sus corredores los 100 millones de acciones y las venda en corto? Esta no es una situación muy factible, pero es técnicamente posible. Para tomar prestada toda la cantidad, es preciso que todas sean adquiribles. Pero cada empresa mantiene acciones que no se pueden comprar. Algunas están en manos de los propietarios de la empresa y se definen como **Restricted** o **restringidas**. Algunas se encuentran físicamente en forma de escrituras en papel en manos de las personas que las han comprado. Al encontrarse en las viviendas o en las cajas fuertes de los propietarios y no depositadas con los brókeres, no están disponibles para préstamos. La cantidad determinada de acciones de una compañía disponibles para *shorts* se puede ver en una serie de sitios web, como Yahoo Finance.

Reseña del estado de *shorts* de acciones de Checkpoint (CHKP) en Yahoo Finance

Según Yahoo, la cantidad de *shorts* de CHKP para la fecha verificada es de 3.9% de todas las acciones de CHKP. ¿Es mucho? ¿No es mucho? No hay ninguna diferencia. En primer lugar, la información no es precisa: se refiere a datos recibidos de los brókeres varias semanas atrás. En segundo lugar, estos datos no contienen detalles que permitan llegar a conclusiones sobre la dirección prevista de la acción.

Ejemplo

Supongamos que una compañía llamada ABC tiene una gran cantidad de posiciones cortas.

- ¿Significa la gran cantidad de *traders* que ejecutan *shorts* que la acción debe bajar?

- ¿O bien significa que con tantos *shorts* ejecutados, los *shorters* que finalmente tendrán que comprar las acciones para devolverlas a sus propietarios harán que la acción se vaya al alza?

- La respuesta es: ambas situaciones son posibles y todo depende del momento.

La verdad es que una empresa que está perdiendo valor, con su precio en caída hacia cero, puede llegar a ese punto independientemente de la cantidad de sus acciones en posiciones cortas. También puede ocurrir lo contrario: si hay un gran número de *shorters* y por alguna razón la bolsa comienza a subir, los *shorters* se asustarán, ya que tendrán que comprar caro. Como resultado de ello, puede empezar lo que se llama **short covering** o cobertura de posiciones cortas: los *shorters*, presionados por la necesidad de devolver las acciones y viendo que sube el precio, tendrán que "cubrir" las posiciones cortas abiertas. Nunca se puede saber qué es lo que está sucediendo entre bambalinas sin comprobar el gráfico de la acción. Y esta cuestión nos lleva al tema siguiente y muy importante.

Short squeeze

En algunas ocasiones se presenta la situación llamada **short squeeze** o en español **Estrangulamiento de posiciones cortas**. Permítanme describir el caso real de una acción que durante mucho tiempo se negociaba en un margen de $2 a $3.

Era bien sabido que la compañía tenía problemas y, por tanto, como cabía esperar, había un gran número de *shorters* que creían que la empresa cerraría y el precio de las acciones caería a cero. En un sorprendente anuncio, se publicaron buenas noticias y la acción, de la noche a la mañana, se disparó de $3 a $5. Esto causó pánico entre los *shorters*, que habían vendido a cerca de $3. Algunos, especialmente aquellos con un alto margen, se despertaron a la mañana siguiente para encontrarse en una posición perdedora y se vieron forzados a cerrar sus posiciones comprando a medida que el precio aumentaba. Cuanto más subía el precio, más multitudinaria era la avalancha de *shorters* que cerraban sus posiciones. Cada aumento de precios provocaba un creciente número de *shorters* ansiosos por cerrar sus posiciones perdedoras. Como resultado de la necesidad de comprar a cualquier precio, empujaron el valor de la acción hasta un máximo de US$15 en tan sólo dos días.

¿Llegaron entonces los inversores sensatos a la conclusión de que la acción valía $15, y la compraron? No; de hecho, sucedió lo contrario. Era evidente para todos que el precio volvería a cero. Fue sobre todo el pánico de los *shorters* obligados a comprar a cualquier precio lo que causó la subida. Una vez que las operaciones impulsadas por el pánico se fueron atenuando, la subida se acabó y las acciones cayeron otra vez a un valor de varios centavos.

De vez en cuando, los participantes con bolsillos profundos tratarán de aumentar la cantidad de posiciones cortas a medida que el precio sube con el fin de llevar el promedio de una transacción perdedora hacia arriba o en inglés **average up**, pero incluso ellos tienen sus límites. Los *shorts* sufren una gran presión a medida que estos importantes jugadores tratan de obtener más préstamos de acciones del bróker y ejecutan cada vez más *shorts* mientras el precio sigue subiendo. En algún momento, sin embargo, no podrán recibir más acciones en préstamo de los brókeres porque estos solo poseen cantidades limitadas y el uso "a crédito" del cliente original no se puede estirar más.

¿Qué impulsa el precio de las acciones? Esto es lo que siempre debemos preguntarnos. ¿La acción está siendo impulsada por datos fundamentales que mejoraron de la noche a la mañana? No: los precios aumentan cuando se desarrolla un desequilibrio entre compradores y vendedores. Este desequilibrio se debe a que hay más razones para comprar y menos razones para vender. Por ello, hasta que alcance su nuevo equilibrio, la acción seguirá subiendo.

Un fenómeno sorprendente se puede observar a veces durante el *trading*: ¡una acción llega a las nubes! ¿Qué se debe hacer? ¿Entrar en el juego? Sin una rica experiencia, la respuesta es un "no" rotundo. Ese es un territorio muy peligroso. Los principales inversionistas a largo plazo no tienen los datos fundamentales para infundir confianza en las acciones, y los *traders* a corto plazo no tienen generalmente una buena formación técnica que les ayude a decidir si entrar o salir. El clamor puede interrumpirse en cualquier momento, y sin aviso previo.

DINERO INTELIGENTE

Es mejor no operar con alzas de precio extremas intradía. Es ahí cuando el juego se pone demasiado peligroso. Nunca se puede saber en qué momento llegará a su clímax el aumento y, por lo general, no podrá ver un punto de entrada técnico que sea válido.

Resumen

Hasta aquí hemos aprendido cómo operan los *shorts*, los principios fundamentales, y lo que ocurre entre bambalinas. Ahora usted sabe lo siguiente:

- El propósito de los *shorts* es beneficiarse de la caída de los precios de las acciones.

- Vender corto entraña recibir acciones en préstamo del bróker, que a su vez las toma prestadas de uno de sus clientes.

- Si el bróker no se las puede prestar, como en el caso de que se hayan agotado las existencias, no se puede ejecutar una venta corta y habrá que renunciar a la oportunidad.

- **"Short squeeze"** significa que una acción está aumentando de forma pronunciada, generalmente, a raíz de la difusión de buenas noticias sobre la empresa, lo que provoca una ola de *shorters* ansiosos por cerrar sus posiciones y, por consiguiente, un salto del precio aún más desproporcionado con respecto al verdadero valor de la empresa. ¿La explicación está completa ahora? No, se complica aún más.

Naked shorts

Vamos a echar un vistazo al lado oscuro de vender corto y estudiar el fenómeno conocido como **naked *shorts*** o "*shorts* al descubierto", cuyo nombre se debe a que no tienen ninguna cobertura real. El fenómeno se produce cuando una gran organización, por lo general, un **hedge fund**, quiere vender corto una cantidad muy grande y ¡**vende acciones que no puede pedir prestadas**!

¿Cómo puede hacerlo? Después de todo, acabamos de ver que no se pueden ejecutar *shorts* con acciones que no se pueden tomar en préstamo. Pero, como muy bien sabemos, nada se interpone en el camino de los que realmente desean algo y los creadores del mercado pueden hacer que ese algo suceda. Esto lo hacen mediante la venta de acciones que no tienen, y la transferencia de estos "cortos al descubierto" de una cuenta a otra por períodos tan breves que el órgano regulador no les puede seguir la pista. También pueden hacerlo vendiendo corto acciones de compañías estadounidenses de doble actividad bursátil o **dual-traded companies** que se cotizan simultáneamente en bolsas de valores fuera de los Estados Unidos. Estas bolsas de valores extranjeras no se ocupan de hacer cumplir las regulaciones.

¿Por qué ejecutarían un corto al descubierto las organizaciones? A menudo, esto genera grandes negocios, sobre todo en los períodos en los que la economía está débil y el dólar ha caído fuertemente en comparación con sus competidores. En tales ocasiones, los valores de las compañías caen, se debilitan, y finalmente las empresas se ven obligadas a emitir más acciones con el fin de recaudar fondos. Esto funciona a favor de los *shorters*. Incluso los accionistas de las empresas podrían verse obligados a vender más acciones que hasta ese momento no habían estado en circulación en el mercado.

Los naked shorts o cortos al descubierto no aparecen en ninguna lista, por lo que si nos fijamos en Yahoo Finance y vemos que una compañía con 30 millones de acciones activas en la bolsa tiene 3 millones en posiciones cortas, podemos estar seguros de que esos 3 millones realmente no significan nada, y tienen las mismas probabilidades de ser una cifra correcta o incorrecta. Tal vez algunos millones más de acciones estén en posiciones cortas, sin que casi nadie lo sepa, ya que las transacciones no están registradas. Permítame concluir esta sección diciendo que esta es una prueba más de que examinar los datos sobre las posiciones cortas en el mercado no es una buena base para tomar decisiones. Estas deben basarse en el examen de los gráficos de las acciones. Los gráficos no mienten; la gente, sí.

Resumen

La mayor parte del público pierde dinero en las crisis económicas. Usted y yo también perderemos cuando la economía se derrumbe, la inflación se desenfrene, y los fondos en los que hemos invertido nuestro dinero se vean perjudicados por un mercado en caída libre. En resumen, durante las crisis, todos perdemos y no tenemos ningún control sobre eso. Sin embargo, como *traders*, debemos aprender a sacar provecho de las caídas del mercado y, no solo a obtener ganancias, sino ganancias grandes. El proceso de aprendizaje es largo y no podrá iniciarlo durante la próxima crisis o justo unas semanas antes de la misma. Hay que prepararse para la próxima crisis años antes de que se produzca. En otras palabras, tiene que empezar a prepararse ahora mismo.

9.

La plataforma de *trading*

Guía práctica para la selección, configuración y operación de la plataforma de *trading*

Mi plataforma de *trading*

La mayoría de los libros didácticos no proporcionan instrucción alguna sobre las plataformas de *trading*. Yo creo que eso es un error. Un *trader* no debe contentarse solo con saber cómo elegir la acción más adecuada. Los *traders* deben ser capaces de elegir su plataforma y saber cómo utilizarla. Recuerdo mis primeros días como *trader* y la impresión que me causó abrir la plataforma de *trading* por primera vez, sin idea de por dónde empezar, qué observar, o cómo hacer clic en el botón. Incluso cuando aprendí los conceptos básicos por mi cuenta no fue nada fácil, aún estaba muy lejos de poder configurar los gráficos y la plataforma que utilizo actualmente. También recuerdo cómo la primera vez que visité a Chris, mi mentor en Phoenix (Arizona), apunté con precisión cada gráfico y ventana, así como su posición exacta en sus pantallas. El objetivo de este capítulo es ahorrarle el gran esfuerzo de tener que averiguar, por ensayo y error, cómo hacer que las pantallas le funcionen mejor.

La plataforma de *trading* es el canal entre el *trader* y el mercado. La plataforma debe ser rápida, eficaz y confiable. No es necesario que sea demasiado sofisticada, ya que las plataformas de este tipo tienden a ser lentas y difíciles de manejar. ¿Ha visto alguna vez la cabina de un piloto de carreras? Si la respuesta es no, es probable que se decepcione la primera vez. Tendemos a pensar que los pilotos de carreras necesitan controles inteligentes, especiales, con todos los dispositivos electrónicos y la tecnología de punta. La realidad es todo lo contrario: el conductor necesita muy poco. Lo que el conductor necesita es velocidad, agilidad y fiabilidad. Lo mismo es cierto en el caso de la plataforma de *trading*. No busque una plataforma con "juguetes" innecesarios. Al igual que el piloto de carreras, usted necesita una base rápida y fiable. A largo plazo, el proceso del *trading* se basa en solo tres botones: **BUY**, **SELL** y **SHORT**.

Durante mis años como *trader*, he utilizado tan solo siete plataformas diferentes. La primera fue la de Ameritrade, una plataforma en línea que no requiere instalación, pero que no proporcionaba la velocidad necesaria. Como plataforma basada en la web, es ideal para los inversionistas a largo plazo, pero está muy lejos de poder apoyar la alta velocidad intradía necesaria para la velocidad de ejecución que precisa el *day trader*. La segunda plataforma que utilicé fue la maravillosa CyberTrader, que lamentablemente fue comprada por Charles Schwab, una compañía especializada más en la inversión que en el *trading* activo, lo cual "mató" la plataforma.

Mi siguiente opción fue una plataforma de tecnología de punta llamada Trade Station. Era inteligente y avanzada y contaba con una lista interminable de "juguetes", pero por eso mismo era confusa y poco apta para el *day trading*. Tres meses más tarde, me di cuenta de que tenía que ser como los pilotos de carreras, que no pueden competir en un Mercedes Benz de lujo. Por tanto, me puse a buscar la siguiente plataforma.

Mi cuarta opción fue muy buena, pero no contaba con gráficos. Su sistema de ejecución era excelente y rápido, pero para ver los gráficos tenía que enlazarse con un programa externo. El programa de gráficos también era de lo mejor. Sin embargo, la necesidad de integrar dos plataformas no solo requería un pago adicional de varios cientos de dólares por mes a la compañía que proporcionaba los gráficos, sino que también dificultaba la operación. A pesar de que esa plataforma me gustaba mucho, me di cuenta de que lo mejor era dejarla.

Mi quinto intento no duró más de dos semanas. La plataforma era lenta como una tortuga y muy sensible a la velocidad de internet. Se caía, se bloqueaba y tenía problemitas varias veces al día. Cuando solicitaba asistencia técnica para ella, me topaba con un muro de piedra en forma de un empleado basado en Nueva York y llamado Chang, cuya actitud dejaba mucho que desear.

Finalmente llegué a una buena "zona de confort" cuando empecé a usar la plataforma COLMEX Pro, que se adapta bien a los *traders* principiantes y experimentados por igual. Por último, había encontrado una verdadera "cabina de mando" para el *trading*, con unos cuantos extras, pero sin tantos chirimbolos.

Elección de la plataforma de *trading*

En el Capítulo 2 detallé las características que debe tener una plataforma de *trading* y, por tanto, me limitaré a repetir los puntos principales:

- La plataforma debe ser de acceso directo, lo que le permite al *trader* comprar y vender acciones directamente para cada objetivo según su propia elección, o un enrutador automático eficaz.

- La plataforma debe estar instalada en su computadora y no basada en la web, ya que solo los programas instalados son rápidos, fiables, y pueden configurarse personalmente.

- La plataforma debe ser sencilla y fácil de usar, con la posibilidad de visualizar simultáneamente al menos 20 gráficos diferentes en varias pantallas.

- La plataforma debe poder visualizarse en varias pantallas y proporcionar la capacidad de guardar las configuraciones de la instalación, de modo que cada vez que se abra, vuelva a la configuración de múltiples pantallas que usted ha definido y guardado.

Descarga e instalación

En primer lugar, es necesario abrir una cuenta con un bróker y depositar dinero en ella. Esta cuestión se cubrió en el Capítulo 2. Una vez que haya completado el proceso de apertura de la cuenta, que no debe tomar más de unos cuantos minutos, usted tendrá que esperar la autorización del bróker, que podría tomar unos días. Usted recibirá un e-mail de felicitación y un enlace de descarga para la plataforma. El proceso de descarga es simple e idéntico al de cualquier programa y, por tanto, no necesita explicación. Las preguntas surgen después de la instalación y al abrir la plataforma por primera vez, ya que en esta etapa aún no tiene ni idea, en realidad, de lo que se debe hacer. Se detallará más información sobre esto más adelante.

Primera activación y configuración de la pantalla

Todas las plataformas de *trading* son muy similares. Esta explicación se estructura en torno a la plataforma COLMEX Pro, pero no es muy distinta de cualquier otra. Al abrir por primera vez la plataforma, usted podrá encontrar el diseño de la ventana que el bróker ha elegido para usted. Dado que los brókeres no entienden mucho de *day trading*, pero sí de comisiones por transacciones bursátiles, se dará cuenta, en general, de que la configuración que ofrecen no tiene nada que ver con lo que usted necesita. No es más que un lugar para empezar. Si este es su primer día de estudio y está utilizando una sola pantalla, tendrá que empezar con la configuración de ventanas básica, que mostraré más adelante.

La plataforma de *trading* le permite organizar varias ventanas en la pantalla, cada una con una función específica. Podrá configurar la posición y el número de ventanas según sus necesidades. Más adelante, le recomiendo varias configuraciones básicas y le explicaré sus componentes. Una vez que configure las ventanas de la manera que desea, debe guardar la configuración de pantalla (guardar pantalla, diseño o página) bajo un nombre. Tengo tendencia a guardar varias configuraciones: adecuadas para una pantalla, para dos, para tres y así sucesivamente. También guardo mis configuraciones favoritas en un dispositivo USB en mi llavero, de modo que si tengo que operar mientras estoy fuera de casa, puedo instalar fácilmente mi plataforma en cualquier computadora y cargar la disposición de pantallas (Abrir pantalla) que prefiera.

Configuración de la pantalla

La configuración más elemental y sencilla de la plataforma de *trading*

La configuración de la pantalla que se mostrará a continuación es la más elemental, y es ideal para una pantalla de 12 pulgadas. Yo la uso con una computadora portátil cuando estoy lejos de casa. La configuración consta de siete ventanas de *trading* (que explicaré más adelante). Cuanto más grande sea la pantalla, más ventanas podrá añadir.

Ejemplo de la configuración de ventanas básica en una pantalla

1 – El gráfico principal de la acción

En este gráfico principal pongo la acción que estoy siguiendo en ese momento. Esta muestra velas de cinco minutos [1] de [2] datos intradía por un rango de dos días. Tome nota de la línea discontinua [3] que separa los dos días de *trading* en el gráfico. Para ver la formación diaria de la acción durante un período más largo, simplemente haga clic en el botón "DAY" a la derecha del botón "MINUTE" intradía [2].

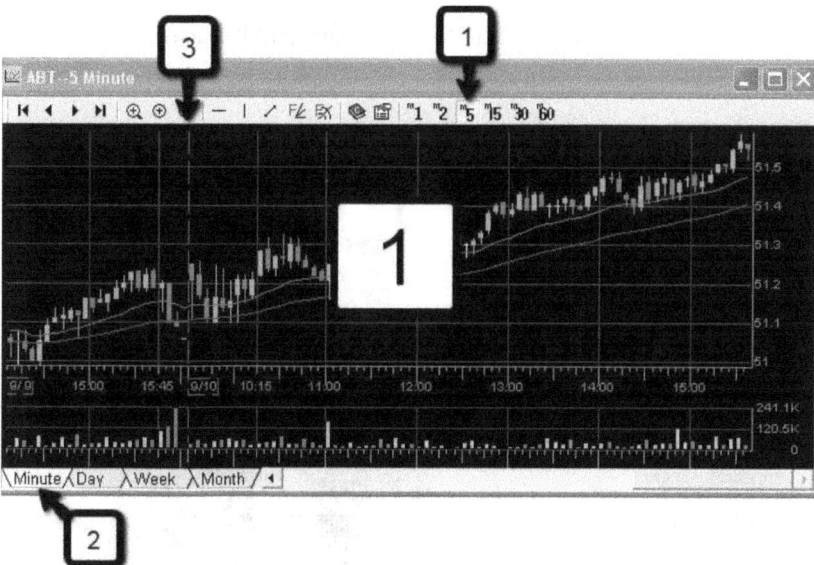

2 - El gráfico del índice de mercado

En el gráfico del índice de mercado muestro el SPY, que como ya hemos aprendido es el más importante para los *traders*. El gráfico mostrará la información intradía y velas de cinco minutos durante un período de dos días. Observe la línea discontinua que separa los dos días.

3 - El gráfico secundario

En el gráfico secundario muestro la acción que estoy siguiendo. Puedo estar viendo una nueva acción en el gráfico principal [1], a la vez que sigo en este gráfico la evolución de una acción que he comprado.

4 - La ventana de *trading*

En el lado izquierdo, más ancho, de la imagen anterior está la ventana del cuadro de la acción. En el lado derecho, más estrecho, está la ventana *Time and Sell* (T&S), de la cual daré más detalles más adelante. Estas dos ventanas siempre deben estar una al lado de la otra. En algunas plataformas, incluso aparecen juntas en la misma ventana. La ventana del cuadro de la acción es la principal herramienta de ejecución del *trader*. En la esquina superior izquierda del cuadro, podemos escribir el símbolo de la acción [1]. En la parte superior encontramos información conocida como datos de Nivel I [2]. Se trata de datos como el precio de cierre del día anterior, el precio más alto y más bajo del día actual (el alta y la baja), el volumen de *trading* del día de hoy (cantidad de unidades), el precio del *trading* más reciente (el último Px), el porcentaje de aumento o disminución de la acción con respecto al cierre del día anterior (0.04% según esta imagen), y el cambio de precio en puntos (0.02; en otras palabras, el precio de las acciones subió hoy dos centavos). En el cuadro de la acción de la derecha podemos ver un ancla pequeña. Si la arrastra con el ratón hacia la ventana de T&S a la derecha, se establecerá un vínculo entre las dos ventanas, por lo que, de allí en adelante, las acciones que muestre en la ventana del cuadro de la acción [1] tendrán sus datos en la T&S. De la misma manera, debe vincular la ventana del cuadro de la acción y el gráfico principal de las acciones, de manera que cada vez que se cambie el símbolo en la ventana del cuadro de la acción [1], los datos pertinentes aparecerán de forma inmediata en el gráfico principal y en el T&S. De esta manera se puede crear un vínculo entre un gran número de ventanas y gráficos.

Por debajo del área superior de datos de Nivel I están los botones de BUY, SELL y SHORT, además de comandos adicionales que se explican más adelante. Debajo de ellos están los botones [7] que se pueden personalizar. Yo los uso (de izquierda a derecha) para poner órdenes de protección (ARCA), cancelación (símbolo CXL) o para una rápida adquisición de 1000, 2000 o 5000 unidades. Usted puede establecer tanto el texto de los botones como los comandos vinculados a ellos.

Nivel II

Debajo de los botones personalizados está el área de datos conocida como Nivel II. Muestra la demanda de los compradores o BID [5] y la oferta de los vendedores o ASK [6] o bien, como la definen los *traders*, la "profundidad del mercado".

2,900 shares	MMID	BID	SIZE		MMID	ASK	SIZE	
	NSDO#	54.25	14		NSDO#	54.26	15	
	ARCA#	54.25	14		ISE	54.26	1	
	ISE	54.25	1		BATS	54.26	1	
	BATS	54.24	4		AMEX	54.27	1	
	EDGX#	54.23	2		ARCA#	54.28	28	
	AMEX	54.23	1		EDGX#	54.28	1	
	UBSS	54.18	5		MWCO	54.34	3	2,900 shares
	TMBR	54.15	12		TMBR	54.36	11	
	MWCO	54.14	9		SBSH	54.36	1	
	BOST	54.12	1		HDSN	54.42	1	
	CBOE	54.01	5		CBOE	54.55	5	
	HDSN	53.92	1		DOMS	54.7	1	

En el ejemplo anterior se puede ver que el mejor precio de compra, conocido como BID (en la parte superior izquierda) se sitúa en $54.25, mientras que el mejor precio de venta, conocido como ASK (parte superior derecha) es de $54.26. En otras palabras, la diferencia entre compradores y vendedores, conocida como la diferencia entre el precio de compra y el precio de venta y llamada SPREAD, es de un centavo. A la izquierda de la columna de precios está la columna MMID (market maker ID). Esta contiene detalles de la identidad del comprador o vendedor. El origen del comprador o vendedor puede ser una ECN, como ARCA o NASDAQ, o un creador de mercado como SBSH (Salomon Smith Barney). A veces, usted puede encontrar al creador de mercado para ambas partes: para el comprador y para el vendedor simultáneamente.

En el caso de que tanto el comprador como el vendedor se encuentren disponibles en una ECN, por lo general, esto indica diferentes clientes en una misma ECN, y en el caso de un creador de mercado para ambas partes, el creador de mercado está tratando de sacar provecho del margen de un centavo. Un centavo, en cantidades muy grandes, visibles solo para los creadores de mercado, ¡puede terminar siendo un montón de dinero!

La profundidad de mercado (es decir, la cantidad de demanda de los compradores y la cantidad de suministro de los vendedores) es muy importante. Vemos cómo los compradores (BID) a $54.25 están repartidos en tres líneas que se destacan con el mismo color. Cada capa de precios recibe su propio color. La cantidad total de la demanda a ese nivel es de 2900 acciones. Observe cómo la forma aceptada de representar cantidades en la pantalla es en unidades que representan centenas. En otras palabras,

14 + 14 + 1 = 29 representa una demanda de 2900 acciones a $54.25. La demanda, en este caso, se divide entre tres compradores diferentes. En el lado de los vendedores (ASK), se puede ver una oferta relativamente menor de 1700 acciones a $54.26. El significado de una demanda mayor que la oferta es claro: cuando hay más compradores que vendedores, es muy probable que suba el precio de las acciones. Por otro lado, si el exceso de demanda ha hecho que se decida a comprar, entonces vale la pena verificar el número de vendedores que se encuentran a dos centavos por encima del precio de oferta actual. Tenga en cuenta que a $54.28, dos vendedores están tratando de vender una cantidad de 2900 acciones. En otras palabras, si usted compra la acción y esta sube solo dos centavos, es posible que tenga dificultades para cruzar la resistencia del siguiente lote de vendedores. ¿Ha cancelado ya su orden de compra? ¿O es que solo vale la pena comprar si sobrepasa los $54.28?

Digamos que, a pesar de la resistencia, usted está pensando en comprar. Antes de eso, debe verificar su ruta de escape. Si revisa la profundidad de los compradores, que se encuentra por debajo del precio de $54.25, descubrirá que la demanda es muy baja. En otras palabras, si compra varios miles de acciones, tendrá grandes dificultades para venderlas a un precio razonable. La solución puede estar en comprar una cantidad menor, o tal vez en no comprar nada. Por otro lado, si usted está planeando ejecutar una venta corta o **short** con la acción y, ante la presión, tal vez tenga que salir de la posición corta (es decir, comprar), puede confiar en un gran número de vendedores de los que puede comprar. Cada acción tiene diferente tipo de *trading*, lo que significa que necesita verificar cada una desde el punto de vista de la cantidad que está dispuesto a arriesgar, y que se adapte al número de precios de compra y venta como se muestra en la profundidad de mercado del Nivel II.

Cómo se esconde la información

Los compradores y vendedores de grandes cantidades tienden a ocultar las cantidades reales que ofrecen ya que no quieren que otros descifren sus intenciones. Por ejemplo, si quiero vender una cantidad de hasta 1000 acciones, puedo utilizar un comando conocido como RESERVE, que muestra una venta de solo 100 acciones, a pesar de que la cantidad en realidad es mucho mayor. Los compradores, que no saben que están viendo a un vendedor de grandes cantidades, compran cada vez cantidades pequeñas, hasta que, finalmente, compran todo lo que yo quería vender. ¿Qué podría suceder si, por ejemplo, mostrara la cantidad de 3000 acciones? Sin lugar a dudas, espantaría a los pequeños compradores que no comprarían, ya que saben que si compran una cantidad pequeña, la acción no tendrá movimiento hasta que venga un comprador grande y compre todas las acciones que trato de vender.

A veces, cuando usted mantiene una acción cuyo precio se ha detenido en una determinada posición y se niega a seguir la tendencia alcista, si es que tiene una posición larga, o se niega a seguir la tendencia bajista si tiene una posición corta, debe tratar de descubrir quién es el vendedor en la columna MMID que insiste en añadir cantidades, o en el caso de una posición corta, quién es el comprador que insiste en renovar las cantidades. El fenómeno es muy común en los casos en los que la acción está al alza y llega a un número redondo, y frecuentemente pueden encontrarse vendedores pesados a los que no les interesa poner de manifiesto la verdadera cantidad que están ofreciendo en venta.

Ejercicios de profundidad de mercado

La situación opuesta se produce cuando los grandes creadores de mercado que han acumulado una gran cantidad de acciones quieren mostrar una gran cantidad en venta, pero no tienen ninguna intención de vender. Esperan que la gran cantidad disuada a los posibles compradores e incluso se traduzca en pánico para los vendedores. Asimismo, tienen la esperanza de que si muestran una gran cantidad, harán bajar el precio de las acciones y será más fácil para ellos acumular más a un precio más bajo. Esta es también la razón por la que, a veces, encontrará los mismos creadores de mercado en ambos lados de la transacción: por un lado, el creador de mercado vende, o por lo menos se muestra como un gran vendedor, y por otro lado, el creador de mercado compra.

Hasta hace pocos años, las manipulaciones de la profundidad de mercado con el Nivel II eran un fenómeno común. Muchos *traders* trataban de descifrar el comportamiento de los creadores de mercado y actuar de acuerdo con lo que, a su juicio, estaban a punto de hacer. A esto se le denominó "buscar el toro": los *traders* pasaban días enteros buscando el toro que los llevaría a la tierra prometida. Se escribieron libros muy gruesos sobre esta actividad, y miles de *traders* intentaron seguir a los creadores de mercado para obtener ganancias. Con el paso del tiempo, los métodos a través de los cuales los creadores de mercado podían mostrar u ocultar sus órdenes se tornaban cada vez más elaborados, los ejercicios de profundidad de mercado se fueron disipando, y todos los libros sobre la materia se convirtieron en papel reciclado. Los creadores de mercado pueden enviar sus órdenes exactamente igual que cualquier *trader*, a través de una ECN, así que nunca sabrá quién se encuentra al otro lado de la transacción, y cualquier intento por entender la "metodología" de los actos del otro lado está condenado al fracaso. En resumen, no pierda el tiempo en eso: es demasiado valioso. Concéntrese en la cantidad de compradores y vendedores, así como en la profundidad del mercado como se muestra ahora y acepte el hecho de que rara vez tendrá toda la información sobre la verdadera profundidad del mercado. Busque razones tales como un gran vendedor que quiere renovar acciones, dele al vendedor unos segundos o minutos, trate de entender si ese vendedor está a punto de desaparecer y, a continuación, tome una decisión informada.

Capas de colores diferentes

Como ya se ha indicado, cada capa de color representa un diferente nivel de precios. Cuando la primera capa de compradores es más amplia que la primera capa de vendedores, hay más compradores que vendedores. Tenga en cuenta que una mayor cantidad de compradores no significa necesariamente una mayor cantidad de acciones, pero cuanto mayor sea la cantidad de compradores y vendedores, mejor será la profundidad del mercado, ya que la oferta o la demanda se dividen entre un gran número de *traders*. Si estuviera considerando la posibilidad de vender, ¿qué preferiría ver en el lado de los compradores, un único comprador comprando una gran cantidad de acciones o tres compradores distintos adquiriendo al mismo tiempo esa misma cantidad? Yo preferiría lo último: la división entre varios compradores es mejor que un único comprador.

El objetivo de estas capas de colores es que usted pueda captar, de un vistazo, la imagen de las presiones de los compradores y de los vendedores. Con el tiempo, los cambios en el color serán una parte inseparable de su conciencia general sobre la fuerza o la debilidad de una acción a cualquier precio dado.

5 - La ventana T&S - Tiempo y ventas

La ventana T&S es una parte separada del intento por comprender la dirección de las acciones. Hace algún tiempo, invité a un amigo con un año de experiencia en el *trading* a que se sentara conmigo durante una de mis sesiones. Él estaba un poco sorprendido de que, al lado de cada uno de los cuadros de acciones, siempre colocaba la ventana T&S. Yo me quedé igualmente sorprendido al enterarme de que, hasta entonces, él nunca la había utilizado. Después de pasar un tiempo conmigo, se dio cuenta de que era necesaria.

La ventana T&S muestra todas las transacciones ejecutadas con una acción. En la visualización habitual aparece el *trading* más reciente en la parte superior de la ventana. Como se puede ver, la última transacción se ejecutó en $54.25 por una cantidad que se muestra como "1"; en otras palabras, 100 unidades. La transacción anterior fue de 400 unidades. Si observa un poco más abajo, usted encontrará una transacción a 54.249, operación que solo los creadores de mercado son capaces de ejecutar mientras "cortan" el precio entre los compradores y los vendedores y es la primera en la lista dentro del margen. Esta es el área en que tienen ventaja, ya que usted y yo tenemos prohibido operar con fracciones de centavos.

¿Por qué es tan importante para mí la ventana T&S? Por varias razones:
- La primera se explica con este ejemplo: digamos que a un comprador a gran escala no le interesa mostrar la cantidad que desea comprar

a $54.25 y, por tanto, no podemos ver la verdadera cantidad que busca. Pero la información que ese comprador no puede esconder es la cantidad de transacciones, es decir, el volumen de *trading* a ese precio. En el caso de la ventana T&S, puedo ver cada transacción y la velocidad con la que se está llevando a cabo. Esta información, junto con la cantidad que muestra la ventana de profundidad del mercado, me dará una imagen creíble y realista.

- La segunda es la siguiente: la ventana T&S tiene una característica importante: el color utilizado para mostrar cada transacción. Cuando se produce una transacción en la que un comprador está dispuesto a pagar el precio de venta, conocido como ASK, que en este caso, es de $54.26, el color de la línea en la ventana T&S, que representa la cantidad que se vende, se pondrá de color verde. Verde significa que los compradores son más agresivos que los vendedores; en otras palabras, están dispuestos a pagar el precio completo solicitado por los vendedores. Por otro lado, cuando una transacción se ejecuta al precio de demanda, es decir, BID, quiere decir que los vendedores están capitulando frente a los compradores y que están dispuestos a vender al precio que estos quieren pagar. El color de la transacción en la ventana T&S será rojo. Una secuencia de operaciones rojas nos dice que los compradores están bajo presión, mientras que una secuencia de operaciones en verde nos dice que son los vendedores los que están bajo presión. Si la diferencia entre compradores y vendedores es de más de un centavo, una transacción se puede ejecutar en algún precio intermedio, que será de color blanco. Usted puede definir estos colores por sí mismo en su plataforma de *trading* e incluso añadir colores adicionales de otros diversos tipos de señales.

Hace algunos años, mientras le explicaba esto a uno de mis estudiantes, este preguntó: "¿Y qué significa el amarillo?" Bueno, pues resulta que soy daltónico. Durante años, al parecer, no había visto ese color...

Ejemplos prácticos

- Una secuencia de transacciones verdes: significa que la acción es muy fuerte y su tendencia es alcista. Los compradores están presionando.

- Una secuencia de transacciones rojas: significa que la acción es débil. Los vendedores quieren deshacerse de la mercancía a cualquier precio.

- Una secuencia de transacciones rojas, pero el precio no está bajando: significa que un comprador a gran escala oculta una gran cantidad.

- Una secuencia de transacciones verdes, pero el precio no está subiendo: significa que un vendedor a gran escala oculta una gran cantidad.

- Una secuencia de transacciones blancas: significa que los creadores de mercado están operando a un precio intermedio. Es difícil de interpretar qué significa, pero es interesante saber que los creadores de mercado están involucrados.

Ejecución de órdenes

El uso principal del cuadro de la acción es la de ejecutar órdenes de compra, de venta y de ventas cortas, además de cumplir órdenes más complejas como definir ganancias y fijar objetivos de protección.

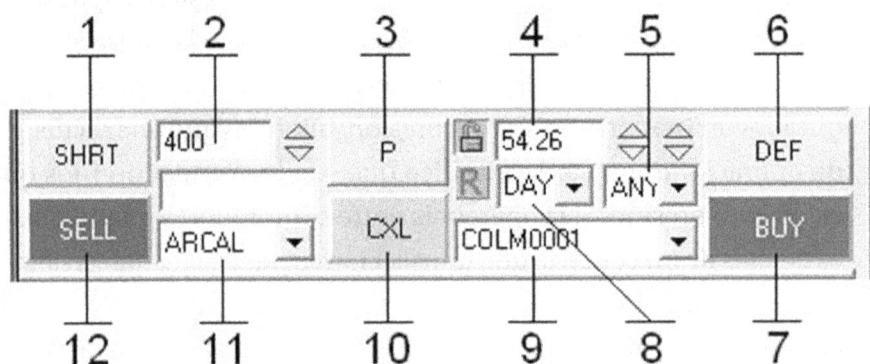

1. El botón de venta corta "SHORT"

2. La cantidad que se busca. Se puede definir una cantidad predeterminada (por defecto).

3. Instrucciones para que se muestre en la ventana [2] la cantidad de acciones que mantiene, llamada la POSICIÓN.

4. El precio LÍMITE al que está dispuesto a ejecutar la transacción. Este tipo de orden se explica más adelante.

5. Dos posibilidades: ANY ("cualquiera", en inglés), la cual es una instrucción para ejecutar la transacción de compra o venta por cualquier cantidad que se pueda obtener. Por ejemplo, si desea comprar 400 unidades y solo se están ofreciendo 350, la transacción se ejecutará por 350. La segunda opción es "AON", que significa "todo o nada" (All Or Nothing, en inglés), una orden de ejecutar la transacción solo en caso de que toda la cantidad deseada esté disponible. En otras palabras, si no se pueden comprar las 400 unidades, no se compra nada. No recomiendo hacer esto.

6. El botón "DEF" ("por defecto" o Default en inglés) lo llevará de nuevo a su estado predeterminado si es que no ha cambiado los parámetros en el ínterin.

7. Botón de compra "BUY".

8. Orden de límite de validez. Cuando aparece la palabra "DAY", la orden se cancelará al final de la jornada de *trading*. Cuando aparecen las siglas en inglés GTC, las cuales significan que es una orden "válida hasta su cancelación" o Good Till Cancelled en inglés, la orden se mantendrá abierta mientras no la cancele de forma manual.

9. La cuenta bursátil desde la cual ejecuta las órdenes. Si dispone de varias cuentas, como los administradores de carteras, esta ventana se puede utilizar para alternar entre ellas.

10. Cancelación de cualquier orden en espera de que haga algo.

11. Enrutamiento de órdenes a diferentes objetivos de liquidez. Aprenderemos más sobre esto más adelante.

12. El botón de venta "SELL".

6 - La ventana del administrador de cuentas

Account	Realized	Unrealized	Open BP	Current BP	OverNight...	Tickets	Shares
COLM0001	136.00	0.00	33611.93	33449.53	16643.56	2	1200

\Position \Account/

La ventana del administrador de cuentas tiene dos pestañas en la barra inferior: una para abrir posiciones, marcada como POSITION, y la otra es la pestaña de la cuenta o ACCOUNT. En la primera, podrá ver el estado de pérdidas y ganancias de cada transacción abierta. En la pestaña de la cuenta encontrará un resumen de todas las operaciones abiertas o cerradas. La imagen de arriba muestra una ganancia de $136 que se ha hecho efectiva; el poder adquisitivo disponible en la cuenta durante el día, en que BP significa Buying Power o poder adquisitivo; el BP de un día a otro; el número de transacciones, que en este ejemplo es 2, y se le conoce también como **Tickets**, y el volumen de compras y ventas durante la jornada de *trading*, que muestra aquí una cantidad de 1200 bajo la pestaña **Shares**, lo que en este caso se refiere a la compra de 600 unidades y a la venta de 600 unidades, respectivamente.

7 - La ventana del administrador de *trading*

La pestaña más importante y útil de la ventana del administrador de *trading* es la rotulada **Orders**. En la imagen de arriba se puede ver que mi sistema de *trading* se encuentra en estos momentos en un estatus de comprar (B) 600 acciones de SanDisk (SNDK) a $36.87. También aparece la hora de la orden y su vigencia (DAY) debajo de la pestaña TIF (siglas en inglés de "Time in Force" o vigencia). Esto significa que la orden se cancelará al fin de la jornada si es que no se ha ejecutado. La orden se puede cancelar oprimiendo el botón marcado con una X a la izquierda de la barra.

La ventana Market Watch de seguimiento al mercado

Symbol	%Change%	Change	Volume	Last
DJI$	0.38	39.84	93,321,084	10455.08
COMP$	0.21	4.8	1,252,034,174	2241
SPX$	0.44	4.83		1109.01
NYA$	0.46	32.16		7066.53
RUT$	0.36	2.28		636.9
TYX$	0.73	0.28		38.73
XAU$	0.73	1.34		184.83
MID$	0.38	2.92		764.43
XAX$	0.9	17.551		1966.7165
IIX$	0.02	0.042		259.6641
XMI$	0.47	5.352		1147.755
TOP$	-0.14	-3.27		2277.8
VIX$	-3.9	-0.89		21.92
AMGN	0.95	0.51	3,351,157	54.3
CSCO	-0.49	-0.1	38,163,014	20.51
ORCL	3	0.733	35,513,264	25.0632
IBM	1.4	1.78	3,186,349	128.14
QQQQ	0.24	0.11	50,777,805	46.54
AAPL	0.17	0.45	11,603,979	263.52
INTC	-0.5	-0.09	54,138,569	17.91
BBBY	2.3	0.91	1,991,601	40.38
ESRX	1.5	0.69	3,442,911	45.62
MOT	-1.1	-0.09	20,468,101	7.89
TEVA	-0.04	-0.02	2,314,885	54.21

Esta ventana le permite hacer un seguimiento de acciones o índices. Usted elige qué acciones o índices quiere ver en la ventana, y también puede elegir la configuración de las columnas. En esta imagen puede ver las columnas que he elegido: símbolo, cambio en porcentajes, cambio por puntos, volumen y último precio. En la parte superior he elegido los símbolos de importantes índices de mercados y sectores. Debajo de ellos hay varias acciones que estoy siguiendo. Puede abrir varias de estas ventanas y guardar distintos tipos de acciones en cada una, según varias categorías. Por ejemplo, las acciones al borde de una ruptura, acciones con tendencias alcistas, acciones con tendencias bajistas, y así sucesivamente. Si se oprime el botón derecho del ratón sobre un símbolo se abre el gráfico de esa acción y le permite revisar rápidamente una larga lista de acciones o indicadores. Su plataforma de *trading* actualiza cada símbolo e indicador en tiempo real. Esto significa que cuantos más símbolos agregue a sus gráficos, mayor tendrá que ser el ancho de banda de su conexión con internet. Por esta razón, la mayoría de los brókeres limitan el número de gráficos que ofrecen a varias decenas, y la cantidad de símbolos a los que se les puede dar seguimiento a varios centenares.

- **La ventana News o de noticias**

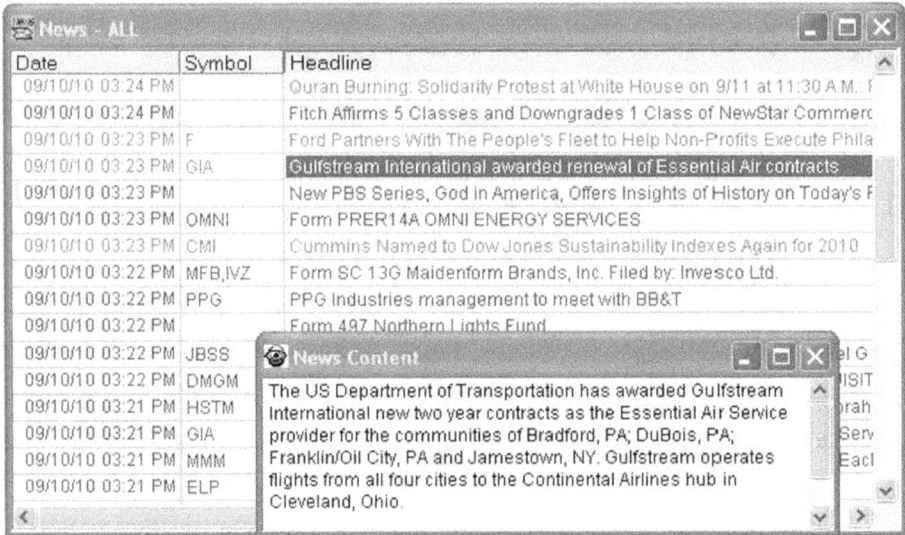

Esta ventana muestra información en tiempo real procedente de diversos proveedores de datos. La ventana muestra la hora en la que se publicó la noticia, el símbolo de la acción y un resumen de la información. Un clic en el botón de la línea de resumen me permite ver una imagen y se abre una ventana que muestra la información detallada. No acostumbro a seguir las notificaciones del mercado. La velocidad a la que entran es muy alta y es difícil analizarlas de forma eficiente y concentrarse solo en las noticias más importantes. Para mí, trabajar con esta ventana significa perder un tiempo valioso. Por otro lado, quizá yo no esté dando un buen ejemplo, ya que uno de los colegas en nuestra sala de *trading* insiste en que él se gana la vida gracias a la información en tiempo real que entra por este medio. Así que la decisión es suya.

- **La ventana Alert o de alertas**

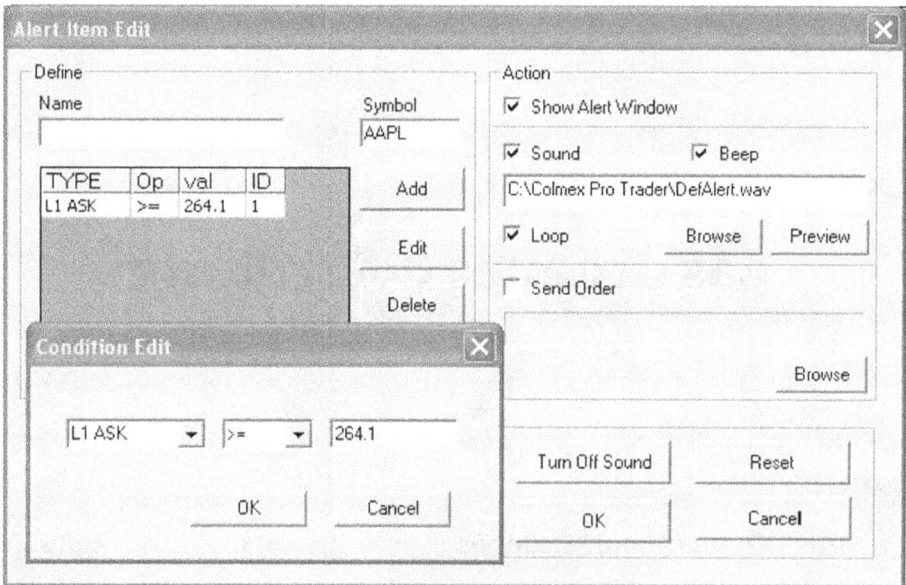

Cuando uno piensa en comprar una acción en caso de que llegue a un precio determinado, pero está siguiendo otras acciones al mismo tiempo, es recomendable definir una alerta. En el caso anterior, fijé una alerta que se activaría cuando el ASK de AAPL fuera igual o mayor que $264.10. Si Apple llega a este precio, aparecerá una alerta en la pantalla y se reproducirá un sonido. Puede configurar cualquier número de alertas, pero yo recomiendo usar esta herramienta de forma muy medida, ya que demasiadas alertas perturban los procedimientos del *trading* con todos sus ruidos.

Las órdenes del *trading*

Límite

La orden límite o Limit Order es muy común y muy útil. Significa simplemente "comprar (o vender) a este precio como límite". Las dos órdenes se llaman "límite de compra" y "límite de venta".

He aquí un ejemplo: cuando miro la ventana de Nivel II, veo que en el ASK (es decir, los vendedores) están ofreciendo acciones de TEVA a $54.26. Decido comprar 1000 acciones a no más de ese precio. Para ello, se utilizará la orden límite, que introduzco y ejecuto en el cuadro de la acción de la siguiente manera:

1. Escribo el símbolo estándar TEVA [1],
2. introduzco la cantidad de acciones: 1000 [2]
3. introduzco el límite ($54.26) en la ventana de ejecución de la orden [3]. También es posible elegir el precio haciendo clic en el Nivel II sobre un vendedor a ese precio,
4. elijo la orden límite [4], por ejemplo, ARCAL. Hay varias opciones posibles de orden límite que se detallarán más adelante y,
5. por último, hago clic en el botón BUY [5].

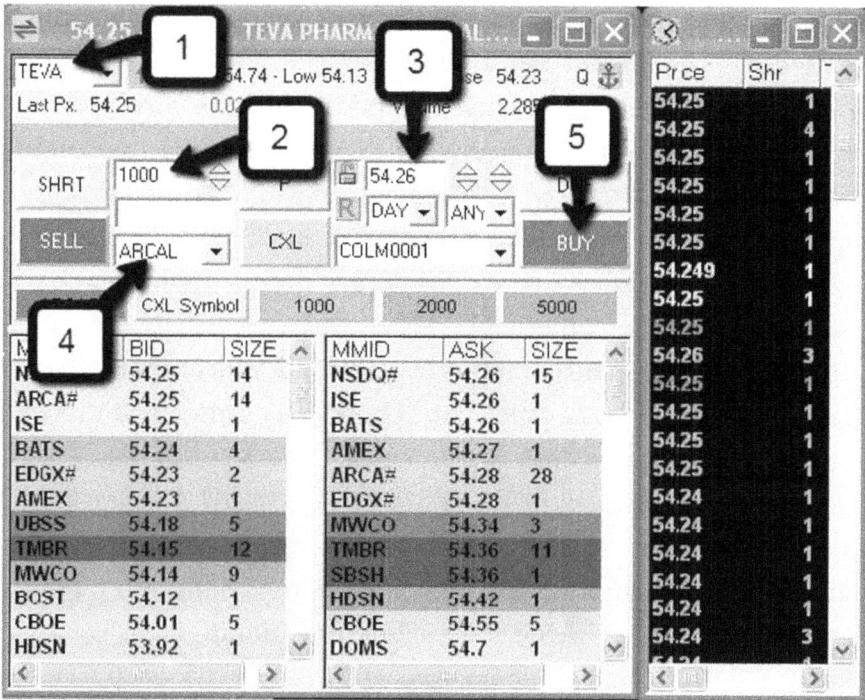

- **Observaciones**

Si hay suficientes vendedores para suministrar las 1000 unidades que quiero, recibiré la cantidad completa. Sin embargo, si alguien más oprime el botón de compra antes que yo, la cantidad completa que quiero podría no estar disponible. Por ejemplo, si alguien compra 300 antes que yo, se ejecutarán 700 y se creará una orden de compra para las 300 unidades que aún me faltan. Mi demanda de 300 acciones aparecerá ahora como el BID más alto y tendrá que esperar hasta que lleguen vendedores. En cualquier momento puedo cancelar la oferta por 300 acciones haciendo clic en el botón Cancelar.

- **Ejemplo práctico**

En la imagen de profundidad del mercado (Nivel II), se puede ver que el número de vendedores a $54.26 está en 1700 unidades. ¿Qué pasaría si yo quisiera comprar 2000 con un límite de $54.26?

Respuesta: ya que solo se ofrecen 1700 unidades, que es la cantidad máxima que podría comprar al precio límite que establecí, la única manera en la que puedo obtener las 2000 unidades es si hay vendedores escondiendo su verdadera oferta.

Resultado: ya que no hay suficientes vendedores a $54.26, el precio de venta o ASK aumentará por un centavo a $54.27 y el precio de compra o BID también aumentará por un centavo a $54.26. Mi precio BID se mostrará como una orden abierta por 300 unidades. Permanecerá abierta hasta que alguien esté dispuesto a vender a mi límite o hasta que yo cancele la orden abierta.

¿Qué pasaría si intentara comprar 2000 unidades a un límite de $54.27? Tenga en cuenta que, a este precio, un vendedor está ofreciendo 100. En otras palabras, recibiría en total 1800 acciones: 1700 a $54.26 y 100 a $54.27.

¿Qué pasaría si hubiera fijado un límite de $54.28? A juzgar por el número de vendedores a $54.28, se puede ver que hubiera recibido la totalidad de las 2000 unidades desde que oprimí el botón BUY. Podría incluso haber recibido más de 2000, si hubiese querido.

¿No habría valido la pena comprar algo de esa cantidad de 2000 acciones desde el principio a un precio más alto? No siempre, depende de cuánto desee realmente la cantidad completa. Normalmente, es mejor comprar una cantidad menor y esperar unos segundos, o un poco más, a que más vendedores estén dispuestos a vender al límite inferior.

Usos adicionales de la orden límite

• Límite de compra

Digamos que me decido a comprar una acción si llega a más de $30. Preparo una orden límite a $30.01 y, cuando el precio llega a ese límite, hago clic en el botón BUY. La orden de compra se ejecuta al precio solicitado si hay un vendedor a ese precio. El significado de una orden límite es que limitaré mi BID a $30.01; en otras palabras, no estoy dispuesto a comprar a un precio más alto. Así que, en este caso, estoy poniendo una orden límite que es, por lo menos, parcialmente ejecutable según los vendedores que se muestran en el mercado.

La ventaja: fijo mi precio máximo.

La desventaja: corro el riesgo de que no haya suficientes vendedores al precio que establecí y que la transacción no se ejecute o se ejecute por solo parte de la cantidad.

Posible solución: puedo introducir un límite de $30.03.

Esta es la orden que se suele utilizar, pero esto depende de la naturaleza de la acción. Para las acciones de bajo volumen y alta volatilidad, es posible que tenga que aumentar su precio límite, comprar a un precio superior al que inicialmente había querido, y aumentar el riesgo. Por el contrario, con las acciones de alto volumen, podría manejarse con un límite más preciso, ya que las posibilidades de recibir la acción al precio de su BID son mayores.

• Límite de venta (SHORT)

Me decido a vender una acción cuando el precio caiga por debajo de $30. Preparo una orden de venta a $29.99 y, cuando el precio cae por debajo de $30, hago clic en el botón Sell / Short. La orden de venta se ejecuta al precio solicitado con la condición de que exista un comprador a ese precio. El sentido del límite es que estoy restringiendo el precio de venta a $29.99. En otras palabras, no estoy dispuesto a vender por menos de ese precio.

La ventaja: fijo el precio mínimo que estoy dispuesto a aceptar.

La desventaja: corro el riesgo de que no haya suficientes compradores a ese precio y que la transacción no se ejecute.

Posible solución: poner el límite a $29.97. Esto significa que quiero vender cuando el precio caiga por debajo de $30, pero limito el precio de venta a $29.97. Todo límite se debe planificar de acuerdo a la naturaleza de la acción. Para las acciones de bajo volumen y alta volatilidad, vale la pena aumentar el rango del límite, pero entonces podría estar vendiendo a menos de lo que yo hubiera querido. Por el contrario, en las acciones con mayor volumen, por lo general no es necesario aumentar el rango del límite, ya que existe una posibilidad razonable de vender las acciones al precio solicitado.

• Orden límite de compra pendiente

Estoy siguiendo una acción con una fuerte tendencia alcista, y tengo la intención de comprarla. No quiero comprarla a un precio alto, sino que quiero esperar a que baje para poder comprarla, siempre y cuando descienda. Por ejemplo, el precio de la acción llegó a $30.60 y mi deseo es comprarla, si es que baja, a \$30.25. Puedo introducir una orden límite de compra a \$30.25 y hacer clic en el botón BUY. La orden está lista, pero no se ejecuta inmediatamente cuando oprimo el botón. En su lugar, espera a que el precio baje a mi límite, y entonces se ejecuta cuando alguien me la vende.

- **Orden límite de venta pendiente**

Compré una acción a \$30 y el plan es venderla si aumenta en 30 centavos. Coloco la orden de venta con un límite de \$30.30 y hago clic en el botón BUY. La orden queda a la espera en el sistema y no se ejecuta inmediatamente, sino solo cuando el precio llegue al límite que he definido.

Orden de mercado

La orden de mercado, a diferencia de la orden límite, indica: "¡quiero comprar o vender ahora, sin importar el precio!" Esta orden se ejecuta de inmediato cuando se hace clic en el botón, y abarca todas las acciones disponibles para la venta hasta completarse. Por ejemplo, si intento comprar 2000 acciones de TEVA mediante una orden de mercado, obtendré inmediatamente la cantidad que quiero, pero ¿a qué precio? De acuerdo con la oferta que vimos en la ventana de Nivel II, voy a recibir 1700 a \$54.26, 100 más a \$54.27 y 200 más a \$54.28. No está nada mal para una acción con alta liquidez. Si intento comprar 2000 unidades de una acción con baja liquidez mediante una orden de mercado, yo podría en casos extremos hacer saltar el precio en decenas de centavos, para descubrir luego, cuando quiera vender, que no hay suficientes compradores. La orden de mercado es, por tanto, muy eficaz y rápida, pero solo es útil cuando se desea una acción con alto volumen.

Ejemplo de ejecución de órdenes

Quiero comprar 1000 acciones de TEVA con una orden de mercado. La introduzco en el cuadro de la acción de la siguiente manera:
1. Introduzco el símbolo TEVA [1],
2. introduzco la cantidad de unidades que quiero, en este caso 1000 [2].

3. elijo la orden "MARKET" en la ventana [3], por ejemplo: ARCAM y

4. hago clic en el botón BUY [4]

Ventaja: esta es una forma rápida de introducir una transacción, ya que no es preciso indicar un precio y se omite un campo de trabajo, pero se debe utilizar solo para acciones que permiten una amplia "profundidad de mercado", es decir, de alto volumen.

Stop order u orden de suspensión

La orden de suspensión o **stop** está condicionada a que la acción suba o baje a un precio determinado antes de que la orden se ejecute. Un ejemplo sería cuando no tengo una acción determinada y deseo comprarla si se eleva por encima de un precio determinado. Otro caso podría ser cuando tengo la acción y quiero vender si es que cae por debajo de un precio determinado. Esta orden no funciona por sí sola: siempre está vinculada a otra orden de ejecución.

Por ejemplo: si la acción sube al precio X se compra, pero a no más de Y centavos por encima del precio X. En otras palabras, se trata de una orden de suspensión + límite porque solo estoy dispuesto a pagar hasta un precio determinado. También podría escoger una combinación de orden de suspensión de compra + mercado, que sería comprar a cualquier precio por encima de X. ¿Confundido? Vamos a aclarar esta cuestión con más ejemplos.

- **Stop loss u orden de suspensión de pérdidas**

El tipo más común de orden de suspensión protectora se llama **stop loss**. Como todas las órdenes de suspensión, también ésta indica un cambio de estatus, es decir, "tengo una acción y deseo venderla cuando caiga por debajo de un precio determinado".

Por ejemplo: he comprado una acción a $30 y quiero definir de antemano mi punto de salida con pérdida si es que cae por debajo de $29.70. En otras palabras, si la acción cae a $29.70, quiero venderla, bloquear mis pérdidas y "pararla" antes de que empeore. Para ello, es necesario utilizar una orden de suspensión. Al introducir la orden en la plataforma de *trading*, en primer lugar, debo hacer clic en **STOP** y, en la ventana que se abre, introducir el precio de suspensión de $29.70. Ahora defino lo que quiero que ocurra cuando la acción caiga hasta ese precio. Tengo que elegir entre vender al límite de X centavos (lo cual significa: "quiero vender pero no por menos del precio Y") o vender al precio de mercado (lo que significa: "si el precio cae a $29.70 quiero vender inmediatamente y a cualquier precio").

El resultado: si la acción cae a $29.70 se va a vender a mi límite o bien al precio del mercado. La ventaja de la orden **stop limit** es que se asegura que la venta no se ejecute por debajo del precio definido. La desventaja es que si hay escasez de compradores, es posible que descubra que la acción ha caído aún más por debajo del límite a un nivel mucho menor de lo que hubiera querido, y ahora me he quedado con la acción a la espera de venderla a más de lo que está en el mercado actual. Por tanto, la ventaja de la orden **stop market** es que sabré claramente que la venderé cuando caiga más allá del precio de suspensión o **stop price**.

DINERO INTELIGENTE	*Stop Loss no siempre se usa para detener las pérdidas. También se introduce cuando uno quiere limitar la disminución de ganancias de una acción.*

Dado que, desde el principio, operamos con acciones de buena liquidez, recomiendo usar siempre la orden de suspensión de mercado o **stop market order**.

Una de mis formas de manejar grandes cantidades es introduciendo varias órdenes de venta como **stop market** con diferencias de 5 a 10 centavos. Por ejemplo: si quiero proteger 3000 acciones contra caídas en el precio, introduciré 3 órdenes distintas a intervalos calculados de varios centavos por cada 1000. Evidentemente, para acciones de alta liquidez, esto sería un paso innecesario.

Introducción de la orden de suspensión o Stop

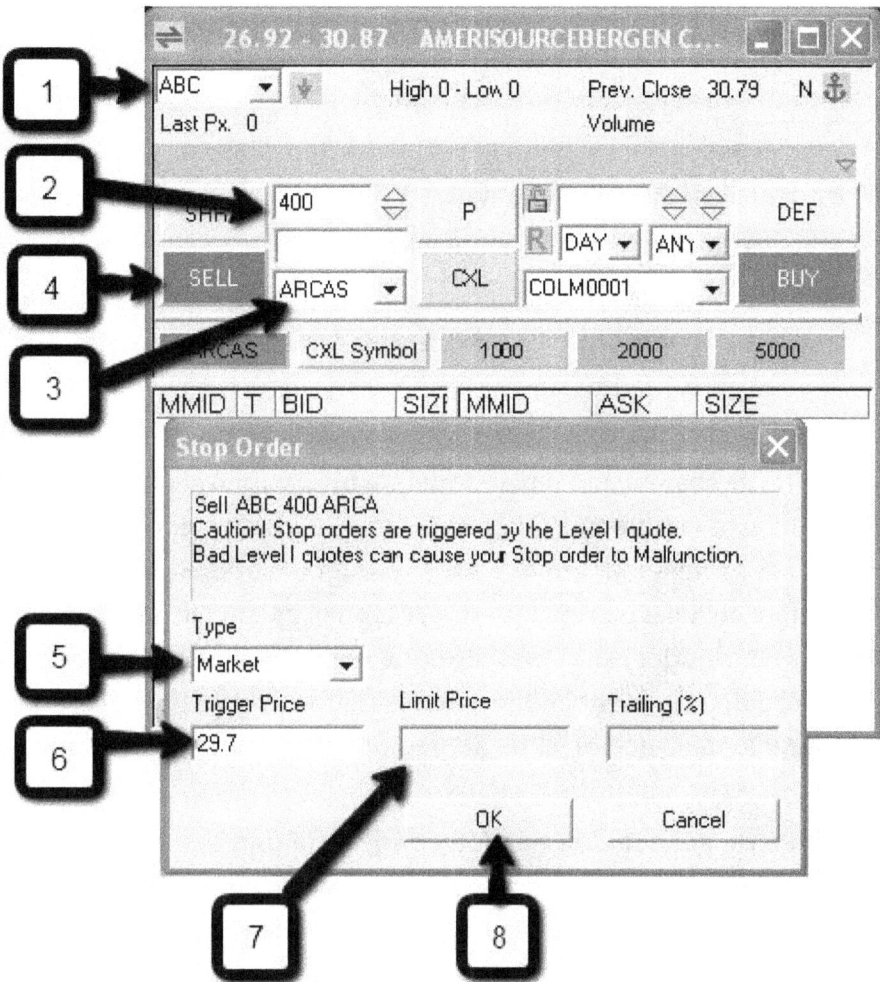

Digamos que tiene 400 acciones de ABC y quiere introducir una orden **stop market** si es que cae a $29.70. La secuencia de acciones que tiene que ejecutar es la siguiente:

1. Introduzca el símbolo de la acción [1].

2. Introduzca la cantidad que desea proteger en caso de que caigan los precios [2]. No es necesario introducir toda la cantidad que posee.

3. Seleccione el tipo de orden [3]. En este caso, se eligió ARCAS. Aprenderemos más sobre esto más adelante.

4. Haga clic en el botón SELL [4].

5. Se abrirá una nueva ventana: escriba el tipo de orden - MARKET o LIMIT - que se va a ejecutar si el precio cae al precio de suspensión o STOP [5].

6. Introduzca el precio de suspensión [6], en este caso $29.7.

7. Si en el paso [5] ha elegido LIMIT, debe fijar el límite (p. ej. $29.67). Esto no es nada recomendable.

8. Autorice la ejecución haciendo clic en OK.

9. En la ventana del administrador de *trading,* bajo la pestaña **Orders**, compruebe que la orden ha sido presentada. Si no aparece ahí, averigüe por qué en el cuadro de mensajes y corrija los errores.

- **Orden de suspensión para ventas cortas**: cuando ejecuta un **short**, usted está vendiendo una acción que le ha prestado el bróker, y querrá proteger su cuenta por si el precio sube. Su **stop** será de compra en lugar de venta (paso 4 anterior), y el precio de suspensión (paso 6 anterior) será más alto que el precio actual de la acción. Aparte de eso, el procedimiento es idéntico. Esto significa que si el precio de la acción sube al precio X, comprará de acuerdo a su elección (orden límite o de mercado).

- **Orden de suspensión para la compra de una acción**: un *trader* que pretende comprar una acción en la ruptura no siempre está interesado en seguir la acción por horas hasta que se produzca la ruptura, si es que se produce. En tal caso se puede introducir una orden de compra condicional. Por ejemplo: supongamos que ABC se está consolidando por debajo de la línea de resistencia en $30 y usted quiere comprar ABC solo si se produce la ruptura por encima de los $30. Este es el procedimiento:

1. Introduzca el símbolo de la acción ABC.

2. Introduzca la cantidad que desea comprar en la ruptura: digamos 400.

3. Seleccione la orden de suspensión, por ejemplo, ARCAS.

4. Haga clic en el botón BUY. Recuerde que la orden no se ejecuta inmediatamente.

5. Se abre una ventana para la orden de suspensión. Introduzca el tipo de orden (LIMIT o MARKET) que se ejecutará cuando el precio suba a US$30.01.

6. Introduzca el precio de suspensión (**stop price**), que aquí es de $30.01.

7. Si en el paso 5 ha elegido LIMIT, introduzca el precio límite, por ejemplo $30.03.

8. Autorice la acción haciendo clic en OK.

9. Compruebe en la pestaña **Orders** de la ventana del administrador de *trading* si la orden ha sido presentada.

Lo opuesto es válido en caso de que desee ejecutar un *short* si la acción cae por debajo del nivel de soporte.

- **La orden de suspensión "trailing stop"** - la orden de suspensión "trailing stop" es muy atractiva para los *traders* principiantes pero menos interesante para los veteranos. Esta orden vincula a la posición de la orden de suspensión con la evolución de los precios de las acciones. Digamos que compró una acción a $30 y quiere introducir un **stop** si el precio baja 30 centavos. Por supuesto que puede hacerlo de manera normal con un **stop** a $29.70, pero también puede introducir en su lugar un "trailing stop" de 30 centavos, o si lo prefiere (¡yo no lo hago nunca!), como un porcentaje, en este caso del 1%.

DINERO INTELIGENTE | *La orden de suspensión "trailing stop" es problemática, ya que no tiene en cuenta los niveles de soporte y resistencia, las reversiones ni ningún otro comportamiento técnico. Por lo general, no es recomendable.*

Con un **trailing stop**, el precio de suspensión se mueve hacia arriba con la acción. En otras palabras, ese **stop** mantendrá siempre la distancia de 30 centavos por debajo del precio máximo de las acciones, sin importar cuánto suba. O sea que puede introducir el "trailing stop" e irse de vacaciones. Esta es, por cierto, la única vez que le recomendaría usar un "trailing stop": cuando esté de vacaciones. Su desventaja es que no se basa en nada: ni en áreas de soporte, ni en la resistencia, ni en reversiones intradía o diarias. Si va a estar lejos de su computadora durante varias horas, introduzca un **stop** a un precio único, más bajo, por un tiempo, de acuerdo con el comportamiento de la acción y adecuado al área técnica. Por lo general, el "trailing stop" es mala idea.

Introducción de un "trailing stop"

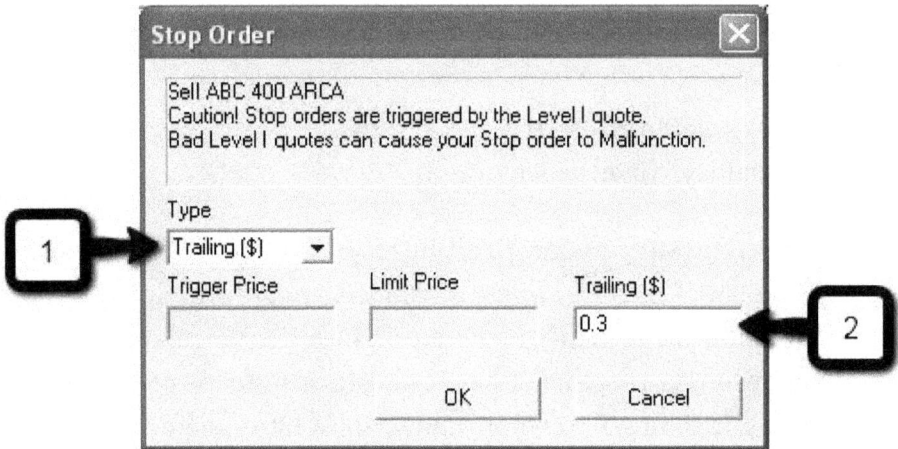

Este es un proceso relativamente sencillo y muy similar a la introducción de un **stop** regular, con la excepción de que en la ventana [1] tendrá que elegir una de dos maneras de "trailing": $ o %. En la imagen anterior he elegido $. Ahora introduzca el rango. En este caso, elegí 0.30 [2]. Autorice la orden haciendo clic en OK y, a continuación, compruebe que la orden se encuentra en el administrador de *trading* bajo la pestaña **Orders**. Eso es todo.

Órdenes complejas

No todas las plataformas de *trading* son capaces de ejecutar órdenes complejas, pero el sistema COLMEX Expert sí puede. Estas órdenes se estructuran en diferentes pasos, los cuales, al activarse, cancelan otros pasos. Por ejemplo, LIMIT + TTO hace lo siguiente: (1) compra la acción a un precio determinado (**stop price**), pero no por más que el precio definido (**el límite**), y, a continuación, (2) si las acciones se compran, se activa una orden de ganancias o de pérdidas. Después (3), si el precio llega a la meta de ganancias, se vende y (4) si el precio cae hasta el punto de suspensión de pérdidas, también se vende. Cuando se alcanza una meta de suspensión, ya sea de pérdidas o de ganancias, se cancela la otra. El significado de esta orden compleja es claro: permite definir todos los parámetros de una transacción al definir tanto el precio de activación, que controla el máximo precio de ejecución (el límite), y los precios objetivo o de suspensión de pérdida. Estas órdenes las puede introducir antes de las horas de *trading* e irse enseguida de vacaciones. ¡Increíble!

Este es un ejemplo de una orden de suspensión compleja para comprar 1000 acciones de SNDK SanDisk:

La orden se ejecutará si SanDisk llega a $41.01 (**stop**), pero a no más de $41.04 (**límite**). Si la acción alcanza el precio de activación y se compra, entran entonces en acción otras dos órdenes condicionadas: se venderá si llega a la meta de ganancias de $42.28 o bien si se alcanza la suspensión de pérdidas en $39.80. Tenga en cuenta que estas dos acciones se definen como MARKET.

Enrutamiento de órdenes

Enrutamiento a distintos destinos

Al comprar o vender una acción, debe decidir qué ruta le desea dar a las órdenes. El **enrutamiento** o **routing** es un asunto del cual se pueden escribir libros enteros. Por ahora, no le sugiero ahondar mucho en el tema, ya que es particularmente interesante para los que operan con cantidades muy grandes, de miles o decenas de miles.

En primer lugar, debemos entender lo que es el enrutamiento. En el Capítulo 1 aprendimos que si está interesado en comprar o vender una acción, tiene que encontrar un comprador o un vendedor dispuesto a asumir el rol de la otra parte en la transacción. Una posibilidad es pasar sus órdenes a los creadores de mercado. Aprendimos que obtienen sus ganancias de la diferencia entre el precio de compra y el de venta.

También aprendimos que es posible que se tope con los especialistas, la versión NYSE de los creadores del mercado de NASDAQ. Otra opción de enrutamiento es directamente a una ECN (Electronic Communication Network o Red de comunicación electrónica). Se llama ECN a una red de computadoras que conecta a compradores y vendedores y en la cual puede definir órdenes de compra y de venta sin los servicios de agencia de los creadores de mercado.

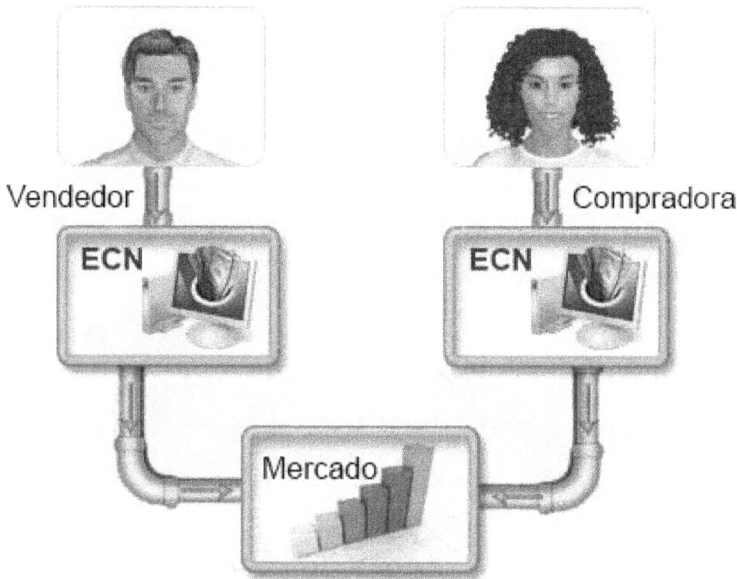

Los *traders*, al contrario de los inversionistas, tienen que utilizar plataformas de *trading* con acceso directo al mercado (DMA, por sus siglas en inglés). Esto permite mandar las órdenes a quien uno elija: directamente a los creadores de mercado o a una ECN. La ventaja de los creadores de mercado es que no cobran comisiones por ejecutar la orden, pero será un poco más lento. Por el contrario, las opciones de ECN son mucho más rápidas, aunque si se quita la liquidez (como se explicará más adelante), se cobrará una comisión que actualmente es de $3 por cada 1000 unidades.

Enrutamiento automatizado

Si opera en pequeñas cantidades y, al principio, le es difícil entender cómo usar las opciones de enrutamiento, pregúntele a su bróker si le puede brindar enrutamiento automático. El bróker, a través del programa de enrutamiento automático, sabe cómo elegir los destinos más baratos, más rápidos y de mayor liquidez, que realmente son las mejores opciones cuando se trata de pequeñas transacciones.

Enrutamiento manual

Si, a pesar de todo, prefiere un enrutamiento directo, por ejemplo, a una ECN llamada ARCA, tendrá que elegir la orden ARCAL cuando fije el límite, o la orden ARCAM para una orden dirigida al mercado. Cuando quiero ejecutar un stop, puedo elegir ARCAS. En otras palabras, la última letra indica el tipo de orden: LIMIT, MARKET, o STOP. Si, por ejemplo, desea enviar una orden límite a creadores de mercado, puede utilizar SBSHL (Salomon Smith Barney), o NITEL, o toda una serie de otras rutas a diversos creadores de mercado, según las opciones de enrutamiento ofrecidas por el bróker que usted eligió.

Elección de la ruta adecuada según las opciones disponibles

Al abrir la lista desplegable de enrutamiento [1], puedo elegir mi tipo de orden (LIMIT, MARKET o STOP) y por dónde enviarla. Como se puede ver más arriba, las tres primeras órdenes son las que generalmente utilizo.

Sin embargo, si quiero dirigir mis órdenes a otros destinos, puedo elegir entre muchas opciones.

¿Por qué querría cambiar el destino? Observe la cantidad de vendedores en el lado del ASK. Puede ver que el primer vendedor, con una cantidad de 2100 acciones, es ARCA, y el segundo, con 1200 acciones, es NASDAQ. Si quiero comprar hasta 2100 acciones, elegiría la navegación ARCAL, haría clic en el botón y compraría las acciones directa y rápidamente a través de ARCA. Por otro lado, si quiero una cantidad mayor, tendría que comprar las acciones a través de la otra ECN, la de NASDAQ denominada NSDQ.

La ventaja de ARCA sobre muchas otras ECN es la velocidad y la naturaleza de su funcionamiento. Si la cantidad total solicitada no está en ARCA, ellos se comprometen a buscarla para mí en otra ECN o en un creador de mercado. En otras palabras, ellos me suministrarán las 2100 unidades que tienen y comprarán después el resto de otra ECN. En mi opinión, ARCA hace el trabajo mejor y más rápido que otras ECN, aunque si usted quiere comprar cantidades muy grandes es posible que tenga que enviar sus órdenes directamente a diferentes destinos.

Agregar y quitar liquidez

Las ECN compiten entre sí y tratan de atraer a *traders* hacia sus servicios. Cuanto más aumenta la profundidad de mercado de la ECN con respecto a un competidor, más *traders* utilizarán sus servicios y pagarán sus comisiones. Cuando compro las acciones que presenta un vendedor en la columna ASK, estoy "restando liquidez", o sea que reduzco el número de vendedores de la acción que compré, algo que no es bueno desde el punto de vista de la ECN. Cuando le vendo acciones a un comprador en el lado BID, estoy restando liquidez de compradores, lo cual disminuye la profundidad del mercado. Por restar liquidez tengo que pagarle a la ECN una comisión de $3 por cada 1000 unidades. Esta comisión se suma a la que le tengo que pagarle a mi bróker, y es el bróker el que me cobra esa comisión extra. Estas comisiones se llaman "**pass through commissions**" (o comisiones de paso) y se cobran por separado de la comisión acordada entre mi bróker y yo.

Otra posibilidad más barata es colocar mi orden de compra en el lado del BID y esperar a que un vendedor me ofrezca acciones, en lugar de comprar directamente a través del lado del ASK. Cuando lo hago, estoy realmente **sumando liquidez**, y por eso la ECN me paga $2 por cada 1000 acciones, monto que mi bróker también pasa a mi cuenta de operaciones. En otras palabras, acabo de reducir el costo de mi *trading*. Las ventajas de este método son dos: recibo una comisión en lugar de pagarla, y compro la acción por un centavo menos, lo cual es un ahorro de 10 dólares por cada 1000 acciones. La desventaja de aportar liquidez surge de la necesidad de tener que esperar a que llegue alguien dispuesto a vender sus acciones al precio que ofrezco en la columna BID.

Por mi experiencia, si lo que desea es salir, casi siempre es preferible quitar liquidez y pagar la comisión extra, ya que, en la mayoría de los casos, el precio "se dispara" y podría terminar aún más perjudicado.

Resumen

Enrutamiento de órdenes

Trabajar directamente con la ECN, sumando o restando liquidez, es generalmente el modo más adecuado de operación para los *traders* avanzados que trabajan con grandes cantidades. Es razonable suponer que, al principio, tendrá suficientes detalles adicionales que requieren su atención; por ello, le vuelvo a recomendar que elija el enrutamiento automático de su bróker. Si no tiene esa opción, elija ARCAL por defecto.

Órdenes de *trading*

¿Todo le parece aún muy confuso? La cosa es muy sencilla. La mejor manera de salir adelante es la siguiente: su plataforma de *trading* debe estar siempre preparada para la orden **límite**, ya que la utilizará el 90% del tiempo. En casos especiales, utilizará la orden de **mercado** y, en general, solo utilizará el **stop** después de que haya comprado una acción o esté planeando una entrada complicada. Conforme vaya acumulando experiencia, descubrirá que no es tan difícil como parece.

La sala de *trading*

Hasta este momento, nos hemos familiarizado con la plataforma de *trading*, sus ventanas y cómo utilizarlas, pero todavía no sabemos cómo posicionar las ventanas de la plataforma, especialmente si trabaja con más de una pantalla. Para explicar esto, tenemos que retroceder unos pocos pasos y observar el panorama: la disposición de las pantallas y la sala de *trading*.

Mi sala de *trading* es mi bastión. ¡Ay de quien se atreva a poner el pie allí en horario de operaciones! En esas horas estoy muy lejos de ser amable, ni siquiera con mi esposa, mis tres hijas o nuestra perra, cuya relación con el *trader* de la familia le valió el nombre de "Shorty". En otras palabras, mi puerta está cerrada. Hasta diría que con gusto la cerraría con llave, si eso no se considerara sumamente antisocial. Los ruegos desde las entrañas de nuestro hogar, tales como: "Papá, el televisor no funciona" y aún los aullidos de terror como "¡Papá, ven, hay una cucaracha enorme!" no obtienen respuesta durante el horario de operaciones.

Como lo merece la "habitación más importante en la casa", he dedicado una buena cantidad de atención y esfuerzo a planificarla para que satisfaga mis necesidades. La estación de trabajo debe adecuarse al espacio, el equipo y el presupuesto disponibles.

Mi sala de *trading*

¿Se asustó? Desde que tomé esta foto, he añadido otra pantalla que está fuera del marco. Junto con el proyector, utilizo no menos de diez pantallas. A veces me pregunto si realmente las necesito, o si las compro solo para impresionar al hombre que limpia la piscina quien, cada vez que viene, me dice que sueña con ser *trader*, "pero nunca encuentra el tiempo para ello".

Utilizo un montón de pantallas porque me gusta ver lo que está sucediendo en el mercado. Los sectores, los indicadores y decenas de acciones se pueden visualizar a la vez. Como analista en jefe de la sala de *trading* Tradenet, tengo que estar constantemente al día en tiempo real con el desarrollo de los acontecimientos. Además, esta es mi profesión y mi hobby. Todo profesional invierte en buenas herramientas de trabajo, ya se trate de un taladro de alta calidad que sea eficaz, fiable y, por tanto, ahorre tiempo, como de cualquier otro tipo de herramienta de uso constante. De igual modo, invierto en la calidad de las computadoras y las pantallas. ¿Puede adivinar el costo de tres computadoras de escritorio, dos computadoras portátiles, siete pantallas de 23 pulgadas y un proyector? Aproximadamente 4000 dólares. ¡La caja de herramientas de un constructor o de un renovador cuesta mucho más!

Si ha decidido convertirse en *trader*, invierta en infraestructura. Puede comenzar con una computadora conectada a dos pantallas, aunque muy pronto la cambiará por una que se conecte con cuatro. ¿Está tratando de ahorrar? Como con la historia de qué fue primero, si el huevo o la gallina, comprar barato le puede salir caro. Si no invierte en una infraestructura de calidad, es posible que nunca tenga éxito. Si todavía no está seguro de que esta sea la profesión que desea seguir, empiece solo con dos pantallas, pero prepárese a agregar más con bastante rapidez.

La configuración de mis pantallas

Empecemos de izquierda a derecha. El proyector está conectado a mi vieja computadora portátil que hace mucho tiempo tendría que haber ido a la basura, pero me sirve para mostrar el contenido de los sitios financieros. El proyector también está conectado con el convertidor de TV por cable y, a veces, cuando hay noticias importantes o durante la planificación del día, puedo ver allí el canal de CNBC. Las otras pantallas muestran la siguiente información:

1. Los gráficos de los dos índices de mercado: SPY y QQQ, así como tres gráficos de sector: biotecnología (NBI$), bancos (BKX$) y semiconductores (SOX$)

2. Las pantallas 1 a 4 funcionan con dos tarjetas *dual screen* en una computadora de escritorio. La pantalla 2 sigue a 15 acciones. En el cuarto inferior de la pantalla están mi Administrador de Cuenta (Account Manager) y mis órdenes abiertas (Open Orders).

3. Dos cuadros de acciones, cada uno de ellos asociado a una ventana T&S (de tiempo y ventas) y el gráfico de las acciones pertinentes. A lo largo de la derecha de la pantalla hay gráficos para el seguimiento de cuatro acciones intradía. Esa sección de la pantalla es la que suele mostrar varias operaciones abiertas.

4. Dos cuadros de acciones, cada uno de ellos asociado a una ventana T&S (de tiempo y ventas) con los gráficos pertinentes.

5. Esta pantalla sigue acciones con tendencias alcistas: gráficos de unas 16 acciones fuertes que estoy siguiendo durante el horario de operaciones. Estas son las acciones en las que busco oportunidades de entrar en la reversión de una tendencia alcista o comprar en la ruptura. Esta pantalla está conectada a una computadora portátil que tiene a la pantalla 6 como principal.

6. Un cuadro de acciones asociado a una ventana T&S (de tiempo y ventas) y un gráfico que muestra la acción, mi segundo administrador de cuenta (mi segunda cuenta de corretaje), y mis órdenes. Muestra las 20 acciones principales al alza o a la baja: mis Top 20.

7. Esta pantalla sigue las acciones con tendencia a la baja: gráficos de 16 acciones débiles que estoy siguiendo durante el horario de operaciones. Estas son las acciones para las que busco oportunidades de vender corto en la reversión de la tendencia bajista o en un colapso.

8. Un cuadro de acciones asociado a una ventana T&S (de tiempo y ventas) y un gráfico que muestra la acción, mi tercer administrador de cuenta (mi tercera cuenta de corretaje), y mis órdenes; una lista de seguimiento de sectores y un escáner de acciones en tiempo real que funciona con parámetros predefinidos, es decir de acciones que han subido o bajado en determinados porcentajes y acciones que llegan a nuevas altas o bajas.

10.

Operaciones ganadoras

Es hora de pulsar el botón: los mejores métodos de entrada y de gestión del *trading*

¿Cuántas veces habrá que leer este capítulo?

Antes de empezar el capítulo más importante de este libro, permítanme compartir algunas de mis preocupaciones: me temo que podría perderse algo importante, algo enorme. ¿Por qué? Porque, desde luego, la primera vez que usted lea este libro no será capaz de entender su significado de la misma forma que después de varios meses de experiencia. Cuando me pregunto cuántas son las posibilidades de que este capítulo sea leído por segunda e incluso por tercera vez, me temo que no muchas. Además, estoy bastante seguro de que solo con una primera lectura no se comprenderá a fondo.

DINERO INTELIGENTE

Una transacción exitosa comprende un punto de entrada y una gestión del dinero correctos. Solo la combinación correcta de los dos conduce al éxito continuo.

Espero equivocarme, así que demuéstreme que estoy equivocado. Lea otra vez toda esta sección: cada palabra, cada idea de *trading* que figure en ella se grabará en su mente en cuanto a qué constituye una transacción lucrativa y qué genera pérdidas. Cada palabra está cuidadosamente pensada y cada frase e idea para una transacción contiene la experiencia de muchos años de *trading*. Quiero destacar que este libro, y sobre todo este capítulo, no deben leerse solo una vez. Están orientados hacia una segunda, una tercera y una cuarta lecturas, separadas por meses y años. Muchos de los temas tratados en el presente capítulo serán comprensibles una vez que haya operado durante varios meses y, con la esperanza de que continúe con éxito como *trader*, serán aún más claros una vez que haya hecho transacciones durante varios años. Puedo casi garantizarle que cada vez que relea este capítulo, se arrepentirá de no haberlo leído un poco antes. Cuanto antes comience a analizar y asimilar, en base a su experiencia, más reducirá sus pérdidas y comenzará a ver una notable mejora en sus posibilidades de sobrevivir como *trader*. Bueno, basta de aporte emocional por ahora. Volvamos al tema.

Integrar herramientas

Hemos aprendido por qué necesitamos operar con la tendencia, el significado de los importantes indicadores, y con qué hay que tener cuidado, pero, ¿significa eso que ahora podemos buscar cualquier acción con tendencia alcista y comprarla? ¿Podemos comprar la acción en cualquier momento mientras esté al alza y los indicadores apoyen un alza constante?

¡No!

La dirección del mercado y el uso de indicadores son componentes importantes, e incluso esenciales para el éxito, pero no son suficientes. Para tener éxito, tenemos que elegir las acciones correctas en las condiciones de mercado adecuadas y, lo que es más importante, en los puntos adecuados.

Hay que saber cuándo oprimir el botón y en qué momento salir. El objetivo de este capítulo es integrar estas herramientas, tendencias, indicadores y, lo más importante de todo, los puntos de entrada.

¡Recuerde! El punto de entrada es el responsable del 80% del éxito de sus operaciones.

Cómo ganar con las rupturas

Operar a la par con una **ruptura** o **breakout** es una estrategia básica de *trading*. Es la más importante y más utilizada por los *traders*. En la ruptura, esperamos ver un movimiento rápido de los precios más allá de la formación técnica. La evaluación indica que el impulso de la ruptura llevará el precio de las acciones a nuevas altas que le permitirán al *trader* obtener ganancias. La ruptura irá siempre en la dirección de la tendencia y nunca contra ella. Las rupturas suelen ir acompañadas de un gran volumen.

Un **colapso** o **breakdown** es la acción contraria a la ruptura en el precio. Con los colapsos, ejecutamos **shorts**. Los colapsos también se producen siempre en la dirección de la tendencia y nunca contra ella. Para facilitar la explicación, me voy a concentrar en la ruptura, pero hay que recordar que la explicación a la inversa es válida para los colapsos.

En la sección dedicada a las formaciones, hemos aprendido que la ruptura se basa en la transición más allá de la conocida formación técnica. Debemos planificar la ruptura en la etapa en la que la formación está tomando forma, y recordar que no todo desarrollo termina con una ruptura.

Cuando identificamos una formación de ruptura que está tomando forma, podemos planificar el punto de entrada y la estrategia de operación. La ruptura intradía se planea por un corto intervalo de segundos, minutos o varias horas y, por lo general, se basa en una formación técnica compuesta de velas japonesas de cinco minutos.

Los *swing traders* cuya intención es mantener una acción durante varios días, planean su ruptura de la misma forma, pero usando velas diarias.

Ruptura intradía, PCAR

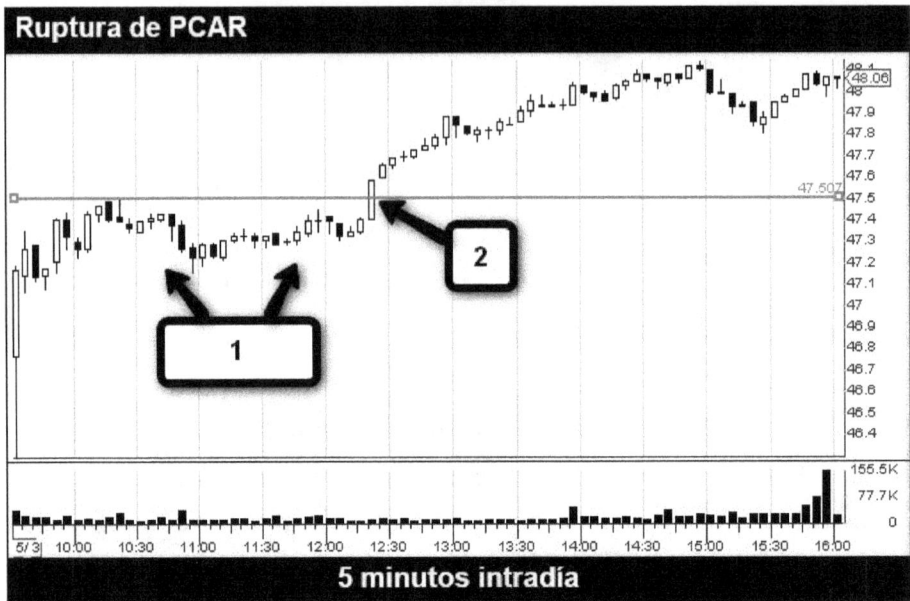

Ruptura de PCAR

5 minutos intradía

En la imagen anterior vemos que PCAR comienza el *trading* del día en $46.40, sube, encuentra resistencia en $47.5 y se consolida [1] debajo de la parte superior del rango de precios hasta la ruptura [2]. El punto interesante de esta ruptura es el hecho de que el volumen no aumentó. La razón es simple: observe cuándo se produjo la ruptura. Fue al inicio de la hora del almuerzo, cuando la mayoría de los participantes en el mercado (generalmente los *traders* institucionales) se han ido a comer.

¿Por qué se producen las rupturas?

Las rupturas se producen cuando hay más vendedores que compradores y el precio atraviesa el nivel de resistencia. Naturalmente, nuestra compra será a un centavo por encima de la línea de resistencia. Podemos imaginarnos una ruptura como una gran cantidad de agua retenida por una gran presa. El muro de la presa es la línea de resistencia. ¿Qué ocurrirá cuando el muro se rompa? Evidentemente, no solo usted y yo sabemos la respuesta. Un gran número de compradores están a la espera de la ruptura, y muchos otros con menos experiencia se incorporarán al movimiento en fases posteriores, lo que alimentará la ruptura un poco más. En gran medida, las rupturas por encima de la resistencia son profecías autocumplidas.

La mayoría de las rupturas fallan

La ruptura de una presa, con seguridad, dará lugar a inundaciones. A diferencia de la presa, la ruptura de una formación técnica no siempre se da. ¡Estadísticamente, al menos el 80% de las rupturas fallan!

A pesar de este alto porcentaje, no debemos llegar a la conclusión de que comprar en la ruptura es imprudente. Por el contrario, tenemos que comprender el comportamiento de la acción en el punto de ruptura, anticipar cuándo y por qué puede fallar, y gestionarla para asegurar nuestras ganancias desde el movimiento inicial, incluso si la ruptura falla.

DINERO INTELIGENTE	*El 80% de las rupturas falla. Las fallas no tienen que llevar a la pérdida. Tenemos que reconocer que la mayoría de las rupturas fallan y aprender a aprovecharlas.*

Una **ruptura falsa** se define como un estado en el que la acción atraviesa la línea de resistencia, pero vuelve a ella, e incluso cae por debajo del precio de ruptura en una etapa posterior. ¿Una ruptura falsa necesariamente conduce a pérdidas monetarias? ¡No! La conclusión a la que podemos llegar es que se debe reconocer el hecho de que la mayoría de las rupturas son falsas, y aprender a aprovecharlas incluso en esas circunstancias. Si usted sabe cómo manejar una ruptura, puede dejarles las pérdidas a los *traders* menos experimentados mientras obtiene ganancias considerables, incluso mientras la ruptura está fallando.

Consolidación

Cuanto más se consolida una acción antes de su ruptura, más fuerte será la ruptura en general. Un conocido refrán nos dice: ***cuanto más larga la base - más alto el impulso hacia el espacio.***

Sencillamente, la consolidación es la fuente de energía de la ruptura. Cuanto más larga sea la consolidación, más atención le prestará la gente a la acción; cuanto mayor sea el número de personas que están siguiendo la acción, mayor será el número de personas que la compren en la ruptura, lo cual aumenta las posibilidades de éxito.

¡Mientras la consolidación se va alargando, uno casi puede sentir el vapor acumulándose, esperando la ruptura!

Planificación y ejecución

El punto de entrada es simple y claro: compramos una acción que ha subido de precio un centavo por encima de la formación de ruptura. Más adelante aprenderemos que, de vez en cuando, es posible comprar incluso antes de la ruptura si somos capaces de reconocer que hay una gran probabilidad de que una ruptura ocurra. Comprar en la ruptura es un método muy común de *trading*, pero requiere nervios de acero, la concentración de un piloto de combate y un alto nivel de habilidades técnicas.

Antes de la ruptura, tenemos que planificar nuestro precio objetivo. Lo calculamos en centavos y no en porcentajes; en otras palabras, ¿en cuántos centavos subirán los precios después de la ruptura? El cálculo del objetivo se basa en la integración de la dirección y de la fuerza del mercado, en la fuerza de la acción en el día de la ruptura y en la historia de las rupturas de la acción. Su historia se refiere a su comportamiento intradía en los últimos dos o tres días.

Es razonable suponer que, si miramos hacia atrás, veremos que esta no es la única ruptura en los últimos días. ¿Cuántos puntos saltó en la ruptura anterior: de 20 a 40 centavos de dólar, o tal vez 50 a 70? Cada acción tiene su propia "personalidad" y usted tiene que llegar a conocer sus acciones "personalmente". Para algunas, una ruptura increíble es de solo unos pocos centavos y, por lo tanto, no nos interesan. Otras suelen tener rupturas de decenas de centavos.

¿Cuál es el volumen de la acción?

Un volumen bajo es peligroso, ya que es más difícil obtener ganancias rápidas. Por el contrario, las acciones que se comercian en términos de millones por día, como Citigroup (C), tienden a tener más problemas para moverse y tener rupturas. Por ello, debemos buscar acciones con rupturas en volúmenes de más de un millón de unidades por día, pero estaremos menos interesados en las que se comercian en volúmenes de muchos millones por día.

La personalidad de las acciones de Citigroup (NYSE: C)

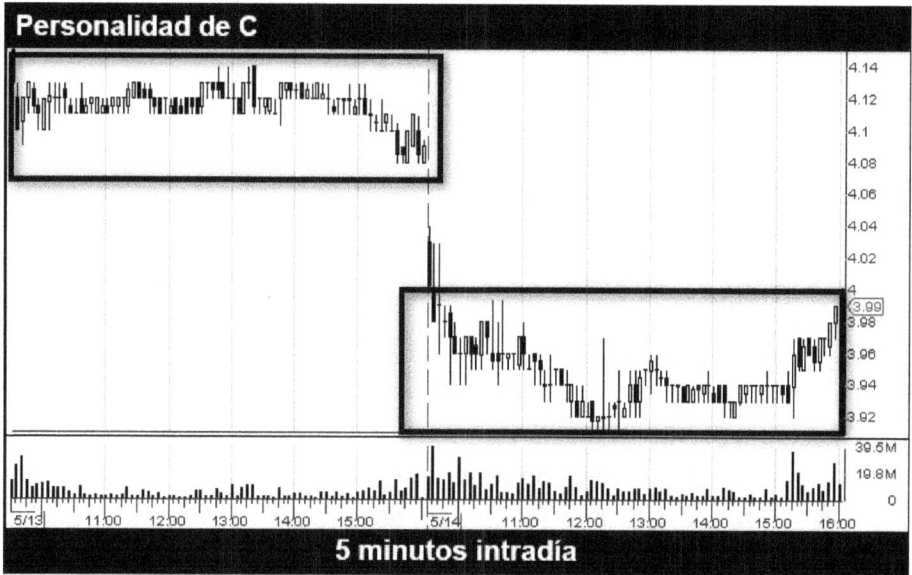

Personalidad de C

5 minutos intradía

¿Nota cómo las acciones de Citigroup se traban en un corto margen de 4 a 6 centavos durante dos días hábiles consecutivos, con un volumen de cientos de millones de acciones por día?

El gran volumen de compradores y vendedores de cada lado no deja que la acción se mueva, y echa a perder toda posibilidad de una gran ruptura. Este singular rasgo de "personalidad" perjudicó al precio y solo cambió cuando la gerencia de la corporación entendió el problema y aplicó un reagrupamiento de las acciones o **reverse split** con una relación de 1:10 respecto del precio de las acciones.

Un **reverse split** de 1:10 significa que por cada 10 acciones, el titular recibe solo una sin perjuicio para su capital, porque todos los accionistas se ajustan de la misma forma. El precio de las acciones, entonces, se ajusta naturalmente, de modo que si el precio de una acción era $4, pasaría ahora a ser $40, ya que, en realidad, existe solo 1/10 de las acciones. El resultado fue inmediato: el volumen se vino abajo y la naturaleza de la acción cambió de la noche a la mañana.

Cómo y cuándo oprimir el botón

El precio de entrada correcto es un centavo por encima de la línea de resistencia, es decir, el momento en que vea que se ejecuta la primera operación por encima de la formación de ruptura.

Las rupturas de las acciones tienden a ser rápidas y debe recordar que no es el único que espera la ruptura. Tendrá que competir con otros *traders* que también tratan de comprar en el punto de ruptura.

Puede utilizar dos tipos de órdenes:

- Si utiliza la orden de límite o **LIMIT**, limitándose a 3 o 4 centavos por encima del precio de ruptura, es muy probable que no consiga sus acciones, o tal vez solo una cantidad mucho menor de la que esperaba. Con acciones de bajo volumen, utilice solo la orden de límite.

- Si utiliza la orden de mercado o **MARKET**, es mucho más probable que ingrese con éxito. El riesgo es que la orden MARKET implica la condición de "comprar a cualquier precio" y podría estar comprando a un precio más alto del que pretendía pagar. Esto es posible, aunque muy raro, con acciones de alto volumen. En la mayoría de los casos, tendrá mejores resultados con la orden límite.

No se preocupe si, por el momento, no entiende lo que acaba de leer. La experiencia práctica hará que todo cobre sentido.

Comprar antes de la ruptura

Como hemos aprendido, el punto de entrada técnico correcto es un centavo por encima de la resistencia, pero en muchos casos tratamos de comprar acciones antes de la ruptura, o sea en un momento en el que la ruptura nos parece probable.

¿Cómo podemos **definir una buena probabilidad**? Por lo general, más del 80% se considera una buena probabilidad.

¿Por qué no esperar a la primera transacción por encima de la línea de resistencia, y solo entonces comprar? Por dos razones: para reducir la competencia con otros *traders* después de la ruptura y por la posibilidad de mejorar nuestra relación riesgo/retribución, ya que el precio de compra es menor.

En principio, debe tratar de predecir la ruptura y comprar antes de que realmente se produzca. Para ello, tiene que seguir de cerca el comportamiento de la acción en los segundos anteriores a la ruptura. Su plataforma de *trading* debe proporcionarle todos los datos necesarios. Usted debe seguir el gráfico, el volumen y el balance de compradores y vendedores que se manifiesta en **BID** y **ASK**, por cada centavo en que la acción se comercia por debajo del punto de ruptura.

Cuando el precio se consolida en el margen corto, verá que **BID** y **ASK** están en equilibrio, ya que la naturaleza de la consolidación es que ninguno de los bandos es el vencedor en esta "guerra". Sin embargo, cuando el precio se acerca a la ruptura, podrá ver que el equilibrio se rompe a favor de los compradores y que el volumen de transacciones empieza a dispararse. Cuando vea que el volumen está aumentando y que la **liquidez de los vendedores** o en inglés **seller's liquidity** está casi agotada, habrá llegado el momento de oprimir el botón.

- El agotamiento de la **liquidez de los vendedores** significa que la cantidad de acciones en **ASK** está cayendo a cero.

Con el tiempo, y a medida que adquiera experiencia, mejorará su porcentaje de éxito a la hora de predecir rupturas antes de que se produzcan.

¿Qué sucede si usted compra antes de la ruptura y el precio no llega a la ruptura? Esto no significa que la acción no tendrá una ruptura más tarde. La mayoría de las acciones con el tiempo la tienen, y el único interrogante es si usted es capaz de hacer frente a las pérdidas hasta que esto ocurra. La solución es sencilla: antes de la ruptura compre solo la mitad de la cantidad total que había planeado y, en la ruptura, compre el resto si puede. Cuando estime que la probabilidad de que el precio tenga una ruptura no es tan buena como parecía al principio, generalmente, podrá vender perdiendo solo unos pocos centavos.

¿Qué orden debe utilizar para comprar antes de la ruptura? Cuando compro antes de la ruptura, tiendo a usar la orden LIMIT, limitada como máximo al precio ASK. Si creo que el precio está a punto de tener una ruptura en cuestión de segundos, uso la orden LIMIT hasta 3 centavos por encima del precio de ruptura. Pero si se da cuenta de que oprimió el botón BUY demasiado tarde, la acción superó su límite y se ha quedado sin mercancía, deje la orden de límite abierta durante otros diez segundos después de la ruptura. En muchos casos, el precio retrocede un poco antes de continuar su tendencia ascendente, lo que le permite unirse a la ruptura. No deje la orden abierta demasiado tiempo, ya que no desea que se ejecute horas más tarde si la acción vuelve al precio de ruptura después de un buen movimiento inicial.

Volumen pre-ruptura

¿Querría usted ver un aumento en el volumen de *trading* antes de la ruptura?

Me imagino que su respuesta naturalmente sería "sí", que un mayor volumen indica un gran interés, y el interés previo a la ruptura llevaría a una ruptura mayor, ¿no es así?

De hecho, esto no es necesariamente cierto. Una vez al borde del punto de ruptura, el precio ya ha hecho el largo viaje hasta este punto. El precio ha subido, está en reposo, y estamos a la espera del siguiente tramo de su viaje.

DINERO INTELIGENTE

Un alto volumen antes de la ruptura no es una buena señal, ya que indica un cambio de propiedad. Compradores nerviosos, que pueden huir a la primera señal de debilidad, ocupan el lugar de los accionistas veteranos y relajados.

Cuando mire el gráfico de una acción, intente descifrar el estado de los compradores y de los vendedores. Trate de imaginar quiénes son, en qué están pensando y qué haría usted en su lugar. Analicemos la situación: los inversionistas veteranos son los que compraron la acción mucho antes de que alcanzara su actual punto de ruptura y, por tanto, pueden ser identificados como las "manos fuertes" del juego. Sacan buenas ganancias y no son sensibles a las ligeras fluctuaciones en el precio. Por el contrario, los nuevos compradores, que compraron alrededor del punto de consolidación antes de la ruptura o inmediatamente después de la ruptura, son las "manos débiles", ya que todavía no han ganado un centavo. Son muy sensibles a cualquier pérdida y cualquier pequeño cambio en el precio puede obligarles a vender, lo que contribuye a una ruptura fallida.

Un alto volumen durante la consolidación y antes de la ruptura significa que hay muchos compradores y vendedores y un montón de acciones que cambian de manos. Hemos de suponer que los inversionistas veteranos están obteniendo ganancias, mientras que los nuevos compradores son las "manos débiles". La conclusión es simple: cuando grandes cantidades de acciones cambian de manos, la propiedad pasa de los titulares fuertes a titulares nuevos y débiles, susceptibles al pánico ante la mínima falla.

Compare la situación a la del barrio en que vive. Supongamos que se realiza allí un gran número de transacciones inmobiliarias. Muchas casas están cambiando de manos. En el transcurso de unos pocos años, ¿será el barrio el mismo que usted conoce tan bien? Por supuesto que no. La población cambia y el carácter del barrio cambia con ella. Lo mismo sucede con las acciones que compra. Un alto volumen antes de la ruptura significa cambios en la propiedad, lo que a su vez implica un cambio en el comportamiento de la acción. El cambio puede causar una mayor sensibilidad o nerviosismo, y hasta una ruptura fallida.

El temor de oprimir el botón

Un fenómeno común entre los nuevos *traders* es el miedo de oprimir el botón. El precio tiene una ruptura y los nuevos *traders* se quedan mirando, paralizados, tratando de ganar confianza, mientras la acción sube centavo a centavo. Por lo general, cuando compran, pagan un precio demasiado alto. Es un fenómeno conocido. Yo estuve allí, y conseguí librarme de eso. No hay duda de que a usted también le pasará.

Resumen del proceso de compra

Durante la consolidación no querrá ver un volumen alto. Usted quiere tratar de predecir la ruptura y comprar, si es posible, un poquito antes. Después de la ruptura, usted sí quiere ver un aumento de volumen. Un volumen agonizante indica una pérdida de interés, y con ella crece el peligro de una ruptura fallida.

¿Cuándo vender?

Entrar en una ruptura es una técnica de precisión. Se necesita una buena cantidad de experiencia, destreza técnica y aguante psicológico, pero se la puede definir claramente. Por el contrario, identificar el punto de salida es mucho más una cuestión de "arte" que de información precisa.

Como aprendimos, usted debe tratar de calcular el punto de ruptura de antemano. Este cálculo se basa en el historial de los precios y las condiciones del mercado, pero durante la ruptura es preciso examinar diversas variables en tiempo real:

- ¿Ha habido una reducción en el volumen después de la ruptura, indicando menos entusiasmo?

- ¿Los compradores incrementan sus órdenes de compra durante la tendencia alcista? Cuando los compradores persiguen una acción, sus posibilidades de éxito son mayores. Puede observar la persecución en las cantidades que se van renovando en el lado BID.

- Al mismo tiempo que la tendencia del precio sube, ¿puede ver un gran vendedor mostrando una cantidad considerable en el lado ASK?

- ¿Ese vendedor renueva cantidades cada vez que logra vender?

- ¿Cuál es la dirección del mercado? ¿Le ayuda? ¿Le perjudica? ¿O bien no se mueve?

- ¿Cuál es la dirección del sector al que pertenece la acción?

Todos estos factores deben considerarse en conjunto para ver la situación general de la acción y sus probabilidades de subir a nuevas alturas, o la necesidad de oprimir inmediatamente el botón y hacer efectivas sus ganancias. Como se puede ver en los puntos anteriores, no hay una respuesta precisa de blanco o negro, como a usted le hubiera gustado. Como regla general, la mayoría de las rupturas terminan en una **parcial**.

- El primer punto en el que se realiza una ganancia, que es una ganancia parcial, se conoce simplemente como **parcial**.

La primera ganancia parcial se puede concretar entre 14 y 30 centavos del punto de ruptura. Las acciones de alto precio, sin embargo, pueden permitirle realizar una parcial de medio dólar, un dólar o más. Como se puede ver, no hay ninguna norma estricta.

¿Cuánto comprar? ¿Cuánto vender?

Cada *trader* debe operar dentro de sus limitaciones: la cantidad de dinero en su cuenta es un factor, y otra limitación aún más importante es su capacidad psicológica para ganar o perder dinero.

Hay algunos otros factores que dictan el modo de operación correcto y que no tienen nada que ver con sus limitaciones personales. La cantidad mínima de compra en una ruptura debe ser 400 acciones, mientras que la máxima se cuenta generalmente en miles de acciones y depende de la liquidez y la cantidad de dinero en su cuenta.

- ¿Por qué el mínimo de 400? La razón principal de que me guste usar 400 acciones es porque prefiero concretar una ganancia parcial de, por lo menos, tres cuartas partes de la cantidad comprada a la hora de la ruptura. Una cantidad de 400 le permite ejecutar una parcial con una cifra redonda de 300 acciones. Una cantidad menor, como 300, no le permitirá vender las tres cuartas partes (que serían 225), y una cifra redonda de 200 no es tres cuartas partes, sino solo dos tercios.

- Otra de las razones para usar 400 acciones es el objetivo de ganancias en dólares: una cantidad de 400 acciones debe darle una ganancia promedio de $100 en la ruptura. Un *day trader* no debería contentarse con menos.

**DINERO
INTELIGENTE**

En la ruptura, realice tres cuartas partes de la cantidad que haya comprado y guárdese el dinero en el bolsillo. Recuerde: ¡nunca le devolvemos nuestras ganancias al mercado!

Después de cerrar 300 acciones, debe seguir manejando las 100 que le quedan. Yo tiendo a realizar tres cuartas partes de la cantidad en la primera parcial, ya que creo firmemente en "meterme el dinero en el bolsillo" cuando se demuestra que estaba en lo cierto. También reconozco que seguir teniendo las otras 100 acciones es como una apuesta sin ventajas aparentes, ya que la ventaja real se cosechó en la ruptura. El resto depende de la tendencia y del destino. Unas veces, esas acciones restantes me permiten alcanzar una ganancia mayor a la parcial y, otras, caerán por debajo del precio de entrada y causarán algunos daños menores. En cualquier caso, las 100 acciones restantes después de una parcial de 300 no van a ser motivo de pérdida. Recuerde esta regla fundamental: **¡Nunca le devolvemos nuestras ganancias al mercado!**

¿Qué sucede cuando falla una ruptura?

Ha comprado en la ruptura. El precio sube varios centavos y, lamentablemente, comienza a caer. ¿Por qué falló la ruptura?

La respuesta es simple: hay más vendedores que compradores. Pero esa no es una explicación suficiente, así que profundicemos un poco más para saber quiénes son esos vendedores. Hay dos posibilidades: la primera es que usted simplemente cometió un error y eligió la acción equivocada en el momento equivocado. En otras palabras, la acción que eligió era débil, o el mercado, o bien su sector bajaron precisamente en el momento de la ruptura. En tales casos, se debe salir lo más rápido posible y absorber las pérdidas. Otra explicación es que los jugadores grandes están tratando de **sacarse de encima** a los compradores como usted. Los jugadores grandes, que conocen su punto de entrada y saben cómo se asustará con una caída de los precios antes de realizar cualquier ganancia, aprovecharán el volumen previsto de una fuerte ruptura para vender grandes cantidades, que de otra manera serían difíciles de vender. El resultado es una baja en el precio que toma impulso y hace caer el precio a un punto que aprovechan los grandes jugadores del mercado para comprar más, y mucho más barato. Quizás a partir de ese punto permitan que la acción suba de forma segura.

Cuando me encuentro en esta situación, tiendo a esperar a que la histeria se haya calmado, y luego aumento contento la cantidad de acciones, que ahora están entre 15 y 20 centavos más baratas que cuando entré, antes de que el precio empiece a volver al nivel de ruptura. Este tipo de situación generalmente ocurre en el transcurso de pocos minutos. Si la acción no vuelve al alta en unos minutos, ¡salga!

¿Cómo vender corto en los colapsos?

Como se ha señalado, un **short** durante un colapso o **breakdown** es esencialmente idéntico a comprar en la ruptura, pero al revés. El objetivo, por supuesto, es aprovechar el impulso de la tendencia bajista del precio. Así como las rupturas se alimentan de la codicia, que por su naturaleza se calma una vez logrado el objetivo, los colapsos se alimentan del miedo del inversor cuando ve que una acción se viene abajo y quiere deshacerse de ella lo más rápido posible.

La histeria se adueña de todo muy rápidamente, y por lo tanto prefiero los colapsos a las rupturas. Dado que los colapsos son más rápidos, es preciso ser más rápido en la reacción, manteniendo el dedo sobre el ratón, pero por lo general la remuneración será buena y también más rápida.

La segunda diferencia entre rupturas y colapsos es la duración de los colapsos, que seguirán mientras continúe la histeria, y la naturaleza de la histeria es como una casa en llamas. Tiene una rápida erupción, pero se apaga aún más rápidamente. El "festival de bajas" generalmente termina al cabo de una a dos horas del inicio, y luego la acción que tuvo una firme ruptura tiende a echarse hacia atrás, o **retroceder**, una parte considerable de su caída. Este es también el motivo por el cual por lo general no me "voy a dormir" con **shorts** en las mismas cantidades, algo que sí haría si tuviera **longs** durante varios días en un *swing*.

Short en el colapso, Cosméticos Estée Lauder (EL)

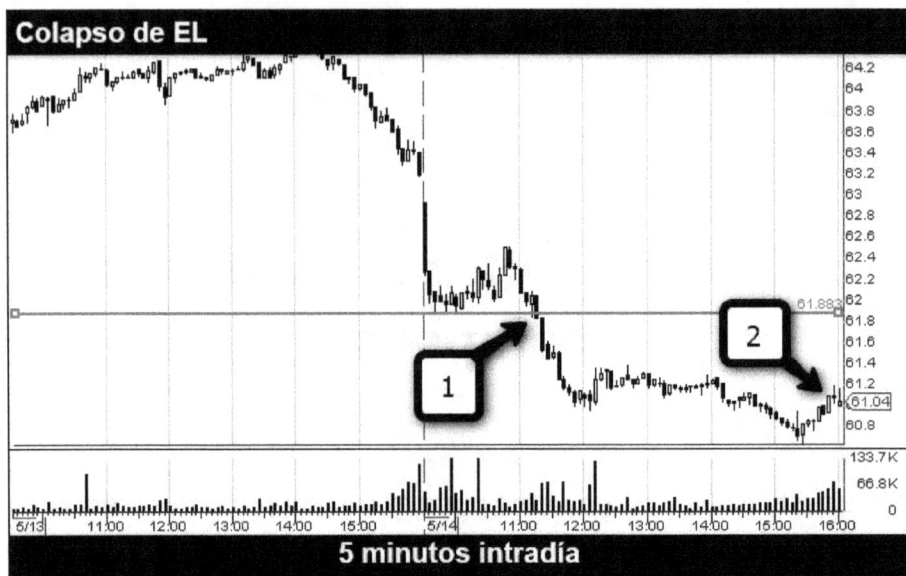

Colapso de EL

5 minutos intradía

En [1], EL colapsa con la clásica formación de taza invertida. Vemos mucho entusiasmo, grandes volúmenes y, finalmente, la calma. Note cómo después del primer colapso, la acción sigue moviéndose lateralmente y, al final de la jornada de *trading* [2], termina en el nivel de precios de la primera baja. En otras palabras, la histeria ha disminuido y la acción se ha "apaciguado".

Reversiones ganadoras

Comprar en una ruptura es el método más rápido pero también el más peligroso. La compra en una reversión (cambio de dirección) se basa en patrones de giro, que aprendimos en los capítulos anteriores. Es mucho más simple, más lento y mucho menos arriesgado. En comparación con otros métodos, ¡es sin duda un método recomendado para principiantes!

Las reversiones se basan en una tendencia continua. La definición clásica es un cambio de dirección dentro de la tendencia. Esto describe el movimiento de una acción de altas a bajas y de vuelta a un alta (o de baja a alta, y volver a la baja).

- Una reversión que devuelve la acción a la tendencia alcista se llama **roll-up**
- Una reversión que devuelve la acción a la tendencia bajista se llama **roll-over**.

¿Cuándo preferir las reversiones a las rupturas o los colapsos?

En las horas de actividad de la jornada bursátil, cuando el volumen de *trading* es relativamente alto, ambos métodos funcionan bien. Por otra parte, cuando se aproxima la hora del almuerzo, el volumen de *trading* disminuye, junto con las probabilidades de rupturas y colapsos. Esto no significa que debamos poner fin a la operación con colapsos y rupturas en las últimas horas del día, pero, a medida que pasa el tiempo y el volumen disminuye, atenuaremos los riesgos comerciando con cantidades más pequeñas.

Por esta razón, más allá de los primeros 90 minutos de *trading*, preferimos no entrar en una acción durante una ruptura o un colapso, sino que esperamos a que tire hacia atrás, sabiendo que casi con toda seguridad se producirá el retroceso, o **pull back**. Los precios de las acciones nunca suben en línea recta, siempre retroceden, lo que le permite comprarlas más baratas. Comprar durante el retroceso reduce el riesgo de pérdidas y ofrece un mayor margen de seguridad. Cuando la acción ha dejado de retroceder y llega una vez más al punto de ruptura, ya estamos en una posición de buenas ganancias. El punto de parada está aún lejos y las posibilidades de una segunda ruptura en la cual la acción llegará a su clímax son mucho mayores.

Entrar en una reversión: las reglas del mercado

Para operar con éxito se requiere un mercado que colabore en su dirección general. Esto significa que tenemos entrar en una reversión con una acción al alza solo cuando el mercado, encarnado en el S&P 500, apoye la continuación de la tendencia alcista (o a la inversa para una tendencia descendente). Por supuesto, tenemos que asegurarnos otras condiciones fundamentales del mercado como con cualquier otra operación, condiciones tales como una relación de oportunidad de riesgo-retribución apropiada, un punto razonable de **stop**, y cambios en el volumen que coincidan con la dirección de la tendencia. Por ejemplo, cuando una acción al alza retrocede, debemos comprobar que el volumen disminuye con la caída, pero cuando la acción regresa a su tendencia inicial, querremos ver un aumento de volumen. El significado del aumento del volumen es que usted no es el único que identifica la oportunidad, así que podrá beneficiarse de la ayuda de otros *traders*.

El punto de entrada

El punto de entrada correcto es responsable por el 80% del éxito de una operación. El punto de entrada de una reversión no es una ciencia exacta, pero intentaré definirlo de un modo que le permita aproximarse tanto como sea posible.

Compramos una reversión solo cuando la acción ha hecho un auténtico retroceso respecto a su nivel máximo. La forma de "sentir" el punto de entrada correcto consiste en imaginar cuándo la vendería si la hubiera comprado en el punto máximo, pero la tendencia se ha vuelto contra usted. Observe el punto de entrada e imagínese dónde se sentiría presionado y desearía vender. Si la acción ha caído por debajo de ese punto, significa que la mayoría de los compradores débiles ya han salido, y que por lo tanto, esta es la posición correcta para oprimir el botón. Tiene que hacer exactamente lo contrario de lo que hicieron los compradores presionados que compraron en el clímax.

Reversión intradía de Fuel Company Occidental (OXY)

Reversión intradía de OXY

5 minutos intradía

En este ejemplo se puede ver la reversión intradía gestionada en mi sala de *trading*. OXY abre con mucha fuerza y sube cuando comienza el *trading* por cuatro velas de cinco minutos, de $86.50 a $89, un aumento del 2.9%. Una acción con un aumento de casi el 3% en 20 minutos con un volumen de cientos de miles de acciones tiene una gran probabilidad de llegar a más altas. OXY se mostró fuerte al comienzo del día. Recuerde que un gráfico de una acción que sube medio tanto por ciento se parece al gráfico de otra acción que aumenta 2.9%, pero no son idénticos para nada. La mayoría de las acciones se comerciarán con pronunciadas altas o bajas en los primeros diez minutos de *trading*, lo cual no nos dice nada de lo que podrá ocurrir más tarde. Sin embargo, el aumento de una acción por más del 1% con grandes volúmenes me hace comprender que algo positivo sucede y no es casualidad. Es evidente que la acción quiere seguir aumentando y sus posibilidades de mantener la tendencia alcista son muy altas. OXY retrocede alrededor de la mitad de su alta, muestra un retroceso clásico en [1], y, a continuación, escala fácilmente hasta arriba de su primer clímax.

Ya que tiendo a no comprar acciones durante los primeros diez minutos de *trading* y, definitivamente, no "persigo" a una acción que sube rápido, esperé pacientemente al doloroso retroceso. ¿Por qué "doloroso"? Lea lo que escribí al inicio de esta sección: imagínese una situación en la que ha cometido el error de muchos principiantes y compró en el primer salto de las acciones, o aún en su clímax de $89 y, después, vio la acción caer a la mitad del camino de regreso al punto de partida. ¿Cómo se sentiría mirando un retroceso de $1.50? ¿Se mantendría firme o vendería? ¿Se sentiría presionado? Trate de imaginar en qué lugar se sentiría presionado: ¡ese es el punto de compra! Si necesita también ayuda visual, puede usar las líneas de Fibonacci para una entrada en el retroceso dentro de un margen del 30% al 60% del valor máximo.

Una vez que el retroceso se ha establecido, la acción muestra una reversión clásica en velas de cinco minutos e indica su voluntad de rebotar. En la sala de *trading* anuncié una entrada a $88 [1]. Entramos, vendimos la mitad de la cantidad en [2], y otra cuarta parte en el clímax [3], con un total de $1.40 por encima del punto de entrada. Dejamos la última cuarta parte hasta el fin del día y una octava parte se trasladó al día siguiente, cuando, causándonos una gran alegría, la acción siguió subiendo.

¿Qué habría pasado si hubiera entrado en el punto equivocado y sufrido una pérdida de 20 a 30 centavos? La respuesta es simple: no habría salido. Habría esperado hasta la reversión en las velas de cinco minutos aún al precio más bajo, y rezado para que la acción aumentara. ¿Por qué? Porque la acción subió varios puntos porcentuales en solo unos pocos minutos. Sin duda, algo positivo está sucediendo: al fin y al cabo, es una acción fuerte. El hecho de que compré a $88 [1] no dice nada. Yo podría haber cometido un error. La acción podría haber caído varias decenas de centavos y solo entonces haber comenzado la tendencia alcista. Nadie puede asegurarme que mi punto de entrada sea el correcto, incluso si estuviera comprando de acuerdo a la mejor de las reglas. Pero la formación de las velas de cinco minutos me hizo pensar que, muy probablemente, ese era el mejor punto de entrada. Debe tener en cuenta que la acción es fuerte y, por lo tanto, en la mayoría de los casos, acabará por subir, incluso si temporalmente cae por debajo del punto de compra.

En algunos casos, sin embargo, el precio no se recupera y pierdo dinero. Cuando esto ocurre, sin duda no es agradable, pero es parte de las estadísticas que, en general, trabajan a nuestro favor. Vale la pena absorber unas pocas pérdidas si, más frecuentemente, generamos buenas ganancias. Es mejor sufrir de vez en cuando si se obtienen ganancias con frecuencia. Recuerde que los cambios de dirección intradía, aunque se basen en claras reversiones en las velas de cinco minutos, como se puede ver en el gráfico de la acción, son importantes, pero no indican necesariamente el punto de entrada correcto. Es suficiente con que un vendedor grande quiera vender una gran cantidad con el clic de un botón para cambiar el estatus ideal del gráfico. Mi sugerencia es simple: hay que tener fe en la acción, incluso si sigue cayendo después de haberla comprado. Recuerde que cuando esto suceda, aún no ha hecho "nada malo". Eso es lo que las acciones hacen. A la acción no le importa si su cálculo del punto de entrada ha sido errado y compró un poco alto. Hay que tener en cuenta que las acciones fuertes revierten al alza en la mayoría de los casos. Punto.

DINERO INTELIGENTE | *¿Ha entrado en una acción que no funciona a su favor? Antes de escaparse con pérdidas, consulte el gráfico con cuidado y pregúntese sinceramente: "¿Ha hecho algo malo?"*

¿Cuándo podemos empezar a "enojarnos" con una acción? ¿Cuándo se deja de aplicar el concepto de "no ha hecho nada malo"? Fíjese en el gráfico e imagínese una situación en la que compró en [1], pero la acción no volvió a su tendencia alcista sino que siguió con su tendencia descendente. ¿En qué punto empezaría a enojarse o a dudar de si la acción revertirá al alza? Mi respuesta sería a aproximadamente $87.25. En este punto, empezaría a darme cuenta de que "algo malo" ha reemplazado al inicio fuerte, y saldría. Puede acudir a la ayuda de la línea de Fibonacci del 61.8% para determinar en qué momento el precio retrocede demasiado. No saldría exactamente en el nivel de 61.8%, pero es seguro que no me quedaría con una acción que ha caído muy por debajo de ese nivel.

¿Por qué salí tan rápidamente en [2]? En retrospectiva, es evidente que debería haber esperado un poco más, pero, en tiempo real, yo no tenía ni idea de que la acción aumentaría casi $1.5 desde su punto de reversión. En segundo lugar, tenía que dejar atrás esa transacción lo más rápidamente posible. Recuerde, yo quiero ver ganancias. En este caso, hice efectiva la **"mitad de mi tamaño"** para llegar al punto donde la otra mitad era una **"operación gratis"**. En otras palabras, tras la primera realización, estoy en el punto en el que ya no puedo perder en la operación, incluso si el precio cae por debajo del punto de entrada. Vender la mitad de la cantidad, incluso a una menor ganancia, me ayuda a que la segunda mitad llegue a un clímax que no estoy seguro de que psicológicamente me hubiera podido permitir si hubiera estado en posesión de la "cantidad completa" y con el temor de perder en todo el proceso. Hacer efectivas las ganancias no tiene por qué ser lógico desde una perspectiva puramente matemática. Cuando es psicológicamente lógico, se convierte en matemáticamente lógico, es decir, dentro del rango de ganancias.

¿Debemos comprar solo después de que se vea claramente una reversión en las velas de cinco minutos? El ejemplo anterior es claro y sencillo, pero muchas otras acciones no ofrecen la oportunidad de esperar a un cambio de dirección técnico clásico como el doji inferior. En tales casos, será necesario desarrollar cierta sensibilidad y comprar acciones durante su tendencia bajista en el punto en el que calcule un cambio de dirección adecuado. Se oprimirá el botón BUY antes de que la reversión clásica se muestre en el gráfico de velas de cinco minutos. Para mejorar su cálculo de puntos de entrada, examine con cuidado la cantidad de compradores y vendedores en las áreas BID y ASK de su plataforma de *trading*. Cuando le parezca que la acción está en su punto óptimo y hay más compradores que vendedores, pulse el botón. En casos como estos, naturalmente menos claros que las clásicas reversiones en velas de cinco minutos, suelo comprar la mitad de la cantidad y esperar indicadores técnicos más claros para comprar la segunda mitad. También compraré esa segunda mitad a un precio menor que mi punto de entrada inicial, o si el precio sube inmediatamente, a un punto de entrada más alto pero no significativamente mayor que mi entrada inicial. En otras palabras, estoy dispuesto a admitir mi error y a entender que he comprado la mitad de la cantidad a un precio ligeramente elevado, y añado el resto a un precio más bajo. Sin embargo, si se pone de manifiesto que he comprado en el punto de entrada correcto y el precio de las acciones sube, no estoy dispuesto a correr detrás del precio y a comprar a mucho más de lo que pagué originalmente y, por tanto, me conformaré con la mitad de la cantidad. Tener el control de este procedimiento requiere un buen grado de conocimiento, experiencia y "arte" y no es adecuado para principiantes. Mientras no tenga experiencia, busque las reversiones clásicas; si no hay ninguna, no ejecute la transacción y espere a la siguiente acción interesante.

Resumen: las reversiones

A diferencia de comprar durante una ruptura o vender corto en un colapso, comprar durante una reversión es un punto de entrada más correcto, más tranquilo, menos arriesgado y con una mejor relación riesgo-retribución. La desventaja es el estrés psicológico. Es mucho más natural y sencillo comprar a la ruptura de una nueva alta. En la ruptura, compramos una acción que alcanza nuevos récords, mientras que, en las reversiones, compramos acciones con retrocesos dentro de sus tendencias generalmente alcistas. Comprar una acción con tendencia bajista será siempre más difícil psicológicamente que comprar una acción con tendencia alcista. Tenemos que superar nuestras emociones y sentimientos de duda y entender que las acciones fuertes casi siempre tienen retrocesos y que sus posibilidades de volver a sus altas históricas son mucho mayores que sus posibilidades de seguir bajando. Sea valiente y oprima el botón. No se preocupe: con un poco de práctica y experiencia, todo se aclarará.

Brechas de *trading*

En primer lugar es necesario definir el término "brecha" o, en la jerga, **gap**. Se llama **gap** o brecha a la diferencia entre el precio de cierre de un día y el precio de apertura al día siguiente. Cuando se crea una brecha, la primera operación del día será mayor o menor que el precio de cierre del día anterior.

- Una **BRECHA ALCISTA** o **GAP UP** se forma cuando la acción abre a un precio más alto que el del cierre del día anterior.
- Una **BRECHA BAJISTA** o **GAP DOWN** se refiere a un precio de apertura más bajo que el del cierre del día anterior.

De hecho, casi siempre se forma una brecha, y la primera operación del día con cualquier acción será diferente aunque sea por un centavo del cierre del día anterior. Las brechas pequeñas son insignificantes, por lo que vamos a describir cómo se forman las brechas más fundamentales. Estas, por lo general, están en un rango de un medio punto porcentual o más.

¿Por qué se abrirá la jornada a un precio diferente al del cierre del día anterior? Esto suele ser el resultado de noticias o rumores que circulaban entre la hora de cierre y la apertura del *trading* del día siguiente como, por ejemplo, cuando una compañía difunde sus informes financieros después del horario de oficina. En otros casos, puede no ser más que un "retroceso" de un día de pronunciadas altas o bajas, o deberse a noticias del mercado no relacionadas con la acción en cuestión, sino con el estado de ánimo de los inversionistas.

Las brechas casi siempre se cierran

El comportamiento de las brechas es predecible. Esto significa que usted tiene que aprender a manejarlas, ya sea porque tiene acciones que compró el día anterior y abrieron al día siguiente con una brecha, o porque está planeando entrar en una nueva acción que abre con una brecha.

DINERO INTELIGENTE	*La mayoría de las brechas se cierran: el 80% de las brechas se cierran el mismo día de su nacimiento y el 90% en un plazo de 10 días.*

Lo más importante que hay que saber de las brechas es que el 80% de ellas se cierran el mismo día en que nacieron, y el 90% en un plazo de diez días de *trading*. Por ejemplo, si una acción abre con una brecha alcista, es probable que durante la misma jornada caiga al precio de cierre del día anterior, con lo cual se cierra la brecha. Lo contrario se aplica a una acción que abre con una brecha bajista. Es razonable suponer que, durante el día, su precio suba al del cierre del día anterior y se cierre la brecha.

Brecha alcista o Gap Up para Baxter (BAX) a la apertura de la jornada de *trading*

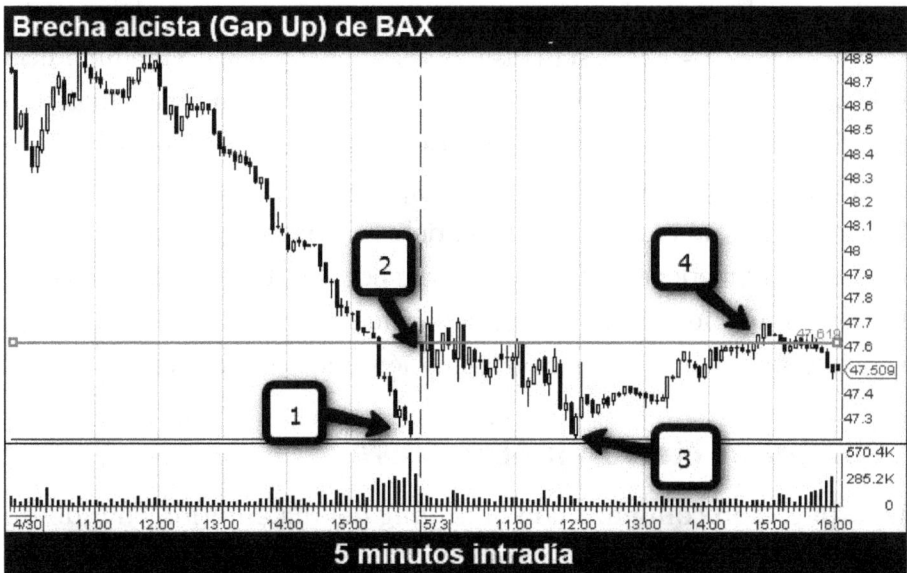

Brecha alcista (Gap Up) de BAX

5 minutos intradía

Baxter termina la jornada bursátil a $47.24 [1] y abre al día siguiente a $47.61 [2], lo que supone una diferencia del 0.8%. Aquí podemos ver el fenómeno común resultante de una información negativa que provocó la baja del día anterior, seguido de la apertura al día siguiente con una brecha que, en cierto modo, retrocede de la caída de la víspera. Tenga en cuenta que, en este caso en particular, la brecha creada en el segundo día de *trading* está "atrapada" en el rango del primer día de *trading*. El hecho de estar atrapada aumenta aún más las probabilidades de que la brecha se cierre. Como se puede ver, durante el desarrollo de la operación, el precio cae y la brecha se cierra [3], e inmediatamente después cambia de dirección y sube al nivel del precio de apertura [4].

El fenómeno del cierre de la brecha, especialmente en lo que se refiere a una brecha atrapada en el *trading* del día anterior, es bien conocido, y tiene una probabilidad de éxito intradía del 80%.

Nota importante: lo anterior es válido para brechas de menos del 3%. Las brechas mayores no se cerrarán en la misma medida y, en muchos casos, seguirán moviéndose en la misma dirección.

¿Por qué se forman las brechas?

Por lo general, una brecha se forma en la etapa previa a las horas de mercado, ya que los compradores están dispuestos a pagar por la acción un precio más alto que el de cierre del día anterior, o vender a un precio más bajo que el de cierre de la víspera. El precio antes de la apertura del mercado lo establecen los creadores de mercado según la oferta y la demanda, como les fue comunicada varias horas antes del comienzo del *trading*. Cuando la demanda es superior a la oferta, la acción tendrá una brecha alcista; cuando la oferta es superior a la demanda, la acción tendrá una brecha bajista. Como veremos, se comercia con acciones también antes de que abra el mercado.

¿Por qué se cierran las brechas?

La explicación comienza con el *trading* del día anterior, cuando un comprador institucional recibió instrucciones de vender una gran cantidad de acciones (en el ejemplo actual, BAX).

En primer lugar, tenemos que tener en cuenta que los *traders* institucionales compran o venden grandes cantidades de acciones y, por lo tanto, distribuyen sus órdenes de venta a lo largo de varios días, para no afectar negativamente el precio. Su objetivo es, por supuesto, vender al precio más alto posible, ya que si lo hacen (en relación con el comportamiento de las acciones de ese día en particular, consulte la sección de VWAP), recibirán muy buenas bonificaciones.

Supongamos que el *trader* institucional que vendió BAX el primer día de *trading* aún no ha completado su tarea y todavía tiene varios cientos de miles de acciones que debe vender al día siguiente. Al inicio del día siguiente, el *trader* trata de completar la tarea y vender más acciones.

Tenga en cuenta que el *trader* está dispuesto a deshacerse de ellas al precio de cierre del día anterior de $47.27 [1]. Para su gran alegría, el segundo día de *trading* se abre y el *trader* se encuentra con que los compradores están dispuestos a pagar $47.61 [2], un 0.8% más que el precio de cierre del día anterior. ¡Para el *trader* institucional, esto es un regalo del cielo! El *trader* sabe que, si vende por encima del precio de cierre del día anterior, le espera una buena bonificación. ¿Qué hace el *trader*? ¡Se frota las manos con fruición y vende! ¿Cuánto estará dispuesto a bajar? Todo lo posible mientras el precio siga siendo **más alto que el precio de cierre de ayer**, en otras palabras, ¡mientras pueda ganarse una bonificación! Los *traders* institucionales no se apresuran. Saben que tienen la capacidad de inundar el mercado, pero no quieren ver a los vendedores cambiando la dirección del mercado demasiado rápido. Así que venden un poco, esperan a que los compradores regresen, venden otro poco y así sucesivamente. Tenemos que tener en cuenta que los vendedores institucionales compiten también con otros vendedores institucionales. En poco tiempo, los compradores se hacen escasos y solo quedan vendedores. Aquí es cuando la acción comienza a moverse hacia el "sur" o a bajar. Mientras el precio esté por encima del cierre de ayer, los vendedores institucionales seguirán vendiendo, lo cual les reporta bonificaciones. En el instante en que el precio caiga al nivel del cierre de ayer, no habrá más bonificaciones. El vendedor institucional vende hasta que el precio caiga a $47.27 [1], y, en ese punto, se detiene. Es ese el momento en que la acción se deshace de los *traders* institucionales y comienza a subir de nuevo [4]. Resultado: la brecha se ha cerrado.

La mayoría de las brechas se cierran cerca de la primera hora de *trading*. Todo depende de la cantidad de *traders* institucionales que aprovechan la oportunidad de ganar de la brecha, y de la competencia entre ellos para ver quién va a vender primero.

También debemos recordar que en cada nivel de precios hay compradores y vendedores no institucionales. Cuando una acción abre con una brecha alcista al comienzo de la jornada, no incita órdenes de compra automática. Esto es porque los compradores no suelen dar instrucciones de compra automática cuando la acción está al alza y sube por encima de un cierto precio, pero los vendedores sí introducen órdenes automáticas. Digamos, por ejemplo, que usted compró BAX al precio de ganga de $47.27 [1] y dio una orden de venta automática para obtener ganancias en caso de que la acción llegue a $47.61 [2]. Hay que reconocer que usted esperaba obtenerlas trabajando duro, pero, afortunadamente, despertó en la mañana a una nueva y maravillosa realidad: con la apertura del *trading*, descubre que el precio está en $47.61 [2]. ¿Qué le pasa a la orden automática que dio antes de que comenzara el día de *trading*? Se ejecuta inmediatamente. En otras palabras, siempre que estemos por encima del precio del cierre de ayer, estamos en el territorio de los vendedores privados que se unen a los *traders* institucionales hasta que la brecha se cierre.

Evidentemente, todas las condiciones relacionadas con la brecha se aplican al revés a la brecha bajista, cuando las acciones abren a un precio inferior al del cierre del día anterior. En el caso de una brecha bajista, el precio se verá empujado hacia arriba por las actividades de compradores institucionales. En este caso, el número de compradores que comenzó a comprar el día anterior descubrirá que el precio de las acciones es inferior al del cierre de ayer. ¡Para ellos, esto significa una bonificación! Comprarán hasta que la brecha se cierre, al menos el 80% del tiempo.

Cierre de la brecha, BBBY

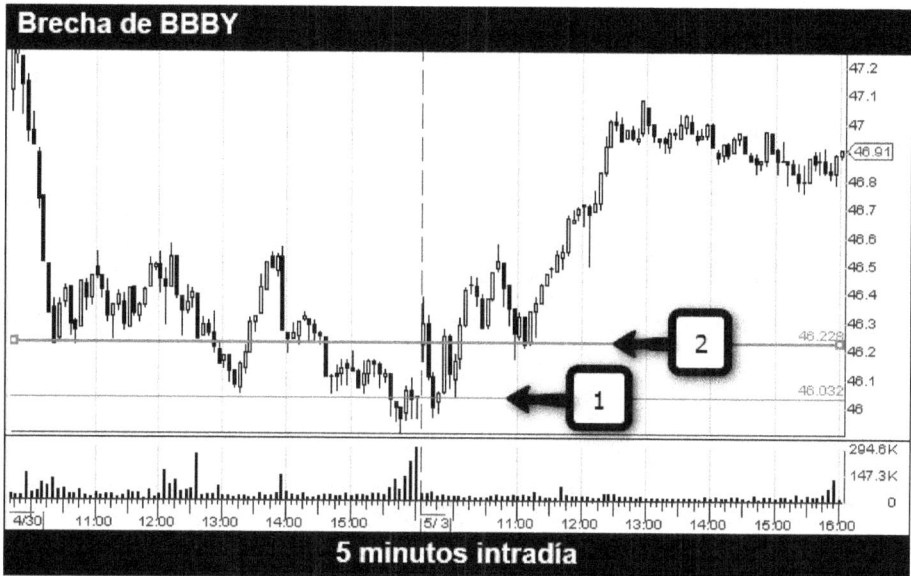

Brecha de BBBY

5 minutos intradía

En este gráfico podemos ver la brecha de BBBY que cerró la víspera a $46.03 [1] y abrió al día siguiente a $46.22 [2]. Note cómo cayó y cerró la brecha en tan solo quince minutos. El punto en el que la brecha se cerró [1] es el punto donde los *traders* institucionales dejaron de vender y la acción recibió la "luz verde" para seguir subiendo. Recuerde que el 80% de las brechas se cierran el mismo día de *trading*, y más del 90% se cierran en un plazo de diez días.

Nunca persiga las brechas

Digamos que antes del comienzo del *trading* usted decidió comprar BBBY si sube a más de $46.3. La revisa al inicio del *trading* y descubre que abre con una brecha alcista y, con tan solo unos pocos centavos más, es probable que llegue a su precio de activación. ¡Se ve de maravilla! ¿Debería comprar?

En este punto debería sonar una alarma en su mente. Recuerde el dicho: "¡**Nunca persiga las brechas**!". Aunque su corazón le diga que "compre", las horas de estudio que hemos pasado juntos deberían ser más que suficientes para decirle a gritos "¡Pare!". ¿Por qué? Porque lo más probable es que la brecha se cierre.

DINERO INTELIGENTE

¿Desea comprar una acción? No si abrió con una brecha alcista. Recuerde: nunca persiga las brechas.

Brechas en acciones dobles

Las acciones que rompen la norma son las que se cotizan en más de una bolsa de valores, como Toyota, que se cotiza en Wall Street y en la Bolsa de Valores de Tokio. Estas son conocidas como "acciones con *trading* en dos bolsas" o **dual-exchange traded stocks**.

Dado que los horarios de Wall Street y de Tokio no se superponen, Toyota casi siempre empieza el día con grandes brechas según el precio de cierre de la acción en la otra bolsa de valores.

DINERO INTELIGENTE

Las formaciones de brechas en acciones con trading en dos bolsas no son válidas. En general, nos abstenemos de operar con la mayoría de las acciones con trading en dos bolsas.

Observe qué fácil es ver que Toyota (TM) es una acción con *trading* en dos bolsas:

TM se cotiza en dos bolsas

3 meses (diario)

En el gráfico diario de Toyota aquí arriba, podemos ver claramente que cada día de *trading* se abre con una brecha. Esta formación indica claramente una acción que se cotiza en dos bolsas.

Brechas en índices de mercado

Dado que el índice S&P 500 representa las 500 acciones principales, mostrará la brecha acumulativa de todas las acciones que abarca. Cuando el índice de precios del mercado se abre con una brecha alcista de un medio por ciento, ¿qué significa esto para todas las acciones incluidas en el índice? El significado acumulativo debe ser también una brecha de un medio por ciento. Por supuesto, algunas acciones pueden abrir con una brecha alcista grande, otras con menos y tal vez algunas con una brecha bajista, pero el promedio debe ser, al menos, igual a un medio por ciento.

Supongamos que las 500 acciones principales de Wall Street abren con una brecha. ¿Qué debería suceder a continuación? El 80% del dinero en esas acciones pertenece a actores institucionales más que a privados. Puesto que los actores institucionales, como hemos aprendido, están interesados en vender mientras la brecha esté abierta, en la mayoría de los casos la brecha del índice del mercado se cerrará exactamente de la misma manera en la que se cierra la brecha de una sola acción de las que componen el índice.

Cierre de la brecha del ETF – SPY

Cierre de la brecha de SPY

8 días (30 minutos intradía)

Observe las aperturas de los últimos seis días de *trading* en este gráfico. Todas abren con brechas, y todas se cierran. Los días 1, 3, 5 y 6 cierran perfectamente el mismo día, y los días 2 y 4 se cierran parcialmente el mismo día y completan el cierre al día siguiente. Basándonos en estos cierres de brechas, ¿podemos definir una estrategia ganadora? ¡Por supuesto que podemos!

Etiqueta de estrategia: cierre de la brecha del ETF – SPY

- Punto de entrada: en la apertura del *trading*, **long** o **short** en la dirección de cierre de la brecha

- Condiciones de entrada: el SPY debe abrir con una brecha de al menos 20 centavos, a condición de que la diferencia no sea mayor que el 85% del rango de movimiento del *trading* del día anterior (la diferencia entre el alta más alta y la baja más baja del *trading* del día), ni menor que el 15% del *trading* del día anterior. Motivo: una brecha demasiado grande sugiere eventos extremos que pueden llevar al mercado a movimientos bruscos y aumentar el riesgo. Las brechas demasiado pequeñas no son interesantes.

- Punto de salida:

  1. Venda al final de la jornada de *trading* si la brecha no se ha cerrado; o bien

  2. Venda cuando la brecha se cierre.

- Resultados: durante los tres años transcurridos desde octubre de 2007 hasta octubre de 2010, 471 brechas mantuvieron estos criterios.

Suponiendo que usted haya invertido $16,000 en cada operación, estos son los resultados:

- Máxima ganancia por operación: $373.9

- Máxima pérdida por operación: $778

- Ganancia promedio: $55.86

- Pérdida promedio: $145.01

- Tasa de éxito: 81.95%

- Tasa ponderada de éxito: 63.62%
- Ganancia global en tres años: $9,236
- Rendimiento anual promedio: 17.58%

Resumen

El método funciona. El talón de Aquiles del método es el 18.05% de casos en los que la brecha no se cierra: esos días en los que el mercado se abre con una brecha y sigue moviéndose; se conoce este fenómeno como "**Gap & Go**". En los raros días en los que el mercado se nos "escapa", la pérdida promedio es mucho mayor que la ganancia promedio y, por ello, la tasa ponderada de éxito es menor.

Trading con el QQQ

En el capítulo que detalla los indicadores aprendimos la importancia de utilizar las bandas de Bollinger. También aprendimos que cuando el precio de las acciones llega a la banda superior, se encuentra en un estado de **sobrecompra** y debe regresar hacia abajo. Por el contrario, cuando cae hacia la banda inferior, está en estado de **sobreventa** y existe una fuerte probabilidad de que vuelva a subir.

También aprendimos que es necesario definir los datos de la banda en su plataforma de *trading* para calcular 10 períodos y una desviación estándar de 1.5, lo que significa que las bandas de Bollinger se calcularán en función de la volatilidad de la acción en los últimos diez días de *trading*. La importancia matemática de la desviación 1.5 estándar es que el 90% del movimiento de la acción estará atrapado entre las dos bandas.

Basándonos en lo anterior, podremos suponer que una acción o ETF que se mueve más allá de los límites de las bandas volverá a estos límites. He aquí un increíble método de *trading* que aprovecha esta premisa:

Gráfico diario del ETF NASDAQ 100 - QQQ

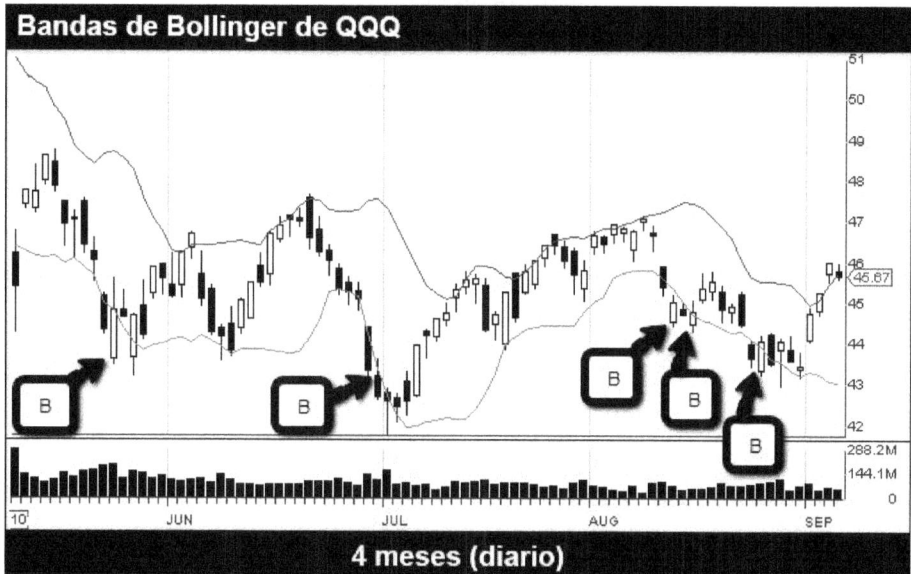

Bandas de Bollinger de QQQ

4 meses (diario)

Durante cuatro meses envolví el gráfico diario de QQQ (conocido como "las Q") con bandas de Bollinger según las definiciones anteriores. Observe cómo las bandas se expanden o se contraen a medida que la volatilidad de las Q aumenta o disminuye. Se puede ver cómo las bandas "envuelven" la mayoría del movimiento de las Q. Observe también que cada vez que las Q rompen las bandas, regresan.

DINERO INTELIGENTE

Los fondos de cobertura (hedge funds) aplican estrategias similares. La ventaja de las Q para los fondos de cobertura es el gran volumen que les permite entradas y salidas fiables con grandes sumas de dinero.

Etiqueta de estrategia: retroceso diario de QQQ

- ¿Cuándo comprar? Cuando las Q caigan por debajo de la banda inferior.
- Indicador: Bollinger, 10 períodos, SD (siglas en inglés de "desviación estándar") 1.5

- Punto de compra: compre al día siguiente al del precio de cierre por debajo del margen inferior de la banda de Bollinger. Compre el ETF al precio de apertura del día de *trading* siguiente solo si el precio de apertura sigue estando por debajo de la banda inferior.

¿Por qué NO queremos comprar al precio de cierre del día anterior? Comprar al día siguiente de la primera caída tiene por objeto asegurar que la histeria ha pasado y la polvareda se ha asentado. En períodos de histeria, es probable que el precio de apertura de la segunda jornada sea mucho más bajo que el cierre de la primera jornada.

En el gráfico de las Q hay cinco puntos de compra que responden a estos criterios y están marcados como "B".

- Punto de venta: venda inmediatamente si se presenta una de las siguientes situaciones:

  1. Al final de cualquier día de *trading* si el QQQ de NASDAQ cierra por encima de su precio de compra (aunque sea el mismo día en que usted compró); o bien

  2. Al cabo de 20 días de *trading* (un mes).

- **NOTA:** mientras tenga una posición abierta, no entre en otra. Cierre la abierta primero. El objetivo es evitar una gran pérdida durante períodos de extrema histeria en los que el mercado podría no "volver" como se había previsto.

- Ejercicio: en el gráfico de las Q, analice los puntos de compra y venta según las reglas que hemos aprendido. Descubrirá que tenemos una tasa de éxito del 100%. En cuatro de los cinco casos, el punto de venta está al final del mismo día en que se hizo la compra y, en un caso, tuvimos que esperar que pasaran cinco días de *trading*.

- Resultados: en el período de tres años en el que examiné esta estrategia, desde enero de 2005 hasta finales de 2007, documenté 45 eventos en los que el QQQ de NASDAQ proporcionó oportunidades de compra de acuerdo a la estrategia de arriba. Aquí están los detalles:

  - Éxitos: 41

  - Fracasos: 3

  - Tasa de éxito: 93%

- ○ Ganancia promedio por transacción: 0.4%
- ○ Tiempo de espera promedio por transacción: 5.07 días
- ○ Ganancia total por período: 17.6%
- Cambio de parámetros: el talón de Aquiles de cualquier estrategia de *trading* es su sensibilidad a cambios de poca monta. Un ligero cambio de parámetros puede llevar a grandes cambios en los resultados, pero también puede afectar a la fiabilidad del método. Si, por ejemplo, cambiamos los parámetros a 20 períodos y la SD a 1, ¡descubrirá que la tasa de éxito es de más del 90%! ¿Es también válido este método para una sola acción? Sí. He aquí las instrucciones:
- Punto de compra: compre acciones de NASDAQ 100 a la mañana después del cierre por debajo de la banda inferior de Bollinger, siempre que el nuevo precio de apertura siga estando por debajo de la banda.
- Punto de venta: venda inmediatamente si se presenta una de las siguientes situaciones:
  1. Al final de cualquier día de *trading* si la acción cierra por encima del punto de entrada (aunque sea el mismo día en el que se hizo la compra); o bien
  2. Al cabo de 20 días de *trading* (un mes).
- Resultados: durante el período de cuatro años que examiné, desde enero de 1999 hasta enero de 2003, documenté un total de 3,870 oportunidades que respondían a estos criterios. He aquí los detalles de ese período:
  - ○ Éxitos: 3,684
  - ○ Fracasos: 186
  - ○ Tasa de éxito: 95.19%
  - ○ Ganancia promedio por transacción: 2.77%
  - ○ Tiempo de espera promedio por transacción: 3.06 días
  - ○ Secuencia de éxitos: 121
  - ○ Secuencia de pérdidas: 3

Resumen

¡No está nada mal!

Los resultados pueden mejorar si uno está dispuesto a correr más riesgos y a operar como los fondos de cobertura, usando el margen para duplicar e incluso cuadruplicar sus resultados. No se requiere una inversión muy grande para ejecutar 44 transacciones con QQQ de NASDAQ en tres años. Cualquier suma de dinero es adecuada y el riesgo es relativamente pequeño.

En una ocasión, un hombre que me reconoció en un lugar público se acercó y me dijo: "¡Usted no me conoce, pero le debo un montón de dinero!" Quedé gratamente sorprendido al oír su historia. Parece que, basándose en un artículo que escribí describiendo esta estrategia, ensayó el método, llegó a resultados favorables, estableció un fondo de cobertura y recaudó decenas de millones de dólares de inversionistas. Si bien el fondo emplea ahora diversas estrategias, ésta sigue siendo la principal y la de mayor éxito.

La reventa o *scalp*

Los *traders* se pueden dividir en tres tipos: ***swing traders, day traders y scalpers***. Se pueden integrar los tres métodos, y ese es mi modo de operación preferido. El *scalp* se refiere a operaciones a muy corto plazo. Los *swing traders* mantienen acciones hasta el día siguiente, y los *day traders* tratan por lo general de obtener lo máximo posible de la acción en el transcurso de un día de *trading*. Tanto *swing traders* como *day traders* suelen basar sus sistemas en el análisis técnico con un toque de análisis fundamental.

Los *scalpers* se basan totalmente en el análisis técnico. Su objetivo está a muy corto plazo. Cambios de unos pocos centavos en varios segundos hasta algunos minutos son suficientes. Esto significa que, a fin de ganarse la vida en el mercado, tienen que operar con cantidades relativamente más grandes que los *day traders* o *swing traders*. Los *scalpers* con poco respaldo (desgraciadamente, es el caso de la mayoría) compensan lo que les falta en el bolsillo comerciando con productos financieros que pueden apalancarse con más que el típico apalancamiento del mundo del *trading*. Entre ellos se cuentan los **futuros**, los cuales son apalancados veinte veces más, las **opciones** y, por supuesto, el **FOREX** (cambio de divisas) que puede llegar a un apalancamiento de hasta 500 veces más, y se expresa como **margen de 500:1**. Lo absurdo es que el *trading* con estos productos muy apalancados es más difícil e increíblemente más arriesgado que operar con acciones. No obstante, el sueño de "hacerse rico de la noche a la mañana" atrae a gente sin fondos ni experiencia a las zonas más difíciles del *trading*, donde a menudo comienzan y, casi invariablemente, terminan su carrera de *trading*.

He aquí una clásica situación del final de la carrera de la mayoría de los *traders* de futuros apalancados que conozco:

Observe lo que ocurre con el SPY en unos pocos minutos:

El 6 de mayo de 2010, por razones que aún no están claras, un gran fondo vendió accidentalmente una gran cantidad de futuros del S&P 500 al pulsar desafortunadamente el botón. En los últimos años, dado el creciente uso de plataformas de *trading* con algoritmos, eventos como ese ocurren cada vez con mayor frecuencia, tanto es así, que se inventó el nombre "dedo gordo" para describir el fenómeno. En este caso, el dedo gordo vendió futuros del S&P 500 y causó el colapso del índice de futuros (ES) en un 10% en cuestión de segundos.

¡Fue un acto atroz, conocido como el "Flash Crash", el cual mantuvo a los *traders* de todo el mundo pegados a las pantallas, pensando por un momento que había llegado el fin del mundo! Y en efecto, el fin del mundo llegó para algunos de los más grandes operadores de futuros que utilizan un margen de 20:1. De hecho, lo que se llegó a entender como el punto medio de la caída, cuando el ES cayó "solo" un 5%, todas sus cuentas fueron aniquiladas, ya que un 5% a 20:1 = ¡100%! Cuando sus cuentas llegaron a un saldo de cero, sus brókeres las cerraron automáticamente y, cuando el mercado retrocedió tan solo unos minutos después de que el dedo gordo hiciera su jugada, los *traders* se quedaron atónitos, con cuentas que mostraban un cero perfectamente redondo. Ese fue el último día en que operaron muchos *traders* de futuros que conozco, y estoy seguro de que lo mismo es cierto para miles más que no conozco.

| **DINERO INTELIGENTE** | *Los scalps apalancados son los garantes del fracaso: si no hoy, o el año que viene, les llegará seguro el día del juicio.* |

Como espero que ahora haya entendido, el *trading* con margen es extremadamente peligroso, ya que los *scalpers* algunas veces tienden a "estirar" sus cuentas usando apalancamiento hasta el límite más alejado posible. Es verdad que pueden obtener enormes ganancias y por largos períodos, pero basta con que se topen una vez cada pocos años con un solo incidente del dedo gordo o con cualquier otro fenómeno extremo (como la tragedia del 11 de septiembre) para acabar con su *trading* para siempre.

En mi experiencia, el *scalping* le puede causar mucho más daño que beneficio en sus primeros años de *trading*. Me preguntaba si dedicarle un espacio a las actividades de *scalping*, temeroso de que su lectura pudiera empujarle a intentar el método. Elegí la senda intermedia: describir la actividad y, al mismo tiempo, destacar sus grandes peligros. Un *trader* de éxito necesita un alto nivel de autodisciplina. Si lo tiene, lea, interiorice y, por favor, manténgase alejado del *scalping* hasta que esté muy avanzado en su desarrollo como *trader*.

¿Cuándo se ejecuta un *scalp*?

Hay varias formas de ejecutar el *scalping*. Una se produce cuando calculamos que está a punto de producirse un fuerte movimiento de precios. El objetivo será entrar y salir rápidamente. ¿Por qué salir rápidamente, en lugar de quedarse un poco más y mejorar los resultados? La respuesta depende principalmente de los marcos temporales, entre ellos, varios que son adecuados para el *scalping* a muy corto plazo:

- **A la apertura del *trading***

Durante los diez primeros minutos de *trading*, la mayoría de los precios de las acciones volátiles parecen "volverse locos" en nuestras pantallas, y, en la mayoría de los casos, esto se debe a que los *traders* privados les han dado a sus brókeres órdenes de compra y venta antes de la apertura del mercado. Estas órdenes se ejecutan a precios de mercado durante la primera media hora de *trading*, y pueden causar un gran alboroto en los precios de las acciones. Si usted sigue una acción determinada, como por ejemplo Apple (AAPL), aprenderá a evaluar su comportamiento al empezar el día y descubrir, con el tiempo, que puede predecir cómo va a conducirse con un sorprendente grado de confianza. Apple puede subir tanto como un dólar durante los primeros cinco minutos, retroceder toda el alza de precios en los próximos dos minutos y seguir en cualquier dirección después, independientemente de lo que hizo en los primeros minutos. ¿Podrá sacar provecho de una fluctuación de un dólar en cualquier dirección? Por supuesto, siempre que tenga mucha experiencia, los nervios de un piloto de combate y un montón de dinero disponible para derrochar mientras "perfecciona" el método.

- **A la hora del almuerzo**

Muy a menudo, me encuentro con una formación ganadora durante la hora del almuerzo en Nueva York (de 11:30 a 13:30). Durante este período no espero grandes movimientos en el mercado y por lo tanto sé que si compro una acción durante la ruptura, no esperaré que siga moviéndose fuerte en la dirección de la ruptura, sino una ruptura muy corta seguida de una rápida caída. La falta de confianza en la continuidad de la ruptura no significa que no esté dispuesto a llevarme una ganancia de 10 a 20 centavos y escaparme rápidamente ¡antes de que la acción cambie de parecer! La hora del almuerzo es también el momento en el que los "*traders* de un centavo" están más activos; detallaré este método más adelante.

- **Al cierre de la jornada**

Para el *scalping*, este es el mejor momento posible. Durante la última hora de *trading* y, especialmente, durante la segunda media hora, los volúmenes crecen debido al cierre de la jornada de los fondos institucionales. El problema con esta última hora es la falta de continuidad. No se puede esperar continuidad en el movimiento y, por ende, tampoco un desarrollo de ganancias, ya que la jornada simplemente se termina. Durante este período, las formaciones de reversión son generalmente las más satisfactorias: por ejemplo, una acción que ha subido fuerte puede retroceder de su alta puesto que muchos inversionistas podrían querer hacer efectiva una parte de las ganancias, reducir los riesgos e "irse a dormir" con menos posiciones abiertas. Lo contrario sucede con el precio de las acciones que cayeron fuerte, cuando los *short sellers* que la han estado empujando a la baja todo el día comienzan a hacer efectivas sus ganancias (es decir, ahora se convierten en compradores) y la acción recupera parte de su caída.

Ejemplo de *scalping* con DOW

Este es un clásico *scalp*, ejecutado el 4 de mayo de 2010 en nuestra sala de *trading*, durante la última media hora de la jornada. DOW, una empresa líder de productos químicos, colapsó con el resto del mercado como consecuencia de los rumores difundidos en esa fecha acerca de que España sería el siguiente país europeo en declararse insolvente. Mientras que el indicador del mercado cayó un 2.5%, DOW bajó un 8%. Calculamos que los *short sellers* que habían gozado de un día de campo con la acción durante casi toda la jornada (note la perfecta caída), iban a cerrar algunas de sus posiciones **shorts** hacia el final, es decir, comprarían. En [1], por primera vez en ese día, la acción cambió de tendencia en las velas de cinco minutos. Habíamos previsto este cambio varios segundos antes, y entramos en una posición larga a $28.95. En [1] el cambio de tendencia se mostró como fortalecimiento y en [2] hicimos efectiva una ganancia de 40 centavos. Observe también el gran volumen justo antes de que la acción cambie de tendencia. Una gran cantidad de acciones cambió de manos en esos minutos, lo que respalda considerablemente nuestra suposición de que cabía esperar un "retroceso".

La técnica del *scalp*

La primera condición: debe mantener el dedo sobre el ratón, y los ojos pegados a la pantalla. Tiene que concentrarse en la acción. Debe comprar y vender con órdenes LIMIT precisas. NO debe, por ningún motivo, correr detrás de la acción, porque con el *scalping*, la ganancia o la pérdida se miden en unos pocos centavos. En muchos casos, pongo de antemano una orden de salida. Por ejemplo: si compré 3000 acciones a $20, anticipando un aumento de 30 centavos, pondré una orden límite de venta en mi plataforma de *trading* de:

- 1000 acciones a 20.15

- 1000 acciones a 20.25

- y esperaré con el dedo sobre el ratón a que aparezca el primer signo de debilidad para vender las 1000 acciones restantes

DINERO INTELIGENTE

Se supone que los scalps son para el corto plazo, y por lo tanto no se ejecutan en pequeñas cantidades. Comerciar con pequeñas cantidades de acciones produce el "síndrome del dinero menudo" y conduce al fracaso.

El *scalping* no se ejecuta con pequeñas cantidades de acciones. Los nuevos *traders* que practican el *scalping* en pequeñas cantidades, por ejemplo, con 300 acciones, caen en la trampa de las ganancias insignificantes, lo que se da en llamar el "síndrome del dinero menudo". Vender 100 acciones para ganar 15 centavos parece demasiado poco rendimiento, por lo que tratarán de prolongar el *trading* por unos pocos centavos más y, generalmente, descubrirán que han esperado demasiado para vender. La acción baja 10 centavos, así que ya no conviene vender, pues la ganancia es ahora aún menor, y esperan un poco más. A continuación, la acción vuelve al punto de entrada, o incluso por debajo del mismo, ¡y el *scalp* termina en una pérdida! Con grandes cantidades de acciones, por el contrario, se saca una buena ganancia con cada operación parcial atrapada, sin necesidad de lidiar con el síndrome del dinero menudo.

Nota: los términos "dinero menudo" y "buenas ganancias" son relativos y diferentes de un *trader* a otro, en función del respaldo monetario que tiene cada uno y de la constitución psicológica en relación a sus ganancias o pérdidas.

Scalp de un centavo

El *scalp* de un centavo es un método de *trading* orientado a obtener ganancias de solo uno o pocos centavos, con ligeras fluctuaciones intradía en acciones con los precios bloqueados. Las acciones con **precios bloqueados** o ***locked prices*** son acciones en las que cientos de *traders*, si no miles, están operando, ejecutando órdenes de BID y ASK a un centavo por encima o por debajo del precio de mercado de la acción. Este no es el clásico método de *trading* basado en fluctuaciones notables intradía como consecuencia de rupturas, colapsos o cambios de dirección. En contraste con todo lo que hemos aprendido hasta ahora, el *scalp* de un centavo se basa principalmente en la falta de volatilidad. Quiero hacer hincapié en que esta no es mi área de especialización, ni un método que me guste demasiado, pero en determinadas condiciones de mercado, que se detallan en la siguiente sección, puede aplicarse con éxito.

El *scalp* de un centavo y la barrera de la comisión

La primera condición para participar en este método es la de tener una cuenta grande. Si desea obtener ganancias del movimiento de un centavo y, aun así, superar la barrera de la comisión, necesita operar con no menos de 10,000 acciones. Una ganancia de un centavo con 10,000 acciones significa $100, cantidad de la cual aún debe deducirse la comisión. En este método, las comisiones son la clave del éxito o del fracaso.

He aquí un ejemplo: supongamos que usted ganó un centavo por acción en un total de 10,000 unidades, o sea 100 dólares, y supongamos que tiene que pagar una comisión de un centavo por unidad y compró 10,000. Esto significa una ganancia de $100, cancelada por la comisión, y cuando vende, le cuesta otros $100. En total, una pérdida de $100. Aun si pagara una comisión de una décima de centavo, por un monto total de $20 para la ejecución de las compras y las ventas, le estaría dejando el 20% de sus ganancias al bróker.

Esto puede parecer razonable, pero también se debe tener en cuenta el triste hecho de que cuando pierde (por lo menos el 30% de sus ejecuciones terminarán en pérdidas), la pérdida más la comisión sumarán un total de $120. El promedio ponderado está sin duda en su contra.

La solución: a diferencia del método de cobrar un centavo por acción, lo que solo será útil si se opera con cantidades de hasta 2000 acciones por clic, cuando se opera con grandes cantidades fijas, pídale a su bróker que defina un sistema de comisión diferente según el **Per Trade Commission Plan** ("Plan de comisión por transacción") en lugar del **Per Share Commission Plan** ("Plan de comisión por unidad"). Si opera con grandes cantidades, es probable que pueda acordar un precio de $3 a $6 por clic del botón para cantidades ilimitadas.

De hecho, los grandes *traders* suelen recibir comisiones en lugar de pagarlas. ¿Cómo? Cuando uno establece sus órdenes de BID y ASK y espera su ejecución, le está agregando liquidez al mercado. Al hacerlo, como ya hemos aprendido, usted recibe de la ECN una comisión de $2 por cada 1000 acciones. Con un simple cálculo, puede comprender que la cantidad relativamente pequeña de 10,000 acciones le reportará un rendimiento de la ECN de 0.2 centavos por acción, lo cual es $20, mientras que usted solo paga $6. ¿Qué pasaría con una cantidad de 100,000 acciones? El rendimiento de la ECN tiene un valor de $200, mientras que la comisión que usted paga sigue siendo de $6. ¿Puede ver a dónde vamos con esto? Conozco *traders* que viven de la compra y la venta de acciones a exactamente el mismo precio, por ganancias de cientos de dólares procedentes solo del rendimiento de la ECN. Si tienen suerte, también alcanzan a ganar otro centavo por acción.

¿Suena fácil?

¡Pues no, no es nada fácil!

Scalp de un centavo: el método

- **Primero encuentre una acción de bajo precio**

Idealmente debería estar en el rango de los $5 y $10, con baja volatilidad y con un volumen de decenas de millones de acciones por día. Las candidatas varían según los diferentes períodos de actividad, la volatilidad y los precios del mercado. Recuerde que la volatilidad es el peor enemigo de este método. ¡Imagínese cuánto podría perder si la acción se moviera diez centavos en su contra! Este es también el motivo por el cual DEBE operar conforme a las siguientes reglas:

1. La acción debe moverse lateralmente sin ninguna tendencia o, en la jerga del sector, la acción debe tener un **precio bloqueado.**

2. La acción no debe mostrar volatilidad ni movimiento de más de 5 a 10 centavos por día.

3. El mercado se mueve lateralmente sin ninguna tendencia (generalmente, durante las horas del almuerzo).

4. La acción tiene un precio de $10. Usted puede comprar acciones baratas en grandes cantidades aunque no se llame Warren Buffet.

5. La acción muestra un gran volumen de *trading* de decenas de millones por día.

La forma más sencilla de elegir una acción es pescarla de la lista que contiene siempre las "top ten" de acciones de gran volumen que se cotizan en NASDAQ o NYSE. Observe que no me refiero a acciones que se metieron en la lista por casualidad, sino a las que están en esa lista permanentemente. Algunos días, es posible que elija Bank of America (BAC) o Intel (INTC), Microsoft (MSFT) u otros. Citigroup (C) solía ser la favorita de los *scalpers* cuando su precio estaba en torno a los $4 con volúmenes de cientos de millones de acciones por día, antes de la operación de reagrupamiento o **reverse split** antes descrita.

Cuando ponga esas acciones en la pantalla, podrá ver volúmenes intradía de decenas de millones, si no de centenares, de acciones y una cantidad ingente de compradores y vendedores. Muchos de ellos están en el juego de un centavo.

Entonces, ¿quién causa movimiento en la acción si nadie quiere que se mueva más de un centavo? Por supuesto, no pueden ser los *scalpers* trabajando al nivel de un centavo, porque, básicamente, están bloqueando el precio e impidiendo el movimiento. El verdadero cambio proviene del sector público y de los fondos que están comprando y vendiendo con inversiones a largo plazo en mente, y no les interesa que la acción suba o baje un centavo.

Supongamos que usted ha elegido su acción y es un buen momento para operar. La transacción en sí es bastante sencilla, pero requiere una buena dosis de experiencia. En primer lugar, aun si el precio se mueve lateralmente, examine la tendencia del mercado y la de la acción. Si la tendencia es hacia arriba, es posible que desee ejecutar una posición larga más que una corta, y viceversa. Ahora tiene que introducir su orden de compra límite en BID, y esperar pacientemente a que los vendedores acepten su oferta. Cuando haya comprado la cantidad deseada, introduzca una orden límite de venta en ASK, con una meta de ganancias de 1 a 3 centavos, y espere a la aceptación de los compradores en el sentido inverso.

Tenga en cuenta que no hay necesidad de utilizar la orden de SHORT, ya que en la mayoría de las plataformas de *trading* un SELL común funciona exactamente como un **short**. Ahora que ya vendió con ganancia la cantidad comprada y añadió a la venta una cantidad doble, usted está en una posición corta y, por lo tanto, necesita colocar una cantidad doble en el lado de BID con una meta de ganancia de 1 a 3 centavos, repitiendo el ciclo. Una vez que el mercado se ha hecho más volátil, y en base a la premisa de que usted está en el lado correcto de la dirección del mercado, tiene que cancelar la orden de salida y tratar de sacar ganancias de unos cuantos centavos más allá de la meta de ganancias original.

Deseo destacar, una vez más, que este método *parece* muy simple. En realidad, se requiere una gran dosis de paciencia, autodisciplina y conocimiento profundo del mercado. Es preciso seguir el gráfico de la acción con velas de un minuto. También tiene que ver el gráfico del mercado que indique si es preciso escaparse de la transacción con una pérdida inesperada, o cancelar una orden de salida y dejar que el mercado le lleve a obtener ganancias adicionales imprevistas de unos cuantos centavos. Por las mismas razones, tiene que seguir el gráfico del sector de la acción. Debe evitar operar cuando la acción se encuentra en un punto de ruptura o de colapso que pudiera moverla hacia un terreno peligroso.

Ejemplo de *scalping* de un centavo con Citigroup (C)

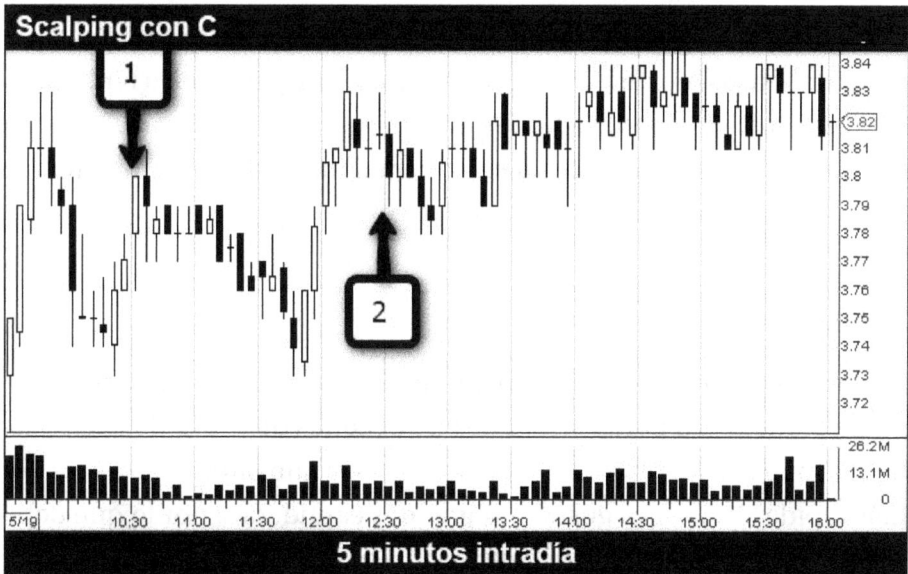

Citigroup (C) se ha estado cotizando con alta volatilidad hasta el final de la hora de apertura [1], por lo que el *scalp* de un centavo es inoportuno. Citi desacelera a las 12:30 durante la hora del almuerzo [2] y, desde ese momento hasta el final del día, responde a los criterios del *scalp*. Observe que, además del gran volumen durante la hora de apertura del *trading*, que no incluye a los *scalpers*, el volumen del punto [2] hasta el final del día muestra un promedio de diez millones de acciones en velas de cinco minutos. Observe cómo el precio de las acciones está bloqueado en un rango de fluctuación de 4 a 6 centavos.

¡Una buena razón por la que los *scalpers* trabajaban duro con Citi antes del reagrupamiento es el hecho de que el precio era muy bajo! Para comprar 10,000 acciones a $4 solo necesitaban un capital relativamente pequeño de solo $10,000, que, al apalancarlo en 4:1, les concedía un poder adquisitivo de $40,000. Hace un tiempo estuve observando a un *trader* que solo se ocupaba de *scalps* de un centavo con acciones de Citigroup. Durante varias horas, estuve viendo cómo una cuenta de $100,000 y una cantidad de 100,000 acciones por transacción le reportaron una ganancia de $32,000 al cabo de una jornada de *trading*. Al día siguiente, le devolvió al mercado unos $18,000, cuando Citi se movió unos pocos centavos contra él y no retrocedió, pero, la mayor parte del tiempo, el *trader* mantuvo ese saldo positivo.

No obstante, la historia no es toda de color de rosa. Ese *trader* tenía que cambiar de brókeres cada pocos meses, porque, tarde o temprano, el nuevo bróker se percataba de que esta persona se dedicaba a lo que se suele denominar **toxic trading** ("operaciones tóxicas"). Hablaremos sobre esto más adelante.

Tipos de órdenes

Por lo general, no encaminamos las órdenes directamente a los creadores de mercado, pero para cantidades de decenas de miles de acciones, hallará que los creadores de mercado son los que ofrecen la ejecución más rápida. A ellos les gustan las grandes cantidades, por lo que debe pensar en ejecutar sus órdenes a través de empresas como NITE (Knight Capital Group) y SBSH (Salomon Smith Barney). Por ejemplo, con una cantidad de 100,000 acciones, es preferible colocar dos órdenes separadas de 50,000 con cada uno de estos dos creadores de mercado y observar, durante el desarrollo del *trading,* cuál de ellos actúa más rápido. La ventaja de este método de utilizar creadores de mercado es la velocidad de ejecución; la desventaja es que no recibirá el reembolso de la comisión de la ECN.

¿Cómo pueden los creadores de mercado ejecutar las órdenes más rápidamente que la ECN? Porque ellos mismos están operando dentro del mismo pequeño diferencial. El papel de los creadores de mercado, como ya hemos visto, es el de proporcionarle al mercado liquidez, cosa que no hacen a cambio de un lugar seguro en el paraíso. Ellos suministran la liquidez ya que desean obtener ganancias, igual que usted, de las diferencias entre los precios de compra y de venta. Lo que usted está haciendo con miles o decenas de miles de acciones, ellos lo hacen con millones. Con respecto a las acciones que se cotizan a precios bloqueados, lo hacen mejor y más fácilmente que usted porque tienen una ventaja: ellos están autorizados a operar en fracciones de centavo.

Con el fenómeno del *trading* en fracciones de centavo se pondrá furioso. Por ejemplo, puede que esté esperando deshacerse de una acción con una ganancia de un centavo. Digamos que compró a $8.01 y está planeando vender a $8.02, pero en su plataforma de *trading* observa miles de acciones vendiéndose a $8.019. En otras palabras, alguien le ha "birlado" la venta a un precio de solo una décima de centavo menos. Este es uno de los privilegios de los creadores de mercado, y usted tendrá que esperar su turno pacientemente. Por otro lado, ya que están jugando en la brecha, lo más probable es que sean ellos mismos quienes le compren a usted y le vendan a un tercero. En algún momento, podrían muy bien comprar su acción a $8.02 y venderla a otros creadores de mercado en la brecha por $8.019, aspirando a ganar poco menos de un centavo, pero en cantidades gigantescas.

El *scalp* de un centavo es tóxico

Como ya se ha dicho, el *scalp* por ganancias de un centavo no es una práctica de *trading* estándar y es que no se trata de nada más que de aprovechar la ineficiencia del mercado. Hasta finales de 1999, los *scalpers* se beneficiaban de una estructura diferente del mercado, puesto que los precios de las acciones no se cotizaban en incrementos de un centavo, sino en octavos de dólar: $8, $8 1/8, 8 2/8 y así sucesivamente. En aquellos tiempos, bloquear una acción entre los precios de BID y ASK reportaba una ganancia de 1/8 de un dólar, o sea 12.5 centavos en cualquier dirección. Los *scalpers* intradía florecían, pero, desde entonces, el método va declinando, ya que las bolsas de valores están tratando de deshacerse de los que se especializan en el uso de este método. Profesionalmente, la oferta y la demanda que esos *traders* aportan al mercado se definen como **liquidez tóxica**.

Los creadores de mercado que le identifiquen como fuente tóxica le bloquearán el acceso a su bróker, quien a su vez, por temor a lo que pudiera ocurrir, bloqueará su cuenta. Es por eso que los *traders* minoristas no pueden trabajar solos con este método. El *trader* minorista tiene que asociarse con una sala de *trading* operada por empresas especializadas en este tipo de actividad. Estas empresas son en realidad brókeres y tienen ECN de su propiedad para superar las limitaciones. Esto no es *trading* que pueda practicar desde casa en su tiempo libre; es un trabajo de oficina. Tiene que trabajar con la plataforma y los servicios de una empresa específica, y convertirse en realidad en una especie de robot asalariado que vive de las aburridas fluctuaciones de un centavo por acción. Si apaga el aire acondicionado en estas salas de *trading*, probablemente descubrirá que son más como talleres de trabajo esclavo del tercer mundo que un agradable centro de *trading*. No obstante, si su situación financiera no le permite invertir en estudios y hacer un primer depósito razonable en su cuenta bursátil, estas empresas le ofrecen un entorno de trabajo, estudios y el capital que puede ayudarle a empezar como *trader*. Si usted es joven, con ciertas limitaciones financieras, y a pesar de otros tipos de desventajas, este puede ser un buen punto de partida.

DINERO INTELIGENTE	*Los scalps de un centavo se definen como "trading tóxico". Si ese es el ÚNICO método que está utilizando, cabe esperar que su bróker le cierre la cuenta.*

Esta explicación sobre la forma de utilizar el *scalping* intenta demostrar que, en ciertas condiciones y en la proporción adecuada, el método le puede funcionar, pero espero que sus principales métodos de operación sean las clásicas formas de sacar provecho de la volatilidad y de las tendencias del mercado y de las acciones. Yo creo que si la actividad comercial clásica es su método principal, será capaz de obtener un ingreso en cualquier condición de mercado con cualquier bróker y sin explotar las fallas del mercado. No obstante, en condiciones de mercado no volátiles, durante la pausa del almuerzo en Nueva York y con la suficiente experiencia, el *scalping* le ayudará a llevarse a casa unos cuantos cientos de dólares más. Un bróker no dejará de trabajar con usted si integra un nivel razonable de *scalps* en su actividad.

La trampa de Caperucita Roja

El término se tomó prestado claramente del mundo de la delincuencia. La Caperucita Roja es una trampa en la que se invita al candidato al que se busca eliminar a un evento aparentemente inocente, solo para que descubra que ha sido el mayor error de su vida y también el último. En resumen: la seducción, el engaño y la destrucción.

En el mundo del *trading*, aplicamos el término "Caperucita Roja" a una formación atractiva que suscita nuestra codicia, nos tienta a entrar en una acción a toda velocidad y, por lo general, nos conduce a pérdidas devastadoras.

¿Qué identifica a la Caperucita Roja? Por lo general, es algo que parece demasiado bueno para ser cierto: por ejemplo, cuando una acción se consolida a solo unos pocos centavos de distancia de la línea de ruptura durante varios minutos, o incluso un par de horas, puede que parezca que se está consolidando bien a corto plazo, preparándose para una perfecta y completa ruptura. Pero en muchos casos se trata de una trampa. Cuando vea una formación realmente muy atractiva, trate de preguntarse qué es lo que la hace tan seductora. Una acción atascada en el estrecho margen por debajo de la línea de resistencia es clara señal de una cosa: un vendedor grande. La acción quiere aumentar, pero el vendedor no ha terminado todavía. Incluso si la acción atraviesa la resistencia, es muy probable que el vendedor renueve las cantidades, los compradores se asusten, descarguen su mercancía, y la acción caerá lo suficiente para provocarle a usted una pérdida.

¿Qué se debe hacer en este caso? En primer lugar, examinar cuidadosamente el punto de resistencia. Observe con atención la ventana de Nivel II ("**Level II**"), mire cuántas acciones están a la venta y trate de identificar al vendedor. ¿Se trata de un creador de mercado que intenta renovar existencias todo el tiempo? Dado que a menudo es difícil acceder a los datos a través de la ventana Level II porque los vendedores pueden ocultar sus órdenes de venta, observe atentamente la ventana T&S (tiempo y ventas o **time and sales**) donde encontrará el flujo de operaciones que se están ejecutando. ¡Nadie puede ocultar la cantidad de acciones que se venden en el punto de resistencia! Si usted ve una gran cantidad de acciones cambiando de manos sin que sea capaz de identificar al vendedor que renueva las existencias, se dará cuenta que este es un vendedor inteligente que está escondiendo instrucciones de venta.

¿Cómo podemos ganar dinero en esta situación?

Como se ha dicho, la compra de una Caperucita Roja en la ruptura no es buena idea, pero comprar después del fracaso es otra historia. Espere la ruptura, espere el fracaso y compre cuando los compradores decepcionados se desprendan de las acciones con una pérdida de 12 a 25 centavos por debajo del punto de ruptura. En la mayoría de los casos, la acción volverá al nivel de resistencia en el que podrá vender a uno o dos centavos por debajo del punto de ruptura original. Tal vez pueda hacer esto varias veces, siempre que la acción no haya tenido una ruptura. Es un simple método de *scalp* intradía con índices de éxito relativamente elevados.

Sin embargo, se le advierte de que el método requiere fortaleza psicológica, ya que consiste en adquirir una acción con tendencia bajista. Si es una acción sólida, querrá subir. La razón de la baja temporal por debajo del punto de ruptura se debe a que muchos compradores se enamoran súbitamente de la formación y la compran antes de la ruptura y, luego, son presa del pánico cuando la dirección se mueve en contra de ellos por unos pocos centavos. Tendrá que entrenarse para actuar en contra de su instinto natural y comprar precisamente cuando los *traders* inexpertos están vendiendo con pérdidas. Por otro lado, si usted compró la acción en la ruptura y esta se queda atascada a diez centavos por encima del punto de resistencia y parece mostrar signos de caer por debajo de su punto de compra, escápese tan rápido como pueda. Salir de una acción que no está haciendo lo que debe hacer también exige fortaleza, ya que tenemos tendencia a convencernos de que "si esperamos un poquito más, todo irá bien".

Ejemplo de Caperucita Roja de Textron (TXT)

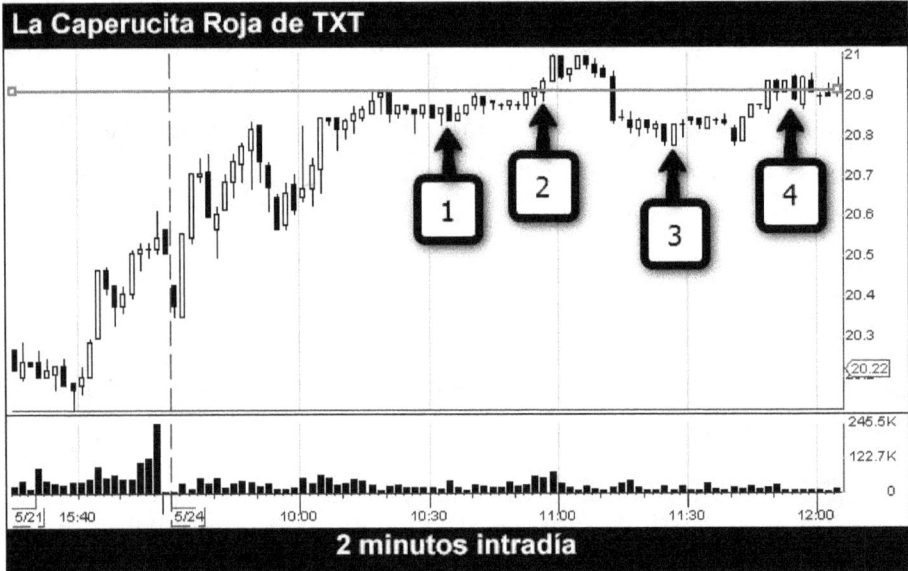

La Caperucita Roja de TXT
2 minutos intradía

Textron subió fuerte en la primera hora de *trading*. La acción encontró resistencia a $20.91 y se consolidó [1] debajo de la línea de resistencia durante 45 minutos. ¡Sin duda, una preciosa formación de ruptura! Varios problemas que le encontré a esta formación me llevaron a dejarla pasar. En primer lugar, la acción se consolidó por debajo de la línea de resistencia por mucho tiempo y de manera demasiado perfecta. Eso ya la hacía sospechosa. En segundo lugar, me di cuenta de que los vendedores renovaban el suministro todo el tiempo, y ese era también el motivo por el cual la acción no llegó a la ruptura durante 45 minutos. En tercer lugar, incluso si se produjera la ruptura, estaba demasiado cerca del número redondo de $21 (véase la sección sobre números redondos más adelante). La acción aumentó solo 9 centavos, se topó con los vendedores esperando el número redondo, y cayó. ¿Quiénes eran los vendedores que causaron el desplome?

En todo el proceso de consolidación [1] antes de la ruptura, una gran cantidad de acciones cambió de manos y los "compradores débiles", que aún no habían bloqueado su ganancia, estaban entrando. Cuando los grandes vendedores siguieron vendiendo acciones más allá del punto de ruptura, los compradores débiles sintieron la presión y, en un momento determinado, se desprendieron de la mercancía, causando una caída en el precio de 15 centavos por debajo del nivel de ruptura [3]. Aquí es donde debe comprar, y luego vender a [4] cuando el precio vuelva al nivel de ruptura. Si se familiariza con estas reglas y este método, ¡esto se vuelve un juego de niños!

El comercio antes y después del horario del mercado

Wall Street abre al *trading* regular por seis horas y media, entre las 9:30 y las 16:00, hora de Nueva York (EST). Estas son horas de máxima actividad que empiezan y terminan al son de la campana, pero no son las únicas horas de actividad. Además, es posible operar durante períodos de mínima actividad antes y después del horario oficial.

Algunos brókeres les dan a sus clientes la oportunidad de operar antes y después del horario del mercado. La bolsa de valores NASDAQ, por ejemplo, permite el *trading* desde las 4 de la mañana hasta las 8 de la tarde (hora de Nueva York). Sin embargo, es probable que su bróker no preste servicios a las 4 de la mañana. Tendrá que averiguar el horario de *trading* antes y después del horario del mercado con su bróker. Si bien será diferente de un bróker a otro, el plazo habitual es de dos horas en cada sentido más allá de la jornada formal. Estas horas extras son establecidas por las bolsas como una oportunidad para todos aquellos que desean tener la ocasión de comprar y vender acciones a raíz de noticias difundidas fuera del horario del mercado.

¿Por qué querríamos comerciar antes y después del horario del mercado? En su gran mayoría, el volumen de las acciones no cambia mucho en esas horas. Por el contrario, cuando las empresas bien conocidas publican informes trimestrales o transmiten información importante fuera del horario normal de *trading*, sus acciones muestran una animada actividad. Esto significa que usted también puede comerciar antes y después del horario del mercado. La ventaja teórica es que puede estar entre los primeros en responder a los anuncios financieros, mucho antes de que el público general reaccione. En realidad, si quiere escuchar mi consejo, manténgase a una distancia prudencial. Le recomiendo que **nunca** opere fuera del horario regular. Casi puedo prometerle que a largo plazo, si hace caso omiso de este consejo, perderá mucho más de lo que podría ganar.

Los peligros de comerciar antes y después del horario del mercado

1. **Volumen bajo:** a diferencia de lo que ocurre en el horario regular, hay muy pocos compradores y vendedores activos antes y después del horario del mercado. Esto significa que es posible que no consiga las acciones que desea comprar o que no encuentre un comprador para las que desea vender.

2. **Amplios márgenes:** debido al bajo volumen, el diferencial entre ASK y BID tiende a ser amplio. Esto significa que, en el momento de la compra, ya ha perdido el diferencial si es que desea salir de la transacción.

3. **Alto nivel de volatilidad:** una vez más, dado el bajo volumen, la volatilidad puede ser particularmente alta, pero, por lo general, sin una tendencia clara. En otras palabras, en un momento podría estar ganando y, al siguiente, perdiendo y escapándose presa del miedo y así sucesivamente.

4. **Incertidumbre en el precio:** los precios antes y después del horario del mercado no siempre están vinculados a los de los horarios regulares. Con frecuencia, puede acabar pagando mucho más que durante la jornada regular de *trading*.

5. **Uso limitado de órdenes:** al comerciar antes y después del horario del mercado, solo es posible utilizar órdenes **LIMIT** para comprar o vender de manera inmediata. Esto significa que si la acción se mueve súbitamente, es probable que no consiga atrapar el precio de entrada o de salida que quería y eso es particularmente peligroso cuando no tiene ninguna orden de **STOP** para protegerse.

6. **Competencia con los *traders* profesionales:** la mayoría de los *traders* que operan a esas horas son profesionales o grandes fondos que están mejor informados que usted.

7. **Desperfectos en las plataformas:** el *trading* en línea conlleva el riesgo de que los tiempos de reacción en la plataforma de *trading* no sean correctos. Fuera del horario del mercado, el nivel de servicio de su bróker puede ser deficiente.

8. **Comisiones altas:** los brókeres tienden a cobrar comisiones más altas por las transacciones ejecutadas fuera del horario regular.

Resumen

Me doy cuenta de que a simple vista comerciar antes y después del horario del mercado, especialmente a continuación de anuncios en lo financiero, suena emocionante, y lo es. Por eso también yo hice el intento de comerciar antes y después del horario del mercado. Desarrollé mis propias técnicas especiales, estudié embelesado la información, compré y vendí y, al final... ¡perdí! Soy muy consciente de que a usted podría irle bien, no como a mí, pero le recomiendo encarecidamente que evite problemas innecesarios. Así que me quedo con mi consejo inicial: aléjese de esas horas. Puede creerme cuando le digo que no son nada más que un gran problema. Ahórrese el tiempo y, con el correr de los años, ahorrará dinero. Después de mis experiencias acumuladas, he desarrollado mi propia regla especial: nunca toco el botón antes o después del horario del mercado, no importa cuán seductora sea la situación.

Recuerdo casos en que mantenía acciones del día anterior, y en las horas fuera del horario del mercado veía cómo se cotizaban con increíbles ganancias o pérdidas agobiantes. En ambos casos, la presión psicológica requiere llevar la situación a un cierre lo más rápidamente posible. La mente le exige asumir la ganancia o la pérdida, azuzada por un solo pensamiento: liberarse de la presión. ¡Se equivoca! Ese es el peor error que puede cometer. En la gran mayoría de las situaciones obtendrá un mejor precio durante los primeros cinco a quince minutos de la apertura del *trading*.

DINERO INTELIGENTE | *Comerciar antes o después de las horas del mercado acarrea por naturaleza muchos riesgos y, a largo plazo, no compensa. ¡No operamos antes ni después del horario del mercado, y punto!*

En 2010, con la bolsa de valores llegando a precios récord en un período de 14 meses, y después de ocho semanas consecutivas de subidas imparables, me invitaron a un programa de televisión financiero en mi capacidad de analista. Mientras todos los demás analistas predecían la continuación del alza, yo predije un retroceso de 10%. Al día siguiente, el mercado subió un 1.1%. Al día siguiente, la rueda completó el círculo. ¡Yo estaba exactamente en lo cierto! Al cabo de varios días el mercado cayó un 8% y nos proporcionó una semana increíblemente exitosa de **shorts**. El fin de semana me di cuenta de que la caída había sido muy fuerte, y que tendría que retroceder al menos un poco. Para el fin de semana, entonces, me coloqué en tres acciones que, según mis estimaciones, subirían más que todas las demás: Apple (AAPL), Goldman Sachs (GS) y TEVA. Esperé pacientemente a la apertura del *trading* el lunes. Una hora antes de la apertura le eché un vistazo al estado previo a las horas del mercado. No podía creer lo que veía en la plataforma: el mercado abría con una brecha alcista de un tamaño nunca visto antes...4.5%. ¡En mi cuenta, la brecha me daba una ganancia premercado de $28,000! Allí es donde la mano me empezó a sudar y el pulso empezó a subir: ¿qué iba a hacer a continuación, vender antes del horario del mercado o esperar?

Ya le he enseñado que en esta etapa nunca debe vender, sino esperar. Pero solo por esta ocasión, yo me preguntaba si debía infringir mis propias reglas. No hacía falta más que pulsar el botón SELL y todas las presiones se evaporarían. ¡Y tanto dinero! Pero no cedí. Esperé. Una hora más tarde, diez minutos después de la apertura del *trading*, la ganancia subió a $36,000 y bloqueé casi toda la cantidad. Por primera vez ese día, respiré hondo. No estuvo mal para una hora de trabajo. ¿Qué hubiera sucedido si yo fuera un principiante? No tengo la menor duda de que no hubiera sido capaz de soportar la presión y que habría vendido en las horas premercado. Recuerde que los que compran antes del horario del mercado lo hacen porque creen que verán un mejor precio de venta durante el horario regular. Por lo general, son profesionales del más alto nivel y casi siempre están en lo cierto.

Observe lo que le sucedió ese día a Apple (AAPL):

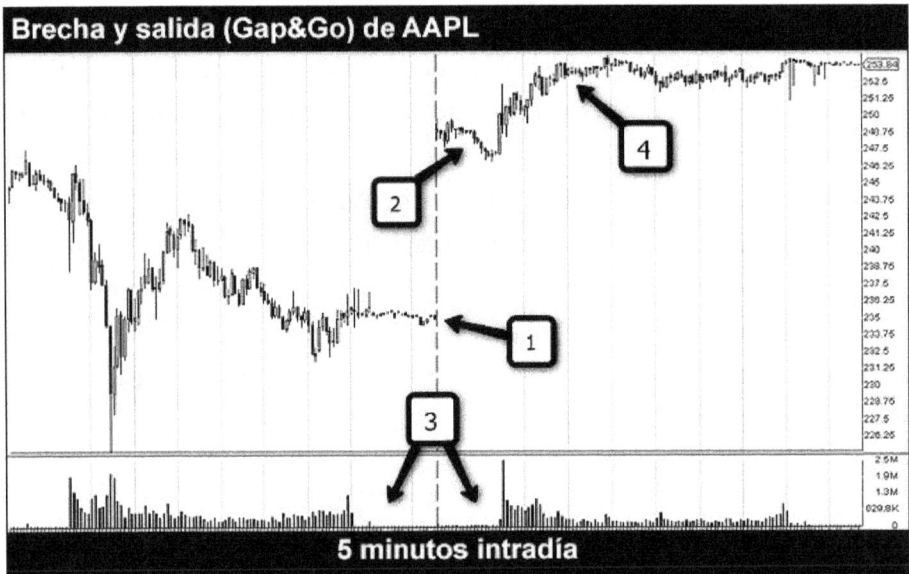

Brecha y salida (Gap&Go) de AAPL

5 minutos intradía

El gráfico anterior muestra el movimiento durante el horario comercial, y también antes y después [3]. Apple termina el viernes a $235.63 y se cotiza después del horario con un ligero sesgo hacia abajo [1]. Compro 900 acciones de Apple antes del cierre del *trading*, en el supuesto de que el lunes abrirán a un precio más alto. Durante la actividad antes del lunes [2], me alegra ver que Apple se cotiza entre $247 y $249. ¡La presión aumenta! La pregunta es: ¿debo hacer efectivas mis ganancias o seguir manteniendo la acción? Note el bajo volumen de *trading* [3] en el mercado de antes y después. Logré dominarme, y vendí después del primer pico de precios en la apertura del *trading*, a alrededor de $251, con una ganancia de $15 por acción [4].

Utilizando VWAP en la apertura del *trading*

En el capítulo 6 nos enteramos de que los *traders* institucionales utilizan el indicador VWAP durante el *trading* intradía. Ahora, vamos a aprender a utilizar este índice para el *trading* a corto plazo, inmediatamente a la apertura del mercado.

A menudo, y por lo general como resultado de alguna crónica en las noticias, esperamos ver una gran volatilidad en una acción durante los primeros segundos de *trading*. Una de las técnicas que habitualmente utilizamos para aprovechar una fuerte volatilidad en la acción es la prueba del VWAP premercado o **pre-market VWAP**, que se aplica unos segundos antes de la apertura. Como sabemos, pueden ejecutarse órdenes antes de la apertura oficial de la bolsa de valores. Basándose en el *trading* anterior a las horas del mercado, el VWAP puede medirse antes de la apertura, por ejemplo: una acción abre con una gran brecha bajista antes de que el *trading* comience. Como resultado, se produce un proceso institucional cuando el *trading* se abre, conocido como "encontrar el precio". Los *traders* institucionales, con sus enormes cantidades, verifican los niveles de soporte y de resistencia durante los minutos previos al inicio del *trading*, buscando el precio más "justo" de apertura con el que comenzarán a mover grandes cantidades de acciones. Si la acción abre con una brecha bajista y, en los primeros segundos, se cotiza por debajo del **VWAP premercado**, sabemos que los vendedores son los dominantes cuando se abre el mercado. Hay una gran probabilidad, por lo tanto, de que el precio caiga en los primeros segundos de *trading*. En la situación opuesta, cuando las acciones abren con una brecha bajista, pero, en los primeros segundos de *trading,* se cotizan por encima del VWAP premercado, podemos suponer que los compradores institucionales están atareados; eso nos permite aprovechar las ventajas de la situación y comprar inmediatamente cuando se abre el *trading*. El VWAP premercado nos permite introducir órdenes antes que otros *traders,* que tratarán de calcular, un poco más tarde en el día, la dirección inicial del mercado a través de los cambios de precios y del impulso unos minutos después de la apertura. Por naturaleza, el acto de esperar y la alteración de los precios a la apertura crean mayores riesgos para los que esperan. El uso del VWAP reduce el riesgo para los *traders* profesionales y les otorga algunas ventajas.

Uno de los problemas más complicados del *trading* basado en el VWAP premercado es saber cuándo introducir órdenes de suspensión de pérdidas o **stop loss orders**. Eso no es tan sencillo. A veces, las acciones tienden a "enloquecerse" un poco a la apertura del *trading* y, por ello, recalco que es una actividad más adecuada para los *traders* más experimentados.

Aprovechar los números redondos

Las acciones tienen dificultad en sobrepasar los números redondos. Cuando la acción está al alza y se sitúa por debajo de un número redondo, generalmente encuentra resistencia y se retira. Los números redondos sirven como puntos precisos de resistencia y apoyo. Cuanto más "redondo" sea un número, mayor será su soporte o resistencia. Los números que terminan en cincuenta centavos, como por ejemplo $28.50, también sirven como zonas de soporte y resistencia. Una cifra como, por ejemplo, $40 es más redonda que $35, mientras que $50 es más redondo que $40 y así sucesivamente.

¿Por qué las acciones se paran en los números redondos? Porque son psicológicamente significativos. Los consideramos más fuertes y más enteros, aunque no haya ninguna base matemática que apoye tal percepción. Piense en esto la próxima vez que esté considerando comprar algo a $9.99.

Supongamos que un *trader* promedio ha comprado la acción ABC a $44.28. Por lo general, tras la compra, el bróker o el banquero le preguntarán: "si la acción sube, ¿a qué precio desea hacer efectivas sus ganancias?" Lo más probable es que la respuesta del *trader* sea un número redondo, como $50. ¿Puede imaginarse que le diga al bróker que venda a $49.98? Dado que la mayoría de los *traders* comete el mismo error y pone sus órdenes de compraventa en números redondos, cuando las acciones alcanzan ese número, se desata automáticamente un chorro de órdenes de venta acumuladas por los brókeres durante meses, e incluso años, y la gran cantidad de vendedores a ese preciso número redondo frena el movimiento de la acción. Cuando esto sucede, los que compraron en el clímax empiezan a perder la paciencia y venden. Hay más vendedores que compradores, y lo más probable es que el precio de las acciones caiga. ¿Hasta dónde puede caer? Nadie lo sabe.

Comportamiento de TEVA en un número redondo

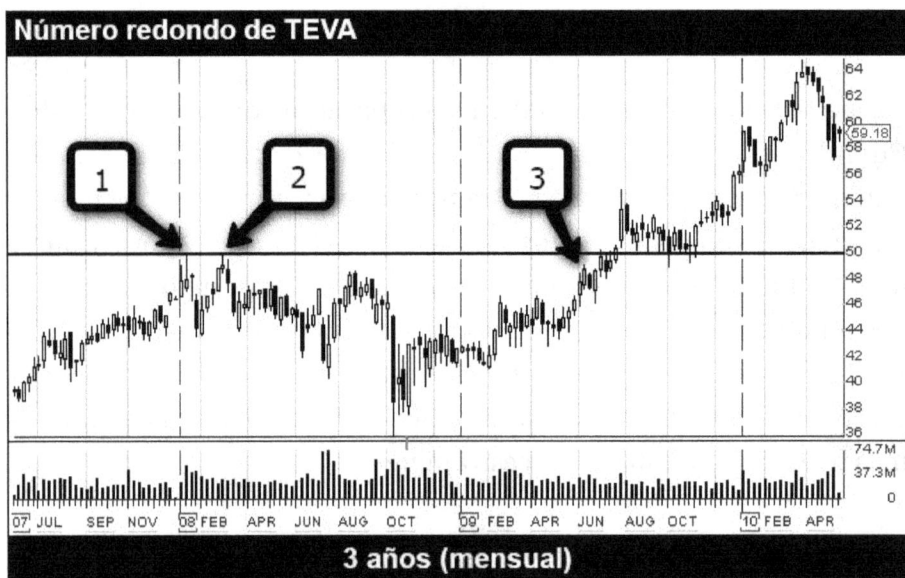

En el gráfico diario, podemos ver el comportamiento de TEVA en un plazo de tres años. Dos veces en su camino hacia arriba, dejó de progresar en el número redondo de $50. La primera vez, en enero de 2008 [1], bajó a $43; la segunda vez, un mes más tarde, bajó a $36 [2]. La tercera vez, 18 meses después del primer intento de romper la marca de $50, los compradores por fin consiguieron superar a los vendedores y la acción subió. ¡Las órdenes automáticas fijadas en el número redondo por los vendedores lograron detener la acción a lo largo de un año y medio!

¿Cómo podemos, como *traders*, sacar partido del fenómeno del número redondo? Si compró una acción y está considerando ejecutar una parcial (bloqueando parte de las ganancias), debe considerar la opción de fijar su pedido en uno o dos centavos por debajo del número redondo, estando precavido ante el hecho de que la acción podría fallar a ese nivel. Mientras la acción se va acercando al número redondo, mantenga el dedo sobre el ratón y observe con atención la cantidad de compradores y vendedores. Permítale a la acción la posibilidad de pasar más allá del número redondo, puesto que, si lo hace, el impulso del éxito podría enviarla a alzas de varias decenas de centavos. Pero al más mínimo signo de fracaso, bloquee la ganancia inmediatamente. Por otro lado, si ha decidido comprar una acción que se está cotizando justo por debajo del número redondo, es preferible esperar a que lo sobrepase.

Ruptura de número redondo intradía, MFB

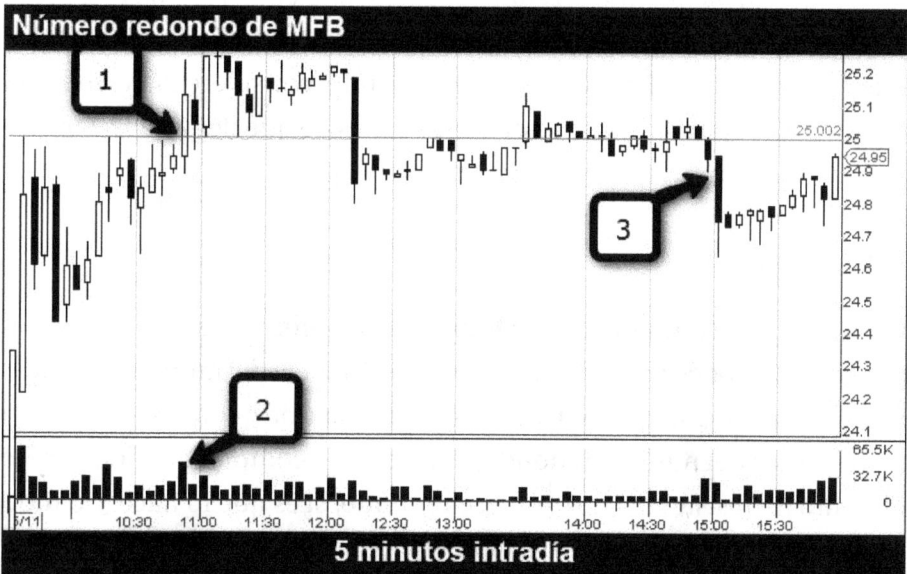

Compramos MFB en la sala de *trading* cuando tuvo una ruptura por encima del número redondo de $25. Antes de la ruptura, había llegado al número redondo y se había detenido en ese punto varias veces [1]. La ruptura la empujó 30 centavos hacia arriba, lo que nos permitió ejecutar una buena parcial de tres cuartas partes de la cantidad comprada. Note el aumento de volumen [2] en el punto de ruptura. La última cuarta parte se cerró con una pérdida de diez centavos [3]. No es una gran operación pero, definitivamente, fue un trabajo bueno y limpio, en el que aprovechamos correctamente la ruptura del número redondo.

DINERO INTELIGENTE | *Los números redondos sirven como puntos de resistencia y soporte. Tratamos de comprar por encima de los números redondos, y obtener ganancias por debajo de ellos.*

Cuando una acción cae en dirección a un número redondo, las cosas se dan vuelta. Por lo general, se trata de un gran número de compradores en el número redondo, por lo tanto, si usted está en una posición larga o **long**, es mejor que deje su orden de **stop** por debajo del número redondo con la esperanza de que la acción encuentre soporte y vuelva al alza. Si está planeando un **short**, lo mejor es ejecutarlo solo cuando el precio caiga por debajo del número redondo. Si ya está en un **short** con una acción que cae hacia el número redondo, considere la posibilidad de tomar una parcial algunos centavos antes de que llegue a la zona de soporte en el número redondo y se dé la vuelta.

Resumen

Cuando nos encontramos en un **long**, consideraremos hacer efectivas las ganancias un poco antes de la esperada resistencia del número redondo. Cuando tenemos la intención de comprar una acción que se está cotizando justo debajo del número redondo, es preferible comprar cuando supere el punto de resistencia del número redondo, si es que lo hace. Cuando estamos en un **long** con una acción, es preferible introducir la orden de **stop** un poco por debajo del número redondo. Los *traders* que deseen un **short** preferirán realizarlo por debajo del número redondo, y fijar sus órdenes de **stop** un poco por encima del número redondo.

Trading con compañías de pequeña capitalización

Se le atribuye un significado especial al *trading* con acciones de bajo precio. A muchos *traders* les encantan por su alta volatilidad. Las acciones de las compañías de pequeña capitalización, conocidas como "**small caps**", se mueven en rangos de decenas de porcentajes en un solo día y son muy populares entre los *traders* arriesgados. El *trading* con **small caps** requiere que el *trader* sea sumamente competente en la técnica, y por lo tanto, no es adecuado para los principiantes con experiencia insuficiente que podrían sentirse atraídos fácilmente por el bajo precio y el gran potencial teórico de las ganancias producto de una alta volatilidad.

DINERO INTELIGENTE

*Definimos como "acciones de bajo precio" (**small caps**) a las que se venden a menos de $10. La mayoría de los fondos del mundo tienen prohibido comprar acciones a menos de $10, lo que explica su alta volatilidad.*

¿Qué es una "acción pequeña" o *small cap*? No hay una definición absoluta, pero la explicación comúnmente aceptada actualmente la define como la acción de una empresa con un valor de mercado entre 300 millones y 2000 millones de dólares. A la hora de calcular el valor de mercado de la empresa, el precio de sus acciones se multiplica por el número de acciones emitidas. Esta información está disponible en sitios como Yahoo Finance.

La definición de *small caps* ha cambiado con los años. Por ejemplo, las acciones actualmente consideradas como "pequeñas" podrían haber estado entre las de medio a alto valor de mercado hace veinte años. Antes de comprar una acción en el horario del mercado, ¿tenemos que hacer una multiplicación para estimar el valor de mercado de la empresa? Por supuesto que no; es por eso que buscamos un denominador común que facilite una comprobación rápida y sencilla. La solución más sencilla es fijar un precio: casi todas las acciones que se cotizan por debajo de $10 son *small caps*.

¿Por qué las *small caps* son más volátiles que otras? Por dos razones: debido al alto riesgo que implican (su nombre ya es un indicio de su riesgo inherente por ser emitidas por pequeñas empresas) y porque la gran mayoría de los fondos internacionales tienen prohibido invertir el dinero del público en acciones inherentemente volátiles. Los fondos compran en grandes cantidades; el movimiento de las acciones que mantienen los fondos grandes es más suave, ya que toda baja de los precios suele llevarles a aumentar las cantidades que poseen. Por otra parte, cuando la acción sube drásticamente, aprovechan el gran volumen que tienen para vender. Las *small caps* no reciben el soporte de los *traders* institucionales, y dependen de los caprichos y la voluntad de los inversionistas privados que pueden comprar o vender con un solo clic del ratón.

Una segunda razón para la alta volatilidad de las *small caps* se refiere a algo que ya hemos comentado: las acciones se mueven por centavos en lugar de porcentajes. La menor brecha posible en el *trading* es de un centavo, ya sea en un precio de $5 o de $50. En una ruptura, los *traders* empujarán una acción de $50 hacia arriba por decenas de centavos, así como lo hacen con una acción de $5.

Son muy pocos los fondos a los que se les permite operar con *small caps* (de menos de $10), pero en general todos los fondos tienen prohibido operar con acciones de menos de $5. Cuando el precio de una acción cae por debajo de los $10, los *traders* prevén que los institucionales empezarán a vender sus tenencias, creando expectativas que tienden a convertirse en realidad, lo que hace que la acción caiga bruscamente.

Podemos utilizar este conocimiento para nuestro beneficio en dos direcciones:

- Use la baja de precios para hacer **short** con una acción por debajo de la marca de $10 que a mí me gusta tanto. Estos colapsos resultan a menudo particularmente fuertes cuando se integran en una tendencia bajista junto con un colapso por debajo del número redondo de $10.

Short **en Dean Foods Company (DF) por debajo de $10**

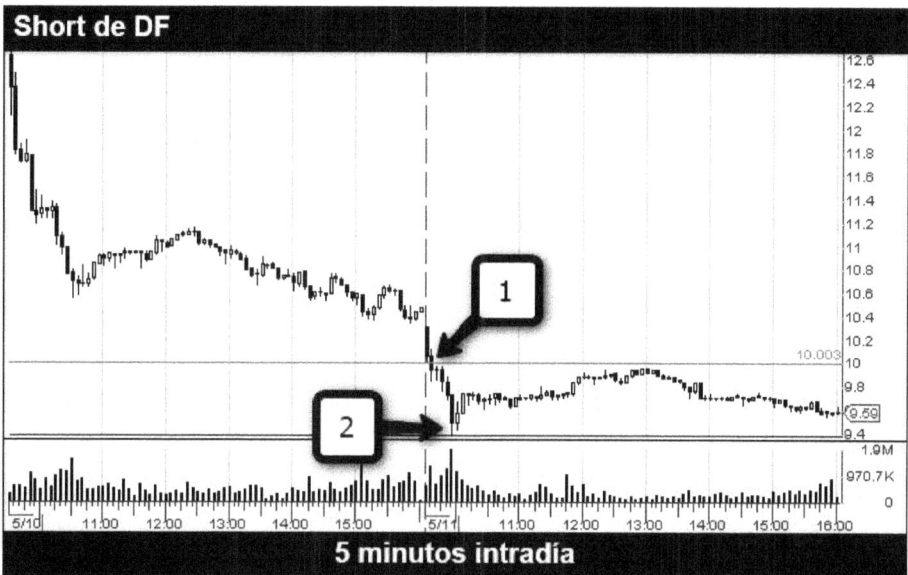

Justo al inicio del *trading*, nuestro equipo de la sala de *trading* ejecutó un **short** de Dean Foods por debajo del nivel de $10. La acción se había mostrado débil el día anterior y parecía natural que siguiera bajando. En el colapso la acción bajó 61 centavos [2] a lo largo de cinco velas de cinco minutos consecutivas, prácticamente sin mirar atrás. Fue una gran operación para comenzar el día.

Tendencias alcistas: cuando una acción que se ha cotizado mucho tiempo a menos de $5 comienza a subir y parece que va a tener una ruptura por encima del nivel de $5 (precio al que algunos fondos podrían comenzar a comprarla), se crea una situación en la que los *traders* que conocen el comportamiento institucional empiezan a "empujar" la acción hacia arriba con un gran volumen, suponiendo que muy pronto los fondos institucionales empezarán a comprarla.

Importante: cuando estoy considerando operar con *small caps*, me refiero a acciones que pertenecen total y exclusivamente a la **lista principal de *trading*** de la bolsa de valores. Estas muestran volúmenes diarios de más de un millón de acciones.

Ni se le ocurra operar con acciones que no estén en esta lista, como las acciones "**pink sheet**" ("hojas rosas"), que reconocerá por el sufijo "PK" junto a su símbolo. También creo que debe mantenerse alejado de las acciones de un centavo o "**Penny stocks**". Las *Penny stocks* constituyen una de las estafas más peligrosas en el mercado. Son baratas por una buena razón: ningún fondo institucional o *trader* grande operará jamás ni invertirá en ellas. A los principiantes les atraen las *Penny stocks* porque piensan que pueden obtener ganancias fácilmente y porque son baratas. En realidad, las *Penny stocks* son fácilmente manipuladas por estafadores, son muy volátiles y muy riesgosas. Los estafadores utilizan mensajes de correo basura, sitios web y foros para incitar a los *traders* a que inviertan en *Penny stocks*.

Cuando los principiantes están comprando, los estafadores son los vendedores. A veces los estafadores osan ofrecer "cursos de *Penny stocks*" o venden "servicios de selección de *Penny stocks*", lo que es aún más peligroso. De hecho, lo que están haciendo los *traders* principiantes, inexpertos, es pagar para que los engañen.

¿Cómo encontrar small caps?

Las **small caps** son generalmente acciones durmientes que "se despiertan" por unos días. Cuando lo hacen, se las puede identificar el primer día significativamente volátil por el aumento de volumen o por cambios bruscos de los precios, o bien, al día siguiente. Podemos esperar que el impulso las mantenga en movimiento durante varios días. Usted debe llevar una lista diaria de las **small caps** que le parezcan interesantes ese día. Puede identificarlas de diversas formas: por una lista de seguimiento, o mediante programas sencillos llamados ***stock screening software*** ("programas de filtrado de acciones"), que estudiaremos más adelante. Defina estos programas conforme a los siguientes filtros: acciones con precios de $3 a $10, con volúmenes de *trading* que crecen de forma exponencial, y que hayan subido más de un 10% en un día. Para encontrar **small caps** con las cuales operar, puedo usar mi herramienta de COLMEX Pro llamada "**Top20**" con la que se identifican y localizan las 20 acciones principales en el mercado en cualquier momento dado, muchas de las cuales son **small caps**.

¿Cuál es el mejor momento para operar con small caps?

Puede operar con **small caps** todo el día, pero mi hora preferida es durante la pausa del almuerzo, de 11:30 a 13:30, (hora de Nueva York). Las acciones regulares "reposan" porque los *traders* institucionales han salido a comer, pero en contraste, las **small caps** con las que el público generalmente opera están mucho más activas y ofrecen interesantes activadores del *trading*.

¿Cuál es el punto de entrada en small caps?

Utilice las formaciones aceptadas, especialmente rupturas y reversiones, según sus preferencias personales. Escoja la acción considerando la volatilidad y el volumen: en otras palabras, elija acciones que se muevan en volúmenes de no menos de un millón por día. Usted también debe estar seguro de que haya un diferencial razonable de no más de 3 a 4 centavos y una adecuada relación de riesgo-retribución.

Russell 2000: índice de mercado para small caps

Así como no operamos con acciones regulares sin examinar la dirección del mercado encarnada en el comportamiento intradía del S&P 500, tampoco operamos con **small caps** sin un fuerte viento de cola del índice conocido como Russell 2000, símbolo "RUT$". Al igual que utilizamos el SPY para seguir al S&P 500, nos apoyamos en el **IWM**, el ETF del Russell 2000. En realidad, cuando una **small cap** tiene una ruptura con grandes volúmenes, la dirección del Russell 2000 no le afectará. Por el contrario, si quiere conocer la naturaleza de esas acciones cualquier día en particular y la posibilidad de su ruptura ese día, consulte el Russell 2000 para una visión general de la dirección y de la fuerza en el mercado de las **small caps**. Es evidente, pues, que no utilizamos el Russell 2000 como se utiliza el S&P 500, que es un instrumento de certificación de rupturas y colapsos intradía que ayuda a decidir si hacer efectivas nuestras ganancias. El Russell 2000 se usa solo para conocer la "naturaleza" de las **small caps**.

¿Son recomendables las ventas cortas de small caps?

La volatilidad de las **small caps** en centavos es muy similar a la de las acciones más grandes. Como hemos visto, las acciones se mueven en centavos más que en porcentajes y, por lo tanto, usted no tratará de comprar 10 veces más en estas acciones de lo que compraría si fueran acciones regulares, ¡ya que el riesgo se multiplica por diez! Como regla general, operamos con ellas exactamente en las mismas cantidades. De hecho, se debe examinar la volatilidad de la acción en tiempo real y decidir sobre la marcha cuál será la mejor cantidad según el volumen de acciones y su comportamiento.

DINERO INTELIGENTE | *La volatilidad de las small caps en centavos es similar a la de las acciones más grandes. Por lo tanto, compramos small caps en las mismas cantidades.*

Resumen

Para reducir el riesgo, los *day traders* profesionales operan por lo general con compañías de grande y mediana capitalización con alta liquidez y márgenes estrechos. Es cierto que es posible operar con **small caps**, pero antes de comprar la acción, cerciórese de su elección y de sus decisiones de gestión. Una gestión precisa y profesional suele producir rendimientos más altos en relación con el precio de la acción.

El juego del rango recíproco

Este método se aplica a las acciones que abren con una gran brecha (precio de apertura significativamente mayor o menor que el precio de cierre de la víspera – vea las secciones anteriores sobre brechas alcistas y bajistas, o *gap up* y *gap down*). El objetivo de este método es entrar en la acción una vez cerrada la brecha, cuando parece técnicamente que seguirá moviéndose a una distancia igual pero en la dirección opuesta.

Juego de rango recíproco para Myriad (MYGN)

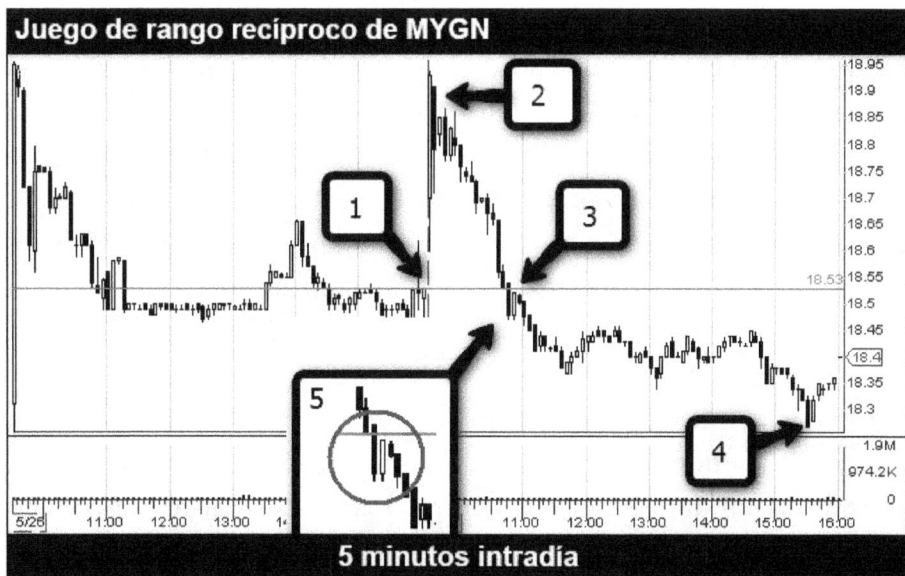

Juego de rango recíproco de MYGN

5 minutos intradía

El gráfico muestra el comportamiento de MYGN durante dos días de *trading*. MYGN cerró el primer día a [1] y abrió al día siguiente con una brecha alcista [2]. Varios minutos después de la apertura del *trading*, se hizo evidente que la acción se movía hacia abajo para cerrar la brecha. Ya hemos aprendido que las brechas tienen una clara tendencia a cerrarse el mismo día. Los *traders* experimentados saben cómo sacar buen provecho de esta oportunidad muy conocida, por lo que muchos ejecutan **shorts**, para "ayudar" a la acción a que baje más.

Como podemos ver en el gráfico de arriba, cerrar la brecha es solo la mitad del movimiento de la acción. A veces, como en el caso anterior, se forma una oportunidad "bidireccional" o **recíproca** cuando el fuerte impulso del cierre de la brecha se rompe tras el cierre [3] y hace que la acción siga bajando [4]. Note cómo la distancia entre los puntos 3 y 4 es idéntica a la de los puntos 2 y 3. Esta es la base del **rango recíproco**.

Análisis del proceso: al inicio de la jornada bursátil, la acción abre con una brecha alcista [2]. En cuestión de minutos, los "osos" asumen el control y la acción empieza a cerrar la brecha. Aquellos con **longs**, que esperaban que la acción siguiera subiendo (*Gap & Go*) se encuentran atrapados en el bando equivocado y fijan su punto de salida (**stop**) en el punto más razonable: esta es el área de cierre de la brecha [3]. Los que vendieron **short** en [2] son conscientes de que la acción tiene muchas probabilidades de cambiar de dirección después de cerrar la brecha [3] y, por lo tanto, fijan [3] como meta de ganancias. Cuando se cierra la brecha [3], podemos esperar un cambio de dirección, o, al menos, un ligero retroceso hacia arriba. En efecto, un poco por debajo de [3] nos encontramos con ese retroceso [5]. El activador de entrada en el *trading* con rango recíproco está donde se rompe la bandera bajista o *bear flag* en [5] justo por debajo del punto situado a medio camino.

¿Qué ocurre cuando se rompe la bandera bajista? Todos tienen interés en vender: los nuevos vendedores de **shorts** venderán corto cuando la bandera bajista se rompa, los que entraron vendiendo corto en [2] se arrepentirán de haber cerrado sus **shorts** y algunos ejecutarán nuevos; los compradores que entraron en [2] con la apertura del *trading* comprenden que el cierre de la brecha no va a salvarlos y venden. Otros compradores agresivos que compraron al cierre de la brecha [3], suponiendo que la acción empezaría a subir una vez cerrada la brecha, se encuentran en el bando equivocado y también se ven obligados a vender.

¿Quiénes son los perdedores? Por supuesto que los compradores son los más grandes perdedores; no solo los más agresivos que entraron al cierre de la brecha [3] con la esperanza de una reversión y el comienzo de una tendencia alcista, sino también los que compraron el día anterior y ahora se encuentran atrapados en una acción que colapsa. El conjunto de energías creado durante la bajada, junto con el cierre de las nuevas y viejas posiciones largas y la entrada de nuevos vendedores de **shorts**, lleva a la acción a otra fuerte caída que, en la mayoría de los casos, puede llevarla a su objetivo de doble distancia [4].

Para tener más éxito de este proceso, lo mejor es que el punto de cierre de la brecha [3] esté en las cercanías del **punto de pivote** del día anterior. Esto es cierto para el caso anterior. Como hemos aprendido, el **punto de pivote** es un cálculo matemático del precio en el que tuvo lugar la mayor parte del volumen del día anterior. Como puede verse en el gráfico del día anterior, la mayor parte de la actividad se produjo alrededor del punto en el que se cerró la brecha. Generalmente, se le llama al punto de pivote "**valor justo**" o *fair value*.

Esto indica que la mayoría compró el día anterior en el promedio de [3]. Cuando el precio del día actual caiga por debajo de [3], todos los que se encontraban en la dirección equivocada quedarán atrapados. Cuanto más cerca del pivote esté el punto de cierre de la brecha, más compradores decepcionados tratarán de salirse de la acción si sigue bajando, y esto impulsa al proceso del rango recíproco aún más.

DINERO INTELIGENTE	*El punto de entrada en el juego de rango recíproco será la ruptura o el colapso de la formación técnica que emerge por encima o por debajo del punto de cierre de la brecha.*

Analizar la operación con rango recíproco en el sentido contrario es exactamente lo mismo. Cuando la acción abre con una brecha bajista, sube para cerrar la brecha, llega al cierre de la brecha y sigue subiendo, es razonable suponer que nos va a dar la oportunidad de una larga y buena operación de rango recíproco. En tal caso, los atrapados son los *traders* que vendieron corto en el punto de pivote del día anterior, y ahora se ven obligados a comprar con pérdidas.

Oportunidades de los informes y anuncios financieros

Al inicio de cada trimestre, las empresas que se cotizan en la bolsa de valores deben comunicar los resultados del trimestre anterior a la bolsa, a los inversionistas y al público, junto con sus pronósticos para los próximos meses. Los informes trimestrales de ganancias se publican generalmente en abril, julio, octubre y enero, tan pronto como termina el trimestre. La mayoría de esas empresas publican sus informes trimestrales antes o después de las horas del mercado, aunque esto no sea un requisito. Como tal, los informes de ganancias causarán casi siempre una brecha en el precio de la acción. Nunca se puede prever en qué dirección. Aun si usted tiene un profundo conocimiento financiero y puede analizar los informes financieros de la empresa, no piense ni por un instante que será capaz de predecir la dirección de la brecha. Puede llegar a suceder que informes estupendos conduzcan a bajas igualmente estupendas y viceversa. Hasta ahora, no me he topado con ningún economista sorprendido por la dirección de una acción tras un informe trimestral. Esto es curioso, pero en retrospectiva, la explicación es algo así como: "Sí, los resultados fueron excelentes, pero en la cláusula [...] del balance, la empresa informó que disminuían sus expectativas". En resumen, el mercado está compuesto por dos tipos de personas: los que no saben y los que no tienen idea de que no saben. Yo mismo nunca sé con certeza en qué dirección se moverá el precio. Así que, y pese a ello, ¿cómo podemos beneficiarnos de los informes y anuncios trimestrales?

Los balances de las empresas son detallados y contienen una gran cantidad de datos económicos y empresariales. A los *day traders* no nos interesan esos datos, ¡pero los resultados a corto plazo de los inversionistas a largo plazo nos interesan, y mucho!

Durante la "temporada de ganancias", los *traders* institucionales examinan concienzudamente las acciones de sus carteras y deciden si mantenerlas o deshacerse de ellas. Dos de los factores más importantes, y tal vez de suprema importancia, en el proceso de toma de decisiones de los *traders* institucionales al considerar la posibilidad de aumentar o disminuir las tenencias de una acción específica, son los siguientes:

- Los pronósticos de los analistas que reseñan la acción
- Las predicciones de los analistas acerca del incremento de ganancias e ingresos de la empresa durante el próximo trimestre

Estos factores, junto con otros, tienen el poder de acicatear a los *traders* institucionales a publicar anuncios extraordinarios, cambiar las recomendaciones y emitir anuncios macroeconómicos que influyen en el mercado en general y en el sector específico de la acción en particular.

En general, el precio de la acción aumentará de forma proporcional al sector y al movimiento del mercado; cualquier movimiento "fuera de las líneas" será, por lo general, causado solo por importantes factores desencadenantes. Durante los períodos de crisis o de temor al advenimiento de una crisis, el mercado "castiga" a las acciones que no se atienen a sus predicciones y, por ello, un atento seguimiento a las acciones con un pronunciado movimiento diario puede crear buenas oportunidades a plazo corto (días) y mediano (semanas).

Para encontrar oportunidades durante el período de los informes trimestrales, tiene que consultar la fecha del informe de la acción en particular, o simplemente prepararse para la operación del día haciendo una lista de todas las acciones que le interesan. Si desea localizar acciones según la fecha del informe, hay una amplia gama de sitios web financieros que pueden ayudarle. Mi favorito es Yahoo Finance.

Localización de fechas de informes mediante Yahoo Finance

La página anterior presenta todas las acciones para las que se han difundido informes el 27 de julio de 2010. Elegí mostrar los resultados según el orden alfabético de los símbolos [2]. Si desea ver la fecha del informe de una acción determinada, puede escribir el símbolo en el campo [1].

DINERO INTELIGENTE

Nunca nos "vamos a dormir" teniendo acciones cuyos informes están a punto de publicarse, ya que, aunque los resultados del informe coincidan con nuestra dirección de trading, el comportamiento real de la acción puede ser impredecible.

Permítanme aclarar: está terminantemente prohibido "irse a dormir" teniendo acciones de una empresa que está a punto de publicar su informe trimestral. Si tiene intención de comprar una acción para un *swing* de varios días, debe siempre averiguar la fecha del informe. Si esa fecha es mañana, antes de la apertura del mercado, ¡está corriendo un riesgo enorme! De hecho, aun cuando el informe sea para el día siguiente después del cierre del mercado, o incluso para el que le sigue, basta con un rumor o dos para provocar una gran brecha antes del comienzo de la jornada. En el mejor de los casos, la situación puede reportarle buenas ganancias, pero, en el peor de los casos, podría ser una masacre. Es importante tener en cuenta que en la apuesta hay un 50% de probabilidades para cada dirección del precio. Incluso si cree que los resultados del informe serán mucho mejores que las expectativas de los analistas, e incluso si tiene razón, sigue siendo un gran riesgo. Las acciones tienden a darnos sorpresas, sin nada que ver con los informes. A un buen informe puede seguirle un colapso, y viceversa. Aunque tenga usted razón, puede que el mercado no quiera apoyarlo.

El único caso en el que estoy dispuesto a mantener una acción durante el período de los informes es cuando he vendido por lo menos las tres cuartas partes con muy buenas ganancias, y el 25% restante ya no me pone en peligro. A continuación, se muestra un ejemplo con la compañía Lexmark (LXK). Compré sus acciones por encima de $46. El objetivo de ganancias por la venta de tres cuartas partes de la cantidad era el 3%. Yo sabía que en varios días la compañía daría a conocer su informe trimestral, pero predije que la acción llegaría al punto de realización de ganancias antes de eso. De hecho, eso es lo que ocurrió. Recibí la bofetada cuando apareció el informe. Observe qué le sucedió a Lexmark:

Publicación del informe trimestral de Lexmark, LXK

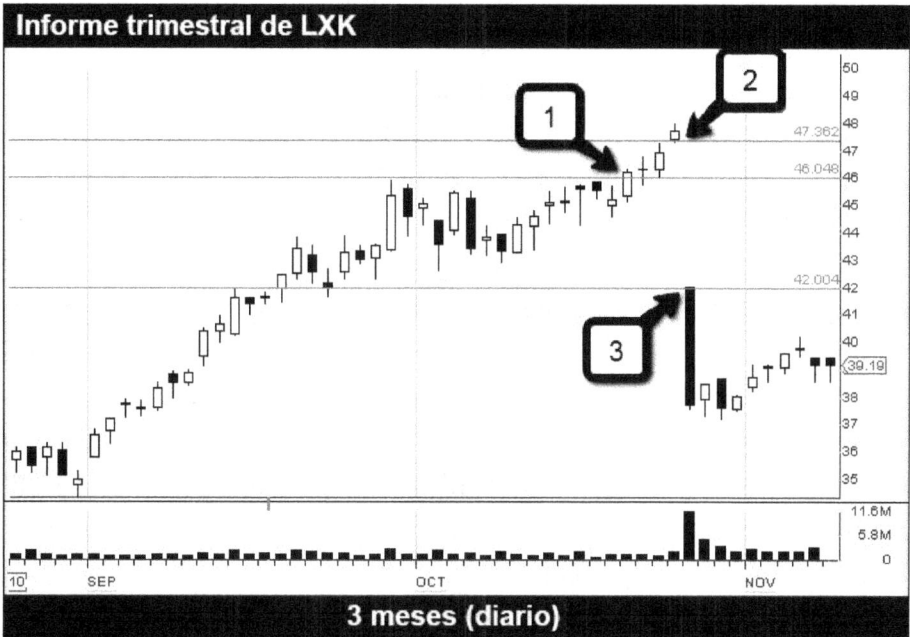

Informe trimestral de LXK
3 meses (diario)

Lexmark tiene una ruptura por encima de $46 [1] y, en cuatro días, alcanza el precio objetivo previsto. Cuando llegó a un 3% de ganancia vendí el 75% de la cantidad que había comprado, a sabiendas de que el informe trimestral se publicaría al día siguiente. Un día después de la publicación del informe descubrí que Lexmark había abierto con una brecha bajista increíble del 9% por debajo de mi precio de entrada. La orden de **stop** preparada para el precio de entrada de $46 se ejecutó al precio devastador de $42, y el 25% de las acciones se esfumó con una pérdida tremenda.

Ahora veamos el resultado final: una ganancia del 3% en tres cuartas partes de la acción junto con una pérdida del 9% en una cuarta parte de la acción nos da un total de... ¡cero! En resumen: no perdí ni gané. Moraleja: muy simple, ¿quiere correr grandes riesgos y dormirse teniendo una acción justo antes de que se publique el informe trimestral? Asegúrese de haber hecho antes efectiva una buena ganancia con la mayor parte de las acciones que tenga y, si decide correr un riesgo calculado, hágalo solo con un porcentaje muy pequeño.

¿Qué habría ocurrido si Lexmark no hubiera alcanzado mi objetivo de ganancias antes de la publicación del informe? Habría vendido todas las acciones. A largo plazo, este no es un fenómeno problemático, ya que, estadísticamente, en la mitad de los casos, si una brecha está en su contra, perderá, mientras que, en la otra mitad de los casos, cuando la brecha le favorece, ganará. El resultado acumulativo de decenas de esas brechas probablemente sea cero.

A diferencia de los informes de ganancias trimestrales, los resultados de recomendaciones de analistas pueden ser bastante previsibles, por ejemplo, una recomendación de un analista de Goldman Sachs de "comprar en grande" causará por lo general un pronunciado aumento del precio. La recomendación de "venta", o una importante demanda judicial, causará por lo general caídas en el precio de las acciones. El problema con los anuncios financieros es que nunca se puede saber cuándo esperarlos. Aquí también, las estadísticas vienen a su rescate. A diferencia de las reacciones en el mercado totalmente imprevisibles por la publicación de informes trimestrales, cuando compra una gran acción que está al alza, es muy factible que una de las razones de la tendencia alcista sea un anuncio positivo que, hasta la publicación, era conocido tan solo por unos pocos iniciados, que comenzaron a comprar antes que el público. Cierto, eso no es legal, pero no sea ingenuo. Si usted compró la acción porque se está mostrando fuerte y no porque sabe que un anuncio positivo está a punto de salir a la luz, entonces, a continuación del anuncio, la acción seguirá avanzando por lo general en la dirección en la que usted está operando.

Hasta el momento, hemos analizado la situación en la que usted "duerme" en posesión de una acción para un *swing* de varios días. A continuación, haremos referencia al *trading* intradía.

Operaciones intradía en anuncios

Nuestro objetivo es aprovechar la volatilidad de una acción, ya sea derivada de un informe trimestral o de un anuncio, en vez de adivinar la dirección en la que se mueven las acciones. Antes de iniciar el *trading*, examinaremos en varios sitios financieros las acciones cuyos informes se publicarán al final de la jornada bursátil y las acciones en las que se esperan cambios por las recomendaciones de los analistas. Estas se introducirán en una lista de seguimiento y, si tiene suficientes pantallas, le recomendaría visualizar en cada una su propio gráfico para seguirlas durante toda la jornada.

¿Cuándo hay que comprar o ejecutar un **short**? En primer lugar, recuerde que no entraremos en ninguna acción antes de haber visto su dirección real en tiempo real. Comprobaremos la dirección y oprimiremos el botón solo cuando se desarrolle una formación técnica aceptable. Tenga en cuenta que la dirección del mercado impactará menos en las acciones que salen en las noticias que en otras acciones. En otras palabras, aun si el mercado está al alza y la acción que ha elegido "sufre" por el cambio de la recomendación del analista, todavía se puede ejecutar un **short**. La probabilidad de éxito del **short** será mayor si el mercado lo apoya, pero, en esta situación en particular de los informes y los anuncios, la dirección del mercado no es esencial.

Macy's (M) el día en el que anunció ganancias

Informe trimestral de M

5 minutos intradía

El 12 de mayo de 2010, tras un excelente informe trimestral, el gigante minorista Macy's abrió con una brecha alcista de 2.2% [1]. También se difundió una crónica positiva sobre el crecimiento en las ventas de Macy's. Inmediatamente después de la apertura del día de *trading*, Macy's descendió bruscamente cerrando la brecha [2]. Como hemos visto, el punto de cierre de la brecha es también, muy a menudo, el punto de cambio de dirección, lo cual es cierto en este caso. Macy's se recuperó y cerró en las altas [3]. ¿Qué habría ocurrido si, a raíz de la publicación de estos informes positivos, usted hubiera comprado las acciones a la apertura del *trading* [1] con la esperanza de que seguirían subiendo? Lo más probable es que, con una caída de más del 2% hacia el punto de cierre de la brecha, habría tenido una pérdida. La conclusión es que el comportamiento de las acciones tras la publicación de la información financiera es errático e imprevisible. Todo es posible y todo puede suceder. Si la acción se mueve hacia arriba, puede comprar una posición larga, siempre que muestre también una formación técnica satisfactoria, y la respalde con una orden de suspensión o **stop** razonable.

Pregunta: ¿Puede identificar un buen punto de entrada intradía técnico para una posición larga? Veo la formación "cabeza y hombros invertida" en $24.40. ¿También usted la ve?

Cómo identificar el punto más bajo

Las crisis son parte inseparable de la vida en la bolsa de valores. Cada tantos años, las bolsas colapsan por una crisis u otra. Estadísticamente, el inversor promedio experimenta al menos tres grandes colapsos durante su vida. Solo durante la última década, los mercados se estrellaron por dos megacrisis: la Burbuja de Internet de 2000, y la Crisis Financiera de 2008. Colapsos de segundo nivel aparecen como minicrisis, como, por ejemplo, el de las Torres Gemelas el 11 de septiembre, o la crisis de Dubai, la crisis griega, el tsunami en Japón y otros eventos que ya he olvidado.

En el clímax de la reacción del mercado a la crisis de las sub-prime de marzo de 2009, muy pocas personas realmente identificaron el punto más bajo. Ni en sus sueños más locos habrían podido imaginar que, en poco más de un año, el mercado se recuperaría de haber tocado fondo con un ascenso meteórico del 100%, sin siquiera mirar hacia atrás. Las oportunidades para los compradores en el punto más bajo son muy raras, pero nos permiten, si lo identificamos correctamente, la posibilidad de utilizar métodos de *trading* por períodos más largos que los de las operaciones a las que este libro se refiere. Creo que, como *traders*, debemos estar abiertos a todo tipo de oportunidades, aunque a veces se aparten de las limitaciones de nuestro enfoque a corto plazo. Debemos actuar como *day traders*, pero manteniendo acciones por períodos de varios días a varias semanas, utilizando métodos de *swing* y, en casos especiales, tratar de aprovechar una volatilidad a largo plazo de varios meses.

Ya que el 90% de la gente pierde en el mercado de valores, tenemos que concluir que el público tiende a comprar acciones cuando están en su clímax y a venderlas cuando "tocan fondo". ¿Cuál es la conclusión? Pues que tenemos que hacer exactamente lo contrario de lo que hace el público general. La manera de hacerlo es identificar el clímax o el punto más bajo, lo cual no es una tarea sencilla. Voy a intentar proporcionarle algunas reglas para identificar ese "fondo". No son reglas matemáticas perfectas, pero le ayudarán a consolidar sus opiniones la próxima vez que se tope con una crisis.

Estas reglas son muy sencillas, pero muy difíciles de dominar. La mayor dificultad es psicológica. El cerebro nos dice que es tiempo de actuar, pero el corazón se resiste. Esta resistencia puede derivar del miedo a las pérdidas, de la presión social, del temor a lo desconocido, etc. La resistencia se debe al simple hecho de ser seres humanos. A pesar de que la distancia física entre la mente y el corazón es corta, para la mayoría de las personas representa un obstáculo insalvable. El éxito requiere someterse a un cambio mental que combine el pensamiento y la emoción en un solo camino. Se trata de un proceso mental difícil que, por lo general, lleva varios años asimilar.

- **Regla 1: en primer lugar, la sangre debe correr por las calles**

Cuando busque el punto más bajo de una acción, trate de imaginar cómo se sentiría si la hubiera comprado al precio más alto antes de hundirse. ¡Si cree que puede soportar la caída sin huir, entonces no es el momento para comprar! Si siente que **no** podría resistir la presión, que claudicaría y vendería, ES el momento de comprar. Esta es una regla importante, pero le aviso que no es aplicable a todas las acciones. Hay que centrarse en acciones con buenos fundamentos, que nadie entiende bien por qué han caído, en lugar de las que muestran una tendencia negativa debido a los informes de ganancias. Busque las acciones que caen como resultado de la histeria general del mercado.

Por lo general, no compro acciones por su valor fundamental. Ese es un juego que los fondos dominan mejor. Tengo suficiente experiencia para saber que no hay ninguna relación entre el valor contable y el precio de una acción, pero a veces, cuando la acción se cotiza muy por debajo de su valor real, es el momento propicio para comprarla.

Dentro del marco de esta regla, hay que ver a qué sector pertenece la acción: por ejemplo, durante una grave crisis financiera (el colapso de las sub-prime en 2008, por ejemplo), si hubiera considerado adquirir una acción de un banco con una relación precio-beneficio ("Price-Earnings" en inglés o **PE**) ideal de 1:6 basada en las ganancias del año siguiente, no estoy seguro de que hubiera sido una buena operación. Es más razonable suponer que, al año siguiente, el banco no tuviera ni la mitad de esa relación PE. Por lo mismo, tampoco habría recomendado buscar el punto más bajo en las acciones de las puntocom durante la crisis del sector de internet. Recuerde que, cuanto más dolorosa sea la caída de los precios, mayor será la probabilidad de un rebote con éxito.

- **Regla 2: no haga caso de las recomendaciones de los analistas**

No preste oídos a los analistas técnicos, analistas financieros, sitios web financieros, softwares mágicos que predicen el futuro, administradores de fondos ni, especialmente, a los economistas que dicen haber identificado el punto más bajo. No son más que ruido de fondo, y usted debe mantenerse a distancia. Este no es un juego fácil. No se trata de leer un artículo del periódico. Los administradores de fondos que pretenden ser "optimistas" sobre una acción están prácticamente declarando que ya han invertido en ella. Recuerde la primera regla: el dolor más grande está en el punto más bajo y la situación debe parecer irremediable antes de que entre como comprador. Si mucha gente le dice que el mercado va a subir, aún no ha visto el punto más bajo. Cuanto menos escuche a las personas que hablan "con autoridad", mayor será su probabilidad de éxito. Cuanto más rápido llegue a la conclusión de que nadie le puede ayudar, especialmente los economistas, mejor estará. La mayoría de los economistas no admiten que, a pesar de años de educación formal, son incapaces de explicar por qué el mercado sube y por qué baja. Sin embargo, para justificar el título académico y su estatus de carrera, encontrarán explicaciones convincentes. ¡Pregúnteles si arriesgarían su dinero para defender lo que afirman!

- **Regla 3: los analistas tienen que bajar sus calificaciones**

Cuando se busca el punto más bajo, hay que hacer precisamente lo contrario de lo que los analistas están recomendando. La mayoría de sus recomendaciones son engañosas. En muchos casos, los fondos usan a los analistas para recomendar las acciones que ellos han acumulado. Las empresas también conducen a los analistas y los alimentan de información interna desde la mañana hasta la noche. ¿Alguna vez se ha preguntado cómo sabe el analista "calcular" precisamente el beneficio previsto de una acción? El analista recibe una cifra exacta del gerente de finanzas de la compañía.

DINERO INTELIGENTE

Cuando una acción a la baja "sufre" de una mala recomendación o degradación que no causa que el precio siga cayendo, es un signo seguro de que los vendedores débiles ya están fuera y, por lo general, indica que el precio iniciará una tendencia alcista.

Las acciones que usted compre deben estar "sufriendo" la degradación del analista. En todos mis años como *trader*, todavía no he encontrado un analista que promueva su calificación a "comprar" en el punto más bajo. Casi sin excepción, los analistas otorgan calificaciones más bajas en el punto más bajo. Una acción que se había clasificado como "compra fuerte" se convertirá en "venta fuerte". El problema es el método: la mayoría de los analistas califican las acciones sobre la base de la relación entre el beneficio previsto y el beneficio real. Cuando la acción responde al pronóstico, los analistas suben sus recomendaciones, y, cuando no responde al pronóstico, le bajan la calificación. Cuando la acción falla, aunque sea un poco o temporalmente, también se la rebajan. Cuando una acción recomendada colapsa, los analistas le bajan vergonzosamente la calificación. En otras palabras, todo esto forma parte de un pretexto. Las cosas empeoran después de una crisis porque las crisis toman a la mayoría de los analistas por sorpresa. Ellos quedan atrapados en el clímax de la crisis con demasiadas recomendaciones de "comprar fuerte".

El resultado: el regulador del mercado de valores se pone furioso. A los reguladores no les gustan las situaciones en las que los analistas recomiendan y la bolsa se viene abajo. En respuesta, los reguladores emiten órdenes de bajar las expectativas. El resultado: si espera ver calificaciones de "comprar" en el punto más bajo, olvídese. Para comprar una acción en el punto más bajo tiene que ver que una mayoría decisiva de los analistas que reseñan la acción recomiendan venderla. Pero preste atención: si la retirada de las últimas recomendaciones de "comprar" no hace caer más el precio, es señal de que los vendedores débiles han salido del cuadro, y el precio de la acción refleja todas las expectativas negativas. De aquí en adelante, el único camino que queda es hacia arriba.

- **Regla 4: el volumen en el punto más bajo debe ser grande**

Antes de decidir que se ha llegado al punto más bajo, es preciso cerciorarse de que los inversionistas débiles hayan salido del cuadro. Esto es lo que se denomina la "capitulación". Un gran aumento de volumen significa que hay un gran número de vendedores, pero hay que recordar que, por cada vendedor, hay un comprador. Esto significa que la acción está pasando por muchas manos. Los vendedores débiles se han desprendido de la acción, y han entrado nuevos propietarios. Estos nuevos propietarios compraron a un precio bajo. Tienen más paciencia y resistencia. Cuanto más sube el volumen, más vendedores débiles están siendo reemplazados por compradores fuertes. Recuerde: una acción cotizada en su punto más bajo con grandes volúmenes es lo que queremos comprar, no vender.

- **Regla 5: las malas noticias no influyen en el punto más bajo**

Cuando la acción está en su nivel más bajo, las malas noticias y, aún más, las malas noticias pronosticadas, ya están integradas en el precio. Cuando todos los vendedores débiles se han ido, al resto de los compradores no les molestan las malas noticias. Esta regla se debe integrar con información sobre la situación financiera de la empresa y su sector. Si la empresa colapsa, o se encuentra en un sector en una muy mala situación macro-económica, las malas noticias pueden impedirles que liquiden sus obligaciones y, a continuación, el control podría pasar a manos de sus accionistas.

- **Regla 6: espere un poco más...**

Esta es la última regla y la más importante. ¿Ha decidido que quiere comprar? ¡Espere! Aguante un poco más. Podría valer la pena esperar a que baje más, lo que demostraría que su evaluación del punto más bajo era incorrecta. Uno de los errores más comunes tiene que ver con nuestra tendencia a identificar demasiados "puntos de fondo" en demasiados casos. Es cierto, si cumple esta regla, podría descubrir que se ha perdido una buena operación pero, en la mayoría de los casos, estará contento de descubrir que el punto de fondo estaba aún más abajo. Aunque pierda la oportunidad de entrar en varias transacciones, su índice general de éxito será todavía mayor gracias a este último paso. Recuerde: no se toca fondo muy rápidamente. Por lo general, se dispone de mucho tiempo.

Identificación del punto más bajo del mercado durante la Crisis financiera de 2008: SPY

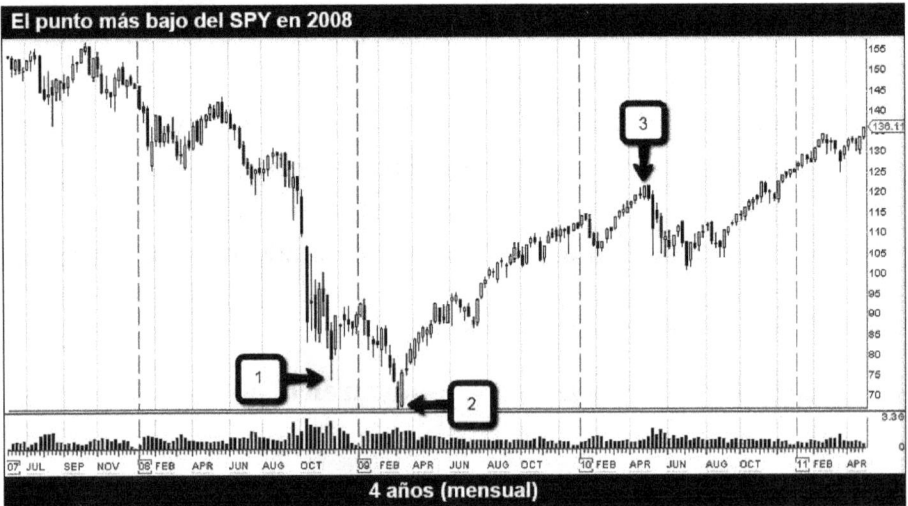

En octubre de 2008 se desplomaron los mercados. El SPY (ETF de S&P 500) cayó de una cumbre de $175.52 a una baja de $67.1 [2]. A continuación, se disparó un 82% en 14 meses [3]. Tenga en cuenta que la primera baja [1] no era la verdadera. ¿Habría podido identificar el punto más bajo y ganar de las altas que siguieron? Eso hubiera sido muy difícil. Incluso si lo hubiera identificado, lo más probable es que, como a muchos otros, el miedo le hubiera impedido pensar con claridad. Al igual que muchas otras personas durante ese período, también yo me sentí como si el cielo se hubiera desplomado, como si el mundo estuviera a punto de llegar a su fin, y que todo el sistema financiero estaba al borde del abismo. No sabía siquiera si los cajeros automáticos seguirían funcionando al día siguiente.

Como *traders*, sacamos buenos beneficios de la continua caída de precios, pero teníamos miedo de encontrarnos en una crisis de un alcance que el mundo nunca había experimentado y, por lo tanto, teníamos miedo de comprar. Eso no significa que no nos hayamos beneficiado de algunas tendencias al alza, especialmente una vez que llegó a estar absolutamente claro que la tendencia del mercado era ascendente. Pero no entramos en la fiesta de las tendencias alcistas como los inversionistas que compraron acciones en el punto más bajo y las mantuvieron a largo plazo. Por otra parte, ¿cuántos inversionistas identificaron realmente el punto más bajo y compraron? Con mucho cuidado, sin embargo, como *day traders,* aprovechamos una larga racha de días con tendencia alcista.

Cuando el mercado empezó a subir de forma continua y con determinación, como lo hizo desde marzo de 2009 [2], se dio una rara situación en la que el *trader* a largo plazo se beneficiaba más con el mercado que el *trader* a corto plazo. Lo más triste es que, por lo general, esos *traders* absorben también todas las bajas. El resultado general es que tienden a cubrir sus pérdidas, pero no más. Todavía no he encontrado a un *trader* a largo plazo que sepa cómo salir antes del colapso y comprar exactamente en el punto más bajo.

Integración de herramientas

El 28 de mayo de 2010, nuestra sala de *trading* operó con una acción que, de forma extraordinaria, integraba varias de las herramientas que hemos aprendido en este capítulo. Fue una excelente operación, la mejor del día para mis colegas y para mí. Trabajamos con la acción de 3Par Inc.

Operaciones con 3Par (PAR)

El día antes de nuestra entrada, PAR subió casi un 10%, de alrededor de $9 a $9.89. Llamamos a acciones como estas "acciones de impulso" o "*momentum stock*". Son acciones fuertes, que nos gusta encontrar antes del comienzo de la jornada, en el supuesto de que el impulso del día anterior atraerá a nuevos compradores y seguirá su ascenso en los próximos días.

El impulso de PAR no nos defraudó y, cuando se abrió el *trading*, la acción se elevó a $10.14, retrocedió, y ejecutó una clásica reversión [1] seguida por un movimiento de más de $10. En el punto de reversión [1], compramos. Había razones para dudar, ya que no sabíamos si la acción subiría más arriba de su alta anterior. Cuando lo hizo [2], aumentamos la cantidad. La acción subió a una nueva cumbre, donde hicimos efectivas buenas ganancias para la mayor parte de nuestras acciones. A continuación, nos dimos cuenta de que el precio se consolidaba en torno al punto del clímax, casi sin ningún retroceso. El volumen en el área de consolidación no fue demasiado grande: en otras palabras, no entraban muchos nuevos compradores o "manos débiles" y la acción desarrolló lentamente una clásica formación de ruptura por encima de los $10.45. Compramos más en la ruptura [3] y volvimos a vender cerca de la cumbre siguiente.

¿Cuántas herramientas aprendidas hasta ahora se aplicaron a esta operación?

1. Aprendimos que nos encantan las acciones que sobrepasan la marca de $10, ya que es el punto donde los fondos demuestran interés.

2. Aprendimos que tenemos que comprar por encima de los números redondos: por lo tanto, por encima de los $10.

3. Aprendimos que tenemos que comprar en la reversión [1], que es nuestro primer punto de entrada.

4. Aprendimos a comprar en la ruptura [2], donde añadimos más cantidades.

5. Añadimos una cantidad en una ruptura adicional, puesto que aprendimos que una consolidación larga en el clímax con bajo volumen es una buena receta para alzas continuadas [3].

6. Aprendimos que cuando la acción atraviesa la línea de resistencia, esta línea se convierte en línea de soporte y las acciones pueden ejecutar una "reevaluación" (conocida como "**retest**" o "nueva prueba") [4] del punto de ruptura [3] antes de continuar a nuevas alzas.

Cómo aprovechar una nueva prueba

Hemos hablado del concepto de la "nueva prueba" o "**retest**" en la sección que explica el soporte y la resistencia, pero dada su importancia, amplío ahora la información inicial.

A menudo, después de una ruptura de la línea de resistencia (o al revés para un colapso por debajo de la línea de soporte), la acción hará un **retest** de la línea. Volverá a bajar al punto de ruptura, se apoyará en la línea de resistencia que se ha roto, y se convertirá así en la línea de soporte seguida por altas continuas. En el gráfico de PAR vimos la ruptura [3] y la nueva prueba [4].

La nueva prueba es un fenómeno común y, por consiguiente, en la mayoría de los casos se puede prever que la acción encontrará apoyo y continuará con la tendencia alcista. Para comprender ese fenómeno, es preciso analizar el comportamiento previsible de compradores y vendedores. Estudiemos el ejemplo presentado por PAR:

- **El *trader* decepcionado por haber perdido una buena oportunidad**

Los *traders* que se perdieron la ruptura [3] ven la tendencia alcista de la acción con la mirada triste y se lamentan con toda el alma de no haber comprado cuando todavía era una buena oportunidad. A continuación de la ruptura, ya no les interesa comprar a un precio alto y, por lo tanto, esperan otra oportunidad para comprar cuando retroceda. Cuando PAR ejecuta una nueva prueba [4], aprovechan para comprar, lo que contribuye a empujar el precio hacia arriba.

- **El comprador decepcionado**

Es la gente que compra PAR en la ruptura [3], pero, aun ganando, no se contenta. Se sienten estúpidos por haber identificado correctamente la ruptura y no haber comprado más acciones. Por supuesto que es fácil ser inteligente en retrospectiva, pero cuando PAR cae otra vez a los precios de ruptura [4], están más que contentos de aprovechar el retroceso y aumentan su posición. También ellos están ayudando a que el precio suba otra vez.

- **El *trader* de shorts**

Los *traders* con **shorts** en PAR antes de la ruptura esperaban que la acción cayera, pero se desilusionaron con la ruptura a través de la línea de resistencia [3]. Ahora están perdiendo, pero no quieren salir con grandes pérdidas. Por lo tanto, esperan a que PAR baje. Cuando felizmente para ellos lo hace, aprovechan la nueva prueba [4] para cerrar sus **shorts** "antes de la catástrofe". En otras palabras, también ellos compran y ayudan a que suba el precio de la acción.

La conclusión es simple: todos los jugadores en el mercado comparten el mismo objetivo de comprar en el punto de la nueva prueba o **retest** [4]. Nadie quiere vender en ese punto, por lo que, en la mayoría de los casos, una acción que ha tenido una ruptura y retrocede al precio de la ruptura recibirá el apoyo de los compradores y volverá a subir.

Podemos sacar provecho de la nueva prueba de dos formas: colocando una orden de suspensión o **stop** por debajo de la zona de nueva prueba en caso de que la acción no reciba el apoyo esperado, o aumentando nuestra posición al suponer que la acción volverá al alza.

DINERO INTELIGENTE

Una acción que tiene una ruptura suele ejecutar una nueva prueba del área de ruptura, es decir, vuelve a la línea de resistencia, que ahora se convierte en la línea de soporte, y viceversa en los casos de colapso.

El método de análisis de arriba hacia abajo

El análisis "de arriba hacia abajo" o "**top down analysis**" es un método corriente entre los *traders* prudentes. Antes de que comience la jornada, los *traders* pasan revista a las industrias y sectores fuertes y siguen sus movimientos. Si el sector farmacéutico sobresalió el día anterior en relación con el índice de precios del mercado y otros indicadores industriales, echarán un vistazo a la lista de acciones de la industria farmacéutica en busca de las notablemente dominantes. Entre ellas, elegirán algunas con formaciones técnicas atractivas y las irán siguiendo como posibles candidatas para el próximo día de *trading*. Durante la jornada, estas acciones se comprarán en los puntos de entrada previstos, siempre que se cumplan todos los criterios que hemos estudiado:

- el mercado está al alza,
- el sector específico está al alza y
- la acción se encuentra en el punto técnico correcto.

El análisis de arriba hacia abajo reduce considerablemente las probabilidades de fracaso, pero requiere una buena cantidad de trabajo de preparación y de seguimiento. Está recomendado para los *traders* con mucha experiencia o que son especialmente cautelosos y prudentes.

Dado que cuentan con el apoyo de muchos de los componentes del mercado, la probabilidad de ganar es mucho mayor.

Resumen

¡Este ha sido un capítulo muy pesado! Hemos estudiado rupturas y colapsos, cambios de volumen, puntos de compra y venta, reversiones, brechas, estrategias de *trading*, *scalps*, *trading* antes y después del horario del mercado, VWAP, *small caps*, rangos recíprocos, cómo utilizar los anuncios financieros, identificar cuándo el precio ha "tocado fondo", cómo sacar provecho de la nueva prueba y más... Entonces, ¿por dónde empezamos?

No sería normal que pudiera manejar toda esta información a estas alturas. Como principiante, debe elegir un método y estudiarlo a fondo antes de pasar a otros nuevos.

Un consejo práctico: concéntrese en las reversiones. Busque acciones con una tendencia clara, muy fuertes para comprar o muy débiles para ejecutar un **short**, que muestren reversiones diarias (velas de un día) si le interesa un *swing* de varios días, o reversiones intradía (velas de cinco minutos) si le interesa operar en el mismo día. Comerciar con reversiones es más sencillo, lento y claro que operar con rupturas y colapsos, o con cualquier otro método. Una vez que controle bien las reversiones, pase al método siguiente.

11.

Gestión de riesgos

Aprendimos a jugar a la ofensiva, ahora aprenderemos a jugar a la defensiva

Aprender a jugar a la defensiva

Hace unos meses, un viejo amigo me llamó para recomendarme que comprara cierta acción que "sin duda" iba a subir bastante pronto. Como buen amigo, trató de explicarme el terrible error que cometería si no la compraba. Ya que estas buenas ideas me habían causado pérdidas sustanciales en el pasado, le prometí amablemente que consideraría la compra de la acción pero, por supuesto, opté por olvidarme del asunto. Hace unos días, me encontré de nuevo con mi buen amigo, al que no se le olvidó preguntarme si había comprado la acción.

"Oh, me olvidé..." fingí, y le pregunté si él la había comprado. "¿Tú qué crees?" me respondió, y me preguntó un poco asombrado "¿por qué no la compraste? ¡Te digo que te has perdido el negocio de tu vida!"

"¿Y qué sucedió por fin con esa acción?" le pregunté.

"Bueno, pues hasta ahora ha bajado aproximadamente un 20%", dijo, "¡pero espérate a ver lo que sucederá muy pronto!"

Realmente admiro la resistencia psicológica de mi amigo para poder mantener una acción que cae durante varios meses e incluso años, con la esperanza de su retorno. Yo no puedo hacer eso. Soy cobarde. Tengo que saber de antemano cuánto dinero exactamente me podría perder en cualquier transacción, no solo en porcentajes, ¡sino particularmente en dólares! También quiero saber que soy capaz de limitar mis pérdidas a un monto predefinido. Recuerde que para tener éxito en la mayoría de los deportes, necesitamos aprender primero a jugar a la defensiva: como se suele decir, **la defensa gana campeonatos**. Si sabe limitar sus pérdidas, logrará obtener ganancias.

No hay bolsa de valores en el mundo que se aproxime al volumen de actividad de Wall Street. En la Bolsa de Londres se cotizan unas 200 acciones de alto volumen. En Wall Street, alrededor de 10,000, de las cuales unas 1500 muestran altos volúmenes de más de un millón de acciones por día. Los volúmenes altos permiten comprar una acción con un clic del ratón, y lo que no es menos importante, venderla también con un solo clic. Las acciones de bajo volumen suelen tener baja oferta y demanda, y es probable que la diferencia entre los precios de BID y ASK sea grande. Esto significa que usted no puede entrar y salir de esas acciones de bajo volumen a cualquier precio: por ejemplo, cuando quiera vender, podría descubrir que el único comprador más cercano está varios puntos porcentuales por debajo de la última cotización. Vender a ese precio significaría para usted absorber cuantiosas pérdidas. Siempre se puede intentar colocar una orden límite a un precio alto, ¡pero eso significa que tendría que esperar pacientemente a un comprador que posiblemente nunca llegue! Usted encontrará el mismo problema en el caso opuesto si quiere comprar una acción o, peor aún, si desea cubrir un *short* (en otras palabras, comprar) solo para descubrir que el vendedor más cercano está muy por encima de la última cotización de la acción.

Las acciones de alto volumen suelen tener diferenciales pequeños y alta liquidez. Esto significa que puede usar órdenes automáticas para hacer efectivas sus ganancias o pérdidas y confiar en que la computadora le proporcione ejecuciones rápidas y eficaces, lo más cerca posible del punto de entrada o de salida escogido.

Se pueden aplicar varias órdenes de suspensión; la más conocida e importante es una orden defensiva conocida como la suspensión de pérdidas o *stop loss*, que examinamos en la sección en la que se detallaron las órdenes de la plataforma de *trading*. En este capítulo vamos a aprender su significado y cómo utilizarla.

Riesgos fundamentales

Cada ocupación conlleva unos riesgos inherentes. El riesgo de un deportista es padecer una lesión física; el riesgo de un cirujano es el error humano. Cada profesión es un mundo en sí misma, lo que hace difícil comprender los riesgos antes de haber profundizado en esa profesión.

Los riesgos de un deportista o de un cirujano pueden calcularse y, por lo tanto, se pueden asegurar. Los deportistas se aseguran contra las lesiones y los médicos están cubiertos por seguros de negligencia, pero ninguna empresa en el mundo se comprometerá a asegurar la cuenta de un *trader*. Las aseguradoras contratan a profesionales para calcular y gestionar los riesgos. Como las aseguradoras no se ocuparán de nosotros, nos toca administrar nuestros propios riesgos y no podremos hacerlo a menos que comprendamos cuáles son.

Gestión de riesgos y gestión de pérdidas

En primer lugar, debemos definir la "gestión de riesgos" distinguiendo dos áreas que la mayoría de los *traders* erróneamente tienden a mezclar: la **gestión de riesgos** y la **gestión de pérdidas**. La correcta gestión de las pérdidas es una teoría independiente que no tiene nada que ver con la gestión de riesgos.

Los riesgos deben manejarse bajo el supuesto de que parte de nuestro *trading* dará pérdidas. La correcta gestión del riesgo debe limitarnos a pérdidas absorbibles, que tendremos que administrar por separado, según un conjunto de reglas diferentes.

En términos figurativos, la gestión de riesgos es el plan del piloto para prevenir accidentes, mientras que la gestión de pérdidas es el método de ejecutar un aterrizaje de emergencia.

Riesgo de capital fundamental

¿Cuánto dinero depositó en su cuenta de *trading*?

¿Qué porcentaje de su capital de *trading* está usted dispuesto a perder?

¿Cuánto de esa cifra está usted dispuesto a perder en una sola transacción?

Antes de comenzar a operar, debe tener claras las respuestas a estas preguntas, ya que le ayudarán a definir su estrategia de *trading*. Cada uno tiene distintos límites, basados en sus antecedentes, capacidades psicológicas, solvencia financiera y compromisos monetarios.

Defina el porcentaje del capital de *trading* que está dispuesto a perder. Esta cifra es la primera "línea roja". Muchos *traders* que conozco no han definido nunca un límite y, a veces, se percatan de su existencia solo cuando llegan a él. Este es un gran error: establecer límites con antelación le ayudará a manejarse mejor con los aspectos psicológicos del *trading*.

Riesgo psicológico

La predisposición a absorber riesgos no depende de nuestra situación financiera, sino de nuestra resistencia psicológica. El "odio a la pérdida" se destaca mucho en la investigación científica, que inequívocamente concluye lo siguiente: odiamos perder mucho más de lo que nos encanta ganar, en una proporción de 2:1 (Kahneman y Tversky, 1991). Los estudios científicos indican que la pérdida se percibe como un cambio en nuestra riqueza financiera en relación a un estado neutral. Cada uno tiene un estatus relativo diferente, derivado tanto de nuestra situación financiera real como de nuestra percepción de la importancia de la pérdida. Por ejemplo, cuando compramos acciones a un precio superior al normal y no las vendemos con ganancia, tendemos a no ver la etapa de la compra como un costoso error, sino que nos centramos en la falta de beneficios en la venta. Por el contrario, cuando compramos un artículo de uso personal a un precio superior al habitual, tendemos a ver la transacción como una pérdida.

¿Qué importancia le da usted a las pérdidas derivadas del *trading*? El profesional absorberá pérdidas como parte inseparable de la profesión. Esto no significa que el profesional haya alcanzado un equilibrio psicológico de 1:1 entre el amor a la ganancia y el odio a la pérdida, pero es razonable suponer que su estabilidad psicológica será mayor que la del aficionado, para quien la pérdida pesa más, aunque pierda la misma cantidad que el *trader* profesional y el punto de neutralidad de ambos sea idéntico. En resumen, podemos concluir que la "línea roja" del trader aficionado será diferente de la que se ha puesto el profesional o, sencillamente, que cada persona tiene sus propios límites.

Por eso es esencial que defina su propia "línea roja" de antemano; con ello mejorarán sus posibilidades de éxito. Esta línea debe basarse en la cantidad de dinero que está dispuesto a perder. La suma destinada a comprar un vehículo nuevo o a las vacaciones familiares no es dinero disponible y no debe utilizarse para financiar su cuenta de *trading*. Este es **dinero temeroso**, o sea fondos que teme perder. Más adelante profundizaremos en la gestión de los procesos mentales.

DINERO INTELIGENTE	*Las operaciones con "dinero temeroso" provocan una gestión psicológica inadecuada, incrementan el odio a las pérdidas, y casi siempre conducen a pérdidas reales.*

Riesgo de apalancamiento

Si abre una cuenta de *trading* con un bróker de Estados Unidos, podrá obtener un margen de 4:1 mediante la simple firma de un acuerdo de margen con la empresa. Si no es residente en EE.UU. y abre una cuenta de *trading* con un bróker no estadounidense, podrá obtener un margen de hasta 20:1. Un margen de 4:1 significa que si ha depositado $10,000, tendrá al ejecutar *trading* intradía un apalancamiento de hasta $40,000. Esto se denomina "margen intradía" o ***intraday margin***. Por el contrario, si mantiene acciones de la noche a la mañana, solo tendrá un margen de 2:1, denominado "margen de la noche a la mañana" o, en inglés, ***overnight margin***. Un margen de 2:1 le permitirá irse a dormir poseyendo acciones que valen el doble de la cantidad depositada en su cuenta. La razón por la que el bróker reduce el margen en el uso ***overnight*** se debe al temor a los anuncios financieros que podrían publicarse después de la jornada de *trading* y poner en peligro su dinero, así como los fondos de apalancamiento, que son los del bróker.

Un margen de 2:1 que se mantiene por una noche le costará intereses, pero no un margen intradía de 4:1 o incluso de 20:1. La mayoría de los *traders* utilizan el margen. Si piensa hacerlo, debe ser consciente de los riesgos que implica y gestionarlos correctamente.

El uso correcto del apalancamiento proporciona a los *traders* de éxito un mayor retorno de la inversión. Aquí también, la manera correcta de enfrentar el riesgo de apalancamiento es definir la línea roja. Si se cuida de no pasar de la línea roja, evitará cuantiosas pérdidas en el futuro. Si no somos cautelosos, una gran pérdida puede dejarnos fuera de juego para siempre.

¿Conoce el método de duplicar la apuesta en la ruleta? Es muy simple: usted apuesta $10 al rojo, con la esperanza de ganar. Si pierde y sale el negro, vuelve a apostar al rojo, esta vez con $20, y así sucesivamente. Cada vez que pierde, duplica la apuesta hasta que vuelva a salir el rojo, con lo que recuperará todas sus pérdidas más una pequeña ganancia. El problema es que si lo hace por mucho tiempo, se encontrará tarde o temprano con una secuencia del mismo color. ¡Conocí a alguien que perdió una enorme cantidad de dinero cuando el rojo se dio 24 veces seguidas! Eso basta sin duda para arruinar lo que podría haber sido una agradable velada.

Volvamos a las acciones. A modo de ejemplo, supongamos que usted está utilizando un capital personal de $25,000 y establece su línea roja para una sola transacción en no más del 2% de su cuenta: en otras palabras, no está dispuesto a correr el riesgo de perder más de $500 en una sola transacción. Uno de los aspectos más importantes del *trading* es una sólida disciplina, y deberá ceñirse a este máximo factor de pérdida que usted mismo ha definido. Tenga en cuenta que tras una pérdida de $500, el saldo de la cuenta será $24,500, por lo que el 2% del nuevo saldo será $490. Si adopta el factor del 2%, siempre podrá calcular de antemano la cantidad de dinero restante en su cuenta después de cada operación perdedora, pero éstas pueden darse en secuencia:

- Tras 10 pérdidas sucesivas, habrá $20,486 en su cuenta.
- Tras 100 pérdidas sucesivas, quedarán tan solo $3,315 en su cuenta.

Las probabilidades de perder 100 veces seguidas son extremadamente escasas, pero debe ser consciente de su línea roja en todo momento, tanto desde la perspectiva de la pérdida máxima como desde el punto de vista de la pérdida en una sola transacción.

Riesgo técnico

Antes que nada, deben determinarse los puntos correctos de entrada y de salida, según el comportamiento técnico de la acción en el gráfico. El punto de salida debe planificarse de antemano y no establecerse según la cifra que usted está dispuesto a perder, sino en base a la volatilidad y al comportamiento técnico particular de cada una de las acciones con las que opera. Como ya hemos aprendido, al comprar una acción definimos la salida (stop) de antemano. Por ejemplo, digamos que su punto de entrada es de $30 y ha previsto el stop en $29. Si compra 100 acciones a $30 y el precio baja un dólar a $29, tendrá una pérdida de $100. Pero si la pérdida máxima que está dispuesto a absorber es de $50, deberá limitarse a comprar solo 50 acciones y abstenerse de comprar 100 y "auto-compensar" fijando el stop en $29.50, que en primer lugar no era el punto de suspensión técnico correcto.

Además del cálculo que ha fijado de antemano, también debe entender que el punto de salida real podría estar más lejos de lo previsto. Por ejemplo, si el precio cayó a $29, pero aún no ha ejecutado una reversión de cinco minutos, es posible que tenga que absorber una pérdida mayor a la prevista. Por lo tanto, es preciso tener en cuenta con antelación un margen de error adicional que le permita operar correctamente en el plano técnico y esperar la reversión, sin dejar de mantener el marco de pérdidas razonables que ha planeado.

El riesgo de exponerse

Una parte del riesgo del *trading* consiste en la dependencia de factores desconocidos. Entre ellos se cuentan noticias políticas, anuncios financieros y del mercado, boletines de las empresas cuyas acciones haya comprado, información del sector, recomendaciones de analistas, y cualesquiera otros rumores que pudieran afectar al precio. Puesto que nadie puede prever el momento, el contenido ni el impacto de una noticia, la mejor manera de reducir los riesgos es reducir el tiempo de exposición en el mercado. Cuanto menos se exponga, menor será el riesgo.

| **DINERO INTELIGENTE** | *Cuanto más reduzca su exposición en el mercado, más reducirá los riesgos.* |

Puesto que operan con grandes cantidades, los *day traders* salen de la mayoría de sus transacciones durante la jornada de *trading*. Quedarse con acciones significa correr riesgos. Los *swing traders* compran cantidades más pequeñas y, por lo tanto, están dispuestos a asumir el riesgo, el cual puede durar varios días hasta que cierren parte de la transacción. Pero incluso ellos intentarán vender el 75% de la cantidad tan pronto como sea posible para reducir el riesgo de exposición a los cambios de humor del mercado. Los inversores a mediano y largo plazo que mantienen acciones durante semanas, meses y años se exponen aún más. Conclusión: cuanto más reduzca su exposición, más reducirá los riesgos, y ello le permitirá operar con cantidades mayores.

La orden protectora "stop loss"

Esta orden hace exactamente lo que su nombre indica: limita las pérdidas. Después de entrar en una acción, puedo poner una orden de suspensión de pérdidas en mi plataforma de *trading* y definir con precisión el precio al que quiero salir, en caso de que se moviera en mi contra. En algunas plataformas de *trading*, como COLMEX Expert, la orden **stop loss** puede introducirse incluso antes de comprar las acciones. De esta manera, solo se activa una vez comprada la acción.

Por lo general, no opero durante más de dos horas seguidas por día, pero mantengo algunas de esas acciones mientras hago una pausa. Es en ese momento cuando utilizo las órdenes de suspensión para posiciones que siguen abiertas.

Normalmente, cuando estoy operando activamente y siguiendo mis pantallas, no acostumbro a poner órdenes de suspensión automáticas. Yo uso lo que los *traders* llaman **mental stop**; en otras palabras, saldré de la acción con un clic del ratón si esta llega a mi punto de suspensión preestablecido. Esto se describirá con más detalle más adelante. Cuando mantengo más acciones de las que soy capaz de manejar fácilmente, tengo siempre la precaución de poner órdenes de suspensión. Como en la mayoría de las plataformas de *trading*, mis órdenes de suspensión se mantienen en la computadora del bróker, así que si por cualquier motivo mi equipo se bloquea en medio de la operación, o la conexión con internet flaquea de algún modo, no tengo por qué preocuparme: las órdenes de suspensión se ejecutarán según lo establecido.

No toda orden de suspensión es una orden de suspensión de pérdidas

Primero hablemos de la terminología. Es importante comprender la diferencia entre las órdenes de suspensión o **stop orders** de diversos tipos, como **stop limit**, **stop market**, etc. (véase la sección sobre "órdenes de *trading*") y la orden de suspensión de pérdidas o **stop loss**.

- **Stop limit**, **stop market** y otras son órdenes de *trading* definidas que se encuentran en toda plataforma de *trading* digna de tal nombre.

- **Stop loss no es una orden definida**. No encontrará este término en ninguna plataforma de *trading* profesional. Su significado es sencillo: "dejar de perder" o "parar las pérdidas". Con esta orden, uno puede definir el precio de salida si una acción que compró comienza a bajar.

- En contraste con la palabra **stop** en la suspensión de pérdidas, la palabra **stop** en **stop limit**, **stop market**, etc. significa "dejar en suspenso". Así, **stop limit** significa "esperar hasta que se pueda ejecutar una orden límite al precio establecido".

- No todas las órdenes de suspensión de pérdidas están destinadas a reducir las pérdidas. En muchos casos, es simplemente un punto de salida más alto para una acción que está al alza. Por ejemplo: usted compró a $30 por acción y coloca una orden **stop loss** en el sistema a $29.70. Ciertamente esta es una orden de suspensión de pérdidas. Pero si el precio sube a $31 y su **stop loss** estaba en $30.70, es evidente que no incurrió en ninguna pérdida, en cuyo caso el término más apropiado es lo que los *traders* llaman simplemente **stop**.

Cómo establecer el punto de stop

El punto de salida de las pérdidas debe estar ya definido en la etapa de planificación de la transacción, pero como comprenderemos a continuación, no siempre podemos saber de antemano exactamente dónde estará la salida. En todo caso, aunque no podamos definir la salida real con certeza, podemos planificarla con antelación. Hacemos esto por dos razones: es lo correcto profesionalmente, y es bueno psicológicamente.

- Profesionalmente: antes de cada operación hay que comprobar la relación entre el riesgo y la retribución. ¿Cómo puede calcular el riesgo si no sabe dónde está el **stop**? Los *traders* que no definen este punto antes de entrar en la transacción están operando de manera muy poco profesional. Un profesional calcula primero el riesgo, no la retribución.

- Psicológicamente: ¿puede poner un **stop** fiable una vez comprada la acción? No. Cuando la ha comprado, usted ya no es la misma persona que piensa con lucidez. La codicia le tienta, y el temor a las pérdidas juega con sus emociones, interfiriendo en su capacidad de permanecer racional, y posiblemente causando que haga efectivas sus ganancias demasiado pronto o deje de perder demasiado tarde.

Algunos *traders* ponen el **stop** antes de entrar en la transacción, pero entonces el demonio entra en acción: en cuanto el precio se aproxima a ese punto, lo cancelan y ponen uno nuevo más lejos. ¿Qué hacen cuando el precio se aproxima al punto nuevo? Exacto, lo vuelven a poner aún más lejos. Cuanto mayor sea una pérdida, más difícil es aceptarla. Salir con pérdidas es doloroso. El cuerpo humano tiene un rasgo psicológico de protección contra el dolor. ¿Duele salirse de la acción? Entonces no oprimamos el botón. Cuando tienen que elegir entre esperar a que la acción revierta y empiece a reportar ganancias o aceptar el dolor de la pérdida, eligen la esperanza. A medida que aumenta el alcance de las pérdidas, se van convirtiendo de *traders* a corto plazo a inversores a largo plazo. Se preguntan, "¿por qué sucedió esto?" y luego empiezan a buscar los motivos que expliquen el impresionante cambio en la dirección de la acción. Niegan la verdad y tratan de justificar la situación en la que están atrapados con cualquier excusa posible: "la empresa tiene buenos productos", o "está muy bien administrada", y así sucesivamente.

En mi opinión, el punto de **stop** puede moverse en una sola dirección, que NO es hacia un aumento de pérdidas. Como se explica en la sección relativa a la gestión de *trading*, después de hacer efectiva la primera ganancia, el punto puede moverse tan cerca como sea posible del punto de entrada o por encima de él, para evitar que una operación lucrativa se convierta en una operación fallida.

Repita esto mentalmente hasta que se le quede grabado: **nunca le devolvemos dinero al mercado**. Esta es una de las reglas más básicas del *trader*, aunque a la mayoría le llevará mucho tiempo aprenderla y entenderla.

La importancia del stop

Con el transcurso del tiempo, me di cuenta de que el error principal de los *traders* es la dificultad de dejar de perder a tiempo. Su recurso principal es el capital depositado en la cuenta. Si no hace todo lo posible para conservarlo, está condenado a un completo fracaso. "Todo lo posible" significa asegurar que las pérdidas sean tan pequeñas como pueda. Siempre. Sin ningún tipo de concesiones o excusas. Sin un "solo por esta vez," y sin un "solo hago una prueba..." Sin "confío en mí y sé lo que hago", o "estoy dispuesto a pagarle al mercado por mi educación". Pérdidas pequeñas. Antes que nada, juegue bien desde la posición defensiva. Siempre.

DINERO INTELIGENTE | *El mejor trader no es necesariamente el que mejor sabe elegir las acciones, sino el que deja de perder antes que todos los demás.*

La pérdida es parte inseparable del *trading*. De hecho, muchos *traders* profesionales pierden en aproximadamente la mitad de las transacciones que ejecutan. La diferencia más importante entre un *trader* fallido y un profesional es la capacidad de dejar de perder a tiempo, pero sin salirse demasiado rápido cuando la acción se está moviendo en la dirección correcta. Cuando los *traders* profesionales pierden, admiten inmediatamente su error, dejan de perder y pasan a la operación siguiente. No se consuelan con excusas ni justifican sus pérdidas con declaraciones como, "pero la acción muestra buenos ingresos", o "el mercado está al alza, por lo que la acción tendrá sin duda una reversión". Todos estos actos empiezan con pérdidas y terminan en lamentaciones.

Stop basado en el tiempo

Puede ocurrir que haya comprado una acción y que esta se haya atascado. No importa si le ha dado pequeñas ganancias o pérdidas. Es que no se comporta como usted lo había previsto.Antes que nada, debe entender que hay una buena razón para que haya dejado de moverse. Por lo general, usted no sabrá el motivo, pero es probable que algo esté sucediendo. Por ejemplo, cuando usted compra una acción con tendencia alcista y los vendedores la bloquean, es razonable suponer que los compradores se desanimen pronto y empiecen a buscar la puerta de salida. Usted, como otros, ha detectado la perfecta formación técnica y ha comprado, con esperanzas de éxito, pero lo mejor será que esté entre los primeros en salir.

¿Cuánto tiempo debe transcurrir entre la entrada y la salida? La respuesta depende de la experiencia personal de cada *trader*, pero si quiere una pauta, yo diría que si no ha respondido a las expectativas en un plazo de diez minutos, algo malo está sucediendo. Cuando una acción deja de moverse, ¡me salgo! Si las acciones no se mueven rápido, por lo general, no se moverán para nada.

Me doy cuenta de que esto suena muy sencillo: "Si no se mueve, sálgase". En realidad, no es tan fácil. La mente se resiste a oprimir el botón. Creemos que hemos elegido bien, y tenemos miedo de que al final será un éxito, pero ya sin nosotros si nos salimos. Sí, esta es una decisión psicológicamente difícil, pero hay que perseverar y hacer clic en el botón. Si se queda con la acción, es muy probable que primero "visite" su punto de **stop** y que luego sea un éxito o un fracaso. Recuerde que usted entró en la acción creyendo que tendría que moverse rápidamente en la dirección prevista. Si esto no ocurrió, cometió un error. Ahora está en el territorio de los casinos. Usted no deja nada al azar: llévese su dinero, aunque sea con pérdidas o con una ganancia pequeña, e invierta en una acción más satisfactoria. Tenga en cuenta que, al fin y al cabo, se trata de disciplina.

Stop en la reversión de cinco minutos

Este es el punto técnico de suspensión correcto, pero no necesariamente adecuado para cada transacción. Aquí se requieren nervios de acero, que generalmente no están en el arsenal de los principiantes. Cuando entro en una acción, nunca sé si he elegido con precisión el punto de entrada. Puedo entrar en una acción fuerte al alza en un punto técnico correcto o ejecutar un **short** en una acción débil, pero tal vez la acción o el mercado no estén de acuerdo con mi elección.

Ejemplo de short en Moody's Corporation (MCO)

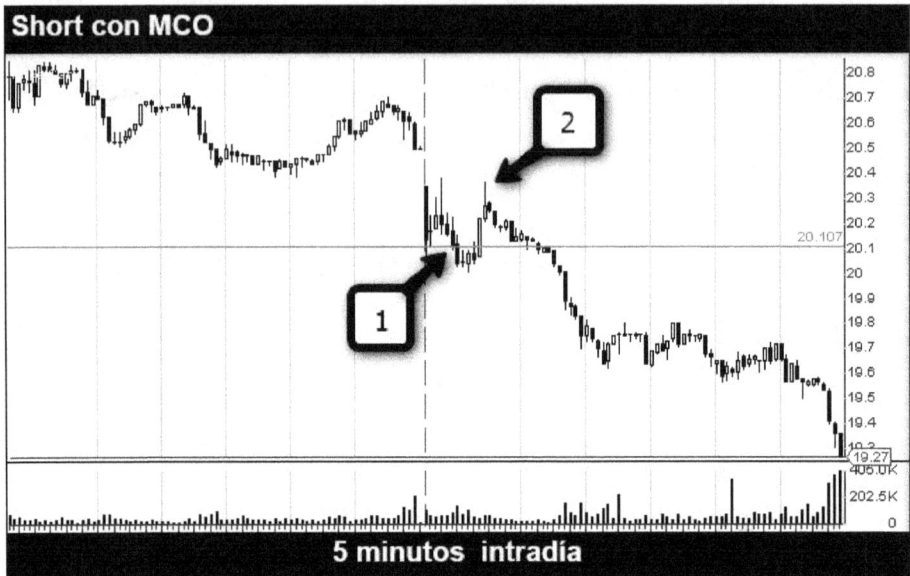

Ejecuté un **short** con Moody's por debajo de $20.10 [1]. En este punto, la acción prometía más bajas. Comenzó con una brecha bajista del 2% y el camino parecía estar completamente preparado. El mercado también comenzó con una brecha bajista. Por supuesto, me preocupaba que la brecha se cerrara (es decir, que el mercado se fuera al alza), pero el mercado había sido débil durante varios días y calculaba que tenía buenas probabilidades de seguir bajando. Estaba equivocado. La acción cayó a $20, encontró el soporte del número redondo (del que ya hemos hablado) y luego el mercado se movió contra mí. En otras palabras, la tendencia fue hacia arriba para cerrar la brecha. En unos pocos segundos, Moody's cambió de dirección con el mercado, y subió a $20.37 [2]. ¡Ayayay!

¿Qué debe hacer uno en esos casos? ¿Dónde está el **stop**? Como hemos aprendido, debería haberse fijado el punto de **stop loss** desde el principio, ya sea en la plataforma de *trading* o en la mente. Cuando uno espera que una acción se estrelle rápidamente y con fuerza, pero en realidad se mueve diez centavos en su contra, debe comprender que algo malo está ocurriendo. En tales casos, la suspensión de pérdidas debería sacarlo de la posición a una distancia de diez a quince centavos del punto de entrada.

Hay dos situaciones hipotéticas posibles: una es que haya salido en el **stop** correcto y esto es precisamente lo que debería haber sucedido; la otra es que, por diversas razones, no haya salido a tiempo y que, ahora, en contraste con lo planeado, esté absorbiendo una pérdida mayor que la prevista. Si se ha visto arrastrado junto con la acción hacia un territorio en el que, para empezar, no debería estar, tendrá que manejarlo utilizando **la regla de reversión de cinco minutos**. Lamentablemente para mí, esa fue mi situación con Moody's. La acción literalmente se disparó hacia arriba y no logré salir en el punto planeado.

Mientras la acción seguía subiendo, no tenía idea de adónde podría llegar. Podría haber subido otro dólar sin siquiera mirar atrás. Estaba en descubierto con 3,000 acciones, con una pérdida de más de $800, de manera que, por cada diez centavos que subía el precio, mi pérdida aumentaba en $300.

¿Qué habría hecho usted, escaparse o seguir aguantando? En una lejana época, como principiante, yo habría huido como un conejo asustado, absorbiendo la pérdida, y me habría arrepentido después cuando la acción tuvo una reversión. Ya no más. Ahora simplemente me doy cuenta de que la acción "no hizo nada malo". No se discute que la acción era débil. Había fuertes probabilidades de que revirtiera a la baja, pero en el proceso de caída podría también tener brevemente tendencias alcistas aunque yo estuviera en descubierto y perdiendo hasta la camisa. Todo lo que tengo que hacer es esperar hasta que el sentido común y la tendencia bajista de una acción débil retomen las riendas. En la mayoría de los casos, cuando una acción débil sube con el mercado, como lo fue en este caso, se detiene y luego retrocede, que es lo que sucedió, afortunadamente para mí, después de la reversión [2]. ¿Qué podría haber sucedido si no hubiera revertido? Habría perdido mucho más, pero también eso habría estado bien. No tengo ningún problema con pérdidas mientras sepa que estoy operando correctamente y, por tanto, no me enojo conmigo mismo. Para empezar, usted no debería llegar a ese nivel de pérdidas, pero si esto le sucede, maneje correctamente la situación desde el aspecto técnico. En este caso, la gestión técnica correcta requiere colocar un **stop** por encima del punto de reversión [2] y esperar lo mejor.

Test de cantidad: piense qué haría usted en mi lugar, si hubiera comprado 3,000 acciones. ¿Habría salido o habría esperado la reversión? ¿Haría lo mismo si hubiera comprado 1,000 acciones? ¿200? ¿Solo 50? Si su respuesta en relación con una cantidad de 50 acciones, que le daría una pérdida de $13.5 en el clímax del retroceso, es diferente a su respuesta para 200 acciones, entonces el problema no es el método, sino la cantidad de acciones con las que opera.

Conclusión: reduzca su tamaño. Llegará el día en que junto con el conocimiento acumulado, la experiencia y la confianza, su tamaño irá creciendo.

Moody's hizo una reversión en velas de cinco minutos [2], volviendo a la tendencia bajista, y cerró la jornada con una caída del 6%. Una transacción que empezó bien continuó en la zona de posible error pero, al final, terminó brillantemente. La regla de la reversión de cinco minutos dice simplemente que si se ve atrapado en una situación incómoda, debe esperar un cambio de rumbo en las velas de cinco minutos antes de fijar el **stop** más allá del punto de reversión. En este caso, el punto estaba por encima de $20.37, pero solo después de haber identificado una clara reversión constituida por tres velas como mínimo.

La acción era débil. Comenzó bajo y siguió cayendo. La única razón por la que el precio se movió momentáneamente contra mí fue el lamentable hecho de que el mercado se dirigía a cerrar la brecha y arrastró consigo a Moody's, entre otros. Recuerde que Moody's ya era débil en la apertura, y siguió siendo débil hasta el cierre. Empezó bajo y, por consiguiente, tenía buenas probabilidades de seguir bajando. En términos generales, una acción relativamente débil en comparación con el mercado seguirá bajando, aunque el mercado adopte una tendencia alcista.

El comportamiento del mercado en esos puntos en particular: velas de cinco minutos durante dos días

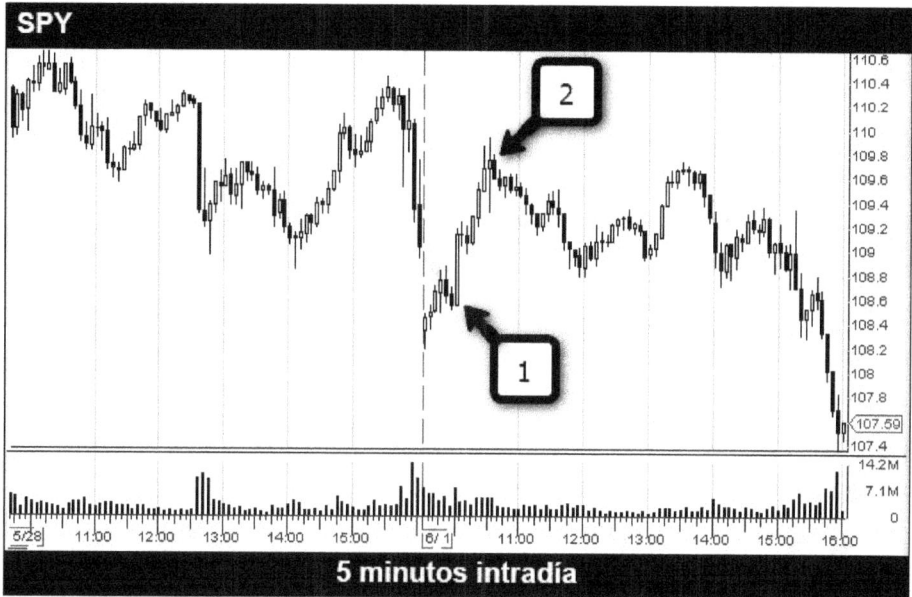

5 minutos intradía

En los ETF del mercado (SPY), está claro que [1] fue el punto de inflexión para el movimiento hacia arriba, lo cual coincide con [1] en el gráfico de Moody's, punto en el cual cayó y se detuvo en el número redondo. En [1] Moody's "quiere seguir bajando", pero se adhiere al cambio de rumbo del mercado y adopta una tendencia alcista. Cuando el mercado ejecuta una reversión [2], el mismo punto [2] aparece en el gráfico de Moody's, donde Moody's capitula y regresa a la baja.

Resumiendo, si no hubiera tenido en mente la regla de la reversión de cinco minutos, me habría asustado de la tendencia alcista, habría cerrado con pérdidas superiores a lo planificado, y me habría perdido las últimas bajas. La reversión de cinco minutos fue mi protección. Le dio a la acción el tiempo necesario para enfriarse del movimiento del mercado, e hizo que los "osos" no olvidaran que básicamente la acción era débil. La regla de reversión de cinco minutos me permitió concluir la operación con una buena ganancia.

Situación extrema: en raras ocasiones, sin embargo, la reversión de cinco minutos puede costarle dolorosas pérdidas. Una acción podría avanzar mucho en su contra antes de ejecutar la anhelada reversión. Estos también son los raros casos en que, aunque le duela, vale la pena absorber temporalmente lo que parece ser una pérdida, ya que, en general, la acción volverá a su tendencia inicial y justificará la confianza en su movimiento en total.

¿En qué condiciones debería escaparse si la acción sigue avanzando en contra? Aquí es donde hay que mantener la cabeza fría. A veces, es muy evidente que "algo malo está sucediendo allí", aunque la acción haya ejecutado una reversión de cinco minutos. Por ejemplo, si la acción sube más allá del máximo intradía [2], es una buena razón para salir rápido con una pérdida, incluso si aún no ha hecho la reversión de cinco minutos. Este es el único punto en el que podría sospecharse razonablemente que la acción haya cambiado de tendencia. ¿Debería enojarse consigo mismo por esta operación equivocada? Absolutamente no: usted ejecutó un short con una acción débil, esperó la reversión que casi siempre trae la acción de vuelta a sus niveles más bajos, y operó en estricta conformidad con "el libro de reglas".

En el caso de Moody's, llegamos a la conclusión de que ir más allá del clímax intradía era el nivel de tolerancia más lejano. Con otras acciones, no siempre se pueden identificar los puntos de salida alternativos. ¿Qué podría suceder si una acción avanzara en su contra sin ejecutar la reversión de cinco minutos y sin que usted identifique un punto de salida lógico, diferente o a una distancia razonable? Esta es una situación extremadamente rara, pero posible. A veces, podría encontrarse operando con una acción que, a raíz de ciertas noticias intradía, se está moviendo en su contra, el precio podría no retroceder, y le provocaría una espantosa pérdida. Recuerdo que esto me pasó hace unos dos años y echó por la borda las ganancias que había acumulado durante toda la semana. Incluso si se topa con esta rara situación alguna vez en varios años, deberá respetar la regla de reversión de cinco minutos, ya que, en la mayoría de los casos, las estadísticas estarán a su favor.

¿Pero qué podría suceder si la acción se moviera en serio contra usted? Imagínese que Moody's hubiera subido a $20.70, y que solo allí empezara a retroceder. Es probable suponer que, desde estas altas, no volvería a sus niveles bajos. En tal caso, debe empezar a pensar en salir con el menor daño posible. La solución es esperar un retroceso justo por debajo del clímax. Yo pondría una orden de compra o BUY (para salir del short) a $20.40, esperando que, al retroceder del clímax de $20.70, llegara a $20.40 y me permitiera salir con una pérdida más tolerable. Esta es una orden LÍMITE y solo se ejecutará si el precio de las acciones cae a mi límite. Por otro lado, también pondría un **stop** por encima de los $20.70 en caso de que el precio no bajara, y saldría con una pérdida mayor que la prevista. Es cierto, esta no es una situación agradable, pero en comparación con otras transacciones que reportaron buenas ganancias, esta, sin duda, se ajusta a las estadísticas.

Hard stop o *mental stop*

- Se llama **hard stop** a una orden de ejecución automática colocada en la plataforma de *trading*. En caso de que el precio de las acciones llegue al punto preestablecido en la orden, el bróker ejecutará la orden automáticamente.

- Se llama **mental stop** a un punto que tenemos en mente, pero no definimos en la plataforma de *trading* y, por tanto, no se ejecutará automáticamente. Ejecutaremos la orden manualmente en caso de que la acción alcance el punto que hemos definido.

Cada opción tiene ventajas y desventajas; aprenderemos más adelante cómo y cuándo usarlas.

DINERO INTELIGENTE	*¡Un **hard stop** puede ser un grave problema! Evite usarlo tanto como sea posible y opte por el **mental stop**. Su uso puede ahorrarle pérdidas innecesarias.*

¿Qué es mejor: configurar un **hard stop**, o salir de la acción por cuenta propia cuando el precio alcanza el punto que hemos elegido? La respuesta varía de un *trader* a otro, y depende también de la experiencia de cada uno. A los principiantes les recomiendo colocar la suspensión automática o **hard stop**. Esta puede ayudarles a afrontar mejor el miedo y probablemente a mejorar los resultados. A los *traders* más avanzados les recomiendo utilizar en su lugar el **mental stop**. La razón es fundamentalmente técnica y se basa en la imprevisibilidad de la volatilidad intradía. Con un **hard stop** podría surgir una situación en la que una gran cantidad de vendedores provocara la caída del precio, identificada en una rápida y nítida vela roja, que le echaría obligatoriamente en ese punto. Pero el precio podría volver en unos pocos segundos a su nivel original. Usted no querrá que lo echen dentro de este tipo de volatilidad. En la mayoría de los casos, el precio volverá a subir y usted se sentirá como un perfecto idiota por haber salido.

¿Cuándo vale la pena colocar una orden de ejecución automática?

- cuando se mantienen varias acciones a la vez (normalmente, más de tres) y resulta difícil seguir cada una por separado;
- cuando el punto de **stop** está muy lejos del precio actual y no temo que un brusco cambio inesperado haga ejecutar la orden y
- cuando uno se aleja del escritorio por más de unos minutos.

Sobre gustos no hay nada escrito: algunos *traders* no quieren perder más que una suma determinada por transacción, sea cual sea la formación técnica de las acciones, y pondrán siempre un **hard stop** en la plataforma de *trading*. A veces será un rescate oportuno de la pérdida y, en otras ocasiones, esos *traders* se verán de pronto fuera y sin poder disfrutar de las altas subsiguientes, pues no le han dado al precio el espacio razonable para respirar. No es así como yo opero, pero eso no significa que sea incorrecto utilizar **hard stops**. Ambas opciones tienen sus puntos buenos y malos. Cualquiera es correcta si contribuye a la rentabilidad a largo plazo y concuerda con la personalidad del *trader*. Las órdenes de ejecución automática pueden ser excelentes para principiantes, puesto que alivian la presión psicológica de lidiar con las fluctuaciones del mercado, pero podrían perjudicar al *trader* experimentado que probablemente reaccione menos a los bruscos movimientos del mercado.

En resumen: generalmente, es preferible abstenerse de colocar una orden de ejecución automática o **hard stop**, y usarla solo cuando no hay otra opción. El punto que tenemos en mente, o **mental stop**, es preferible, pese a sus desventajas para los inexpertos. Trate de ir acostumbrándose paralelamente con el desarrollo de su destreza y su autodisciplina.

Relación riesgo-retribución

Antes de la apertura de la jornada, ha explorado las acciones en su lista de seguimiento y seleccionado las que le interesan. Algunas están marcadas para "comprar", pero su poder adquisitivo es limitado y, por naturaleza, querrá aminorar los riesgos financieros tanto como pueda. ¿Cómo podrá elegir qué comprar? Entre los distintos parámetros que hay que examinar está la **relación riesgo-retribución**.

A esta relación se le conoce simplemente como "**RR**".

- **Riesgo** se refiere a la suma que está dispuesto a perder en la transacción, desde el punto de entrada hasta el punto de **stop** preestablecido.

- **Retribución** se refiere a la suma que desea ganar en la transacción, desde el punto de entrada al punto de salida predeterminado.

En realidad, podemos calcular la relación riesgo-retribución en **puntos**. A menudo, se puede escuchar una típica frase que dice algo así como: "me parece que el stop es de medio punto y la meta es un punto". En otras palabras, con la esperanza de ganar un dólar estoy corriendo el riesgo de que el precio se mueva contra mí por medio dólar.

Si le pregunta a los *traders* profesionales, suelen decir que esperan una RR ideal de 1:3, pero en términos prácticos, están dispuestos a aceptar una proporción de 1:2 y, a veces, incluso menos. Lo que significa que, al elegir una acción, estarán buscando una que pueda saltar $3, pero con un punto de salida planificado (**stop**) de solo $1.

Para determinar la RR, los *traders* analizarán el gráfico diario de la acción y su gráfico intradía en busca de los puntos de soporte y de resistencia más cercanos y de la volatilidad intradía.

¿Por qué habríamos de buscar una RR de 1:3 o incluso de 1:2? ¿Qué tiene de malo una de 1:1? Nuestro objetivo es, por supuesto, ganar dinero con el menor riesgo posible. Digamos que usted está pasando por una mala racha en un mercado difícil, y solo gana en la mitad de sus operaciones. Si obtiene ganancias en solo la mitad de las operaciones que ejecuta, y además paga comisiones, está condenado al fracaso. Por el contrario, si consigue mantener una proporción de 1:2, de manera que por cada transacción en que pierde $1 usted gana $2 en otra, mantendrá un saldo positivo. De esta manera, aun si elige las acciones correctas en solo la mitad de los casos, su estado sigue siendo estable. Obviamente, para elegir acciones con una buena RR hace falta acumular una rica experiencia de combate.

Calculando la relación riesgo-retribución en Aon PLC, AON

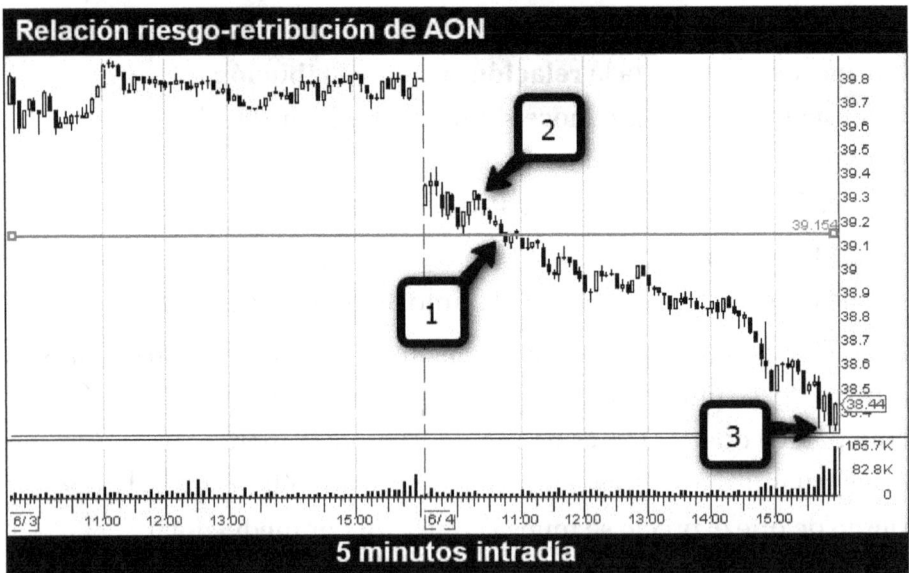

Relación riesgo-retribución de AON

5 minutos intradía

Aon tenía una brecha bajista al abrir y siguió cayendo, encontró soporte en $39.15, subió a $39.34 [2], ejecutó una reversión a la baja y rompió el soporte en [1]. Este fue también el punto en el que entré en un **short**. Pero antes de entrar, calculé la relación riesgo-retribución de la manera siguiente:

- en primer lugar, ¿dónde está el **stop**? Eso es fácil: sin duda, por encima del punto de reversión [2]; en otras palabras, 20 centavos por encima de la línea de apoyo, la entrada en el **short**. Pero esto es solo la mitad de la respuesta;

- para completar el cálculo, tengo que apreciar dónde está el objetivo. Mirando el gráfico, podemos ver el resultado en retrospectiva. Aon bajó a $38.32 [3], o sea 82 centavos por debajo de mi punto de entrada. Podemos ver que la RR fue de 1:4; en otras palabras, arriesgué 20 centavos y podría haber ganado 82 centavos.

Por supuesto, no hay nadie tan sabio como los que ven en retrospectiva, pero es evidente que elegí correctamente una acción con una RR excelente. ¿Podía haber sabido dónde estaba el objetivo y qué relación riesgo-retribución podría esperar en el resultado final? Para determinar la respuesta, tengo que examinar la volatilidad intradía de la acción en los últimos días de cotización: la mejor herramienta para ello es el gráfico diario.

Gráfico diario de Aon, AON

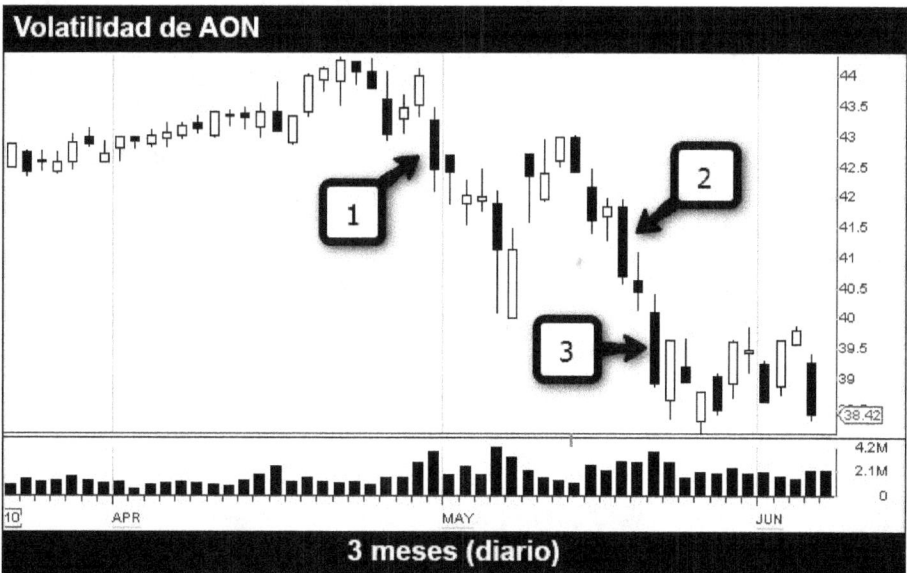

Si examinamos la acción durante varios días y nos concentramos en las velas negras (bajistas), verificando la altura de la vela de extremo a extremo, incluidas las colas, vemos que el margen intradía de Aon en los puntos marcados [1, 2, 3] es de alrededor de $1.50 entre el precio más alto y el más bajo. Si realmente quiere, puede traducir estos resultados de puntos a porcentajes: la volatilidad diaria es de alrededor del 3%. Observando los últimos días de cotización, puedo ver que Aon tuvo algunos días menos volátiles y, por eso, puedo estimar, con cautela y con expectativas razonables, una fluctuación intradía de $1.

Ahora vuelvo al gráfico intradía y veo que el alta de Aon es de $39.44, lo que representa una diferencia de unos 30 centavos entre el máximo intradía y el punto de entrada proyectado [1]. Conclusión: en base a la comprobación de la volatilidad anterior, podemos suponer razonablemente que Aon puede moverse otros 70 centavos aproximadamente por debajo del precio de colapso. Ya que el riesgo es de 20 centavos y la meta de ganancias es de 70 centavos, la relación riesgo-retribución es de 1:3.5. ¡Muy aceptable! En realidad, como ya hemos visto, la acción se movió 82 centavos, poco más de lo esperado. Ejecuté un cuidadoso **short** de 1,000 acciones, añadí otras 1,000 al inicio de la caída, y fui bloqueando en varios trozos la ganancia en el camino descendente. En resumen, arriesgué $300, pero gané $752.05.

DINERO INTELIGENTE	*Planificar la transacción es generalmente una tarea fácil. ¡Mucho más difícil, psicológicamente, es ceñirse al plan! Para ello es preciso acatar las normas de gestión del dinero.*

Así se veía el resultado en mi cuenta de *trading*:

▲ Blotter ⊠ EXCEL ▽						
Symbol	Currency	Open Pos	Tickets	Buy Qty	Sell Qty	Gross P&L
˅ AON	USD	0	7	2,000	2,000	752.05

Una advertencia: si bien una elevada proporción riesgo-retribución parece mejor, en mi experiencia tiende a dificultar el éxito de las operaciones. Por el contrario, una relación razonable de 1:2 es normalmente más accesible. Además, a pesar de que la proporción de

1:2 suena mucho mejor que una de 1:1, tenga en cuenta que, si tiene éxito en solo una de cada tres transacciones, estará perdiendo dinero. Sin embargo, si usted entra en una relación de 1:1 pero triunfa en dos de cada tres transacciones, estará obteniendo beneficios. La única manera de elegir la mejor proporción para sus necesidades es a través de la experiencia. A largo plazo, siga sus resultados, examine las proporciones y vea qué método de *trading* le va mejor.

Gestión del dinero

Usted eligió una acción correctamente, y compró o vendió en short en el punto correcto. ¿Qué ocurrirá a continuación? La **gestión correcta del dinero** es lo que distingue al *trader* profesional, que se gana la vida con el *trading*, del aficionado, ¡que les provee a los profesionales sus ganancias! Muchos nuevos *traders* atribuyen mucho peso a los aspectos técnicos y financieros, considerando el manejo del dinero como algo no pertinente, pero se trata de una herramienta imprescindible.

Pregúntese qué hacer cuando una acción que compró en el punto correcto tiene una ruptura y adopta una tendencia alcista firme. Los aficionados mirarán el gráfico de la acción y se frotarán muy contentos las manos, se sentirán afortunados, y tal vez aumenten la cantidad. ¿Qué hace el profesional después de una ruptura? Por cierto que no gritará: "¡Tengo una acción ganadora!" sino: "¿Quién será el tonto al que le puedo "encajar" ahora esta acción?"

Si alguna vez compró acciones, trate de recordar y reconstruir las operaciones de los últimos años. Permítame describir el proceso: conozco las acciones que compró y sus métodos de gestión. ¿Fue esto lo que hizo? Por lo general, compró en el momento oportuno. También le daré crédito y diré que, poco después de la compra, casi siempre estaba ganando e incluso estaba bastante satisfecho de haber comprado, ¿me equivoco? El único problema es que mantuvo la acción por una fracción de más, lo suficiente para que todo el episodio terminara en una pérdida.

La gestión correcta del dinero permite obtener ganancias incluso con tasas de éxito de menos del 50%. Recientemente, mientras escribía este libro, cerré un día de *trading* con ganancias, aunque había perdido en más de ocho transacciones y ganado en solo tres. La gestión correcta del dinero me permite salir de una operación fallida con una pequeña pérdida, y sacar el máximo provecho de una transacción exitosa.

- **Regla 1: bloquee las ganancias**

En la jerga del *trading*, una **parcial** significa hacer efectiva una parte de la ganancia. Una vez que la acción ha tenido una ruptura, y cuando aparece el primer punto débil, debe vender inmediatamente, por lo menos el 75% de las acciones que compró en la ruptura. A esto se le llama "**vender con el poder**". A continuación, siga operando con solo la cuarta parte de la cantidad restante. Lo inteligente es, por supuesto, identificar el primer punto débil, pero no escaparse demasiado pronto. Una regla empírica dice que debe cerciorarse de que la distancia entre el punto de entrada y el primer objetivo de ganancia no sea más corta que la distancia entre el punto de entrada y el del **stop**. En otras palabras, debe tratar de alcanzar, al menos, una relación de 1:1 para la cantidad que vende.

Cuando trabajaba como empresario en el mundo de la alta tecnología, dediqué una buena parte de mi tiempo a recaudar inversiones para la empresa que establecí y administraba. Uno de los hechos más importantes que aprendí es que "el dinero debe recaudarse cuando esté disponible y no cuando sea necesario". En *day trading*, como en la alta tecnología, tenemos que vender cuando el apetito de los compradores esté al máximo y no cuando decae. Cierto, a veces puede que vea una acción que sigue subiendo y se arrepienta de haber vendido demasiado pronto, pero, normalmente, el primer punto objetivo será la única ganancia que esa acción le reportará. Recuerde que, después de un fuerte movimiento ascendente, algunos *traders* harán efectivas sus ganancias, otros ejecutarán *shorts* suponiendo que la acción tendrá un retroceso, y otros son expertos en "sacudidas". La función de este último grupo es "sacudir" a los compradores débiles y obligarlos a vender para que la acción caiga por debajo del punto de entrada. Por mi parte, venderé generalmente 3/4 de la cantidad que compré tras un aumento de algunas decenas de centavos. En los casos en los que la acción sube rápidamente más allá de mi primer objetivo, esperaré a que aparezca el primer signo de debilidad y ejecutaré una parcial.

Un error común de los nuevos *traders* es operar con cantidades demasiado pequeñas. Si, por ejemplo, compró 200 acciones y su punto parcial está a 20 centavos de ganancia, ¿cuánto vendería? Puesto que, como hemos aprendido, se supone que tiene que vender en cifras redondas de centenares, no tiene más remedio que vender 100 acciones. Esto significa que ganará apenas $20. Para una acción que tuvo una buena ruptura, esto no es suficiente, ya que la otra mitad de la cantidad aún lo pone en peligro. Sin embargo, la venta de 300 acciones de un total de 400, u 800 de un total de 1,000, ya promete buenas ganancias en el punto de la parcial. Empezar con una buena ganancia temprano le permite dejar de lado dudas y tensiones y seguir operando de forma técnicamente correcta sin tener que reprimir sus emociones. Debo decir que no he cambiado mi recomendación inicial de acumular experiencia con cantidades pequeñas de menos de 400 acciones por transacción, pero después de varias semanas de *trading*, las cantidades deben empezar a aumentar.

DINERO INTELIGENTE

Los principiantes, a diferencia de los profesionales experimentados, tienden a salirse de una acción exitosa demasiado pronto, y demasiado tarde de una acción fallida.

Como hemos señalado, debe hacer efectiva una parcial en el primer retroceso más allá de su primer objetivo. ¿Cómo puede saber si este punto parcial es el correcto? Al principio, no lo sabrá, es algo que viene con el "arte del *trading*" a medida que se adquieren experiencia y perspicacia. En general, diría que una parcial para una acción con un precio de $20 a $60 debe estar entre 20 y 40 centavos del precio de ruptura. El problema con una generalización de este tipo es que, a veces, el precio tendrá una ruptura sin mirar atrás de hasta un dólar por encima del punto de ruptura, de modo que hacer efectiva una ganancia de 20 centavos es mucho menos que la ganancia potencial. Para identificar correctamente el punto parcial, hay que "sentir" la acción, entenderla y tener decenas, si no cientos, de intentos de cálculo de ese punto hasta llegar a comprender naturalmente dónde hacer efectiva la parcial. A veces, la diferencia entre el *trader* de éxito y el fracasado se ve en su primer intento de hacer una parcial. Los novatos, a diferencia de los experimentados, salen demasiado pronto de una acción en alza y demasiado tarde de una acción fallida.

- **Regla 2: compre más**

¿El precio ha tenido ruptura, ha realizado su ganancia inicial, y la acción está demostrando ser fuerte? **¡Compre más!** Dele siempre preferencia a una acción que ya le ha reportado ganancias frente a otra que está a punto de tener una ruptura, pero con la que no tiene ninguna experiencia, buena o mala. Nadie puede saber si esa nueva ruptura tendrá éxito, y nunca podrá saberlo, pero la acción con la que actualmente opera ya ha demostrado su valía. Ha tenido su ruptura, usted ha hecho efectiva una parcial razonable y ahora está listo para seguir con ella en la segunda ronda.

DINERO INTELIGENTE	*Tenga fe en una acción fuerte: espere al retroceso y compre más. Compre aunque no vea una reversión técnica perfecta.*

¿Cómo y cuándo debe comprar más? Una vez que haya hecho efectiva una parcial de 3/4 de la cantidad que tiene, ponga una orden límite a un precio menor pero ligeramente más alto que el precio de compra original y espere el retroceso. Por ejemplo: compró 1,000 acciones a $29 e hizo efectiva una parcial con 800 acciones a $29.25, ponga una orden de compra por 400 más a $29.05, utilizando la orden límite que le espera en la columna BID y que solo se ejecutará si la acción revierte. En muchos casos, se dará cuenta de que, en poco tiempo, la acción ejecutará una nueva prueba o **retest** (que se describió en capítulos anteriores) cerca del punto de ruptura inicial.

¿Por qué es preciso colocar una orden límite en lugar de esperar simplemente a que la acción retroceda y oprimir el botón al reanudarse la tendencia alcista, si es que se reanuda? La respuesta es sencilla:

cuando una acción hace una nueva prueba, generalmente cae y luego sube rápidamente. Por lo general, no tendrá simplemente la oportunidad de esperar una clara reversión técnica en las velas de cinco minutos, ni siquiera en las velas de dos minutos. La forma correcta de comprar más y aumentar las cantidades en el punto de la nueva prueba es poner un límite a un precio bajo. La orden límite esperará a que el precio baje y solo se ejecutará cuando se cumplan las condiciones predefinidas.

¿Cuál es el precio correcto para añadir acciones? Eso depende del punto de ruptura. Por ejemplo: si he hecho efectiva una parcial de 20 centavos por unidad en una acción que aumentó 25 centavos, estaré contento de que la bolsa retroceda a solo cinco centavos por encima de la ruptura. Si he hecho efectiva una parcial de 50 centavos de un alta de 60 centavos, estaré contento de comprar más, incluso a 15 centavos por encima de la ruptura. En otras palabras, estoy dispuesto a comprar más si el precio tiene un retroceso del 70% al 80% de su movimiento post-ruptura.

Al igual que con el punto parcial, el punto en el que hay que comprar más también forma parte del "arte del *trading*". Hasta que llegue a ese nivel de destreza, piense en estos términos: "Tras realizar una ganancia de x centavos por acción, ¿cuál es el precio más alto al que estoy dispuesto a comprar esta acción de nuevo?" Esta es una simple cuestión de gestión empresarial que no tiene nada que ver con el *trading*.

- Usted vendió "mercancía" para obtener ganancias a un precio determinado. Lamenta no tener una cantidad mayor de esa misma mercancía al precio original, y ahora alguien le ofrece la oportunidad de comprar ligeramente por encima de su precio de compra original.

- Usted ya sabe que es una buena mercancía, ya que la acción tuvo una ruptura y usted obtuvo ganancias; usted cree que puede vender más de esta mercancía con ganancias. Puede ver que el precio es ahora un poco más alto y no quiere asumir un riesgo excesivo comprando la misma cantidad que compró la primera vez.

- ¿Cuánto debería estar dispuesto a pagar? ¿Cuánto debería estar dispuesto a comprar? Respóndase a esta pregunta, y ahí es donde usted pondrá su orden límite de compra por la cantidad adicional que desea comprar.

- La cantidad que compro en la nueva prueba nunca podrá poner en peligro mis ganancias de la parcial original. En otras palabras, la cantidad máxima que compraré es aproximadamente la mitad de la cantidad que ya he bloqueado con la parcial.

He aquí cómo funciona: compré 1,000 acciones en la ruptura, he hecho efectiva una parcial vendiendo 800 acciones, y me quedé con 200. Ahora compro otras 400 en la nueva prueba (400 es la mitad de mi parcial). Ahora tengo en total 600 acciones.

P: ¿Todas las acciones ejecutan nuevas pruebas?

R: Por supuesto que no. A veces, se percatará de que ha hecho efectiva una parcial y el precio sigue subiendo sin volver al punto de ruptura. Esto es para alegrarse ya que la pequeña cantidad sobrante después de la parcial le reportará mayores ingresos que la parcial. ¡Póngase contento!

P: ¿Qué ocurre si compré más en la nueva prueba, pero el precio sigue bajando?

R: Nadie puede garantizar que haya comprado en el momento oportuno. Estadísticamente, las acciones que comienzan con una tendencia alcista seguirán subiendo a menos que el mercado cambie de dirección. Espere pacientemente a una reversión de cinco minutos, ya que es razonable suponer que el precio seguirá al alza. Puesto que ya ha bloqueado una ganancia parcial, tiene una cantidad menor de acciones, aunque haya comprado más. Puede dejar que los precios caigan ligeramente sin acabar con pérdidas. Quédese tranquilo y relajado. En ocho de cada diez casos, el precio empezará a subir de nuevo. Debe ser capaz de permitirse absorber con facilidad dos de diez movimientos fallidos.

P: ¿Cuánto tiempo debe esperar a la nueva prueba mientras tiene una orden abierta?

R: Generalmente, no más de cinco minutos. Una nueva prueba rápida puede requerir varios segundos, una más lenta podría tardar unos minutos. Con una nueva prueba lenta, espere con el dedo sobre el ratón y ejecute su segunda compra con el clic del botón. Con una nueva prueba lenta que se está demorando más de cinco minutos, tendrá que esperar a que se presente una clara reversión, ya que el precio puede caer incluso más bajo que el punto de la nueva prueba. Si la nueva prueba tarda más de media hora, tenga mucho cuidado: podría ser que la acción ha decidido cambiar de rumbo.

- **Regla 3: ¡vuelva a realizar ganancias!**

¿Compró más en la nueva prueba? Deje que el precio suba y busque otra parcial, la cual, por lo general, estará ligeramente por debajo de la línea de resistencia del clímax anterior. En este segundo punto parcial debe vender la mitad de las acciones que ahora tiene. El objetivo es "dejar atrás" el riesgo que acarrea la compra de más acciones mientras el precio se va arriba de su clímax anterior.

Por ejemplo: usted compró 1,000 acciones a $30.01 e hizo efectiva una primera parcial con 800 acciones a $30.35. La acción hace una nueva prueba y usted compra 400 acciones más, la mitad de la cantidad vendida en la parcial, por $30.05. Ahora tiene 600 acciones. El precio vuelve a subir y usted realiza una segunda parcial en $30.30 con 300 acciones. Ahora se queda con 300. Resultado: ha hecho efectivas dos parciales y todavía tiene más acciones que después de la primera parcial. Utilice estas acciones para tratar de captar una mayor ganancia sin ningún riesgo real.

¿Por qué se realiza la segunda parcial por debajo del primer clímax? A veces, cuando una acción es fuerte, puede tener éxito vendiendo por encima del clímax, pero el temor es que el precio encuentre resistencia al mismo nivel que el clímax anterior y luego dé marcha atrás. Hacer efectiva una parcial antes del nuevo clímax reduce los riesgos. Ocasionalmente, cuando la acción es particularmente fuerte, puedo mantener el dedo sobre el ratón y tratar de dejarla que llegue más alto antes de hacer efectiva la segunda parcial. Estas suelen ser las "grandes ganadoras" de ese día de *trading*.

Con el tiempo, aprenderá qué acciones son lo bastante fuertes como para permitirle comprar por tercera vez, pero, generalmente, cuanto más suba un precio, más débiles serán sus nuevas rupturas. Comprar cantidades adicionales se vuelve más complicado; por lo tanto, la meta de una tercera compra debe estar más cerca y la cantidad será más pequeña.

Lo contrario de una ruptura es un colapso. Para los colapsos, las reglas son idénticas, como veremos en el siguiente ejemplo.

Short y nueva prueba con Illumina Inc., ILMN

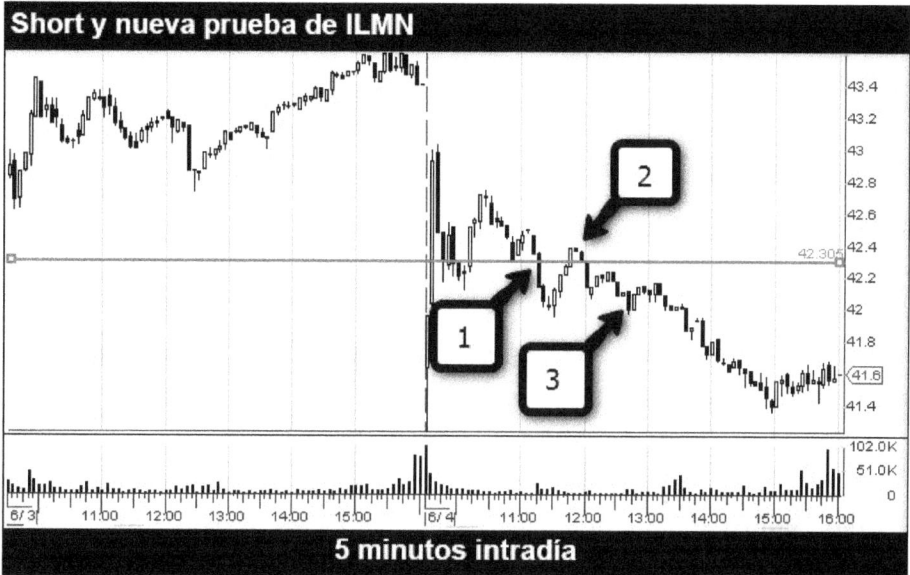

Ejecuté un short con 1,000 acciones de Illumina por debajo de $42.30 [1], e hice efectiva una parcial de 800 cuando el precio cayó hacia el nivel de soporte de número redondo de $42. Me quedé con 200 acciones. A continuación, el precio subió y ejecutó una nueva prueba varios centavos por encima del punto de entrada [2]. ¡Imagine cómo se habría sentido si no hubiera realizado la parcial! Alrededor de la zona de nueva prueba [2], aumenté mi short con 400 acciones, por lo que ahora tenía un descubierto de 600 acciones. El precio cayó y realicé una segunda parcial con 300 de esas acciones [3], justo por encima de la línea de soporte del número redondo. Ahora había realizado dos parciales y me quedaban 300 acciones en short. El precio siguió bajando hasta 90 centavos por debajo del punto de entrada. La tranquilidad que me proporcionaron las dos primeras parciales me concedió la concentración necesaria para obtener pleno beneficio de esas 300 acciones restantes.

- **Regla 4: ¡NUNCA LE DEVUELVA DINERO AL MERCADO!**

Digamos que ha realizado una segunda parcial con una acción en alza. El precio está lo suficientemente lejos del punto de entrada y se ha quedado con una pequeña cantidad de acciones que, con un poco de suerte, podrían reportarle una ganancia aún mayor que las dos parciales. Ahora hay que subir el punto de **stop** al precio de entrada o un poco más arriba. En otras palabras, no pierda con la cantidad que le queda.

Recuerde la regla que hemos repetido: ¡nunca le devuelva dinero al mercado! Como máximo, renuncie a la ganancia y deje que el precio caiga hasta el punto de entrada.

Esta es una **regla de oro** que todo *trader* principiante debe mantener constantemente en mente. Si opera correctamente, el punto de entrada debe ser también el punto en el que se rompe la línea original de resistencia, y como sabemos, después de la ruptura, la línea de resistencia se convierte en línea de soporte.

Cuando sube su **stop** a la línea de soporte, que es también el punto de entrada, simplemente no puede perder. De hecho, está operando con el dinero del mercado y eliminando todos los riesgos de la cantidad que todavía le queda.

- **Regla 5: cómo gestionar el saldo**

En esta etapa, cuando tiene solo un pequeño porcentaje de la cantidad original de acciones, debe decidir cómo manejarlo. **En primer lugar, mire qué está haciendo el mercado**: ¿apoya la dirección de su operación? Hasta una acción muy fuerte puede capitular frente a un mercado que ha cambiado de dirección. Si percibe señales claras de un cambio direccional en el mercado, acerque su **stop**. ¿Cómo se comporta la acción? ¿Mantiene la tendencia? ¿Su sector muestra y mantiene una tendencia coincidente? Ahora tiene que decidir si "se va a dormir con la acción" o se va a contentar con las ganancias que ya ha logrado. Generalmente, esta decisión debe tomarse en los últimos minutos de la jornada de *trading*, ¡que es cuando las acciones más buscadas tienden a despegar!

Venda toda la cantidad que aún tiene hacia el final de la jornada de *trading* o antes, si la acción o el mercado cambian de dirección. Por el contrario, si la acción llega al final de la jornada con una clara tendencia alcista y está lo suficientemente lejos de su precio de entrada, considere si vale la pena seguir teniendo todo el saldo restante o tal vez reducirlo más.

¿Por qué querría reducir un poco más esa cantidad? Para evitar un riesgo demasiado grande. Es realmente peligroso "irse a dormir" en posesión de acciones, ya que nunca podrá saber cuál será la realidad cuando se despierte en la mañana. Ya he visto acciones que se dispararon una mañana y se desplomaron a la siguiente. Quedarse con una pequeña cantidad, basándose en el hecho de que ha sacado bastantes ganancias de todas las acciones que ha vendido hasta ahora, reduce considerablemente los riesgos. Yo tiendo habitualmente a disminuir las cantidades. Si ha elegido "irse a dormir" con la acción, lo que se conoce en la jerga como *Swing Trading*, tendrá que seguir manejándola correctamente en los próximos días. Veremos más sobre esto más adelante.

DINERO INTELIGENTE

*Cuando está en un **swing trade** de varios días, debe desconectarse de las reglas del trading intradía. Sus decisiones deben basarse solo en los gráficos diarios, no en la volatilidad intradía. ¡Esta es una pauta que vale la pena recordar!*

- **Regla 6: suba el stop**

¿Se quedó con un *swing*? Excelente. El potencial de ganancias en un *swing* es mayor, y es preciso apuntar a un *swing* con una acción fuerte. A menudo, usted obtendrá más del saldo de sus acciones que lo que le reportaron las del *trading* intradía. Ahora, tiene que entender que está en un territorio de varios días, que es completamente distinto del de la conducta intradía. Desde ahora, debe considerar la volatilidad de la acción solo en términos del gráfico diario.

¿El precio cambió de dirección? **Dentro** de la jornada de *trading*, esa información ya no es interesante, pero a nivel diario, **sí lo es**. No se enoje por el movimiento del precio, aunque haya cambiado de tendencia en el nivel intradía, o al día siguiente, o incluso si al día siguiente abre con una brecha bajista que arrasa con la mitad de las ganancias realizadas el día anterior. Por el contrario, si cae por debajo de su punto de entrada, o por debajo de la baja del día anterior, esa es otra historia.

Cada día, suba su **stop** en la cantidad restante. Súbalo a un punto en torno a 2 a 3 centavos por debajo del precio más bajo del día anterior, con la condición de que siga siendo más alto que el punto de entrada. En otras palabras, es absolutamente imperativo no perder sobre la cantidad restante de acciones que mantiene, si puede evitarlo. Cada día que pasa, suba el **stop** al punto más bajo del día anterior. Cuando ese punto más bajo sea rebasado, usted ya no tendrá esa acción. El único riesgo es que la acción tenga una brecha bajista por alguna noticia.

Swing con PAR

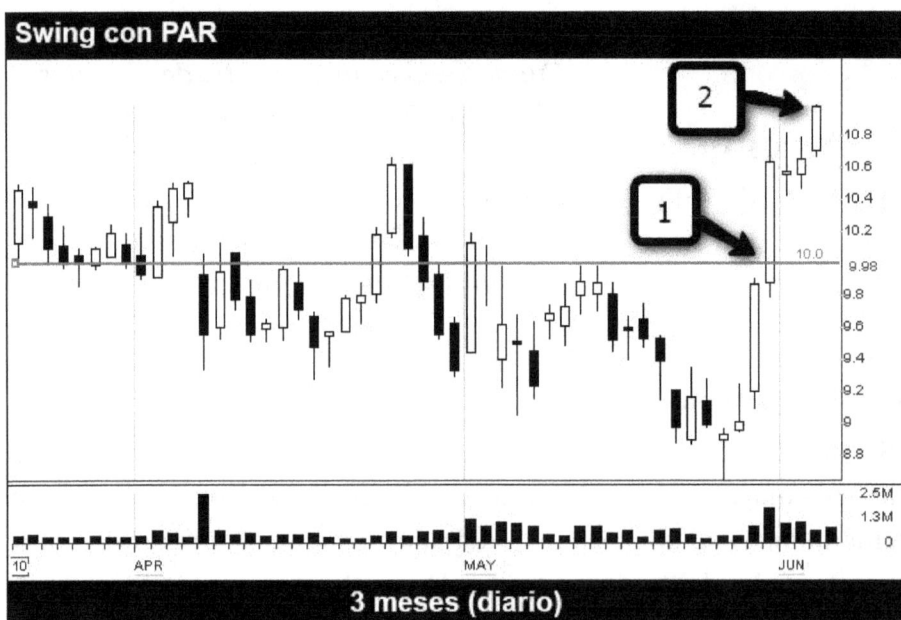

Swing con PAR

3 meses (diario)

¿Se acuerda de PAR en el capítulo anterior?

Tome nota del gráfico diario durante varios días después de la entrada [1] a $10. Dejé una pequeña cantidad de acciones para un *swing*. Tres días después de la entrada original, el precio ya había llegado a $11 [2]. Observe que, en la segunda jornada bursátil, la acción descansó, sin llegar al punto de entrada ni a ninguna nueva alta. Esto continuó el tercer día. Como hemos aprendido, en tales situaciones, la orden de **stop** para la cantidad restante es ligeramente inferior a la baja del día anterior. El tercer día, el precio aún no había despertado, pero felizmente para mí tampoco cayó por debajo de la baja de la víspera. Los tres primeros días configuraron la formación de bandera alcista. El cuarto día, el precio tuvo una ruptura por encima de la bandera alcista y proporcionó un rendimiento atractivo para el resto del *swing*. El **stop** puede elevarse ahora hasta la baja del cuarto día, y así sucesivamente.

¿Cuáles son las probabilidades de que la tendencia continúe? Altas, pero ¿hay algún riesgo? Por supuesto. Como dije antes, el precio puede abrir con una brecha bajista por debajo del **stop** ¡y llevarse todas las ganancias acumuladas del *swing*! ¿La posibilidad de continuar la tendencia alcista es mayor que la probabilidad de una caída? Absolutamente. La acción se encuentra en una tendencia alcista y la más mínima noticia negativa puede derribarlo todo. Pero si usted maneja la situación de esta forma, de un total de 100 oportunidades, se llevará a casa un ingreso extra el 70% del tiempo. No solo compensa, sino que es correcto usar acciones fuertes para ejecutar un *swing*.

Notas: cada *trader*, cada método de *trading*, cada período del mercado, ya sea en movimiento lateral o volátil, tiene un modo distinto de manejar el dinero. Mi método de *trading* no será necesariamente adecuado para otros, pero cada *trader* debe desarrollar un método que le convenga. No hay un solo método "correcto" o "incorrecto", pero es necesario tener un método de algún tipo. Los *traders* que operan solo por "instinto", en lugar de usar un método organizado, rara vez ven buenos resultados de sus esfuerzos a largo plazo. Son las personas de las cuales me gano la vida. Usted puede, y debe, utilizar las reglas de este libro como infraestructura para elaborar normas adecuadas a su capacidad financiera y psicológica. De vez en cuando, podría tener que alterar esas reglas en función de su propia evolución o de las condiciones del mercado. En un mercado de movimiento lateral, debe hacer efectiva una parcial de menos de 20 centavos. En un mercado fuerte, usted debe poder realizar una parcial de la mitad de la cantidad y no de las tres cuartas partes y así mantener, al menos, una cuarta parte para el día siguiente.

Hace unos meses me pasó algo extraordinario. ¡Perdí durante tres días hábiles consecutivos! Con la confianza en mí mismo por los suelos, al cuarto día me vi obligado a cambiar de táctica. La solución más adecuada para mí fue operar con cantidades mucho más pequeñas, con parciales mucho más cercanas. Unos días más tarde, mis éxitos volvieron a ser más regulares, se reforzó mi seguridad, y volví a mis métodos originales de gestión del dinero.

El método 3 × 3

Sé que no todos los lectores de este libro pueden dedicar varias horas al día, ni siquiera a la semana, al *trading*. Si no puede pasar más de una o dos horas por semana con el *trading*, compre acciones que desde el principio desea conservar para períodos de *swing*.

En otras palabras, concéntrese en las acciones que desea retener de unos días a varias semanas. Trabaje con ellas según el **método 3x3**. Incluso si usted no tiene tiempo para operar a diario, debe entender que los *swings* pueden contribuir mucho a sus ganancias, así que no hay ninguna razón para que no pueda "aderezar" su *trading* intradía con varias acciones retenidas por más de un día, o incluso compradas con antelación para ese mismo fin.

DINERO INTELIGENTE | *Cuanto más se distancie de la computadora, mejor para usted. Utilice un conjunto de órdenes automáticas para gestionar sus acciones. Esto le hará estar menos involucrado psicológica y emocionalmente, y con menos estrés.*

El método 3x3 de gestión del dinero que he desarrollado y perfeccionado con el tiempo es probablemente la manera más sencilla, importante y eficaz que tengo de enseñarle cómo manejar el dinero. Es tan bueno que estoy dispuesto a responder por él diciendo:

¡Si no se aparta de sus principios, le resultará muy difícil perder!
Usted puede, y debe, aplicar los principios del método utilizando un conjunto de órdenes automáticas, especialmente si está entre los *traders* que tienen actividad diaria. El método es válido para compradores y para vendedores de posiciones cortas, pero en aras de la conveniencia, me centraré en los compradores de posiciones largas.

• Elija una acción según las reglas que hemos aprendido hasta ahora.

Después de comprarla, haga lo siguiente:

1. El punto de stop

Introduzca una orden de **stop** a un 3% por debajo del punto de entrada. ¿Por qué 3%? Cuando una acción que creía que iba a subir se mueve un 3% en su contra, parecería que ha cometido un error. Pensaba haber comprado en el punto de entrada correcto, que tendría una fuerte ruptura y le llenaría el bolsillo, pero eso no es lo que pasó. Por supuesto, con un poco de suerte, volverá a su tendencia alcista, pero, por lo general, será mejor que admita el error, abandone esa acción y se concentre en otra más fuerte. ¿Debería hacer caso omiso de las líneas de soporte y resistencia? No. Si identifica una clara línea de apoyo en un rango del 2 al 4 por ciento por debajo del punto de entrada, utilícela.

2. La primera meta de ganancias

Tiene que vender tres cuartas partes de las acciones en una primera meta de ganancias del 3%. ¿Por qué tres cuartas partes? ¡Por los demonios! Cuando uno gana o pierde, tiene que lidiar con las profundas voces interiores. Conozca al que tiene encaramado en el hombro derecho gritándole al oído: "Acuérdate de cuando alcanzaste una ganancia del 3%, esperaste demasiado, y después la acción cayó y lo perdiste todo..."; por otro lado, está el demonio que se le sienta en el hombro izquierdo, y le grita simultáneamente: "Acuérdate de cuando ganaste un 3% y bloqueaste la ganancia, pero si solo hubieras esperado un poco, habrías ganado más..."

Solo hay una forma de mantener a estos demonios a raya: vender las tres cuartas partes. De esta forma, puede apaciguar a los dos. "Oye tú, el de la derecha, que dices que la acción está por caer: aquí tienes tus tres cuartas partes. ¡Ahora, déjame en paz! Y tú, el de la izquierda, ¿dices que va a subir? ¡Aquí hay una cuarta parte, ahora demuéstramelo!".

Solo la realización de una ganancia alivia el estrés. Cuando haya hecho efectivo un rendimiento, estará mucho más tranquilo y podrá gestionar el 25% restante sin casi sentirse involucrado emocionalmente.

¿Por qué el 3% y no el 5%, por ejemplo? Los precios de las acciones suben, pero siempre retroceden. La cuestión es solo cuándo y cuánto. Según mi experiencia, el retroceso generalmente ocurre después de un alta del 3 al 4%. ¿Por qué? Los precios retroceden cuando el público empieza a comprar: el público nunca compra al comienzo de la subida, solo compra cuando la acción se ha "demostrado". Generalmente, el público está convencido de que la acción se ha demostrado solo después de un aumento de entre el 3 y el 4%. En ese punto, ¿por qué el precio no sube más? Porque es conveniente para que los *traders* institucionales se aprovechen de la gran cantidad de compradores para desprenderse de grandes cantidades de acciones. Ya que los *traders* institucionales constituyen el 80% del dinero involucrado en todas las acciones con las que operamos, cuando venden, podemos suponer razonablemente que el precio bajará. En resumen: a lo largo de los años, mis registros demuestran reiteradamente que **la cifra es el 3%**.

3.   Subir la orden de stop

Después de vender tres cuartas partes de las acciones, tiene que subir el punto de **stop** del último cuarto al precio de entrada. Ya que, según nuestra ley, "nunca hay que devolverle dinero al mercado", usted quiere estar seguro de que la ganancia de esas tres cuartas partes se quedará en su bolsillo. Si el último cuarto vuelve al punto de entrada, solo habrá perdido la ganancia de ese cuarto. Pero si deja que el cuarto restante caiga por debajo del punto de entrada, entonces estará repartiendo el dinero ganado con el objeto de cubrir la pérdida, ¡y por supuesto que eso va en contra de nuestras reglas!

4.   Segunda meta

Bloquee el cuarto restante al 6%, o manéjelo según los métodos que ya hemos aprendido. Por ejemplo: suba el **stop** a un poquito más bajo que el mínimo del día anterior cada día que permanezca en la transacción.

Preguntas y respuestas

- **¿Qué debe hacer si ha comprado una acción, pero esta se mueve lateralmente y decide no ir a ninguna parte durante varios días?**

¡Venderla! Recuerde, cuando usted la compró, pensaba en otra cosa: en que saldría disparada hacia la meta. No lo hizo. ¿Qué significa eso? Simple: ha elegido mal. Admítalo rápidamente y venda. Si el precio no ha escogido su dirección, está en el territorio del apostador. Recuerde la regla: si el precio no llega a su meta de ganancias al final de la segunda semana de *trading* desde la compra, venda tres cuartas partes de la cantidad, independientemente de si ha tenido ganancias o pérdidas. Siga manejando el cuarto restante según los principios del *swing*.

- **¿Qué debe hacer si el precio se aproxima a la meta hacia el final de la jornada de *trading*?**

Piense un poco. Digamos que el precio ya ha alcanzado el 2.5%, pero también está claro que no llegará a la meta del 3% al final del día. Venda tres cuartas partes antes del cierre y reduzca los riesgos por lo que pudiera ocurrir al día siguiente.

- **Brechas de precios**

Si está por comprar una acción para un *swing* al principio de la jornada y aparece una brecha de hasta un 1% por encima del punto de activación o **trigger**, todavía puede comprarla. En este caso, calcule su punto de ganancia o pérdida según el método 3x3 respecto del punto de entrada real. Si se desarrolla una brecha de más del 1%, cancele la orden de compra.

- **Informes de ganancias**

Antes de la publicación de los informes trimestrales de resultados, venderemos siempre toda la cantidad. Como hemos aprendido en los capítulos anteriores, hay que mirar cuidadosamente cuáles son los informes que se esperan y vender el día antes de que se publique algo importante. Todo el mundo sabe que los resultados de estos informes no se conocen de antemano, y el riesgo para el precio es demasiado grande.

- **El momento de la compra**

Nunca entro en un *swing* después del último día de *trading* de la mitad de la semana. Estamos buscando acciones con fuertes posibilidades de alcanzar la meta en la primera semana de *trading*. Si compramos una acción al final del último día de la semana bursátil, las posibilidades de alcanzar la primera meta o incluso de llegar lejos del punto de entrada son mucho menores. La posibilidad de irme a dormir durante el fin de semana con una gran cantidad de acciones que sigue poniendo en peligro mi cuenta no está en mis planes.

- **¿Qué acciones son adecuadas para el método 3x3?**

La mayoría de las acciones con las que operamos, cuya cotización esté entre \$10 y \$80, y con un volumen de más de un millón de acciones al día, se adecua al método de *trading* de 3×3. Hay algunas que no. Antes de elegir una acción, debe comprobar que no esté comprando algo demasiado volátil, o sin volatilidad (como MSFT y otras que operan de la misma forma). Las acciones volátiles se adaptan más naturalmente al método **4×4** o incluso al método **5×5**.

Resumen

¡El método 3x3 funciona! El uso de órdenes automáticas de compra y venta resuelve una buena parte de los aspectos psicológicos y emocionales de la gestión del dinero y, por lo tanto, junto con acciones bien elegidas, garantiza prácticamente el éxito. Si tiene un tiempo limitado para operar y no puede encontrar oportunidades adecuadas para un *trading* intradía activo, puede dedicar, al menos, una hora a la semana para operar con este método.

El club de inversores de Tradenet tiene mucho éxito al aplicar el método 3×3. Mientras escribo estas líneas, el rendimiento mensual promedio de los últimos seis meses fue del 8.4%. ¿Hay alguna buena razón para no invertir una hora a la semana en operar de esta manera?

Reducción del ruido

Con todo respeto al clásico análisis técnico, las acciones no están obligadas a "respetar las reglas". En el mercado, la mayor parte del dinero pertenece a los inversionistas a largo plazo, a los fondos y, por supuesto, a un grupo de personas como Warren Buffet. No siempre examinan el gráfico antes de comprar una acción. ¿La acción ejecutó la ruptura en una formación "cabeza y hombros" perfecta? ¿Qué les importa? Ellos podrían estar comprando justo cuando usted está vendiendo, por razones totalmente distintas. El análisis técnico tiene sus limitaciones. De hecho, puedo asegurarle que si opera según perfectas normas técnicas, terminará perdiendo.

El análisis técnico afirma que la tendencia alcista se define como una sucesión de altas, más altas y bajas también más altas. Digamos que usted compró una acción actualmente al alza, y que el precio ha caído ahora a una nueva baja. ¿La vendería exactamente en el punto donde cae **por debajo de la última baja**? Técnicamente hablando, sí; pero en realidad, no.

Lo más probable es que todo lo que ha presenciado durante la caída del precio hasta por debajo de la última baja no sea nada más que "ruido". Podría ser que esté viendo las primeras señales de un cambio de dirección, pero en muchos casos no es más que un retroceso transitorio causado por alguien que ha vendido miles de acciones sin examinar el gráfico. Al comienzo de mi carrera de *trading*, fijaba el **stop** en un centavo por debajo de la última baja. Olvidaba que la acción no me debía nada: ni un comportamiento acorde con el análisis técnico, ni con el precio al que la compré. La razón por la que podría caer varios centavos por debajo de la última baja podría ser muy simple: alguien podría haber vendido 1,000 acciones con una orden de mercado, que hace bajar el precio en unos centavos por debajo de la última baja. ¿Cualquier pequeño cambio en el precio lo saca a usted del juego? A veces, sí; generalmente, no.

El ruido en las acciones también es uno de los motivos por los cuales trato de evitar, en la medida de lo posible, usar el **hard stop**. En los precios de las acciones se observan constantemente picos en cualquier dirección. Para comprender hacia dónde va la acción, tenemos que observar su marco general de movimiento en lugar de la volatilidad aleatoria de los precios, ya que esa volatilidad podría llevarle a imaginar todo tipo de situaciones poco realistas. No le digo que en esos casos deba meter la cabeza en la arena, sino que debe ser cauteloso y estar preparado para un cambio de dirección, pero sin escaparse ni comprar a raíz de cualquier pequeño cambio en el precio.

¿Cómo se pueden neutralizar las fluctuaciones bruscas? Pase a velas de quince minutos y trate de ver el cuadro general. El movimiento brusco que vio en las velas de cinco minutos tendrá un aspecto completamente tranquilo en las velas de quince minutos. Esa es una razón por la que casi no utilizamos velas de dos minutos, excepto durante la primera hora de la jornada. ¡La cantidad de ruido después de la campana es insoportable!

Puntos, no porcentajes. Cantidades, no montos de dinero.

Una pregunta de matemáticas para usted:

Danny compró acciones cuando estaban a $100. Por la tarde, el precio subió un 20%, pero luego cayó otro 20%. ¿Cuál es el precio de la acción después de la caída?

Si su respuesta fue $100, piénselo de nuevo.

Después de haber aumentado un 20%, el precio era $120. El 20% de la caída se calcula sobre el nuevo precio de $120. Por lo tanto, después de caer, el precio por acción es $96.

¿Cuál es la conclusión? **Los porcentajes manifiestan valores relativos, no absolutos.**

Si digo que la acción de ABC me reportó una ganancia del 10%, ¿cuánto dinero gané realmente? No hay manera de saberlo. Podría haber sido de $10 por unidad si el precio era $100, pero también podría haber sido de 10 centavos por unidad, si el precio de compra era $1.

Aquí va otro ejemplo:

Danny compró acciones a $100 por unidad. Un buen día, el precio bajó un 50% a $50. ¿Cuál sería el porcentaje que debería subir el precio para volver a $100?

Si ha respondido 50%, piénselo de nuevo.

Para volver al precio original, tenemos que ver una subida del 100% a partir del precio actual de $50.

Por el contrario, en **valores absolutos** no hay confusión: la acción perdió $50 y debe agregar $50 (es decir 50 puntos) para volver al valor inicial. Este ejemplo demuestra por qué los cálculos basados en porcentajes pueden confundirnos.

- **Recuerde**: los *traders* no calculan ganancias en porcentajes, sino en puntos, es decir, en dólares: $1 = 1 punto.

DINERO INTELIGENTE

Un principio fundamental de la gestión del trading se basa en la medición de pérdidas y ganancias en puntos y no en porcentajes, y a la hora de comprar, en cantidades y no en sumas de dinero.

Si le pregunta a un *trader* con qué sumas opera, es probable que le sea difícil responder, ya que los *traders* trabajan con **cantidades** y no **con sumas de dinero**. Un principiante empezará su carrera con lotes de 100 acciones por transacción y, al cabo de un año de experiencia, irá aumentando gradualmente en lotes de 1,000 acciones por transacción. Los profesionales con varios años de experiencia a la espalda compran miles de acciones por transacción y, en etapas más avanzadas, pueden llevar a cabo operaciones con decenas de miles de acciones.

Me doy cuenta de que esto le puede sonar un poco raro: un *trader* puede comprar 1,000 acciones a $20 cada una, por un total de 20,000 dólares, y luego, en otra ocasión, sin siquiera parpadear, comprar 1,000 acciones a $50, operando por un monto de 50,000 dólares.

Así es como realmente funciona.

He aquí tres razones principales para considerar las operaciones en estos términos:

Razón número 1: cálculo rápido de ganancia o pérdida

Los que tienden a comprar 1,000 acciones por transacción pueden calcular fácilmente sus ganancias o pérdidas; por ejemplo, si la acción que compró sube 23 centavos, su ganancia es de $230 (23 centavos x 1,000 acciones); si sube $2, su ganancia es de $2,000. Esto no es un cálculo de rendimiento sobre el capital, sino de la ganancia en dólares por transacción.

Si le pregunta al propietario de una zapatería cuál es su rendimiento mensual, es probable que se le quede mirando sin entender. Pregúntele cuál es su ingreso mensual: eso se lo podrá contestar inmediatamente.

| **DINERO INTELIGENTE** | *"Nunca cuentes tu dinero mientras estés sentado a la mesa. Ya habrá tiempo para contarlo cuando acabes de jugar"- Kenny Rogers: letra de la canción "El jugador"* |

Cuando esté completamente centrado en la ruptura de una acción, analizando la acción y su dirección, la cantidad de ofertas y demandas, la situación del sector, el volumen, etc., lo último que necesita es calcular los rendimientos en porcentajes y multiplicarlos por la suma de dinero para hacer las cuentas de ganancias o de pérdidas. Aquí es donde el **sistema de puntos** viene en su ayuda: una pérdida o ganancia de 10 centavos de dólar en 1,000 acciones siempre será igual a $100, cualquiera sea el precio de la acción.

Uno de los errores que cometí en mis primeros días de *trading* fue comprar una cantidad de acciones según una suma de dinero. Por ejemplo, decidía asignar $5,000 a cada acción. Esto es lo que hice: si elegía una acción a $36.49 por unidad, dividía $5,000 por esa cifra y compraba el resultado, esto es, 137 acciones. Ahora, supongamos que el precio subió 17 centavos: ¿cuánto gané…? ¿Puede ver el problema? Dedicaría más tiempo a hacer las cuentas que a examinar la dirección del mercado.

¡Ahora, imagínese que está operando con tres acciones al mismo tiempo! Pero si redondea la cantidad en "lotes" de 100, es mucho más fácil calcular el efecto de una ganancia de 17 centavos: $17. Puedo asegurarle que es mejor concentrarse en las transacciones reales que dedicarse a complejos cálculos monetarios.

Razón número 2: comprar en cifras redondas basadas en 100
Como ya hemos aprendido, la ejecución de órdenes que no son cifras redondas de 100 se demora. La gran mayoría de las órdenes de BID y ASK se fija en números redondos de centenas, lo que se denomina "lotes". Los

sistemas ECN dan prioridad a lotes de cifras redondas. Si intento vender 137 acciones, lo que se llama un "lote raro" o en inglés **odd lot**, y al mismo tiempo, un comprador quiere 200 acciones, éste podrá recibir una cantidad redonda de 100 unidades de mi acción. Pero es muy probable que el comprador no esté interesado en las 37 adicionales, que no es una cifra redonda, ya que será difícil para él para encontrar otras 63 y redondear a 200.

Una solución más sencilla para el comprador es simplemente ejecutar la transacción con otro vendedor, que pueda proporcionarle la cantidad completa. Peor que la anterior es la orden **AON** ("todo o nada" o en inglés *all or nothing*) que utilizan los compradores, y que significa simplemente "si no puedo tener toda la cantidad que busco, no compro nada". Esto significa que, si tengo 137 acciones, el comprador no recibirá 100 de mí, sino que el sistema buscará vendedores del número redondo.

De paso sea dicho, **AON no es una orden eficaz para *traders*. Trate de evitarla.** Así que, para vender esas 37 acciones, tendré que esperar a un comprador que quiera específicamente esa cantidad. Esto podría tardar mucho, e incluso podría terminar costándome una comisión adicional. El único caso en el que se podría considerar la posibilidad de utilizar cantidades no redondas se daría mientras uno está aprendiendo a usar el método de *swing*, en el que la tenencia de acciones durante varios días le hace menos sensible a los cambios repentinos en el precio.

Razón número 3: las acciones se mueven en puntos, no en porcentajes
Cuando un precio sube o baja, el comprador promedio no piensa en términos de porcentajes, sino en el precio por unidad. Por ejemplo: quiero comprar una acción a $20. Vacilo un momento y el precio sube dos centavos. Compro a $20.02. Otro ejemplo: quiero comprar una acción que se vende a $2 por unidad. Espero un poco y sube dos centavos. Compro a $2.02.

¿Puede ver qué sucedió aquí? Mi decisión de comprar, o de no comprar, se basó en la subida de uno o dos centavos en el precio, no en los porcentajes. Mi consideración en ambos casos fue que el precio era razonable y estaba relativamente cerca del que inicialmente estaba dispuesto a pagar. Pero observe la diferencia en porcentajes: para la acción de $20.02, compré con un aumento del 0.1% sobre el precio previsto, mientras que la acción de $2.02 la compré con un aumento del 1% sobre el precio previsto.

El principio es simple: la gente compra acciones según el movimiento en centavos, no en porcentajes. Por esta forma de comportarse de la gente, una buena ruptura en una acción de $20 será aproximadamente de 20 centavos, y una buena ruptura en una acción de $2 también estará alrededor de los 20 centavos. Entonces, ¿cómo se vincula esto con las cantidades fijas? ¿Dónde radica el problema?

Si yo fuera a insistir en la compra de acciones en función de una suma fija, digamos de $10,000, estaría comprando 500 acciones de $20 o 5,000 de $2. Si ambas tienen una ruptura de 20 centavos, y las rupturas pueden ocurrir en cuestión de segundos, entonces gané $100 en la acción de $20, y $1,000 en la acción de $2. Excelente, ¿verdad? No, no es excelente para nada. Recuerde: el potencial de ganancia es igual al potencial de pérdida. En cuestión de segundos, antes de que tenga tiempo de decir "ahí va mi cuenta..." la acción de $2 puede moverse fácilmente 20 centavos en su contra y arrasar con $1,000 de su cuenta.

DINERO INTELIGENTE

Los traders naturalmente tienden a comprar acciones en función del movimiento en centavos y no en porcentajes. Una buena ruptura en una acción de $20 será de 20 centavos, y lo mismo será para acciones con un precio de $2.

Resumen

Sea disciplinado en cuanto a comprar según cantidades y no según sumas de dinero. Si se siente cómodo comprando en múltiplos de 500, hágalo siempre, cualquiera sea el precio de las acciones. Las excepciones a esta regla son las acciones de $70 o más, o bien las de compañías pequeñas (**small caps**) que claramente tienen una volatilidad muy baja. Recuerde que cada acción tiene su propia "personalidad". Por tanto, una buena regla general es comprar siempre una cantidad fija. Antes de oprimir el botón BUY mire con atención la volatilidad de la acción y decida si aumentar o reducir la cantidad.

Aprenda de sus experiencias...
lleve un diario

Ningún bebé aprende a caminar sin caerse. El bebé sigue intentándolo hasta que la secuencia de actos que se llama caminar se integra en su cerebro y se vuelve automática. Todo *trader* pasa por ser "bebé" y luego "niño" mientras aprende. Los errores son parte integrante del aprendizaje del *trader*, y un aspecto muy importante de la formación de sus nuevas capacidades y de su resiliencia.

Los errores son un activo esencial para aprender a tener éxito. Aun los veteranos cometen errores, pero en menor grado que los principiantes. Cuando empecé, cometí muchos más errores que ahora. Recuerdo días llenos de furia conmigo mismo. Hubo días en los que di clases a estudiantes, enseñándoles lo que debían evitar, ¡para luego hacer exactamente lo mismo contra lo cual les había advertido! Por supuesto, me sentí como un perfecto idiota. Ahora, años más tarde, todavía cometo errores, pero con una frecuencia mucho menor. Lo fascinante de los errores en *trading* es que son comunes y conocidos, pero igual los cometemos, aun sabiendo que estamos entrando en territorio prohibido. Es como si algo más fuerte que nosotros nos empujara a pesar nuestro.

El primer paso para lidiar con los errores es saber qué es lo que se debe y no se debe hacer. Este libro está destinado a ayudar mucho en ese sentido. El segundo paso es su propia determinación para corregir sus errores y reforzar su resistencia psicológica hacia la erradicación de los mismos, uno por uno. Los *traders* deben saber cómo sacar el mayor provecho de los errores, y no desperdiciarlos. Los errores, por virtud de su inevitabilidad, son un recurso valioso. Como con cualquier activo valioso, hay que documentarlos y sacar conclusiones. La única manera de hacerlo es llevar un diario de actividades.

En mis clases enseño a los estudiantes cómo evitar errores típicos. Expongo, destaco y demuestro cada error típico existente hasta estar seguro de que el mensaje ha sido asimilado. Al final de cada debate, existe ese momento que tanto me gusta, cuando les digo: "y sé que, a pesar de todo, van a cometer este error..." Cuando les miro las caras, puedo verlos a todos pensando: "¿Qué piensa, que soy un completo idiota? Escuché, entendí, escribí todo, ¡y no tengo ninguna intención de cometer ese error!"

Sé que eso es lo que están pensando, pero no es así como funciona en la vida real. En la vida real, cometerán cada error cubierto por este libro. Por cada uno, pagarán con el dinero que les costó tanto esfuerzo ganar. No obstante, la gran ventaja es que, a diferencia de otros que no han estudiado las reglas del *trading*, han aprendido cuáles son esos errores comunes. La mayoría de los *traders* activos en el mercado tratan de aprender por su cuenta y de su propia experiencia. Eso también es un error: intentar aprender *trading* por cuenta propia significa que usted no puede localizar los errores comunes y tratar de evitarlos, lo que prolonga el proceso de adquisición de experiencia y de conocimiento. Así que los que han realizado un curso, si bien siguen cometiendo errores, serán más conscientes de lo que hay que evitar, y se equivocarán con menor frecuencia. Identificar y reconocer los errores es el primer paso, y el más importante, para erradicarlos.

Llevar un diario regularmente es la solución perfecta. Le ayudará a entender cuándo cometió el error, y cómo manejar la situación en el futuro. Cuando empecé en el *trading*, leí un artículo sobre cómo llevar un diario de actividades. Francamente, no podía entender entonces cuán importante era este aspecto, así como probablemente le suene a usted ahora que le estoy llenando la cabeza con insignificancias. Estaba seguro de ser consciente de mis errores y de que no tenía necesidad de mantener ninguna otra documentación. En retrospectiva, lamento no haber empezado antes a escribir el diario. Descubrí la necesidad de llevar un diario de actividades por la vía dura y costosa. Si acepta mi consejo, se ahorrará un proceso de aprendizaje innecesariamente largo y costoso.

DINERO INTELIGENTE

Cuando empiece a llevar su diario de actividades le pasará algo asombroso: descubrirá que los tipos de errores que comete están dentro de una gama relativamente pequeña. Si el mismo error aparece todo el tiempo, ¡es hora de cambiar!

Mi esposa, sin darse cuenta, me ayudó a comprender la necesidad de llevar un diario. En mis comienzos, repetía uno de los errores más comunes de los *traders* principiantes: compraba en el momento adecuado, pero luego vendía con una ganancia muy pequeña o con una pérdida demasiado grande. Cada noche le decía a mi esposa más o menos lo mismo: "Si hubiera hecho esto... o no hubiera hecho aquello... habría ganado más..." Todos los días la misma historia, hasta que ella se cansó de oírme contarle cómo "casi" había ganado dinero. Lo que era evidente para mi esposa, pero no para mí, era que describía una y otra vez exactamente el mismo error. Era hora de hacerle frente al error. Era hora de cambiar.

Algo interesante ocurrió cuando empecé a llevar un diario: me percaté de que la gama de errores que cometía era limitada, y de que cometía constantemente los errores clásicos de los principiantes. Pero esto lo noté solo después de empezar a llevar el diario. Al final de cada día apuntaba mis actividades, y una vez a la semana, me sentaba a revisar los resultados que había registrado en el diario. La mayoría de los fracasos provenían de una pequeña gama de errores comunes que se repetían.

A partir de ese punto, el camino al éxito fue más corto y más dulce. Todo lo que tenía que hacer era decidir eliminar aquellos errores, uno por uno. La batalla más grande, y más dura, obviamente, es psicológica. Pero, al final de la primera semana en la que les declaré la guerra a mis errores, armado de mi fiel diario, me sorprendí de los resultados. Al final de la segunda semana, estaba convencido de que ese era el mejor método, y la guerra fue más fácil. Todo lo que tenía que hacer era llevar un diario: algo tan sencillo y tan asombroso al mismo tiempo.

Lo que hay que registrar en el diario de actividades

- la fecha, la hora y los minutos de la transacción. Esto permite estudiar más tarde el gráfico de la acción.
- el símbolo del *ticker* de la acción
- la cantidad de acciones que ha comprado
- la dirección de la transacción (**long**, **short**)
- el precio de entrada planificado
- el precio de entrada real
- el motivo de la entrada (por ejemplo, la formación técnica, la acción en las noticias)
- el precio de la primera meta; la primera meta real
- el precio de la meta final; la meta real
- el punto de suspensión de pérdida (**stop loss**)
- la hora y los minutos de salida
- el precio real de salida
- el motivo de la salida (por ejemplo, el precio llegó a la meta, el mercado cambió de dirección, etc.)
- los resultados monetarios (ganancia/pérdida, cantidad) y
- notas: errores, cambió la dirección del mercado, etc.

Sé de *traders* que dependen de la copia impresa de las actividades emitida por el bróker. No confíe solo en eso. La copia impresa del bróker nunca será suficiente. Usted debe gestionar sus propias listas en un cuaderno manuscrito o en una hoja de tipo Excel, lo que le sea más fácil, pero debe registrar cada transacción. Puedo asegurarle que las conclusiones se aclaran, le sorprenderá descubrir que comete solo unos pocos tipos de errores. Una vez que haya identificado los que son típicos para usted, ¡estará en el camino correcto para neutralizarlos!

Resumen

Ahora tiene que establecer objetivos. No intente hacer que ese objetivo sea erradicar más de dos errores a la vez. Si descubre que tiende a cometer los mismos cinco errores, elija dos y propóngase que, en los próximos diez días de *trading*, que son dos semanas, se asegurará de no repetirlos. Por ejemplo: usted ve que tiende a salir de una acción antes de que llegue a la meta preestablecida. Decida bien claro y sin concesiones que no va a salir ni un centavo más bajo de la meta. Coloque una orden de venta en el precio meta, y absténgase de cambiarla. Tiene que dar justo en el blanco. Tiene que decidir que, en los próximos diez días de *trading*, va a poner una X enorme sobre los dos errores que haya marcado. Pasará por alto toda la información inconveniente y, sobre todo, las preocupaciones por ganancias o pérdidas. Deje de contar el dinero mientras opera (¡uno de los errores más comunes!) y empiece a concentrarse en la forma correcta de operar a la vez que mantiene el control. No quiero dar a entender que esto sea fácil, pero definitivamente se puede lograr. He pasado por ahí. Apliqué estas tácticas, como lo han hecho muchos de mis estudiantes. Siempre y sin excepción, me dijeron cuán grandioso es este método.

Llevar un diario de actividades funciona. Es un hecho.

12.

Elegir una acción ganadora

Entre los miles de acciones que se cotizan, ¿cómo podemos elegir las mejores?

En Wall Street se cotizan cerca de 10,000 acciones. ¿Cómo podemos elegir las mejores para una jornada de *trading*? El profesional elige las acciones conforme a reglas predefinidas, no por capricho.

Haga los deberes

Antes de cada jornada de *trading*, haga los deberes. Comience el día con una lista de candidatas. A veces, me da pereza y no me preparo con antelación. En una de esas ocasiones, el *trading* abrió con una fuerte brecha alcista, y yo no tenía ninguna acción candidata en mi lista inexistente. Conforme el *trading* avanzaba, revisé rápidamente mis acciones favoritas en busca de una buena oportunidad, pero fue en vano. La sensación de que otros están ganando fácilmente y uno es el único que pierde el tiempo es uno de los peores estados mentales para el *trader*. Es un terreno fértil para hacer estupideces... y eso no tardó en hacerse patente. Estaba convencido de que una determinada acción tenía muy buen aspecto y, con un clic impulsivo, hice la transacción. Por un momento muy corto, me fue bien, pero a la larga me acarreó una pérdida devastadora.

DINERO INTELIGENTE | *La preparación de la jornada de trading contribuye a nuestra capacidad de recuperación psicológica y nos ayuda a afrontar con éxito las condiciones del mercado.*

Moraleja importante de esta historia: cuando realmente desee oprimir el botón, descubrirá que posee increíbles poderes de auto-persuasión. Toda acción mediocre parece estupenda. Recuerde: ¡a veces ganamos más si no operamos!

La conclusión es simple: para cada día de *trading* hay que elaborar una lista con acciones que hemos analizado, y esto nos preparará mentalmente para el mercado. Estas son las acciones que ofrecerían el menor riesgo de decepcionarnos y las mayores probabilidades de éxito. Veremos más adelante varias maneras de localizar acciones.

Use los informes de los analistas

Un analista profesional y experimentado, que invierte una buena cantidad de tiempo y energía en la búsqueda de acciones, tendrá mucho más éxito que un *trader* principiante con escasa experiencia. La tasa de éxito de los analistas de la sala de *trading* de Tradenet es de alrededor del 65%.

La desventaja de confiar solo en las elecciones de los analistas de las salas de *trading* es que conduce a la pereza y puede generar dependencia. Conozco a *traders* que operan desde hace años solamente con los informes de los analistas. Están contentos de sus resultados, pero dependen constantemente de un tercero y no aprenderán nunca a identificar acciones por sus propios medios. Es un estado nada saludable, ya que el objetivo final es ser independiente. Si, de ahora en adelante, deja que otra persona elija por usted, nunca progresará como *trader* ni adquirirá la confianza en sí mismo y la experiencia, que son vitales.

DINERO INTELIGENTE | *Debe aprender a identificar acciones. Esto contribuirá a su confianza en sí mismo, a su experiencia y a su desarrollo como trader.*

Puede obviarse mi recomendación anterior en sus inicios como *trader*. Al principio, creo que el conocimiento de un *trader* más experimentado puede ser una ayuda valiosa, pero solo con un propósito: aprender y comprender por qué su mentor eligió esa acción y cómo puede hacerlo por sus propios medios. Mientras perciba ingresos basándose en las recomendaciones de un tercero, no tiene por qué renunciar a esa ayuda. Sin embargo, compruebe siempre que las acciones elegidas por el analista no constituyan más de la mitad de las transacciones que ejecute y compare las tasas de éxito de las acciones que usted eligió con las que eligió el experto. Su objetivo a largo plazo es mejorar la tasa de éxito y alcanzar la del experto.

¿Qué aspecto tiene el informe diario de un analista? Los informes se adaptan a la naturaleza de su *trading*. Los s*wing traders* usan informes que analizan hasta 10 acciones por semana, y los *traders* intradía usan informes que analizan hasta 10 acciones por día. El informe contiene una lista de "candidatas" para los próximos días de *trading* y sus puntos desencadenantes o de activación (entrada, **stop loss**, metas, etc.), una reseña técnica y fundamental del mercado del día anterior, pronósticos para el día siguiente, gráficos y análisis de los principales sectores e indicadores, una lista de las acciones en las que se esperan informes trimestrales o declaraciones importantes, líneas de soporte y resistencia más cercanas a los índices principales, información sobre la publicación inminente de anuncios importantes del mercado y cuándo se publicarán, y una tabla de seguimiento actualizada con objetivos y puntos de suspensión de pérdidas para acciones en *swing*.

Muestra de una tabla de acciones para *trading* intradía como se publica en el informe

Symbol	Trigger	Company	Sector	1st Target	Stop Loss	Earnings
CPX	34.75	Complete Production Services, Inc.	Basic Materials | Oil & Gas Equipment & Services	$35.79	$33.71	-
ACI	34.75	Arch Coal Inc.	Basic Materials | Industrial Metals & Minerals	$35.79	$33.71	-
CVE	38.45	Cenovus Energy Inc.	Basic Materials | Oil & Gas Drilling & Exploration	$39.60	$37.30	-

Gestión de una lista de vigilancia

Muchos *traders* preparan una lista de las acciones que van a seguir. Generalmente, la lista contiene desde decenas hasta centenares de acciones, a veces hasta doscientas. Más adelante le explicaré cómo preparar su propia lista. Lo que caracteriza a estas acciones como deseables es el alto volumen y la gran volatilidad. Los símbolos se introducen en la plataforma de *trading* bajo el campo de la lista de vigilancia o **Watch List**. Con solo un clic sobre cualquier símbolo se abrirá el gráfico de la acción pertinente.

Cada día, antes de que empiece la jornada, los *traders* verifican manualmente los gráficos de las acciones que están siguiendo en busca de puntos de entrada técnicos. Las acciones que parecen tener potencial de *trading* se dividen en tres subgrupos:

1. **acciones candentes o *Hot shares***: están cerca de su punto desencadenante o de activación (punto de entrada planificado) y es posible que se coticen ese día

2. **acciones en alza o *Rising shares***: exhiben tendencia alcista y podrían entrar en la lista de "candentes" en los próximos días

3. **acciones en caída o *Falling shares***: exhiben tendencia bajista y podrían entrar en la lista de "candentes" para **shorts** en los próximos días.

De vez en cuando es preciso examinar la lista principal y actualizarla según las tres categorías de seguimiento. Ponga las acciones con las que planea trabajar hoy en una tabla separada, en la que incluya columnas ordenadas para el punto desencadenante (precio de entrada), para el punto de suspensión de pérdidas o **stop loss**, para la primera meta de ganancias (la parcial) y para la meta final de ganancias.

DINERO INTELIGENTE

Prepare una lista de seguimiento de 100 acciones dividida en tres categorías: candentes, acciones en alza y en caída. Actualícela frecuentemente y marque las acciones con las que conviene operar.

¿Cómo construir la lista de seguimiento? Recomiendo empezar por una lista de hasta 100 acciones y ampliarla con el tiempo, a medida que se adquiere experiencia. Puede elegir acciones líderes de dos importantes listas: las de NASDAQ 100 y S&P 500. Tenga en cuenta que algunas acciones de NASDAQ aparecerán también en la lista S&P. Para encontrar los símbolos de las acciones en cada una de estas dos listas, busque en Google las palabras "NASDAQ 100 index" y "S&P 500 index", y copie los símbolos de alguno de los sitios financieros.

Filtros

- Elimine de su lista de seguimiento todas las acciones de más de $100, ya que no solo serán demasiado caras, sino también demasiado volátiles para *traders* principiantes.

- Elimine todas las acciones de menos de $10. Ya hemos mencionado que, como principiantes, es mejor evitar las acciones de compañías pequeñas (**small caps**) que los *traders* institucionales tienen prohibido comprar.

- Elimine todas las acciones con rangos intradía de menos de 30 centavos de dólar, incluidas las "pesadas" que tienen escasa volatilidad, como Microsoft (MSFT).

- Elimine todas las acciones de volúmenes muy bajos, primero las que tienen menos de 2 millones de unidades por día, y más tarde, a medida que amplíe la lista, las que se coticen con menos de 1 millón de unidades por día.

- Haga la lista con todo lo que queda.

Con el tiempo, una vez que conozca las acciones que más le gustan, e incluso si no aparecen en ninguno de esos índices, puede agregarlas a la lista y retirar otras como mejor le parezca. Lo más probable es que, al cabo de algunos meses de *trading*, haya desarrollado su lista de ganadoras.

Seguimiento de "acciones en las noticias"

Además de las acciones que ha identificado a través de su lista de vigilancia, también tiene que prestar atención a las acciones "candentes" del día anterior y agregarlas a su lista diaria.

No cometa el error que la mayoría del público comete: no creo, ni por un momento, que haya alguna manera simple de obtener ganancias de acciones que suben rápidamente a raíz de algún anuncio, o que se desmoronen por malas noticias. Generalmente, estas son las acciones que abrirán el día con una brecha y con la posibilidad de moverse en cualquier dirección, a veces, totalmente en contra de toda lógica. En principio, son imprevisibles, pero a veces se puede encontrar un buen punto de entrada técnico y el movimiento consiguiente puede ser fuerte por el interés generado por las noticias.

Cuando aparece un artículo significativo sobre una determinada acción en medios tan prestigiosos como *The Wall Street Journal* y usted comete el error de comprarla junto con otros millones, ya no tiene ninguna ventaja en cuanto al precio. ¿Será que un millón de lectores sacarán buenas ganancias con la misma acción? ¿Cómo reaccionará el mercado a la noticia? ¿El precio subirá o bajará? Una conjetura es tan buena como otra. En la mayoría de los casos, una acción que aparece en las noticias ya ha tenido su tendencia alcista antes de cualquier anuncio público, con base en información privilegiada o en rumores. Si usted cuenta con cualquiera de esas cosas, tiene una ventaja. Si no, olvídese del impulso de comprar.

El conocido lema "**compre el rumor, venda la noticia**" alude al principio según el cual el rebaño compra al oír la noticia y, por tanto, pierde. Los únicos que se benefician generalmente son aquellos que infringen la ley. Ellos han recibido información de un amigo que está dentro de la empresa o tuvieron acceso al informe trimestral impreso unos días antes de la publicación oficial. Si pensaba que la bolsa no funciona así, piense otra vez. La manipulación y la corrupción abundan de formas tan sutiles que los órganos reguladores simplemente no logran atrapar a los delincuentes.

En ese caso, ¿hay que comprar una acción que aparece en las noticias por recomendación de un analista o porque le han retirado la recomendación? ¿Los analistas saben mejor que usted cómo elegir buenas acciones? Cada año, se publican estudios en los que se examinan los resultados de las recomendaciones de los analistas. ¿Puede adivinar cuál sería su situación si se basara en los analistas? Sería una manera segura de perder dinero.

Si es así, ¿por qué buscar acciones en las noticias? Leo las noticias con un propósito totalmente diferente: quiero saber qué hace el rebaño. Quiero entender al rebaño, pero nunca operaré automáticamente de la forma en que se esperaría de mí. Quiero saber qué acciones aparecen en las noticias para poder seguirlas y quizás encontrar buenos puntos técnicos de entrada durante la jornada de *trading*, sin que importe la dirección en la que se mueven los precios. Las acciones que están en las noticias tienden a ser muy volátiles y una alta volatilidad es importante para mí. Cada día preparo una lista de unas cinco a diez acciones en el punto de mira y las observo en busca de posibilidades técnicas. A veces, tengo suerte y, a veces, no.

Un ejemplo de una acción que apareció en las noticias es British Petroleum (BP). El precio colapsó por la fuga de una torre de perforación de la compañía cerca de las costas estadounidenses en un evento que llegó a ser conocido como "la peor catástrofe ecológica en la historia de los Estados Unidos". Las demandas de indemnización previstas llegarían a miles de millones de dólares y una bancarrota potencial amenazaba a la compañía. Durante varios días vigilamos a BP en la sala de *trading* y, finalmente, gracias a la perspicacia de un analista, ¡su día llegó!

Operación en la sala de *trading* con British Petroleum, BP

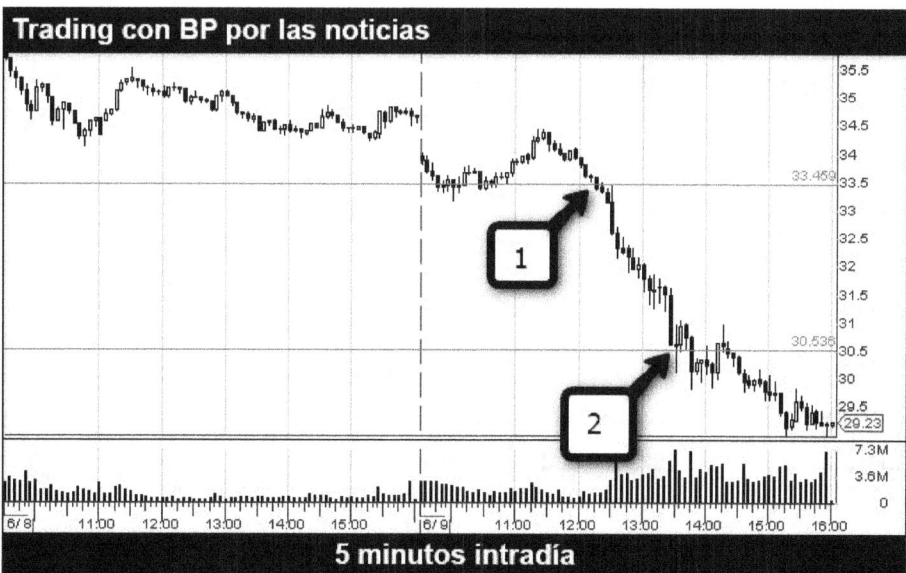

Como es común en tiempos de crisis, BP abrió con una brecha bajista. ¿Podemos ejecutar un *short* inmediatamente a causa de las noticias? Si usted hubiera intentado ejecutar un *short* en el inicio del *trading*, se habría visto muy probablemente expulsado con graves pérdidas cuando la acción subió para cerrar la brecha. Después, BP volvió a bajar y nos proporcionó un excelente punto técnico de colapso al atravesar la línea de soporte intradía. Sin duda, este fue un impresionante *short* para una acción débil que estaba en las noticias. El *short* se ejecutó a $33.45 [1] y la salida tuvo lugar cuando comenzó a mostrar signos de rebote o **bounce** [2]. Por un momento pensé que BP había agotado las bajas (observe la cola larga que señala la reversión intradía). En retrospectiva, me equivoqué un poco respecto del punto de salida, pero mis ingresos ascendieron a $2,920, como se puede ver en mi cuenta de *trading*:

Detalles de la transacción

Account	T/D	Currency	Type	Side	Symbol	Qty	Price	Amount
COLM0001	06/09/2010	USD	2	S	BP	1,000	33.45	33,450.00
COLM0001	06/09/2010	USD	2	B	BP	1,000	30.53	(30,530.000000)
TOTAL (2)						2,000		2,920

Resumen

Todos los días hay decenas de acciones que pueden aparecer en las noticias por diversos motivos. No importa si la noticia es buena o mala, ya que siempre habrá una fuerte volatilidad con interesantes oportunidades de *trading*.

Fusiones y adquisiciones

No es raro que una compañía sea comprada por una competidora o que se fusione con ella. Hay muchas razones para que se produzcan fusiones y adquisiciones; la que se cita más comúnmente es la "sinergia". Las fusiones y adquisiciones generan tentadoras oportunidades de *trading*.

DINERO INTELIGENTE

Por lo general, cuando una empresa compra a otra, el precio de las acciones de la compradora cae por los riesgos involucrados en la transacción, y el precio de las acciones de la compañía comprada sube por la prima que se pagó a cambio de sus acciones.

Como *traders*, las fusiones y adquisiciones nos interesan, puesto que generalmente es posible anticipar lo que ocurrirá con las acciones de ambas empresas involucradas: el precio de las acciones de la compradora bajará, y el de las acciones de la comprada, subirá.

Por un lado, los inversores están expresando su preocupación por que la compradora "haya mordido más de lo que puede masticar" y por que la nueva compra sea una pesada carga en su balance. Por otro lado, la compradora también asume el control de las acciones de la empresa comprada a un precio más alto que el del mercado y les paga una prima a los accionistas. Con ello, la compradora asume un cierto riesgo, pero también demuestra su capacidad de absorber a la compañía comprada como propia, creando un todo mayor que la suma de sus partes (de ahí la "sinergia"). Si bien nadie puede garantizar el éxito de la adquisición o la fusión ni que las compañías fusionadas serán más prósperas, el simple hecho es que la compradora mostrará un enorme gasto en su balance general. Sin embargo, las empresas se compraron a un precio más alto que el del mercado, y pronto se cotizarán en el mercado a este precio ***premium***. En pocas palabras, significa oportunidades de ganancias para los inversores.

Por ejemplo, la megacorporación farmacéutica Merck (MRK) anunció la compra de Schering-Plough (SGP) por 41 mil millones de dólares, una transacción enorme por donde se la mire. Los inversionistas de Schering recibirían 0.57 acciones por cada acción de Schering en su poder, además de $10.5 en efectivo. Resultado: el día del anuncio, el precio de las acciones de Merck bajó un 8%, mientras que las de Schering subieron un 15%. No obstante, quiero subrayar que si bien este fue el comportamiento altamente esperado para ambas acciones, no se deben dejar de comprobar cuidadosamente el mejor punto de entrada y la relación riesgo-retribución.

La fidelidad a una acción

Los *traders* suelen "familiarizarse" con acciones en las que confían más que en otras. Cada marco temporal tiene sus "estrellas", las acciones cuyos precios están continuamente al alza, y que atraen a *traders*, inversores y fondos para comprarlas por períodos variables. ¿Tenemos que conocer las acciones más populares y unirnos a la fiesta?

En primer lugar, no creo en el matrimonio con ninguna acción. De modo realista, en cualquier marco temporal, algunas acciones se definirán en el mercado como "niñas traviesas". Se comercia con ellas en volúmenes gigantescos y con muy alta volatilidad. Mientras escribo estas líneas, puedo decir que las dos más populares son AIG y SEED. Cuando este libro llegue a la imprenta, seguramente serán otras las favoritas del público.

La historia de AIG pertenece a la crisis financiera, ese colapso impresionante y la pronta recuperación. En momentos como ese, las emociones trabajan horas extras. Algunos recordarán los buenos días de la compañía como líder en el mercado internacional de seguros, y cómo solían comprar AIG "para el futuro de los hijos". Otros, como nosotros, los *traders*, aprovechamos esta avalancha de emociones para comerciar con la acción en esos días de una volatilidad fantástica y volúmenes altos.

Comportamiento diario de AIG a lo largo de varios meses

En agosto de 2009, el precio de la acción saltó de $12 a $55 [1] en unos días de *trading* enloquecido y con volúmenes de cientos de millones de acciones por día. De hecho, la historia de AIG empezó un poco antes, pero sin duda, en agosto y septiembre de ese año se observaron los movimientos más desenfrenados en la bolsa de valores. Las acciones de AIG, junto con otras "favoritas del público", pueden moverse con alta volatilidad en un solo día de actividad bursátil, con volúmenes grandes y elevada liquidez, y por eso muchos *traders* ganan mucho dinero con ellas. El interés del público hace subir los precios, la empresa se evalúa generalmente muy por encima de su valor real y, en la mayoría de los casos, no responde a las expectativas del mercado. Lo más frecuente es que el precio caiga [2], que los volúmenes declinen de forma abrupta [3] y que en el precio deje de verse la volatilidad anterior. Si se renueva el interés en la acción, es muy probable que vuelva a enloquecer cuando eso ocurra.

Conclusión: si realmente quiere "casarse" con una acción, hágalo con la forma en la que se cotiza dentro de un período determinado, y no con la acción propiamente dicha. Es mucho mejor abstenerse de convertirse en "gran experto" de una acción, cuando sabemos que, en unos meses, la fiesta se habrá acabado y querremos pasar a otra cosa. Los *traders* buscan puntos de entrada intradía que les permitan operar con esa acción una o dos veces a lo largo de la jornada para tener beneficios. Este método solo funciona si la acción mantiene una volatilidad alta y un volumen grande, y estas características pueden atenuarse en cualquier momento e incluso desaparecer.

Lo habitual es que la bola de nieve empiece a rodar solo cuando los jugadores institucionales comienzan a comprar la acción, lo que empuja el volumen y el precio hacia arriba y consigue llamar la atención del público inversionista y de los *traders*. Mientras los inversionistas y los *day-traders* se "aclimatan" a la acción, los *traders* institucionales que empujaron los precios hacia arriba ya se la están vendiendo a usted en megavolúmenes. Lentamente, la tendencia alcista se calma, los *day-traders* dejan de jugar, los compradores institucionales ya están generalmente fuera del cuadro, los volúmenes declinan, y el precio comienza a volver en picada a su posición natural.

DINERO INTELIGENTE | *Nunca "nos casamos" con una acción por mucho tiempo. Operamos con ella en períodos interesantes y la dejamos cuando los volúmenes caen y el precio retorna a su estado natural y menos interesante.*

¿Cómo se comportan los inversores? A modo de ejemplo, veamos a AIG, que empezó a $12, subió a $55, y retrocedió, al menos por ahora. La mayoría de los inversores no entraron en $12. Muy pocos poseían la acción antes de que el precio comenzara a subir. Los "afortunados" la descubrieron alrededor de $20, o incluso más, y la mantuvieron hasta los $55. ¿Estaban contentos con el éxito e hicieron efectivas sus ganancias en ese punto? La mayoría, no. La codicia los llevó más allá. Cuando el precio cayó a $35, ¿hicieron efectivas sus ganancias? Al contrario: comenzaron a "hacerse los listos". Se convencieron de que eran "conocedores" de la acción, y estaban seguros de que regresaría a su alta anterior. Así que compraron más acciones a $35, con la idea de ganar dinero fácil cuando la acción regresara a sus altas. Finalmente descubrieron que el precio seguía bajando, hasta por debajo del precio de compra original, y acabaron la transacción con pérdidas.

No debería sorprenderle que esta situación se repita varias veces al año. También les ocurre a los inversores más experimentados. Cada año nos encontraremos con las "favoritas del público" junto con los inversores y *traders* que "conocen" la acción, concluyen que son expertos en su comportamiento, y se encuentran ya avanzados en el camino hacia las pérdidas.

Búsqueda de acciones intradía

Encuentro aproximadamente la mitad o poco más de las acciones con las que opero durante la jornada manteniéndome atento a varias fuentes. La más importante para mí es la sala de *trading* en línea donde puedo operar a diario junto con cientos de *traders*. Muchos de ellos presentan acciones interesantes de sus listas de vigilancia, o acciones que identificaron durante las horas de *trading*. ¡Las sugerencias son inagotables! Lo difícil es saber cuáles elegir.

DINERO INTELIGENTE

Una de las herramientas más útiles es la identificación de acciones fuertes y débiles durante la jornada. Sígalas y busque buenos puntos técnicos de entrada.

También utilizo mi plataforma de *trading*. Cada plataforma tiene herramientas especiales para localizar acciones intradía que se comportan de un modo particular. Por ejemplo, listas de las acciones fuertes en cada bolsa de valores (Nueva York, NASDAQ), las débiles en cada bolsa, y las que tienen volúmenes particularmente altos. La plataforma de *trading* COLMEX Pro que utilizo muestra una clasificación de las "20 mejores" ¡de la que saco una buena cantidad de ideas intradía! El método de uso es muy sencillo: durante el horario de *trading*, abro el gráfico de cada una, por ejemplo de las acciones fuertes, y busco puntos técnicos de entrada interesantes. Un seguimiento correcto puede producir varias transacciones buenas en cualquier día dado.

La lista de las "20 mejores" o Top 20 de COLMEX Pro

% Top 20	GainNasd	LossNasd	GainNYSE	LossNYSE
1	BDCO	RDCM	KV.A	LAQ
2	NEXM	LSCC	KV.B	CNAM
3	ICOP	EMMS	UTI	PCG
4	LULU	SCOK	ANX	APP
5	SIGA	SWHC	DIN	NSM
6	DMAN	TNDM	MNI	SKH
7	CBAK	CBEH	LNG	CMO
8	DSTI	HILL	RES	DYP
9	RDNT	RBCN	AIB	SOXL
10	RUE	SNTS	FVE	DTO
11	ALTH	CRUS	BORN	AZC
12	SONS	XPRT	LEI	SCO
13	GPRC	INTT	RIG	TRW
14	ACET	AVGO	WMG	WPI
15	VICL	EXTR	MCO	PMI
16	MDCO	POWI	SRZ	SNV
17	CMTL	ISIL	FR	ADI
18	THRX	ISSI	SWI	CBD
19	LINC	PANL	SVM	ERY
20	CPLA	PEET	GBX	WHR

Como puede ver, la ventana está dividida en columnas, cada una con una lista de las acciones según los criterios pertinentes:

(1)   NASD Gain – las 20 acciones más fuertes de NASDAQ

(2)   NASD Loss – las 20 acciones más débiles de NASDAQ

(3)   NYSE Gain – las 20 acciones más fuertes de la NYSE

(4)   NYSE Loss – las 20 acciones más débiles de la NYSE

Cada pocos segundos, el escáner actualiza los datos, de modo que cualquier acción puede ser sustituida por otra. Los datos que se visualizan también pueden filtrarse en función de sus requisitos individuales. Si su plataforma de *trading* no presenta estos detalles, puede encontrar la información gratis en diversos sitios financieros que se actualizan constantemente en tiempo real, por ejemplo buscando en Google acciones ganadoras y perdedoras (*stock gainers and losers*), y eligiendo el sitio que le resulte más cómodo.

Uso de plataformas especiales para clasificar acciones

La mayoría de los *traders* que utilizan plataformas especiales para clasificar acciones cuentan con programas orientados a localizarlas al final de la jornada de *trading*. Muy pocos las utilizan para las búsquedas intradía.

Hay una amplia gama de plataformas de clasificación de acciones. Algunas son gratuitas en internet y otras se pueden comprar a precios desde cientos a miles de dólares, junto con una cuota mensual. Los programas que se venden están generalmente dirigidos a los *traders* profesionales.

Dos sitios útiles son www.stockfetcher.com y www.finviz.com; ambos proporcionan servicios básicos gratuitos, así como servicios avanzados que se pagan.

¿Cómo funciona el escáner?

El escáner de acciones para el final de la jornada de *trading* se basa en un análisis de los datos de actividades en todo el mercado de valores. Estos datos son los precios de apertura y cierre, la baja y el alta y el volumen de cada acción.

Para localizar acciones apropiadas tiene que hacer una búsqueda. Primero, debe definir los parámetros de escaneo del programa. Por ejemplo: si quiere operar solo con acciones con altos volúmenes, active un filtro que muestre las acciones con promedios diarios de más de un millón de unidades durante el mes pasado. Con un filtro adicional podrá ver las acciones cuyo volumen aumentó durante el número de días que especifique. Puede configurar el programa para centrarse solo en las acciones que el día anterior duplicaron el volumen promedio diario del mes pasado. Puede aplicar también un filtro adicional para identificar acciones con precios por encima del 20MA, es decir, acciones al alza. Un filtro más avanzado definiría la presencia del 50MA por debajo del 20MA, y del 200MA por debajo del 50MA. De esta forma, usted no solo se asegura de que la tendencia de la acción sea realmente alcista, sino que esté al alza por un período de no menos de 200 períodos.

Cuantos más filtros utilice, más limitará los resultados de la búsqueda, hasta llegar al punto en el que un clic del ratón muestre "cero resultados". El resultado ideal es de unas decenas de acciones, que luego podrá examinar manualmente, una por una, para buscar aquellas con las formaciones deseadas.

Con el tiempo aprenderá a definir los filtros más convenientes para su modo de operar, y a acceder con un solo clic a los resultados apropiados en una lista diaria de las candidatas posibles.

Fundamentos del uso del escáner

- El objetivo: identificar acciones adecuadas a su modo de operar
- Observación: no sería prudente llegar a un conjunto de filtros "perfecto", ya que podría pasar por alto muchas acciones que no parecen estar listas para una entrada inmediata, pero aun así podrían resultar dignas de un seguimiento continuo y posiblemente de ser incluidas en la lista de vigilancia.

¿Qué estamos buscando?

- formaciones clásicas de ruptura y colapso
- reversiones

- patrones, tales como la "taza y asa", "cabeza y hombros", etc.
- acciones con tendencias alcistas o bajistas
- brechas
- acciones volátiles
- acciones de alto volumen (más de 700,000 unidades al día)
- volúmenes en aumento

Configuración de filtros

Cada programa tiene su propio método para configurar filtros, pero todos son bastante similares. Los ejemplos que se muestran aquí son del programa *Stock Fetcher*.

Ejemplo: digamos que quiero encontrar acciones a no más de $1 de distancia de su alta anual (es decir, hacia una ruptura), a un precio entre $10 y $70, con un volumen promedio de más de 750,000 por día durante los últimos 30 días, y con tendencia alcista en la jornada anterior.

Este es el filtro:

1. mostrar acciones que cierran entre 10 y 70
2. y un volumen promedio (30) de más de 750,000
3. y un alta de 52 semanas de menos de 1 punto por encima del alta
4. y con el cierre más alto que la apertura.

Una vez que introduzca este filtro en el programa de escaneo, un clic en "Buscar" o **Search** mostrará las acciones que cumplen los criterios mencionados. ¿Hay demasiadas acciones en la lista? Aumente el volumen a 1 millón.

Los filtros que buscan formaciones tendrán este aspecto:

1. mostrar acciones con un patrón de cabeza y hombros,
2. mostrar acciones con un patrón de taza y asa y
3. mostrar acciones con un patrón de doble fondo.

A todos estos filtros les añadimos las definiciones de rango de precios, volatilidad y volumen promedio diario.

Ejemplo: un filtro de búsqueda de la formación *bull doji* con reversión (buscamos reversiones formadas por velas en aumento después del *doji*) tendrá este aspecto:

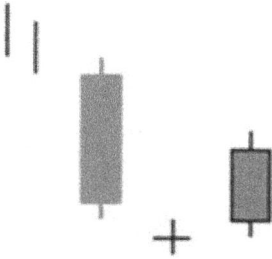

1. cierre más alto que la apertura
2. y el cierre de hace 1 día es igual a la apertura de hace 1 día
3. y el cierre de hace 2 días está debajo de la apertura de hace 2 días
4. y la apertura de hace 1 día está debajo del cierre de hace 2 días
5. y la apertura es más alta que la apertura de hace 1 día
6. y el cierre es más alto que el cierre de hace 2 días
7. y el cierre está debajo de la apertura de hace 2 días
8. y el cierre de hace 2 días estuvo bajando durante 2 días
9. y el promedio de volumen (3) es de más de 750,000

Ejemplo: buscamos una brecha alcista de más del 2% a lo largo de 2 jornadas de *trading*:

1. mostrar acciones con la baja por encima del cierre de hace 1 día
2. y la apertura está a más del 2% por encima del cierre de hace 1 día
3. y la apertura de hace 1 día está por encima del cierre de hace 1 día

Resumen

Mi recomendación para el *trader* principiante es no ponerse a buscar acciones durante el día. Haga la búsqueda del final del día, prepare las acciones interesantes para la próxima jornada, aprenda de sus errores y mejore sus fórmulas hasta que logre un control razonable de los resultados de la búsqueda. La mayoría de los *traders* nunca activa búsquedas intradía.

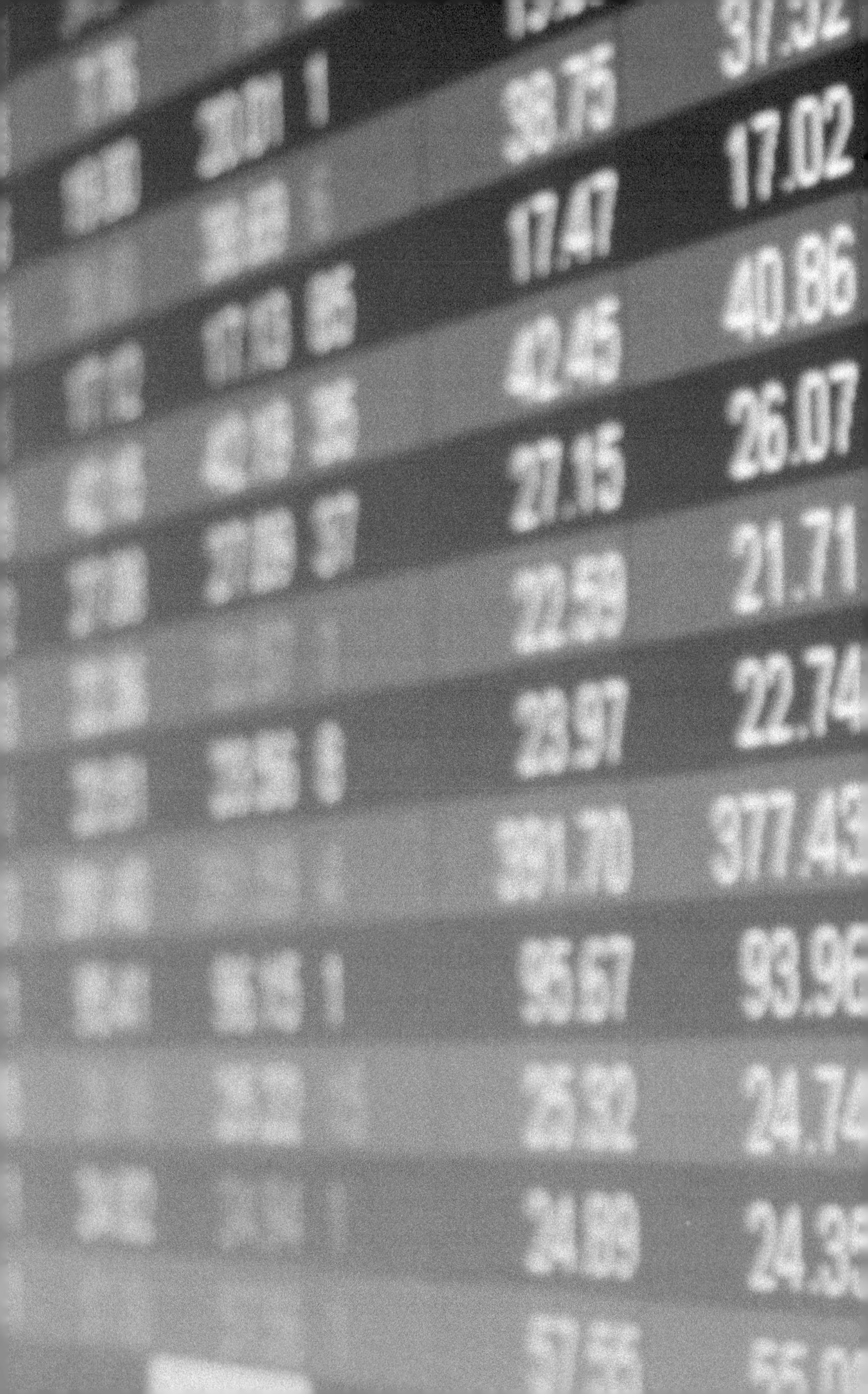
17.02
17.47
40.86
26.07
21.71
22.74

13

Cómo prepararse para su primer día de *trading*

Consejos importantes antes de oprimir el botón por primera vez

Comience despacio

Ya leyó algunos libros, aprendió los principios del *trading*, compró una computadora potente, se conectó a una sala de *trading*, y ahora, por fin, abrió una cuenta y depositó dinero en ella.

Eso es todo. El día tan esperado ha llegado. Es su primer día de trabajo como *trader*. Comprensiblemente, podría sentirse eufórico, pero asimismo hay tensión e incertidumbre. ¿Durmió bien anoche? ¿Desayunó? Por favor, empiece su día lentamente, con tranquilidad. Comience por lo pequeño y avance con cuidado. Al fin y al cabo, antes de probar sus habilidades de natación en el océano tempestuoso de la bolsa junto a los tiburones y las ballenas, practique primero en una laguna tranquila cerca de la orilla. Ejecute solo una operación al día durante su primera semana. Aprenda de cada transacción, examinándola desde todos los ángulos posibles.

¿Por qué compró esa acción?

¿Qué hacía el mercado cuando la compró: subía o bajaba?

¿Qué hacía el sector?

¿La formación técnica era la correcta?

¿Operó profesionalmente o por una necesidad incontrolable de oprimir ese botón?

Aprenda a quedarse quieto y a no hacer absolutamente nada más que observar, escuchar y aprender. Aún tiene un largo camino por delante. Si siente que en cada momento que no está operando está perdiendo dinero, debe aprender primero a mantener la calma. Pensar en el dinero le ocasionará pérdidas. En cambio, piense en los métodos y en la meta (el dinero).

Dicho sea de paso, si es humano, no espero que sea perfecto. Un comportamiento consistentemente cuidadoso y medido no es verdaderamente humano. Me sorprendería escuchar que pudo resistir a todas las tentaciones del mundo del *trading*. Sé que, en este mismo instante, está pensando algo como "¡Este no me conoce para nada, soy muy seguro de mí mismo y **puedo** resistir las tentaciones!" Marque esta página con un resaltador amarillo y vuelva a mirarla dos semanas después de haber empezado sus transacciones; ya veremos quién tenía razón. Si me equivoqué, hágamelo saber y estaré encantado de enviarle mis mejores deseos y mi admiración sincera. ¡Si tan solo pudiera yo también operar siempre según las reglas!

La buena noticia, sin embargo, es que, con el tiempo, usted experimentará una continua transformación mental a medida que se vaya convirtiendo en un *trader* profesional. Ahora, cuando empieza, está mucho más expuesto a los errores de lo que lo estará en el futuro. Con el transcurso del tiempo, descubrirá sus debilidades y aprenderá a controlarlas. Con aún más tiempo, el control de sus emociones también mejorará a la par de la asimilación total de su método de *trading*. El comportamiento correcto a la hora de operar se convertirá en algo natural y las conductas impulsivas e irresponsables serán una rara desviación de la norma. Sí, hay luz al final del túnel… solo que se tarda un tiempo en llegar.

Ganar millones… con la "muestra"

De niño, me encantaba jugar al Monopoly: compraba edificios, terrenos, me saltaba turnos, esperaba otros dos, ganaba montones y, a veces, también perdía mucho (¡y cómo odio perder!). Todo esto era con pequeños trozos de papel sin valor real. Es divertido jugar al Monopoly, uno siempre sale con las cuentas de la vida real intactas. Es precisamente por eso que el juego nunca me preparó para el mundo real de los negocios. En ese entonces, podía perder un millón de dólares en una sola partida y aun así dormir bien de noche, ¡como si hubiese ganado dos millones!

La muestra de *trading* o **Demo trading** es un programa de muestra, también conocido como **paper trading**. Técnicamente, es muy similar al verdadero comercio con acciones, pero es todo "de mentirijillas", como en el Monopoly. Le ofrece la oportunidad de usar un programa de *trading* real y profesional, que funciona con datos en tiempo real, lo que se conoce como **retransmisión de datos en directo por internet** (en inglés, **live streaming data**). El programa funciona con "dinero de mentira para jugar", permite comprar y vender acciones y muestra los saldos de pérdidas y ganancias como si se tratara de dinero de verdad. En su mayor parte, **no hay riesgo ni presión**. Es el mejor juego de computadora para adultos. ¿Le parece estupendo? Bueno, pues no siempre, y ahora le explicaré por qué.

DINERO INTELIGENTE

> *El programa de Demo trading es importante para practicar el uso de la plataforma de trading, pero si se utiliza durante mucho tiempo puede imbuir al trader principiante de una confianza excesiva.*

Después de varias clases en el curso de Tradenet y, después de estudiar y practicar los principios del *trading*, ¡el 95% de mis estudiantes estaban ganando mucho dinero con la muestra! No es un fenómeno inusual que los estudiantes que se atienen cuidadosamente a las reglas obtengan ganancias de miles de dólares en un solo día de *trading*. Esto les hizo sentirse como veteranos de rica experiencia. Y claro, esas ganancias hicieron soñar a muchos con las "grandes sumas" que seguramente ganarían al completar el curso, y fue entonces cuando comenzaron las llamadas telefónicas de los estudiantes que no tenían paciencia. Ellos sentían que el tiempo se les iba mientras podrían estar ganando miles de dólares, basándose en el *paper trading*. Querían empezar a operar en el mercado de verdad. Querían **una gratificación instantánea con dinero real**.

Un estudiante que obtiene beneficios con *Demo trading* podría pensar que las operaciones en tiempo real son la misma cosa; el estudiante podría creer que operar con acciones reales es fácil. Permítame advertirle: operar con dinero real **NO ES** como operar con el programa de muestra. Son dos mundos totalmente distintos. *Demo trading* es el Monopoly.

Ahora empiezan las discusiones: la mayoría de los estudiantes están seguros de que estoy equivocado y de que las cosas realmente malas nunca les sucederán a ellos. Son muy disciplinados, están convencidos de que se atendrán a las reglas, incluso cuando operen con dinero real. Los más corteses solo sonríen y se callan. Esa sonrisa indica que ellos están en lo cierto y que están seguros de que yo estoy errado, pero son demasiado educados como para decírmelo. Los más atrevidos no son tímidos al insistir en que cometo un error. Cuanto más intento bajarles el entusiasmo, más grande se hace. Es una batalla con resultados muy previsibles.

DINERO INTELIGENTE	*¡Aunque sea un campeón de tiro al blanco, le será difícil apuntar con precisión cuando el enemigo le está apuntando a la cabeza!*

¿Por qué es diferente la muestra al *trading* en la vida real? Después de todo, es el mismo programa, el mismo mercado y el mismo *trader* que lo utiliza. Entonces, ¿cuál es la diferencia? Uno de mis alumnos, basquetbolista profesional, la describió con estas palabras: "Conozco a jugadores que consiguen embocar de lo mejor en todos los entrenamientos. La gran pregunta es qué sucede cuando están en el campo de juego. La presión, la multitud que grita, si le pagarán el sueldo ese mes… todo eso influye en el juego. ¿Cuántos pueden marcar de forma increíble durante un partido en tiempo real? ¡Muy pocos!" También allí se trata del mismo jugador, la misma canasta, y el mismo juego… pero el resultado en un torneo es muy distinto. Una historia muy conocida cuenta que retaron a un campeón de tiro a duelo con pistolas. Tuvo la precaución de advertirle a su contrincante de que era capaz de poner una bala en el pie de una copa de champaña a una distancia de diez pasos. El rival, más experimentado en combates de verdad, respondió: "Veremos si le puede dar a la copa en el pie cuando la copa le esté apuntando a usted con una pistola cargada…"

En la muestra falta un elemento vital: la emoción. Cuando juega con dinero de verdad, le están apuntando al cerebro con una pistola cargada. Debilidades básicas como el miedo y la codicia hacen que le sea mucho más difícil mantenerse sereno y racional. Simplemente, no será en tiempo real la misma persona que fue durante la muestra, y aunque ahora tenga la certeza de que estoy equivocado, descubrirá muy pronto que las ganancias durante la muestra pueden convertirse fácilmente en pérdidas durante el *trading* en tiempo real con dinero de verdad.

No me interprete mal: no le estoy diciendo que no use la muestra. Si es consciente de las desventajas, podrá aprovechar las ventajas. Un *trader* que gana mucho dinero "en el papel" durante el período de estudio recordará siempre que, en un entorno sin presiones, es fácil ganarle al mercado. Cuando pierda dinero en transacciones en tiempo real, el *trader* buscará con inteligencia las diferencias entre operar con la muestra y hacerlo con dinero de verdad, las analizará, las internalizará y corregirá lo que sea necesario corregir. Un *trader* con poca experiencia podría incluso dejar de operar con dinero de verdad y volver al *Demo trading* por un corto período, con el objeto de entender mejor las diferencias ahora que ha adquirido algo de experiencia. El *Demo trading* entrena al *trader* en la rápida ejecución de actos técnicos y, lo que es más importante, le enseña que es posible ganar dinero si cumple las reglas y no pone en juego sus emociones.

Evite internalizar malos hábitos cuando practique con la muestra. Utilícela para reaccionar con más velocidad, practicar las órdenes de *trading* y aprender el programa de *trading* en su totalidad. Aunque sea solo un *Demo trading*, opere con cantidades pequeñas y con pocas operaciones, como si trabajara con dinero de verdad. Analice muy bien cada transacción como si la hubiese ejecutado con dinero real. Preste atención a los *traders* experimentados de la sala de *trading* en línea. No opere solo. Y recuerde que "quien mucho abarca, poco aprieta".

Preparación paso a paso para el día de *trading*

El trabajo del *day trader* comienza poco antes de la apertura de la jornada en el mercado. Prepararse en los aspectos técnicos y fundamentales es importante, tanto para escoger de antemano las acciones más adecuadas como para prepararse anímicamente, lo cual contribuye a que el éxito sea aún mayor.

¿Cuánto tiempo se debe dedicar a la preparación?

En teoría, se pueden pasar horas preparándose, sin ningún beneficio real por tanto tiempo invertido. Si desea leer las noticias financieras todos los días, descubrirá que con ellas se pueden llenar bibliotecas enteras y que, a largo plazo, la mayoría no tiene sentido. Por otro lado, si se propone ejecutar un análisis técnico de cientos de acciones, pasará horas innecesariamente largas con las pantallas de su computadora. Para concentrarse en las necesidades básicas y no perder el tiempo en actividades que, en el mejor de los casos, no le servirán y, en el peor de los casos, le perjudicarán, le recomiendo que siga el siguiente esquema, adaptándolo a su propia personalidad.

En la actualidad, como *trader* experimentado, treinta minutos me bastan para prepararme. Puede ser que si dedicara más tiempo, mis resultados serían mejores, pero eso es cierto con casi todo en la vida. Si se levanta de la cama una hora más temprano por la mañana para cualquier actividad de negocios, es casi seguro que ganará más. Pero 30 minutos es el balance que me impuse entre trabajar y jugar. Los golfistas (mi ocupación real...) tienden a decir "un mal día en el golf es mejor que un buen día en la oficina". Al principio, le recomiendo dedicar más tiempo, quizá una hora entera, a prepararse para el día de *trading*. Una buena hora de preparación debería contribuir significativamente a acortar la curva de aprendizaje. Pasar mucho más de una hora en prepararse no mejorará sus logros.

DINERO INTELIGENTE | *Dedique no más de una hora a prepararse para el día de trading. Más de una hora no aporta nada y podría incluso resultar perjudicial.*

Si está asociado a una sala de *trading* en línea, buena parte del trabajo preparatorio ya estará hecho y se lo presentarán en una bandeja de plata virtual. Esto es el "informe diario", producido varias horas antes de la apertura del *trading*. Más tarde, los analistas estudian el mismo informe en la sala de *trading* unos 15 minutos antes de la apertura de la jornada. Los *traders* que se consideran profesionales no se basarán solo en este informe, sino que analizarán también el mercado y los índices principales personalmente, mientras buscan además ideas de *trading* pertinentes. Los *traders* podrían presentar estas ideas en la sala de *trading*, de modo que todos sus colegas puedan beneficiarse de su trabajo y mejorar sus posibilidades de éxito.

He aquí lo que debe buscar:

¿El mercado será alcista o bajista?

Hemos aprendido que la dirección del mercado dictará el 60% del movimiento de una acción. Por lo tanto, mi primer pensamiento al empezar cada día de *trading* se refiere a la dirección que se espera del mercado. Si supongo que el mercado estará al alza, compraré una cantidad mayor de acciones con tendencia alcista, y viceversa. Lamentablemente, solo al final de la jornada descubrimos la dirección real del mercado, pero como se detalla a continuación, hay varias herramientas que nos ayudarán a predecir la dirección de antemano:

- **El comportamiento del mercado durante los días anteriores**

La tendencia del mercado es un componente importante para prever la dirección. ¿Cuál es la dirección general del mercado? Si el mercado está al alza, existe una posibilidad viable de que siga estándolo. Si ha seguido subiendo durante tres días consecutivos, es razonable suponer que al cuarto día se tome un descanso o retroceda. Si retrocedió durante el cuarto día y también el quinto, es razonable suponer que reanudará la tendencia alcista al sexto día y así sucesivamente.

- **Futuros y el premercado**

Aproximadamente una hora antes de la apertura del *trading*, empezaremos a tratar de pronosticar la dirección del mercado a través de la actividad premercado con futuros que, a diferencia de las acciones, se cotizan las 24 horas, los 7 días de la semana. Podemos verificar la actividad premercado del ES o, si no tenemos acceso a los gráficos de futuros, examinar el gráfico premercado del SPY que también se cotiza durante las horas previas al horario del mercado.

Varias veces al mes, aproximadamente una hora antes del *trading*, se publican diversos datos financieros, como las tasas de inflación del mes anterior, la situación del desempleo y similares. Estos datos influyen en el *trading* con futuros a primera hora y se puede ver la dirección del premercado con mucha claridad. Las buenas noticias suelen promover la apertura del mercado con una brecha alcista. Incluso si no hay noticias, se puede ver la tendencia del mercado en una dirección o en otra. Por ejemplo: después de un día muy fuerte con cierre en altas, es muy probable que el mercado abra más bajo que las altas más altas y que retroceda de esas altas, por lo menos al inicio de la jornada. Por otro lado, después de un día de bajas pronunciadas, la histeria y la presión de los compradores pueden dictar una apertura aún más baja. Como hemos aprendido, a la apertura por encima o por debajo del cierre del día anterior la llamamos "brecha", y sabemos que las brechas generalmente se cierran el mismo día en el que se producen, lo cual nos ayuda a evaluar la dirección del mercado durante la jornada de *trading*.

La dirección del mercado y el componente psicológico

La dirección del mercado está determinada por una amplia gama de aspectos psicológicos que reflejan las opiniones de todos sus componentes. Mi recomendación, por lo tanto, es que no menosprecie su intuición. El *trading* está muy lejos de ser una ciencia exacta y, de hecho, es mucho más arte que ciencia. Aunque no haya desarrollado todavía su "sensibilidad artística" cuando comience a operar, le recomiendo que intente prever la dirección del mercado y se sorprenderá de cuán a menudo estará en lo cierto. Cuando era joven, antes de someterme a una operación que me corrigió la vista, necesitaba gafas para ver de lejos. Cada año consultaba a un conocido oftalmólogo que se esforzaba en recalcar que no era optometrista. Cuando me tocaba el examen anual y tenía que identificar la hilera de las letras más pequeñas, solía decirme: "te está permitido adivinar". Lo interesante es que, a pesar de saber que no veía nada, ¡muy a menudo acertaba! La conclusión es sencilla: sabemos mucho más de lo que estamos dispuestos a admitir conscientemente. Componentes múltiples y frecuentemente ocultos nos ayudan a consolidar nuestras opiniones. Aun si todavía no maneja fácilmente todas las herramientas, ¡trate de adivinar! Se sorprenderá de haber acertado más de lo que cabría esperar.

Lea los titulares de la sección financiera

Navegue por su página financiera favorita en internet, lea los titulares y puede que también las primeras frases de los artículos clave. Recuerde que los autores pueden ser excelentes a la hora de analizar el pasado, pero por lo general no tienen ni idea del futuro. El motivo de leer las noticias es captar el ambiente financiero y buscar eventos que puedan influir en el *trading*. El ambiente financiero le ayudará a entender la dirección del mercado. Eventos especiales pueden ayudarle a examinar los puntos de entrada en acciones con comportamientos extremos. Si, por ejemplo, los titulares informan que IBM tiene la intención de publicar su informe trimestral después del cierre del mercado, puedo suponer que las especulaciones previas a la publicación harán que la acción sea más volátil que de costumbre. Esto le ofrecerá oportunidades de entrada que no aparecen habitualmente, como lo hemos estudiado detalladamente en los capítulos anteriores.

Calendario de anuncios

Elija su sitio financiero favorito en internet, busque el enlace "Calendario de anuncios" o en inglés, **Announcements Calendar**, y apunte los temas de interés y los anuncios importantes para la próxima semana de *trading*. Acuérdese todos los días de la fecha del anuncio. Hablaremos de los anuncios y de la conducta relacionada con la publicación por separado.

Haga una pausa: la calma que precede a la tormenta

El *trading* intradía es un proceso que requiere una gran cantidad de energía mental. Al cabo de las dos primeras horas de *trading*, tiendo a fatigarme. Como preparativo para otras dos horas de actividad rigurosa, me refresco, me preparo un café cargado y vuelvo al trabajo.

Los componentes de la jornada

El día de *trading* consta de tres secciones principales. Tenemos que entender cómo se comportan los *traders* profesionales en cada una de ellas.

1. Apertura

Las horas entre las 9:30 y las 11:30 (hora de Nueva York) son las más importantes de la jornada. Estas dos horas se pueden subdividir en dos partes: los primeros 30 minutos y los 90 minutos restantes hasta la hora del almuerzo.

La primera media hora se caracteriza por tener alta volatilidad, volúmenes especialmente elevados y notorias dificultades para determinar la dirección del mercado. Nuestra meta durante este período es establecer la operación que nos acompañará a lo largo de la mayor parte de la jornada.

Tras esta media hora, y durante la hora y media restante hasta el almuerzo, la tendencia del mercado es más clara y los *traders* buscan las operaciones ganadoras que les aportarán sus ingresos diarios. En estas transacciones, tanto las cantidades de acciones como la meta serán relativamente altas.

2. Almuerzo

Entre las 11:30 y las 13:30, (hora de Nueva York), solemos ver un volumen ligero ya que muchos de los grandes actores, los *traders* institucionales, se han ido a almorzar. El mercado está más tranquilo y, generalmente, se consolida.

Este es un buen momento para descansar, atender a las transacciones en curso, realizar ganancias, fijar nuevos puntos de **stop** y nuevas metas, y preparar las operaciones para la última parte de la jornada. Mientras tanto, podemos operar con **small caps** (compañías de pequeña capitalización). Dado que los *traders* institucionales, que están almorzando, no operan con ellas pero el público sí, la disminución de volúmenes no influye en estas acciones.

3. Cierre

El cierre se extiende desde las 13:30 hasta las 16:00 (hora de Nueva York) y también puede dividirse en dos partes:

La primera es la sesión siguiente a la pausa del almuerzo, entre las 13:30 y las 15:30. Se caracteriza por el aumento de volúmenes y, a veces, por un fortalecimiento de la tendencia establecida al comienzo de la jornada. Esta etapa es muy adecuada para ampliar las transacciones en curso existentes o para operaciones de *scalping* (con metas definidas como estrechas de 20 a 30 centavos).

Durante el segundo período, desde las 15:30 hasta las 16:00, nos abstenemos de iniciar nuevas transacciones, cerramos las que no nos interesan para dejarlas en *swing* para el día siguiente y aprovechamos ese momento para examinar posibles transacciones para la próxima jornada en base a patrones interesantes que hemos identificado a medida que nos acercamos al cierre.

Cada período tiene sus propias características en cuanto al potencial de *trading*, a los métodos específicos, a las oportunidades y a los riesgos. Los *traders* profesionales se adaptarán a los distintos períodos para aprovechar al máximo el potencial de cada parte de la jornada. Otros podrían especializarse en operar durante un período determinado invirtiendo en él todos sus esfuerzos.

Resumen

Al igual que un abogado debe prepararse para una audiencia judicial, también usted debe prepararse para la jornada de *trading*, que es su "hora del juicio". Practique técnicas de *trading* con el programa de muestra, prepare listas de acciones como candidatas idóneas para sus transacciones, entre en la atmósfera de la jornada de *trading* preparado y seguro de sus preparativos. La confianza en sí mismo mejora el estado mental y eleva la tasa de éxitos.

14.

¡Ahí vienen los demonios!

La lógica del mercado es la falta de lógica de quienes operan en él

Examine las premisas básicas

En la universidad, a los estudiantes de economía se les imparten dos importantes premisas básicas:

1. Los mercados financieros son eficaces.
2. Las personas activas en el mercado operan de manera lógica.

La mayoría de los economistas sostienen que la gente que opera en el mercado tiene toda la información pertinente y que la utiliza para alcanzar sus metas personales con el más alto nivel de eficiencia.

Yo le pregunto a usted: ¿es esto verdadero o falso?

La psicología del mercado

Como estudiante disciplinado, debo aceptar la conclusión del consenso académico, leer y comprender la lógica inherente en los informes de pérdidas y ganancias de las empresas e invertir mi dinero de conformidad con estas premisas.

Durante muchos años, el enfoque de los economistas fue siempre el mencionado. Sin embargo, de manera informal, todos sabemos que algo no anda bien. Hemos descubierto que el mercado tiene vida propia y, en muchos casos, pudimos ver que el comportamiento del mercado contradice totalmente estas premisas de las Ciencias Económicas. Después de todo, si la vida fuera tan sencilla, podríamos leer las recomendaciones de los economistas, comprar acciones de diversas empresas por debajo de su valor real y salir siempre ganando dinero.

¡Pero ya no más! Formalmente, reconocemos que, junto con el enfoque fundamental de los economistas, existe también el enfoque seguro y prudente de la psicología. Hemos llegado a la era del reino de esta disciplina. Desde que el psicólogo israelí Daniel Kahneman, Premio Nobel de Economía del año 2002, asumió el liderazgo en el campo de las Ciencias Económicas, podemos manifestar abiertamente que ¡algo definitivamente está ocurriendo! Ahora, en contraste con las premisas básicas de la "lógica universal" y de la "eficiencia del mercado", entendemos que el mercado está motivado por personas de carne y hueso, gente común, con emociones, miedos y deseos y cuyo comportamiento se puede predecir. Dado que es posible prever la conducta psicológica, un análisis correcto nos ayudará a vaticinar el comportamiento del mercado. Este es el camino hacia el éxito.

En un mercado eficiente, donde la información es accesible para todos, el fenómeno de las tendencias de los precios y de las leyes fundamentales del *trading* no podría existir. Un mercado eficiente se conduce al azar. En un mercado eficiente, el pasado, el presente o el futuro carecen de significado. En un mercado eficiente, no hay análisis técnico, solo el análisis económico basado en principios fundamentales.

Múltiples estudios demuestran con claridad que el análisis técnico, al menos en cierta medida, realmente funciona. Un estudio examinó la eficacia de la formación técnica de "cabeza y hombros". Se constató que el volumen de *trading* en el día en el que la formación tuvo la ruptura fue mayor, en un promedio de 60%, que el del día anterior. Muchos *traders* se ganan la vida comprando y vendiendo acciones basándose en las formaciones técnicas que aparecen en los gráficos. Ya que cada vez más *traders* se basan, en primer lugar, en estos gráficos, aunque juren creer en la eficiencia y en la lógica de los mercados, no podemos cruzarnos de brazos, enterrar la cabeza en la arena e ignorar la psicología de las masas.

Modelos de comportamiento

Ya que estamos tratando con seres humanos de carne y hueso, tenemos que examinar los modelos psicológicos básicos por los cuales se rige su comportamiento. Permítame mencionar algunos:

- **Evaluación de la oportunidad**: en muchos casos, tendemos a hacer caso omiso de la información que tenemos y a juzgar los acontecimientos solamente según la estimación de nuestra capacidad de éxito o de fracaso.

- **Conservadurismo**: a pesar de la nueva información y de los nuevos acontecimientos, cambiamos nuestros puntos de vista demasiado lentamente.

- **Distorsión de la verdad**: tendemos a atribuirnos los éxitos, pero a echarles la culpa de nuestros fracasos a eventos o a factores externos.

- **Excesiva confianza en nosotros mismos**: tendemos a sobrevalorar nuestras habilidades. Comprender nuestras carencias nos ayudará a comprender por qué lo ilógico puede ser perfectamente lógico o, como se suele decir: "Si el sol brilla en Wall Street, abra el paraguas".

En su "Teoría general del empleo, el interés y el dinero", publicada en 1936, John Maynard Keynes afirmaba: "No hay nada tan desastroso como una política de inversión racional en un mundo irracional". Eso, traducido al idioma de los *traders*, significa que si otros fracasan invirtiendo según la lógica, con la esperanza de hallar una correlación entre los precios de las acciones que perciben como ilógicos y los datos fundamentales que perciben como lógicos, entonces cuanto más fracasen ellos, mayores serán mis oportunidades de éxito.

DINERO INTELIGENTE

¿Qué prefiere? ¿Una ganancia segura de $1,000 o un 80% de probabilidades de ganar $1,500… con un 20% de probabilidades de no ganar nada?

Para explicar mi afirmación, permítame presentar como ejemplo una empresa que informa haber recibido ingresos mejores de los esperados.

La predicción fundamental es que el precio de la acción subirá pero, como ocurre con mucha frecuencia, en realidad, cae.

La razón puede ser muy simple: un gran fondo de inversiones podría haber decidido que ya ha ganado bastante con esa acción, haberla vendido y sacado ventaja del gran volumen de compradores. Los inversionistas fundamentales calificarán la baja de precios de "ilógica" y comprarán "mientras esté barata", mientras que el *trader* profesional percibe la caída en el precio como muy lógica (la voluntad del mercado) y tratará de aprovechar las bajas ejecutando un **short**.

Quien no sepa que la caída del precio es el efecto de un fondo que está vendiendo, percibe el proceso como ilógico. Pero, ¿podemos decir que el mercado se comporta de forma ilógica? Conclusión: si tiene un diploma en Ciencias Económicas, sus probabilidades de salir perdiendo acaban de aumentar mucho.

¿Cómo manejan las pérdidas los inversionistas fundamentales? Por lo general, duplicando la inversión, según la premisa de que tienen razón y de que, finalmente, el proceso lógico les llevará al éxito. En el mercado bursátil ocurre lo mismo que en el casino: el jugador que pierde duplica la apuesta con la esperanza (generalmente vana) de ganarle al casino. Cuanto más pierda el jugador, más subirá la apuesta. En algún momento, el jugador alcanzará el límite máximo de su capital (o el límite de la mesa). ¿Y el casino? El casino gana, por supuesto. Los inversionistas fundamentales afirmarán que vale la pena correr el riesgo, ya que, con el tiempo, los precios se adaptarán a valores lógicos. Con respecto a eso, Keynes tenía una respuesta buenísima: "Con el tiempo, estaremos todos muertos".

Permítanme demostrar la falta de lógica de quienes constituyen el mercado presentando los resultados de una investigación realizada por los psicólogos laureados con el Premio Nobel, Daniel Kahneman y Amos Tversky, quienes examinaron la predisposición de las personas a asumir riesgos.

A un grupo de sujetos del estudio, se le dio a elegir entre las dos opciones siguientes:

(a)   apostar a una probabilidad del 80% de ganar $4,000 con un riesgo del 20% de no ganar nada

(b)   un ingreso asegurado de $3,000.

¿Qué elegiría usted? Del estudio de Kahneman y Tversky surgió, sin lugar a dudas, que, a pesar de la lógica financiera de elegir la opción (a), al encontrarse con una opción de ingresos seguros, cuatro de cada cinco participantes en el grupo eligió la opción (b) como la más apropiada para ellos.

Veamos ahora los resultados cuando el grupo estudiado se encuentra frente a las siguientes opciones:

(a) apostar con un riesgo del 80% de perder $4,000 y un 20% de probabilidades de no perder nada

(b) perder una cantidad conocida de $3,000

En este caso, la inmensa mayoría del grupo, nueve de cada diez participantes, prefirieron la opción (a) de correr el riesgo en lugar de absorber una pérdida segura.

Conozco el comportamiento paralelo de los inversores en el mercado de valores desde hace mucho tiempo. Uno de los mayores errores que cometen los *traders* principiantes es su incapacidad cognitiva para salirse de una operación perdedora en el punto de **stop** preestablecido. Prefieren apostar por la recuperación del precio de las acciones al precio de compra en lugar de asumir la pérdida. Incluso tienden a duplicar la inversión si la pérdida es mayor que la prevista. En la jerga profesional, ellos "promedian hacia abajo". Cuando el mercado se mueve en la dirección opuesta, es decir al alza, tienden a hacer efectivas sus ganancias antes de lo necesario y salen con la ganancia segura en vez de esperar a una mayor.

Resumen

Lo que cada uno de nosotros debe preguntarse, como *trader* o como inversionista, es: "¿podría adaptarme yo y adaptar mi comportamiento y mis pensamientos a los del mercado?". La mayoría responde que "sí", pero no es sorprendente que la mayoría, como de costumbre, se equivoque.

¿Es psicológicamente apto para el *trading*?

Voy a formularle algunas preguntas y tiene que responderme con toda honestidad. No trate de engañarse a sí mismo. Muchas personas no son capaces de examinarse objetivamente. Para ellos, esta prueba es inútil.

La prueba del "dinero temeroso"

Cuando Tradenet era aún muy nueva, un hombre de veintitantos años de edad me llamó por teléfono y se presentó como David. Estaba casado, tenía un niño pequeño y había preparado toda su tarea: había revisado absolutamente todo el sitio web de Tradenet, había leído todo el material de estudio, había visto los videoclips, y había llegado a la conclusión de que su futuro estaba en el *trading*. Durante la conversación, se le escuchaba a David muy resuelto y decidido a triunfar.

Él había logrado ahorrar alrededor de $15,000, que destinaba a su capital inicial de *trading*. David pidió inscribirse en el próximo curso, pero fracasó en la prueba del "dinero temeroso". David era fundamentalmente inepto para el *trading* intradía.

La prueba del "dinero temeroso" indica que debe creer firmemente que, aún si pierde todos los fondos designados para el *trading*, la pérdida no impactará significativamente en su situación económica ni en su estado mental. El término "impacto significativo" es, por supuesto, subjetivo, pero, en general, puedo decir que si la pérdida implica que deba renunciar a sus vacaciones anuales, o que no pueda llevar su auto al taller para hacer reparaciones urgentes, no ha pasado la prueba.

David estaba a punto de operar con "dinero temeroso". Para él era imprescindible obtener ganancias para pagar el alquiler y mantener a su esposa e hijo, por lo tanto, sus probabilidades de éxito eran escasas. Si David hubiera tenido una fuente adicional de ingresos, o ahorros mucho más significativos para cubrir sus gastos mientras aprendía a operar, yo habría evaluado sus probabilidades de éxito como altas.

Cuando se opera con "dinero temeroso", uno no está preparado psicológicamente para funcionar bien. El éxito como *trader* emana principalmente de su capacidad psicológica. Si va a arriesgar todos sus ahorros, o peor aún, a pedir dinero prestado del banco para operar, su destino está sellado de antemano. Cierto, he conocido a unas cuantas personas que empezaron con pequeñas cantidades que no hicieron más que crecer, pero estos son casos muy excepcionales del tipo Cenicienta y la mayoría de nosotros estamos condenados a vivir en el mundo real. En la realidad, no hay atajos. El *trading* puede ser una actividad placentera, un desafío, y recomiendo que mientras se inicie, lo trate como si aprendiera un hobby. Como con cualquier hobby, invierta solo el dinero que puede permitirse perder y no espere ninguna otra retribución más que el placer de aprender.

Mi hobby es el deporte más popular del mundo: el golf. El costo de las clases y del equipo de golf, unido a la cuota de socio del club, es muy superior a lo que espero que usted invierta en el *trading* intradía. Por otra parte, sus posibilidades de ganar dinero con el *trading* intradía ¡son mucho mayores que mis probabilidades de ser un golfista profesional!

La prueba de la autodisciplina

Pregúntele a cualquier *trader* intradía veterano cuál es el secreto del éxito y obtendrá esta respuesta: una fuerte autodisciplina. El *trading* intradía es una profesión técnica, basada en estadísticas y en reglas fijas. Las reglas son simples, pero el esfuerzo mental necesario para cumplirlas es difícil y requiere un alto nivel de autodisciplina. La conducta psicológica del *trader* principiante va en contra del comportamiento del mercado. Para el *trader* principiante es difícil jugar "según las reglas" cuando parece que el mercado se comporta de forma diferente a las expectativas, cuando parece que las ganancias acumuladas están a punto de convertirse en una pérdida inminente, o cuando parece que quedarse con una acción que se mueve en contra del *trader* es una buena idea, con la esperanza de que todavía pueda volver. Estos son solo algunos de los muchos ejemplos de estados mentales que hacen que el principiante se desvíe de la senda recta y estrecha y traicione las reglas del *trading*.

Ya sé cuál será su respuesta si le pregunto: ¿usted tiene autodisciplina? Con toda honestidad, tengo un problema con su respuesta. Nunca he conocido a una persona que piense que no es disciplinada. Parece que todos creemos verdaderamente que somos disciplinados, como los alcohólicos están seguros de que podrán dejar de beber cuando quieran y los fumadores piensan que pueden dejar de lado los cigarrillos a su antojo. Esta es también la razón por la que no hay ninguna necesidad de hacerle una prueba sobre esta cuestión. Su respuesta es predecible, pero la acepto con una buena dosis de escepticismo. Sinceramente, espero que usted tenga razón y que yo esté equivocado.

¿Tenía yo una fuerte disciplina cuando empecé? ¡Ni en sueños! Aunque descubra, como lo hice yo, que le falta disciplina, no se preocupe. La mayoría de los *traders* profesionales van construyendo su disciplina a medida que desarrollan sus aptitudes de *trading*. Puede costarle mucho dinero, pero cada bofetada que le propine el mercado cuando se aleje de las normas será un refuerzo para su autodisciplina.

La prueba del "odio perder"

El hecho de que odie perder no tiene nada que ver con su situación financiera. Incluso algunas de las personas más ricas no están psicológicamente dotadas para lidiar con los riesgos que les provocan pérdidas monetarias. Es solo que algunas personas aborrecen las pérdidas de dinero más que otras. ¿Cómo funciona la prueba? Se basa en una visita al casino. Para muchos, el casino es un paseo agradable. La mayoría de nosotros fijamos de antemano la pérdida máxima que nos permitiremos en las apuestas, gozamos del ambiente, perdemos un poco más de lo que habíamos planeado y terminamos. Luego nos vestimos para salir a cenar, volvemos agotados y nos quedamos dormidos inmediatamente. El día será recordado como una divertida excursión.

Pero no todos podremos disfrutar de esta experiencia. Algunas personas odiarán haber perdido. Se enojarán consigo mismas por perder dos días de salario en solo dos horas e incluso podrían imponerse el castigo de renunciar a otros placeres durante varios días para compensar la pérdida en las apuestas, la cual perciben como una actividad realmente estúpida. No hace falta decir que no volverán nunca a poner un pie en un casino, no por falta de dinero, sino porque detestan la idea de salir perdedores. Perder es un fenómeno doloroso, pero la mayoría de nosotros aceptamos una pérdida en un casino con una sonrisa. ¿Qué descripción le define mejor?

DINERO INTELIGENTE

Una pérdida resultante de una conducta correcta no es dolorosa. Es, simplemente, una falta de suerte. Y la falta de suerte también es parte inseparable del trading intradía.

¿Cómo podemos sobrellevar el dolor de perder? Si supiéramos que, a pesar de perder en el casino, gozaríamos de la velada, estaríamos bien adaptados a las pérdidas. Lo mismo ocurre con el *trading*. Cada *trader*, no importa cuánto éxito tenga, debe lidiar con el dolor de la pérdida. Los *traders* que entienden que este dolor es un aspecto inseparable del proceso de *trading* son capaces de hacerle frente y pasar la prueba.

Tenga en cuenta que, al principio, tendrá que afrontar días de múltiples pérdidas basadas en errores que generalmente derivan de la falta de disciplina. Mirar los errores de frente es penoso, pero recuerde que con cada pérdida se aprende. Con el tiempo, el dolor se disipa y podrá disfrutar principalmente de sus éxitos. La razón por la que el dolor se disipa es, simplemente, que con el tiempo aprenderá a evitar los errores tontos de los principiantes. Con un poco de mala suerte, incluso una transacción ejecutada correctamente puede conducir a una pérdida, pero la pérdida que se produce a pesar de habernos comportado correctamente no es dolorosa. Es razonable y es parte del juego. Mientras siga operando correctamente y los resultados generales sean positivos, no hay motivo para sufrir.

Hablemos un poco de mí: cuando empecé, no salí airoso de ninguna de estas pruebas… Ni de la del dinero temeroso, ni de la de la autodisciplina y tampoco de la de odiar perder. Detesto perder más que casi cualquier otra persona que conozco. Los principiantes que comparten ese rasgo suelen desistir durante su primer año de *trading*. Yo no. Tuve éxito porque soy extremadamente testarudo. Me había fijado una meta y sabía que tenía que llegar a ese nivel de otros *traders* exitosos. Mi obstinación compensó mis otras deficiencias y, con el tiempo, aprendí a respetar los criterios de dos de las tres pruebas. Cuando mis finanzas mejoraron, pasé la prueba del dinero temeroso y, cuando mejoró mi capacidad de *trading*, aprendí a aceptar las pérdidas con una sonrisa. En cuanto a la autodisciplina… Bueno, aún estoy trabajando en ello.

Aproveche al máximo el costo de su formación

Las pérdidas son parte integrante de la "matrícula" que hay que pagarle al mercado. Pocos *traders* son capaces de mantenerse a los pocos meses de empezar. En su mayoría, pierden dinero como principiantes. Tenga esto en cuenta antes de empezar a operar. ¿Por qué mi expectativa es que pierda? Porque el *trading* con dinero real no se parece a nada que usted conozca y porque, a pesar de todas mis advertencias, cometerá todo error posible en su camino al éxito. Leer el libro, hacer el curso y participar en la sala de *trading* en línea son elementos muy importantes y útiles que acortan el período de pérdidas y los montos que va a perder. No hay que operar nunca sin conocimiento ni práctica, pero eso no es suficiente para alcanzar el éxito. Para ganar dinero real constantemente, debe acumular "tiempo de pantalla" en la vida real, esforzarse y mantener su determinación. No hay profesión en el mundo que se pueda aprender y dominar en pocos meses.

Las pérdidas no son el efecto secundario, sino una parte inseparable del *trading*. Para llegar a ser un *trader* ganador y no un perdedor, tiene que aprender de cada pérdida. Sáquele toda ventaja posible a la matrícula que le "paga" al mercado. Analice cada operación fallida: los puntos de entrada y salida, la razón por la que entró, la causa de la pérdida y así sucesivamente, tal y como se explica en la sección sobre **la necesidad de llevar un diario**. Le recomiendo imprimir el gráfico de la acción y analizarlo. Una vez a la semana, examine los datos acumulados y trate de entender la causa de sus errores. Muy rápidamente, aprenderá lo suficiente para evitar que se repitan. Aproveche cada pérdida y convierta ese conocimiento en ganancias.

Alcanzar el éxito... por el camino equivocado

Una de las peores cosas que puede pasarle a un *trader* es tener éxito... por el camino equivocado. Por ejemplo, cuando una transacción en contra de la tendencia del mercado le reporta una buena ganancia. El dulce sabor de la ganancia deja un sólido recuerdo en la mente del *trader*, que luego seguirá operando en contra de la tendencia. Sin embargo, el resultado se "enderezará" rápidamente y la cuenta del *trader* acabará "torcida", ya que operar en contra de la tendencia del mercado no es rentable a largo plazo. El *trader* que aprendió a ejecutar malas transacciones repetirá ese error en el futuro. Es entonces, créame, cuando esta receta segura para la liquidación gradual se pondrá muy pronto en evidencia.

| **DINERO INTELIGENTE** | *La bolsa tiene una pésima costumbre: ¡otorga préstamos a quien los pida, pero los quiere recuperar con desvergonzadas tasas de interés!* |

No hacer nada

A veces lo mejor que puede hacer para evitar pérdidas es simplemente no operar. Todos los empleados tienen días libres. Los *traders* también los necesitan. Algunos pueden estar predeterminados, como cuando Wall Street cierra el 4 de julio, pero también hay días en los que el mercado se mueve en un rango demasiado estrecho para hacer operaciones que valgan la pena. En esos días simplemente no opere. El surfista necesita olas que le permitan practicar su especialidad. El *trader* necesita la volatilidad del mercado. Ese es el pan de cada día para él. Si, después de una hora de *trading*, nota que el mercado está plano, tómese un día de descanso. ¿Para quién trabaja? Créame, los únicos que ganan dinero en días de mercado plano son los brókeres.

Saber manejar las pérdidas

El éxito depende de nuestra conducta mental. La carga psicológica que llevamos sobre los hombros tiene gran repercusión sobre nuestros procesos de toma de decisiones y, por tanto, sobre nuestras probabilidades de éxito. Antes de tomar decisiones importantes, debemos examinar nuestra preparación psicológica. En días en los que estamos en estados de ánimo profundamente negativos, que podrían influir en nuestras decisiones, es preferible mantenernos alejados del mercado y encontrar otras cosas que hacer. Estos son días en los que podemos estar fatigados o en los que hemos tenido alguna discusión con nuestro cónyuge o con otra persona, cuando tenemos problemas en el trabajo y similares. Un conocido axioma afirma que "¡saber cuándo no tomar decisiones es tan importante como saber cuándo tomarlas!" La decisión de **no hacer nada** es mucho más difícil que la de hacer algo.

¿Con qué frecuencia le ha ocurrido que, después de tomar una mala decisión, se recrimina a sí mismo con un "¿por qué hice eso??!" A menudo, las malas decisiones derivan de un estado de ánimo o de un humor negativo del que no tenemos conciencia. Debemos tener mucho más cuidado con lo inconsciente que con lo consciente. El problema es que solemos identificar esos estados en retrospectiva y, por lo general, cuando ya es demasiado tarde.

Un problema conocido es nuestro estado psicológico después de absorber una pérdida. Todo *trader*, hasta el más exitoso, experimenta períodos de pérdidas. Estas nos afectan, mental y emocionalmente, e impactan en nuestras decisiones. Son la causa principal de daños financieros adicionales. Conozca el alcance del impacto que ejerce la pérdida en usted y aprenda la mejor manera de manejarlo.

¡Y cómo odiamos perder!

Las investigaciones demuestran que el efecto de la pérdida es el doble del efecto de la ganancia (Kahneman & Tversky, 1991). Uno de mis ejemplos favoritos del libro de Kahneman es la apuesta de la moneda. En las conferencias que doy, suelo hacer este experimento: tiro una moneda al aire y le pregunto a un voluntario si está dispuesto a participar en la apuesta. Si adivina la respuesta correcta, le pagaré $120, pero si se equivoca, tendrá que pagarme a mí solo $100. A pesar de la clara ventaja en la ganancia, el 95% de los asistentes a la conferencia se niegan a correr el riesgo. ¿Por qué? Porque la aversión a perder $100 pesa mucho más que el placer de ganar $120. Las investigaciones también han demostrado que solo si subo el valor de la apuesta a $200 por la respuesta correcta en comparación con los $100 que me pagarían a mí en caso contrario, es decir, en una relación de 2:1, la mayoría del público accederá a aprovechar la oportunidad.

Perder duele

El cuerpo humano está hecho para resistir el dolor. Por lo tanto, es natural que nos neguemos a aceptar la pérdida y esperemos lo mejor. Cuando esperar algo bueno es ilógico, es razonable suponer que sufriremos daños adicionales. Si revisa la cartera de inversiones del inversor promedio, casi siempre encontrará, al menos, una acción que ha causado una pérdida del 50% o más.

En mi opinión, no hay ninguna razón lógica para dejar que una acción provoque una pérdida de esta magnitud. Negar una pérdida al principio y pasar a un optimismo inexplicable y algo eufórico, son los motivos de las pérdidas de esta magnitud.

Otro fenómeno interesante es que las acciones que han perdido más son las mismas que el inversor deja de seguir. La gestión psicológica de las pérdidas de los *traders* más inexpertos consiste en hacer caso omiso de la acción. Aquí es cuando entra en juego la autojustificación y el inversionista dice cosas como: "ya se recuperará" o bien "la empresa tiene buenos productos", "la administración de la organización es fuerte" o "no es más que una pérdida en papel". Y qué de expresiones como: "a la larga los precios siempre suben" e incluso hacerle promesas al precio: "¡Por favor, sube tan solo un 10% y te juro que dejaré de fumar!".

A veces, la autojustificación resulta ser una profecía que se realiza a sí misma. Pero, en general, no lo es.

Hace unas semanas, un amigo golfista me contó que su suegro de 92 años de edad había perdido recientemente $150,000 en la bolsa. Esa era la mitad de su capital. Se trataba de una inversión fallida en varias acciones cuyos precios cayeron en los últimos meses. Preocupado por el estado mental de su suegro, mi amigo lo invitó a cenar y se sorprendió al descubrir que estaba en un excelente estado de ánimo. Al preguntarle cómo era posible, el anciano respondió: "No me preocupo. Con el tiempo, los precios subirán…"

He aquí una posible situación hipotética: usted compró una acción y descubre que eso fue un error. Los precios caen muy cerca de su punto de salida previsto (la suspensión de pérdidas o *stop loss*). Cuando compró la acción, el punto de salida parecía muy lejano y quizá poco razonable, pero ahora le está amenazando con una pérdida devastadora. La acción sigue cayendo a niveles históricamente bajos y usted piensa: "No cometí un error, elegí una buena acción. Seguro que cambiará de dirección. Voy a darle un poquito más de tiempo…" Cuanto mayor sea la pérdida que se perfila, más fuertes serán sus poderes de persuasión. Usted está seguro de que este **no es** el momento de vender, y moverá el **stop** un poco hacia abajo, y luego otro poco… y la acción sigue cayendo hasta que sus pérdidas son tan grandes que, si la vende, serán casi letales. Asumir la pérdida en ese punto significa un dolor fuerte. Mantener la acción significa esperanza. Y la esperanza suprime el dolor.

| **DINERO INTELIGENTE** | *Las pérdidas nos hacen bajar la guardia y comprar y vender a lo loco, con la esperanza de recuperarnos, lo cual, por lo general, causa pérdidas aún mayores.* |

Mantener una acción perdedora es muy parecido a tener un billete de lotería antes de que se anuncien los números ganadores. En ambos casos, las posibilidades de éxito son muy escasas. El principio de "mientras no haya vendido, no habré perdido" es sencillamente falso. Eso es un hecho. Además, tampoco se ha acabado la cámara de los horrores: la acción llega al nivel más bajo de todos los tiempos y los *traders* institucionales no querrán tocarla. Pero usted ha llegado a la asombrosa conclusión de que, si está tan barata, en lugar de reducir la cantidad que tiene y cerrar la transacción perdedora, la duplica, con la esperanza de que el precio recupere aunque sea la mitad de su caída y reponga el estado de equilibrio en su cuenta.

¿Le suena increíble? No podrá creer con cuántos de estos casos me he topado. Si, en este instante, está sonriendo, significa que ya lo ha vivido. Si todavía duda, espere a hacerlo usted mismo. Este fenómeno, que ya se mencionó en secciones anteriores del libro, se llama **promediar hacia abajo** (en inglés, **averaging down**). En algunos casos, el método podría salvarlo de sufrir pérdidas, pero basta con que una sola acción que ha promediado hacia abajo no se recupere y esa será la última transacción que ejecute.

Identificación de comportamientos derivados de pérdidas

Como se ha dicho, nuestro estado psicológico tiene un efecto determinante en nuestras probabilidades de éxito. Cuando los *traders* intradía se sientan a operar, deben estar en sus mejores momentos. El mal humor, una discusión borrascosa, un dolor de cabeza o de estómago, el bebé que lo mantuvo despierto toda la noche… todo esto aumentará la probabilidad de cometer errores, lo que, obviamente, reduce la probabilidad de éxito. En estas o en otras situaciones similares, aléjese de las pantallas. Si abre el día con una pérdida o dos, es casi seguro que su capacidad de tomar decisiones racionales se verá afectada negativamente.

No nos gusta perder. Perder causa dolor. Nuestros cuerpos resisten el dolor. No estamos constituidos naturalmente para salir de una pérdida por voluntad propia, ya que eso significa dolor y fracaso. Sin embargo, cuando el fracaso nos conduce a negar la realidad y ello afecta a los resultados de nuestras actividades, las consecuencias pueden ser catastróficas.

Cuando era principiante y tuve que absorber pérdidas, sufrí. Me encanta el dulce sabor del éxito y de la ganancia. Perder varias veces seguidas me dejó con un pesado bagaje psicológico y no aprendí a manejarlo con bastante rapidez.

DINERO INTELIGENTE

Aprenda a convertir el odio a la pérdida en aceptación y utilícela correctamente para evitar pérdidas adicionales. Manténgase consciente de que su estado psicológico se altera como consecuencia de una pérdida.

La pérdida provoca dos reacciones contradictorias. Durante el día de *trading*, tratamos de cubrirla con ganancias rápidas. El resultado: tendemos a bajar la guardia y a operar con todo lo que se mueve. Intercambiamos la lógica buena y sana por una aguerrida esperanza y nos convencemos de que "todo irá bien". Seguramente habrá oído historias de jugadores que perdieron en el casino todos sus bienes tratando de recuperar las pérdidas. Solo en retrospectiva, entienden lo que realmente sucedió, que el ánimo se les vino abajo hasta el punto de negar los peligros que eso involucraba. Los *traders* experimentados reconocen este fenómeno a medida que se va desarrollando. En sus mentes se encenderán las campanas de alarma y las luces rojas y tomarán medidas para detener la caída en picada de inmediato. ¿Sabe usted lo que ocurre en el piso del mercado en los días "negros" de la bolsa cuando los precios caen demasiado rápido? La computadora principal está programada para detener el *trading* y un locutor envía a los *traders* a casa. ¡No es mala idea! Usted también debería adoptarla.

He aquí otra situación hipotética posible: usted abre el día con una pérdida. Puede pasarle y no es un gran problema. Otra pérdida hace que la cabeza le dé vueltas de manera incontrolable. Descubre rápidamente que ha ejecutado un extraordinario número de transacciones y se pone pálido cuando ve que sus pérdidas se han duplicado o triplicado. Al final del día, se da cuenta muy bien de lo que sucedió y promete no repetir esta serie de conductas. Sorprendentemente, la próxima vez que esto suceda, ¡descubrirá que no ha aprendido nada en absoluto! (Oiga, ¿está llevando el diario de *trading*?) Generalmente, esta es la etapa en la que usted reconoce el proceso y empieza a entenderlo, se da cuenta de que el impulso es más fuerte que usted y de que tiene que crear un plan de prevención.

Al día siguiente de la pérdida despierta a otro día de *trading* y descubre nuevos problemas. Ahora, titubea antes de hacer clic en el botón de compra. Se abstiene de operar, se pierde algunas transacciones buenas y descubre rápidamente que ha pasado otro día y no ha ganado nada. Recuerda el dolor de la pérdida de ayer y, naturalmente, trata de protegerse para no volver a experimentarlo. El efecto psicológico lo paraliza. ¿Cuál es la solución? Evite potenciar la pérdida el primer día, identificando el problema a tiempo y tomando medidas preventivas, entienda que las pérdidas le ocurren incluso al mejor de los *traders* y aprenda a dejar atrás los problemas de ayer.

El uso del odio a la pérdida de manera productiva puede transformarse en ganancias significativas, por lo que creo que debemos amar a nuestro odio. Tenemos que aprovecharlo, sacarle provecho para aprender cómo parar las pérdidas antes de que crezcan y distanciarnos de un estado psicológico que nos lleve a perder más, lo que, cual una varita mágica, ¡hará desaparecer rápidamente nuestra cuenta de *trading*!

Conozca al enemigo externo

¿Quién es su enemigo? Recuerde que para cada transacción, como para bailar el tango, hacen falta dos. Naturalmente, tanto los compradores como los vendedores piensan que están realizando transacciones buenas, pero, al final, solo un bando tiene la razón. Si los vendedores obtienen beneficios (es decir, compran bajo y venden alto), entonces para ellos la acción "ha hecho lo que tenía que hacer". Por otro lado, los vendedores, incluso si pierden en la transacción (comprando alto y vendiendo bajo), sienten que han actuado bien al deshacerse de la acción que les estaba causando pérdidas y podía seguir haciéndolo. En ambos casos, cada uno está convencido de que es inteligente y de que el otro es estúpido. Así que, ¿cuál es el más inteligente? Los *traders* a veces piensan que están comprando acciones de una máquina que no hace sino cumplir sus requisitos. Tal vez piensen que si la palabra Wall o "muro" es parte del nombre de Wall Street, están jugando al squash consigo mismos. Este es su gran error. En Wall Street, los *traders* juegan al tenis. Al otro lado de la operación hay un inversor, un *trader* intradía, un creador de mercado y un especialista, todos los cuales quieren quitarle a usted tanto dinero como puedan. Estos no son sus colegas, sino más bien sus enemigos más fieros y crueles, a quienes no les interesa tomar prisioneros.

Mantener en mente que en ambos lados del *trading* hay seres humanos de carne y hueso como usted, impulsados por el miedo y la codicia, le ayudará a guardar la ventaja y a operar con éxito. Observe el gráfico de una acción que se está desmoronando. ¿Puede oír el dolor?

¡Conozca también al enemigo en casa!

Una pregunta frecuente en las entrevistas de trabajo es: "¿cuáles son sus defectos?" En la respuesta típica evitamos, por lo general, presentar rasgos de carácter negativo y, en su lugar, llevamos un rasgo positivo a un extremo: "soy un poco excesivamente minucioso".

El *trading* intradía es un negocio como cualquier otro. Usted es su propio director general. Entrevístese a sí mismo para el trabajo y pregúntese: "¿cuál es mi defecto?" Responda honestamente, sin evasivas, sin maquillar nada, porque su respuesta tendrá una tremenda influencia en su capacidad para este negocio. ¿Es usted impulsivo? ¿Puede manejar bien la presión? ¿Puede aguantar las pérdidas? ¿Es codicioso?

| **DINERO INTELIGENTE** | *El mayor enemigo del trader es... ¡uno mismo!* |

Las reglas de conducta psicológica

La mayor parte del tiempo vivimos en la negación. Cuando cometemos errores graves tenemos que admitirlo, y cuando estamos en un estado psicológico apremiante, es muy difícil admitir un error. Negar nuestro estado provoca mayores pérdidas o nos hace realizar ganancias demasiado pronto. Una de las maneras de lidiar con la negación es identificar la existencia del mecanismo de negación y del proceso que nos lleva a situaciones problemáticas antes de que surja la posibilidad de caer en picada. Debemos desprendernos de esos actos que socavan nuestra capacidad y detenerlos en cuanto aparezcan. Dudo que la mayoría de nosotros estemos dispuestos a admitir que somos incapaces, pero si reconocemos la existencia del proceso y establecemos normas de comportamiento adecuadas, superaremos nuestra renuencia a admitir que estamos en una mala situación. Por lo tanto, fijemos algunas reglas.

- **Tres pérdidas consecutivas**

Se sabe que las pérdidas consecutivas conducen a una incapacidad psicológica. Ha empezado su día de *trading*. La primera transacción resulta en una pérdida. No es tan terrible. La siguiente... también es una pérdida. No es tan agradable. Si la tercera termina en una pérdida, usted no se encuentra en un estado psicológico adecuado para operar de manera competente y responsable. Tal vez no quiera ni le guste admitirlo, pero apague la computadora y haga otra cosa. Note que no dije que se "alejara" de su equipo, sino que de veras lo apague. Si no lo hace, tendrá la tentación de "echarle solo un vistazo", lo cual conduce a "solamente para resarcirme de las pérdidas" y así regresamos al paso uno, todavía con un estado psicológico que entraña riesgos.

- **Fije un límite de pérdidas diario**

Defina una cifra de pérdida máxima diaria y aférrese a ella. Si la ha alcanzado, apague la computadora. Realmente querrá seguir operando con el fin de recuperarse de las pérdidas pero, en el 70% de los casos, solo empeorará las cosas. Cuando rebasa ese máximo, ya no es capaz de operar de forma responsable y está en un estado psicológico que entraña riesgos.

- **Nunca regrese a una acción perdedora**

¿Salió de una acción perdedora? Entonces, olvídese de ella. Volver a entrar le conducirá, por lo general, a otra pérdida. Si ha perdido dinero con una acción, es natural que desee resarcirse de la pérdida. Nuestra tendencia es negar el hecho de que hemos cometido un error y buscamos una segunda oportunidad con esa acción para obrar correctamente. ¡A veces, hasta le damos una tercera oportunidad! Este es el resultado de la reacción humana conocida como "¡ya verás!". Cuando salga de una acción perdedora, no vuelva a ella ese mismo día. Aléjese de ella como del fuego o saldrá quemado.

- **Salga de las acciones que no van a ninguna parte**

Compró una acción y no pasa nada. ¿El precio se mueve lateralmente, sin decidirse entre pérdida y ganancia, durante diez minutos? Salga inmediatamente. Tal vez funcione, tal vez no, pero la única razón por la que la mantiene es... el ego. No está dispuesto a admitir que la compra fue un error. Así que acéptelo, y dígase que la acción no está haciendo lo que usted pensaba que haría. En un período de diez minutos tendría que haber visto una cosa u otra, una pérdida o una ganancia, pero no un movimiento lateral continuo. Si la acción no ha decidido qué camino va a tomar, ambas opciones están aún abiertas. Eso significa que hay un 50% de probabilidades de ganar. ¡Pero también hay un 50% de probabilidades de perder! Deje esa transacción y dedique su atención a otra acción. Deje libre un importante espacio de su pantalla, dele la libertad a su poder adquisitivo y no vuelva a mirar esa acción. De hecho, quizás lo más importante es que libere la mente para concentrarse en algo que no está clavado en un solo lugar. De lo contrario, no sería más que una apuesta irracional, en vez de una decisión cuidadosamente considerada.

El *Top Ten*: las 10 cosas que dicen los *traders* perdedores

1. No quiero hacer efectiva una pérdida.

Toda pérdida enorme empezó siendo pequeña. Su plan de salida debe ser claro. Sea disciplinado y aférrese a él. La mayoría de los *traders* se topan con problemas psicológicos cuando tienen que mantener un **stop loss** que les parecía muy lógico antes de que la acción empezara a moverse en una dirección perdedora, pero que ahora parece eminentemente movible "tan solo un poco..."

2. Esperaré a que la acción se recupere a mi precio de entrada.

¡Por supuesto que no!... ¡Como si al mercado le importara que "su" acción se recupere o no! ¿Sabe qué? Digamos, hipotéticamente, que la acción se recupera. Suponiendo que su capital de inversión es limitado, usted está comprometiendo una buena cantidad de dinero con una acción mala y se pierde otras oportunidades. Sálgase, olvídela y concentre su atención en otras opciones más beneficiosas. Las pérdidas ocurren.

3. Si no vendo ahora... ¡se va a caer!

Es bien sabido que los *traders* inexpertos venden acciones ganadoras demasiado pronto y se desprenden de acciones perdedoras demasiado tarde. En lugar de vender pronto una buena acción, haga efectiva una parcial y suba el **stop loss** sobre la cantidad restante. Quédese con una acción que muestra una tendencia ganadora.

4. Perdí $100 con ABC, así que hice efectiva una ganancia de $100 con XYZ.

¿Desde cuándo una pérdida en una acción tiene algo que ver con el éxito en otra? Gestione su acción ganadora y olvídese de la pérdida con la otra (a pesar de la dificultad psicológica), no importa cuán reciente haya sido la pérdida. Según las estadísticas, si opera correctamente debería tener éxito en más del 50% de sus transacciones. Cada una es una entidad independiente sin ninguna relación con los resultados de otra transacción anterior.

5.   No realizo parciales. Compro y vendo una acción, una sola vez.

La gestión correcta del dinero le ayudará a tener éxito. Si usted realiza una parcial con una acción ganadora, podrá construir un buen "colchón" de ganancia que le permitirá administrar mejor la cantidad restante. Así es, esto no es más que una solución psicológica destinada a ayudarle a superar la necesidad de vender cuando la acción aún se está portando bien, pero recuerde: la gestión correcta del dinero impedirá que se despierten los demonios durmientes que todos tenemos sepultados profundamente.

6.   Estoy aburrido. ¡Tengo que comprar algo!

Ningún día es igual a otro. Algunos días, el mercado está "pesado". ¿Está aburrido? Salga y disfrute del día lejos de su plataforma de *trading*. La enfermedad que consiste en operar en exceso, o, en inglés, *overtrading*, es dura y, a veces, difícil de tratar. Algunos de los mejores *traders* contrajeron esta terrible enfermedad cuando eran principiantes, y otros se enfermaron tan gravemente que terminaron por perder su cuenta de *trading*. El ansia y la necesidad psicológica de oprimir ese botón, sea como sea, arruina a muchos *traders*. Por cierto, la enfermedad tiene un nombre único: "cliquitis".

7.   Debería haber hecho esto de otro modo.

Es fácil ser inteligente en retrospectiva. Todo parece simple. Confíe en sus instintos, confíe en sus conocimientos y haga lo que corresponda en tiempo real. Después, no se arrepienta. Cada pérdida es un aprendizaje. El camino al éxito está pavimentado con oportunidades de aprendizaje.

8.   ¡Voy a promediar hacia abajo solo por esta vez!

Permítanme recordarles que el *trader* que piensa de esta forma ya está en una racha perdedora y ha aumentado la cantidad de unidades para "promediar hacia abajo" la pérdida. Espera que el precio se corrija al alza y le permita salir sin ganancias pero por lo menos también sin perder. Lo único que puedo decir de este método es "ja, ja, ja". A quien me diga que le funcionó una vez y, por tanto, vale la pena repetirlo, le añadiré otro "ja".

9. Solo invierto a largo plazo.

La inversión a largo plazo demostró su eficacia durante muchos años, pero es cada vez más difícil de mantener. En la época de nuestros padres, uno podía comprar acciones de IBM, por ejemplo, ponerlas debajo de la almohada (¡así es, en ese entonces se le entregaba al comprador un certificado real de papel grueso!), irse a dormir, despertar al día siguiente y saber que todo seguía estando bien. Esos tiempos ya se han ido. No me opongo a la inversión a largo plazo, especialmente si el método le funciona pero, por lo menos, diversifique su cartera de inversiones con alguna actividad a corto plazo.

10. Es culpa del mercado.

Es muy fácil culpar al mercado: no me enseñaron bien, me prometieron millones, el piso está resbaladizo, se sabe que la bolsa es un lugar ingrato… y más. No todo el mundo es apto para el *trading* intradía y el mercado no le va bien a todo el mundo. Para cerrar este capítulo, permítame citar a John Burroughs:

"Un hombre puede fracasar muchas veces, pero no es un fracaso mientras no empiece a culpar a otro".

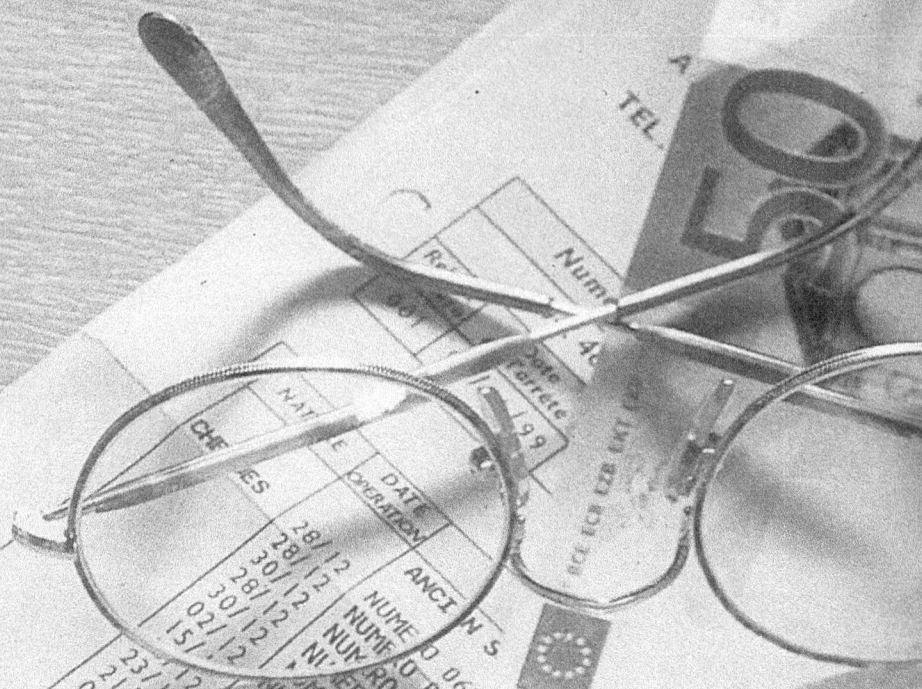

15.

Ocasiones especiales, normas especiales

El mercado, como las personas, necesita sus propios días especiales

Prepárese para lo previsible

En ciertos días y a ciertas horas, que se conocen de antemano, el mercado se comportará de forma especial. Esto nos obliga a prepararnos para tales ocasiones. Algunas veces, "prepararse" significa sencillamente no operar ese día y, otras veces, significa que son precisamente las ocasiones en las que podemos esperar que nos caigan oportunidades increíblemente interesantes. Cada ocasión tiene su propio carácter.

El último día de la semana

El último día de la semana de *trading* es el viernes. Los *traders* sienten en este día una caída de tensión y, normalmente, el volumen de actividad toca fondo durante la segunda mitad de la jornada. El nivel de actividad que se va aligerando en el piso de la bolsa nos señala a nosotros, los *traders*, que también es hora de dar por terminada la semana. Sin volumen y sin otros *traders*, no hay volatilidad ni dirección y el mercado queda abierto a las manipulaciones de los grandes actores y de los creadores de mercado que se ponen a trabajar en los "vacíos".

Los viernes, la mayoría de las oportunidades de *trading* se presentan durante las dos primeras horas de la jornada. Operar el resto del día depende del comportamiento del mercado, que puede ser muy superficial, aunque a veces nos sorprende para bien. Mi esposa solía decir que si yo nunca operara los viernes, mi cuenta de *trading* tendría un saldo más alto... Bueno, no es precisamente así, pero reconozco que la cantidad de éxitos es muy baja los viernes.

Observe el comportamiento del mercado en un viernes típico

aunque a veces nos sorprende para bien.

Un viernes clásico. El día entero fue un "*inside day*", en el sentido de que fue un día en el que las cotizaciones se mantuvieron dentro de los límites de las operaciones del día anterior (a la izquierda de la línea perforada). En resumen, un día decepcionante, sin dirección. El día comienza con una brecha bajista y cae a una baja [1], cambia de dirección, mata todos mis *shorts* y cierra la brecha [2]. Cuando, finalmente, me convenzo de comprar algunos *longs*, los mata también, moviéndose todo el día lateralmente [3].

Los viernes tiendo a cerrar o, por lo menos, a reducir considerablemente la cantidad de *swings* que tengo abiertos. Si está pensando en irse a dormir manteniendo algunas acciones durante el fin de semana, tenga en cuenta que está corriendo un riesgo, ya que nunca se puede saber si estallará una crisis durante esos dos largos días del fin de semana. Esto se aplica aún más si se está tomando un día libre, lo que significa un fin de semana largo. Cuanto más tiempo mantenga esas acciones, mayor es el riesgo que corre. Solo tiendo a mantener acciones durante el fin de semana si he hecho efectiva una parcial de las tres cuartas partes de la cantidad original que compré a cambio de una buena ganancia.

Días de vencimiento de opciones

Estos días son muy importantes. El tercer viernes de cada mes caducan las opciones en la Bolsa de Chicago. Este libro no describe el tema de las opciones bursátiles, el cual es una profesión en sí mismo, pero sí tenemos que comprender el significado de estos vencimientos. Esto es cuando los grandes actores en el ámbito de las opciones, las organizaciones profesionales, pueden dictar la dirección del mercado. Por supuesto que se podría preguntar qué tiene que ver el vencimiento de las opciones con el *trading* intradía. Pues, efectivamente, hay una conexión. El *trading* con opciones es muy variado y gran parte del mismo acusa el impacto de las actividades en el mercado de opciones. Por lo tanto, como explicaré más adelante, el vencimiento de las opciones influye notablemente en el *trading* intradía, especialmente el día en el que se produce.

¿Qué es una opción?

Para comprender la influencia de las opciones en los precios de las acciones, trataré de ofrecer una definición de las opciones al nivel más superficial. Una opción es un contrato entre el vendedor (en inglés *writer*) y el comprador, según el cual el vendedor le permite al comprador, a cambio de un precio predeterminado (el precio de la opción), comprar o vender una acción en una cantidad prefijada y a un precio determinado (que se llama *strike price*). En lugar de tratar de entender esta definición, centrémonos en el siguiente ejemplo: supongamos que usted cree que las acciones de Apple bajarán de precio. Puede beneficiarse de la caída de dos maneras: ejecutando un *short* (lo que ya aprendimos) o comprando lo que se denomina opciones de venta (en inglés, ***put options***). Por otro lado, si cree que el precio de las acciones subirá, puede comprar la acción o lo que se conoce como opciones de compra (en inglés, ***call options***). Digamos que compró una *put option* y el precio efectivamente cayó. Cuando la opción caduca (el tercer viernes del mes), puede hacer efectiva una buena ganancia. Pero si el precio no cae o cae incluso un poco menos de lo que usted esperaba, puede perder todo el costo de la compra de la opción y será el vendedor quien obtenga la ganancia. Por supuesto, el proceso total es algo más complejo e incluye varias fechas de vencimiento y *strike prices*, pero lo dicho es suficiente para captar el concepto.

Los profesionales siempre obtienen ganancias

Los vendedores o *writers* de opciones son profesionales experimentados que se ganan la vida comerciando con opciones. Ellos saben mejor que la mayoría de los inversores cómo evaluar la probabilidad de que caigan las acciones de Apple, por ejemplo, y ponerle precio a la opción de tal forma que su riesgo de perder sea mínimo. Las estadísticas muestran que la mayoría de las opciones caducan sin valor y que los profesionales, como cabe esperar, son los que ganan.

DINERO INTELIGENTE

Durante la semana en la que las opciones están a punto de caducar, espere ver volatilidad en el mercado el martes o miércoles, aunque más a menudo el miércoles, y movimiento lateral el jueves y el viernes.

¿Qué sucede cuando la mayoría del público cree que Apple va caer, compra grandes cantidades de *put options*, y cerca de la fecha de vencimiento Apple efectivamente cae? ¿Significa esto que los profesionales han perdido? A veces sí, pero no siempre. Los profesionales que venden las opciones tienen unos bolsillos profundos y la capacidad de mover casi cualquier acción al precio en el que la mayoría de las opciones caduquen sin valor. Además, su manera de protegerse contra cualquier caída en el precio de Apple es ejecutar *shorts* con la acción. Cuando lo hacen, ganan con la caída del precio y pueden pagarle a usted las ganancias de su *put option*. ¿Cuándo cierran (es decir, compran) los *shorts*? El mismo día del vencimiento. Al cerrar los *shorts*, lo que significa que están comprando acciones, contribuyen al aumento del precio de las acciones y, a menudo, consiguen que el precio regrese exactamente al punto en el que la mayoría de las *put options* caducan sin valor.

Un ejercicio de lógica: digamos que el público adquiere una gran cantidad de *put options* al índice del mercado. En otras palabras, la mayoría de la gente cree que el mercado va a caer. ¿Qué cree que ocurrirá en el mercado cerca del vencimiento de las opciones? Exacto: ¡el mercado subirá! Ya que los vendedores de opciones podrían perder por una caída en los precios de mercado, moverán el mercado al nivel de precios en el que las opciones caduquen sin valor. Recuerde que los vendedores de opciones son profesionales serios y los profesionales ***nunca*** pierden.

¿Cuándo sentiremos la actividad de los profesionales? Por lo general, comienzan cambiando la dirección del mercado hacia el precio requerido durante el martes y el miércoles de la semana de vencimiento. Después de haber llegado a ese precio en la primera mitad de la semana, los jueves y los viernes, por lo general, serán días "planos".

Conclusión: espere un mercado muy volátil el martes o miércoles de la semana de vencimiento de opciones.

Estamos en la semana que terminó el 18 de julio de 2010. Es un período bastante irregular, hacia el final de la crisis financiera, momento en el que varios países europeos débiles están al borde de la quiebra. Es preocupante la posibilidad de una pronunciada caída en el mercado bursátil. Muchos fondos e inversionistas temen que el mercado se venga abajo y, como medida de protección, compran *put options* del SPY para cubrir sus inversiones a largo plazo.

Estos grandes inversionistas suponen que, si el mercado cae, perderán con sus acciones, pero cubrirán las pérdidas por medio de lo que ganen con las opciones. Es un poco como la compra de un seguro significaba sobre todo cubrirse las espaldas más que ayudar realmente a los clientes. ¿Quién les vende las opciones a los grandes inversionistas? ¡Los profesionales! En un período muy agitado como el descrito, la cantidad de opciones de venta o *put options* es mucho mayor que la de opciones de compra o *call options*. Todo lo que les queda por hacer a los profesionales es mover el precio del mercado el martes [1] hasta donde la mayoría de las opciones caduque sin valor y mantener esa meta hasta el viernes [2]. No hace falta ser un genio para predecir el resultado más probable. Solo se requiere conocer las reglas del mercado.

Observe el comportamiento del ETF de SPY en la semana de vencimiento (gráfico diario)

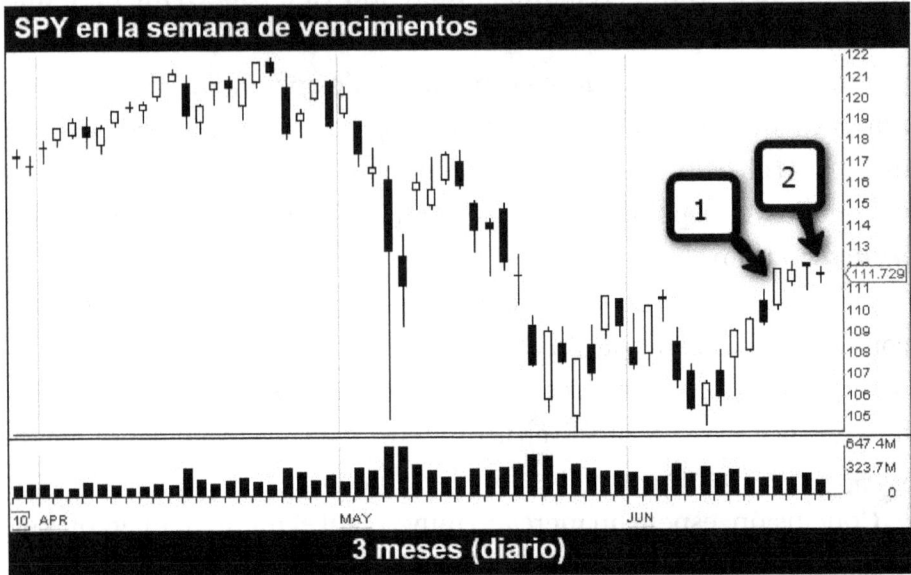

El tercer viernes al final de cada trimestre, es decir en marzo, junio, septiembre y diciembre, caducan tres tipos de opciones: acciones, futuros y materias primas, e índices. Esta es también la razón por la cual se conoce como el "día del triple embrujo" o, en inglés, "**triple witching day**". Lo que eso significa para nosotros como *traders* es que la actividad del mercado será aún más extrema que en un viernes cualquiera de vencimiento de opciones. La volatilidad será mayor y la falta de claridad en la dirección del mercado se sentirá más. Estos son los días en los que hay que ser extremadamente cuidadoso.

Otro fenómeno muy interesante es el del vencimiento de opciones para las acciones en números redondos. Las opciones se emiten en números redondos: por ejemplo, se pueden comprar *put* o *call options* de XYZ a un precio de, supongamos, $50. Esto significa que si usted compró un "*put* de $50" y el día del vencimiento la acción cae por debajo de ese precio, ha obtenido una ganancia. Si compró un "*call* de $50" y, en la fecha de vencimiento, el precio es más alto, ha logrado una ganancia. Al igual que con los números blancos en la ruleta, donde solo la casa gana, aquí también hay un solo precio, en el que el vendedor de las opciones es el único que puede sacarle provecho. ¿Cuál es ese precio?

Así es, tiene razón. ¡Cincuenta dólares! En otras palabras, hacia la fecha del vencimiento, que es el cierre del *trading* del viernes, el vendedor de las opciones tratará de cambiar el precio de las acciones al número redondo exacto. Para ver a qué numero redondo apuntará la acción para el día del vencimiento, revise la ventana de opciones u *"Options"* en su plataforma de *trading* (si es que su bróker le brinda esta información en la plataforma) y mire el precio al que se compraron las opciones. Si el precio de la acción al día del vencimiento está cerca del número redondo al cual se compraron la mayoría de las opciones, en la mayoría de los casos, cabe suponer que la acción terminará exactamente en el número redondo con el que se ejecutaron la mayoría de las transacciones. En otras palabras, la mayoría de las opciones caducan sin valor para sus compradores y con ganancias para sus vendedores. Es un juego tan manipulado que me hace reír cada vez que lo veo.

Ahora, echemos un vistazo a la cantidad de opciones de Legg Mason Inc., la compañía de gestión de capitales:

Opciones de la acción Legg Mason, LM

Trading #1 - 31866769 - LEGG MASON INC - NYSE

Stocks Options Adv.Opt LM: 32.005

LM

☑ Calls ☑ Puts Jun 19 '10

Strike	Symbol	Last	Net	Bid	Ask	Vol	Open Int	Implied ...
26.00	LM 06/19			5.80	6.60	0	0	299. ▲
27.00	LM 06/19			4.80	5.60	0	0	257.
28.00	LM 06/19			3.80	4.30	0	10	151.
29.00	LM 06/19			2.80	3.50	0	218	158.
30.00	LM 06/19	2.09	-0.26	1.95	2.35	750	810	117.
31.00	LM 06/19	1.10	+0.07	0.90	1.10	40	1,105	0.
32.00	LM 06/19	0.05	-0.24		0.05	1,865	7,265	3.
33.00	M 06/19				0.05	0	1,094	41.
34.00	L 06/19				0.05	0	867	70.
35.00	LM				0.05		257	95.
36.00	LM				0.05		89	119.
37.00	LM				0.05		256	142.
38.00	LM 06/19				0.05	0	21	163.
39.00	LM 06/19				0.05	0	11	183.
40.00	LM 06/19				0.05	0	81	203.

Observe que en el número redondo de $32.00 [1], encontramos el volumen más alto, totalizando 7,265 opciones [2] (lo que se llama interés abierto u *open interest*) sobre la acción. ¿Dónde cree que estará el precio al final de la jornada de *trading* del día del vencimiento? Como lo hemos comentado, hay un solo precio en el cual los profesionales, los que venden las opciones, son los que obtienen ganancias.

Ahora examinemos un poco más a fondo:

Velas de cinco minutos del día del vencimiento para Legg Mason, LM

Como puede ver, la última transacción del día del vencimiento se ejecutó a $32.00 [1]. Ahora, preste atención a la línea de $32.00 que discurre a través del gráfico. LM es atraído a este precio ya al inicio del día y todo lo que tiene que hacer, una vez que llegue a $32.00 es consolidarse por encima o por debajo de esta cifra hasta que la jornada termine en $32.00 [1]. Los profesionales saben exactamente adónde tienen que llevar el precio y allí es donde usted lo encontrará.

DINERO INTELIGENTE

Ya que los vendedores de opciones quieren realizar ganancias el día del vencimiento, intentarán acercar el precio de la acción de ese día al strike price de la mayor posición de opciones abierta.

En resumen, si usted insiste en operar el día del vencimiento, observe, en primer lugar, el precio al que se vendieron las opciones. Si quería ejecutar un *short* con LM en base a su conclusión de que caerá por debajo de $32, debe entender que las probabilidades de éxito son casi nulas. Una conclusión más razonable es que la acción se cerrará precisamente al precio al que se vendió el mayor número de opciones, que es el precio en el cual... eso es, solo los profesionales obtendrán ganancias.

Día de la tasa de interés

El anuncio periódico de la tasa de interés es la más importante de las decisiones y tiene un impacto fuerte e inmediato, no solo en los mercados de los Estados Unidos, sino del mundo entero. Se sabe que las decisiones sobre la tasa de interés influyen de manera determinante en el comportamiento del mercado bursátil a corto y largo plazo. La decisión se anuncia en fechas fijas ocho veces al año, cuando se reúne la Comisión Federal del Mercado Abierto (FOMC, por sus siglas en inglés) de Estados Unidos. Esta Comisión fija el interés a corto plazo y, por ende, influye en el precio del crédito y en todo el mercado.

El interés, como sabemos, es el **precio del dinero**. Cuanto mayor sea el interés, más caro será el dinero. Cuanto menor sea el interés, más barato será el dinero. Cuando el dinero es barato, conviene "comprar" dinero. Esto lo hacemos tomando préstamos. Cuando el dinero es caro, conviene "vender" dinero otorgando préstamos. Una cuenta de ahorro es una de las formas de prestarle dinero al banco. Sencillo, ¿verdad?

Entonces, ¿cómo se vincula todo esto al mercado? Eso también es sencillo. Cuando el dinero es barato, el retorno o rendimiento sobre préstamos de dinero (ahorros) es bajo. Las personas que tienen dinero y temen que pierda valor (lo que se conoce como inflación) apuntan a otros canales de inversión, como los bienes inmuebles y el mercado de valores, con la esperanza de obtener mejores rendimientos. El dinero barato significa más dinero disponible para el mercado de valores, que se traduce en más compradores, lo que significa a su vez que las tasas suben. De hecho, merece incluso la pena tomar dinero prestado del banco para invertir en otras cosas, como acciones e inmuebles. Además, cuando el dinero es barato, la cantidad de dinero disponible es mayor y, por lo tanto, vale la pena ponerlo a trabajar, lo cual impulsa la economía y aumenta los beneficios de las empresas que se cotizan en la bolsa de valores.

DINERO INTELIGENTE

El día en el que se decide la tasa de interés preferimos operar solamente durante las dos primeras horas. Después de eso, el mercado espera la decisión. En el limbo, muestra muy baja volatilidad. Inmediatamente después del anuncio, la volatilidad suele ser demasiado alta para operar.

Así que, si todo parece marchar tan bien, ¿por qué no se mantiene constantemente el interés bajo? El dinero barato puede causar dos eventualidades: primero, puede generar inflación, es decir, los precios suben a raíz del valor debilitado del dinero barato; la segunda eventualidad es la formación de una burbuja, una situación en la que los precios de los bienes inmuebles y de los activos financieros (*securities*) crecen de forma desproporcionada frente a su valor real.

Cuando la Reserva Federal de Estados Unidos sube el interés, aumenta el ahorro y se limitan otras actividades económicas como la inversión y el consumo. Por otro lado, cuando las tasas de interés bajan, disminuye el ahorro y se fomentan actividades económicas en el mercado. La política de interés de la Reserva Federal determina el valor de las inversiones y de los ahorros a mediano y largo plazo, por lo que es muy importante para todos los participantes en el mercado bursátil.

La semana de *trading* en la que se anuncia alguna decisión sobre el interés es, normalmente, una semana de agitación en el mercado, ya que muchos *traders* profesionales optan por no hacer nada cuando se acerca el momento del anuncio. Una vez que el anuncio se publica, ¡el mercado se vuelve loco! Inmediatamente después del anuncio, suele moverse en tres olas pronunciadas de direcciones totalmente imprevisibles. Los que se preocupan por su dinero no intentarán, por lo general, cabalgar sobre esas olas.

A diferencia de la dirección del mercado, que no se puede predecir a continuación de la decisión sobre el interés, el tipo de interés fijado por la FOMC es generalmente muy predecible. Entonces, ¿cuál es el motivo de que el mercado se comporte de forma tan irregular si la tasa de interés es bastante previsible? La formulación del anuncio: la manera en que está redactado es tan importante como la decisión sobre la tasa de interés. Leer el anuncio permite comprender probables cambios futuros en los tipos de interés y la atmósfera económica esperada por los miembros de la Comisión. Podemos concluir que el texto del anuncio, más que la tasa de interés en sí, es lo que provoca la agitación del mercado.

¿Qué debemos hacer durante el día en el que se decide la tasa de interés? Por lo general, operamos solo durante las dos primeras horas. Después podemos esperar que el mercado permanezca estático hasta el anuncio, que siempre tiene lugar a las 14:15, hora de Nueva York. La alta volatilidad que le sigue suele ser "demasiada y demasiado tarde". Antes del anuncio, cierre todas las transacciones que presenten precios cercanos al punto de *stop loss*. Es altamente probable que la volatilidad causada por el anuncio envíe sus acciones hacia arriba y hacia abajo de manera tan desenfrenada que sus órdenes de suspensión se ejecutarán, aun cuando las acciones avancen finalmente en la dirección correcta.

La fachada del final de trimestre

Los administradores fiables de dinero y de fondos que gestionan las finanzas del públicov deben anunciar los resultados de sus inversiones al final de cada trimestre. Entre una variedad de datos, hay dos temas de especial importancia: la lista de acciones en las cuales invierte el fondo y los rendimientos de esas inversiones. Pero los administradores quieren presentar a los inversionistas un cuadro de color de rosa, por lo que tienden a "darles unos toques" a las carteras de inversión para embellecerlas con algunas mejoras. Una de estas mejoras consiste en desprenderse de acciones débiles que causaron pérdidas y comprar acciones fuertes. Así les presentan a los accionistas al final del trimestre una lista distinta de la real con la que operaron durante la mayor parte del período. Esta lista mejorada les hace sentir a los clientes que los administradores del fondo saben cómo elegir las acciones correctas. Además, el último día del trimestre tienden a subvencionar los precios de las acciones que mantienen para evitar que se caigan. Dado que la mayoría del dinero en el mercado pertenece a los fondos, el resultado es que, al final del trimestre, el mercado por lo general no baja y, a veces, incluso tiende a subir. Por supuesto, los malos resultados monetarios eventualmente suben a la superficie, pero el fenómeno de estos artificios es conocido y es probable que continúe.

¿Qué significa esto para usted? Simplemente esto: no cabe esperar que los mercados estén a la baja durante los últimos días del trimestre. Si el mercado tiene que caer, lo hará al inicio del trimestre siguiente. También puede esperar que las acciones débiles del trimestre anterior sigan cayendo, ya que los fondos se desprenden de ellas para cambiarlas por acciones más fuertes. Por otro lado, las acciones fuertes que los fondos están comprando seguirán subiendo.

El mercado a fin de año

¿Qué sucederá al terminar el año con una acción que se ha mostrado fuerte a lo largo de todo el año? ¿Tendrá un retroceso? ¿Los compradores harán efectivas sus ganancias?

De hecho, por razones generalmente vinculadas a los impuestos, el retroceso no suele venir a fin de año. En los EE.UU. solo se pagan impuestos sobre las ganancias procedentes de los valores vendidos con beneficios a lo largo del año natural, es decir, del 1 de enero al 31 de diciembre. El inversionista que posterga la venta de acciones que le reportan ganancias hasta el inicio del siguiente año fiscal puede retrasar el pago del impuesto por un año fiscal completo y, quizás, acabar por no pagarlo en absoluto, en función del estado general del próximo año fiscal.

Conclusión: se espera que las acciones fuertes que aumentaron durante el año sigan subiendo en las últimas semanas del año, ya que los inversionistas se abstienen de vender a raíz de las leyes fiscales. Por otra parte, se espera que se vendan acciones débiles a fin de "bloquear la pérdida". En otras palabras, un año fuerte termina generalmente con nuevas altas continuadas y un año flojo típicamente verá bajas continuadas hasta el fin del año fiscal.

Comúnmente se cree que los inversionistas que evitaron "realizar ganancias" al final del año las harán efectivas a principios de enero. Esto no es necesariamente cierto. Las acciones fuertes no se venden fácilmente. Cuanto más suban de precio, más declinará el interés en venderlas. Lo más probable es que los inversionistas sigan manteniendo acciones ganadoras hasta bien entrado el nuevo año fiscal.

¿Por cuánto tiempo habrán de mantener esas acciones? Hasta que no les quede más remedio que vender. El 15 de abril es la fecha en la que debe presentarse la declaración anual del ejercicio fiscal, junto con cualquier suma adeudada. Los depósitos a la cuenta del IRS (Hacienda o Dirección Impositiva estadounidense) también pueden hacerse solo hasta el 15 de abril. Por consiguiente, muchos inversionistas venden sus acciones hacia fines de marzo o principios de abril para tener dinero con que pagar sus impuestos.

Un inversionista que necesita dinero en efectivo ejecutará generalmente las ventas hasta la primera semana de abril, ya que los brókeres demoran tres días en liberar dinero en efectivo a sus clientes. El tercer día es el día de liquidación o, en inglés, ***settlement day***. Pasarán otros dos días hasta que la liquidación realmente aparezca en la cuenta bancaria del cliente.

Días festivos

Las bolsas están abiertas la mayor parte del año, excepto en algunos días festivos. Aproximadamente una semana antes de cualquiera de estos festivos, su bróker le enviará un aviso de "semana corta de *trading*" con los detalles.

Preste atención al hecho de que, a veces, las transacciones se ejecutarán únicamente durante la primera mitad del día. También debe recibir información de su bróker acerca de eso. Las jornadas de *trading* reducidas suelen servir de "puente" y tener volúmenes bajos, por lo que es mejor evitar totalmente las operaciones.

Naturalmente, el riesgo de mantener acciones para un *swing* de varios días festivos consecutivos es mayor que el de un fin de semana corriente. Más días no laborables implican un mayor riesgo de que algo malo pueda suceder. Antes de los días festivos y fines de semana largos, tiendo a reducir las cantidades de acciones que mantengo en *swing*.

Resumen

A continuación se presenta un resumen de los días en los que no se opera, que usted debe mantener actualizado y marcar con antelación en su calendario (¡altamente recomendado!).

Ocasiones especiales	Lo que tiene que recordar
El último día de *trading* de la semana (viernes)	Los volúmenes tienden a ser bajos. El mercado generalmente no es volátil después de las dos primeras horas de *trading*. Se aconseja reducir las cantidades de acciones para un *swing*.
Días de vencimiento de opciones: tercer viernes de cada mes	No se espera que el mercado sea volátil. Los precios de las acciones tienden a estar cerca de los números redondos.
Semana de vencimiento de opciones	Se espera alta volatilidad para el martes y el miércoles y baja volatilidad para el jueves y el viernes.
Triple vencimiento de opciones, día del triple embrujo o *triple witching day*: tercer viernes de cada trimestre	Como el anterior, pero aún más extremo.

Día de decisión de la tasa de interés	No opere más allá de las dos primeras horas. Reduzca las cantidades antes del anuncio. La actividad que inmediatamente le sigue tiende a tener una volatilidad extrema y puede ser muy arriesgada.
Semana de decisión de la tasa de interés	El mercado en la semana en que se hace el anuncio se caracteriza por estar muy agitado en previsión del anuncio al público.
"Toques cosméticos" del final de trimestre	Puede preverse que los *traders* institucionales cuiden que el mercado no baje, que compren acciones fuertes y que se desprendan de las débiles.
Fin de año	Se espera que se vendan las acciones débiles y que en las acciones fuertes se mantengan las tendencias alcistas. Al final de un año flojo, el mercado tiende a seguir bajando. Al final de un año fuerte, el mercado tiende a seguir subiendo.
Día de pago del impuesto sobre la renta: 15 de abril	Con 7 a 10 días de antelación, puede esperarse que los inversionistas vendan acciones a fin de pagar sus impuestos.
Días festivos	Sin *trading* o con horarios de *trading* reducidos, con baja volatilidad y escasos volúmenes. Absténgase de operar.

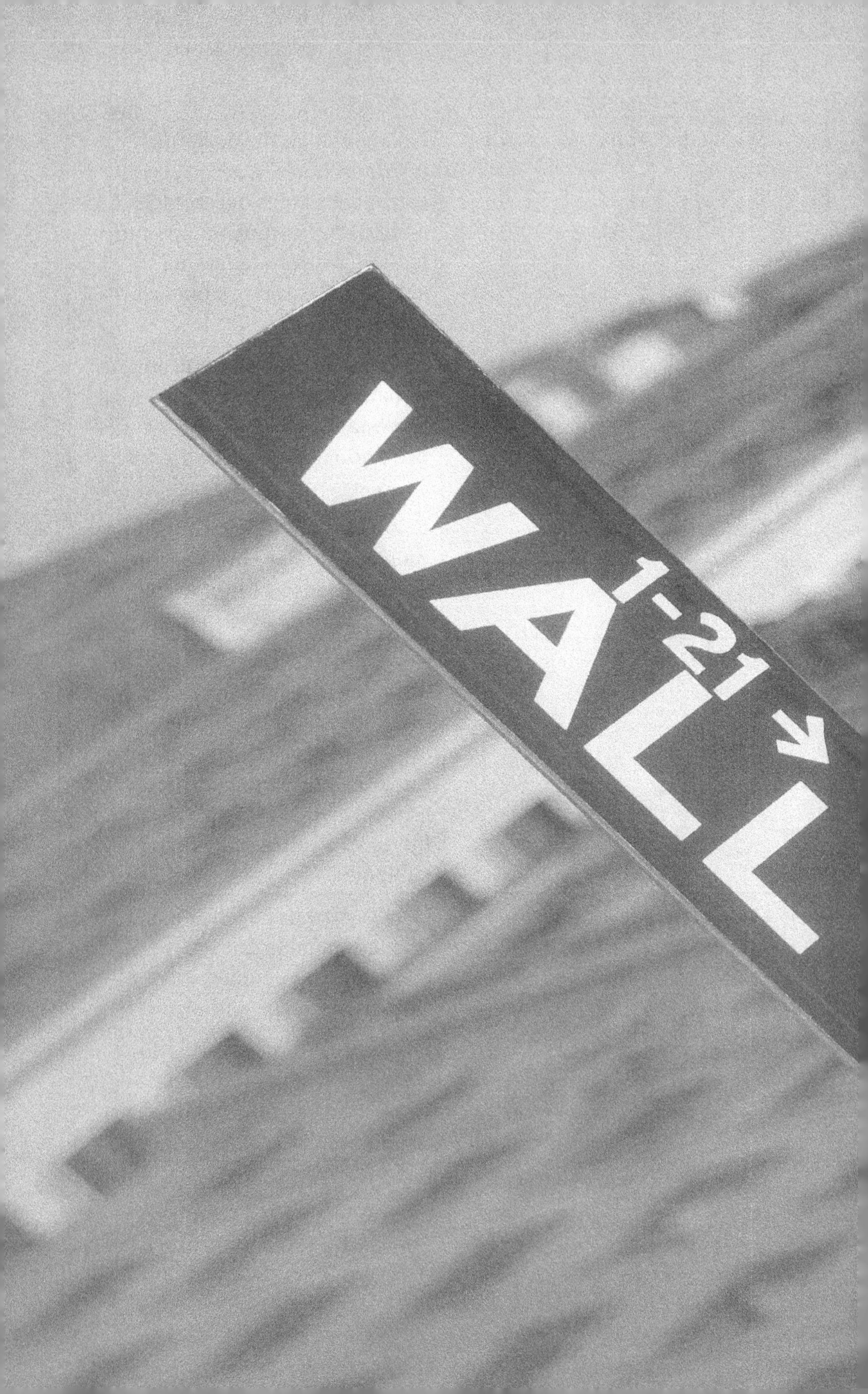
WALL
1-21

16.

Preparación y potenciación

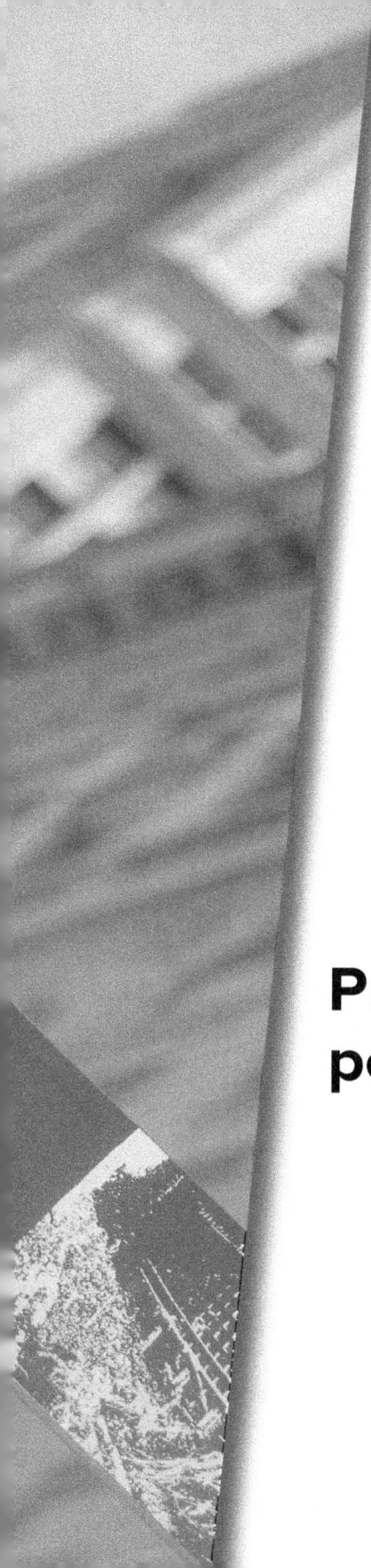

Esté preparado para asir al toro por las astas y triunfar

El miedo a correr riesgos

La fuerza de voluntad motiva a los seres humanos. Los impulsa a alcanzar sus metas. El hecho de que haya leído este libro significa que tiene un sueño, una meta y la voluntad de triunfar.

La fuerza de voluntad conduce a la gente al éxito financiero, pero el simple hecho es que la mayoría no lo logra. El fracaso se debe a dos razones principales: les falta el conocimiento sobre cómo obrar para enriquecerse o bien saben lo que deben hacer, pero no hacen nada por temor a los peligros que entraña. Los seres humanos están motivados por el miedo. Los peligros que impulsan al miedo, en el 90% de los casos, nunca se convierten en la pesadilla que la gente podría imaginar.

El camino al éxito está pavimentado de riesgos. Las personas que optan por lo "seguro" durante toda su vida no llegarán nunca a ninguna parte. El temor mental al riesgo proviene de nuestra educación. Desde el principio, fuimos programados para evitar riesgos, aprender una profesión sólida, formar una familia, conseguir un trabajo y lograr una seguridad financiera. Sí, seguridad financiera, ¡no independencia financiera!

La educación que hemos recibido inculca en nuestros corazones el temor a salirnos de lo cotidiano y a darle una oportunidad al cambio. El temor al riesgo nos paraliza y nos devuelve al patrón estructurado que percibimos incorrectamente como seguro. La forma de liberarse de las cadenas del miedo es reconocer nuestra capacidad de superar los obstáculos o, en otras palabras, de reforzar la confianza en nosotros mismos.

La confianza en uno mismo

En el camino hacia el éxito en el *trading*, como en la vida y en los negocios, debemos lidiar con obstáculos. La mayoría de las personas lo evitan, pues creen desde el principio que sus probabilidades de éxito son escasas. La falta de fe en uno mismo indica un bajo nivel de autoconfianza y de autoestima. Son pocas las personas que nacen con un fuerte sentido de autoconfianza. Los otros tenemos que aprender métodos para mejorar la confianza en nosotros mismos.

La autoestima se forma mientras somos jóvenes. Inicialmente, desarrollamos ideas tales como "soy bueno para..." o "tengo dificultades con...". En ese momento, ponemos el cerebro en piloto automático y adoptamos programas positivos o negativos como si fueran mandato del cielo. Cualquier episodio en el que no logramos superar obstáculos puede crear la sensación de fracaso que nos induce a aceptar en silencio que la situación se debe a nuestros propios rasgos negativos. Los sentimientos que experimentamos durante el fracaso son, en realidad, la manera en la que elegimos interpretar la realidad. Podemos convertir el fracaso en decepción, depresión, falta de apetito, dormir más de la cuenta. Pero podemos elegir otra cosa: podemos convertir el fracaso en desafío, en ansias de mejorar o en sentir cómo fluye fuerte la adrenalina. Solo usted puede elegir cómo interpretar la realidad. ¿Cuál es la diferencia entre el comportamiento de un deportista triunfador y el de un perdedor? Su percepción de la realidad. Estar seguro de ganar le permite al deportista triunfador interpretar la realidad de manera positiva. El modo en el que los campeones interpretan su realidad es idéntico a la forma en la que los *traders* exitosos interpretan la suya. Cuando le preguntaron a Thomas Edison si creía que había fracasado después de 700 intentos de desarrollar la bombilla eléctrica ideal, él respondió que había descubierto 700 modos de que no funcionara.

Si usted no nació con la misma confianza que Edison tenía en sí mismo, no se dé por vencido aún. La confianza en uno mismo puede mejorarse aplicando diversas técnicas que se conocen como "comunicación interna".

Reforzar la confianza en uno mismo a través de la comunicación interna

La comunicación interna incluye esas 1,000 palabras que pasan por nuestras mentes cada minuto. Cuando pensamos, utilizamos nuestro propio y único vocabulario, diciéndonos lo que está permitido y lo que no, quiénes somos y qué pensamos acerca de nuestras capacidades y limitaciones. La clave para la confianza en uno mismo depende de los términos que elegimos. Para mejorar la autoestima y la autoconfianza tenemos que examinar nuestro vocabulario de palabras y frases y, si es necesario, modificar el diccionario interno.

Tenemos que eliminar todas las palabras que no ofrecen una contribución positiva, tales como "quizás", "lo intentaré", "no puedo" y muchas más. ¿Lo fortalecen o lo debilitan? Cámbielas a "sí, puedo" y a "voy a lograrlo". Hable de usted consigo mismo en primera persona: soy exitoso, soy una máquina de hacer dinero, soy un imán para los otros, me siento seguro de mí mismo, soy feliz, estoy contento. Cuanto más usemos una fraseología constructiva, mejor será la percepción de nosotros mismos. Confíe en usted mismo y en sus habilidades, ya que el punto de vista de los demás es insignificante. Mientras mantenga la confianza y la fe en usted mismo tendrá éxito, y su éxito financiero mejorará en directa correlación con su autoestima. Una buena comunicación interna mejora la calidad de vida, la confianza en uno mismo y, no menos importante, la comunicación externa.

Comunicación externa

Esta consiste en la manera en la que usted se expresa, las palabras que utiliza, su lenguaje corporal y sus expresiones faciales. La comunicación externa es el poder; es el poder de impactar en los demás y en la manera en la que nos perciben. Todo lo que desee conseguir, todo lo que le haga falta, puede conseguirlo a través de esas mismas personas. En primer lugar, tiene que encontrarlas y conectar con ellas. Si se codea con gente adinerada, tarde o temprano algo de eso se le pegará a usted también. Si se queda solamente con la gente con la cual creció, no irá muy lejos. Durante la época financiera más desafiante de mi vida

(¿ve lo que le digo?, he cambiado "difícil" por "desafiante"), cuando no tenía ni un centavo a mi nombre, me hice socio de un club de golf exclusivo. Esa fue mi manera de relacionarme con los ricos, más que con los pobres.

A pesar de mi terrible situación financiera, ¿cómo pude manejar una adecuada comunicación externa de igual a igual con millonarios? Cuando uno procede de una clase económica inferior no es tan fácil comunicarse de forma natural con alguien que está mucho más arriba. Trate de imaginarse cómo se comportaría si le invitaran a un almuerzo en privado con Donald Trump. ¿Sería natural su comunicación externa? Ahora intente imaginar las líneas de comunicación entre Donald Trump y Warren Buffet. ¿Se comportarían ellos con más naturalidad? Por supuesto que sí.

¿Cómo se dirige un millonario a otro? ¿Lo mira directamente a los ojos cuando habla o baja la mirada? Mi forma de estructurar una buena comunicación externa fue estructurar una comunicación interna constructiva. Me repetía sin cesar: "Soy millonario. Un cheque por un millón de dólares está en camino a mi cuenta, pero todavía no lo han depositado". Una vez que me convencí de que era millonario y de que el cheque solamente estaba retrasado en el correo, eso ya era un hecho. Una vez que dejé atrás ese problema, mi comunicación externa se alteró. Las altas cuotas de socio dieron fruto rápidamente y se minimizaron por la magnitud de las operaciones por valor de millones que concerté en los *links* de golf.

La comunicación externa deposita un poder increíble en las manos de quienes saben cómo usarlo. Observe a qué distancias llevó la comunicación externa a gente como Barack Obama o, completamente en el otro extremo, a Mussolini o a Hitler. Una sólida comunicación externa es el resultado de la correcta aplicación de la comunicación interna, que es la fuente del poder en las personas que tienen éxito.

Aspirar a ser poderosos

La aspiración al poder ha influido en la historia de la Humanidad más que todas las fuerzas de la naturaleza juntas. Para los que ejercen el control, el poder es positivo; para los que están siendo controlados, el poder es generalmente negativo. No importa cómo se sienta respecto del poder. Debe aceptar el hecho de que, en el mundo en el que vivimos, los poderosos controlan y los que no son poderosos son controlados. Entonces, ¿qué es lo que prefiere: establecer su propia agenda o vivir según un programa establecido por otro? Dicho sencillamente: ¿es usted el cordero o el lobo?

El poder puede controlarse. No significa necesariamente controlar el destino de otras personas. Podemos acumular un gran poder, pero utilizarlo solo para tener el control absoluto de nuestro propio destino. El poder no tiene por qué acarrear connotaciones negativas, sino que puede utilizarse de manera positiva ayudando a los demás. Yo tiendo a dar conferencias gratuitas a estudiantes de enseñanza secundaria y terciaria, y también a soldados. La demanda por mis conocimientos me da una gran sensación de ser poderoso en una manera diferente.

El significado del poder se modificó a medida que la civilización se desarrollaba. En la prehistoria, los poderosos eran los de mayor fuerza física. Con el tiempo, a medida que el mundo se convertía en una organización económica, el poder fue pasando a manos de los poseedores de capital. El más rico era el más poderoso. En algún momento se hizo evidente un cambio interesante, cuando la norma socialmente aceptada determinaba que el poder se transmitiría por herencia, del noble a su hijo. Si uno no había nacido dentro de la nobleza, las probabilidades de éxito, influencia y acumulación de poder y bienes eran nulas. La única forma en que eso podía suceder era si, de alguna manera, estaba cerca del noble. Esos tiempos oscuros, en los que la nobleza recibía suculentas remuneraciones y los plebeyos no tenían ningún incentivo positivo, caracterizaron a la Edad Media, una época en la que el mundo casi dejó de progresar. La Revolución Industrial, cuando los tenedores del capital y, por tanto, del poder, eran los dueños de las máquinas, puso fin al poder de la nobleza.

En nuestros tiempos, el poder cambió de manos otra vez, al pasar de los dueños del capital y de los activos a los que tenían también el conocimiento. Hasta hace algunas décadas, hubiera sido imposible competir con empresas de alta inversión como General Motors o IBM.

Para competir con un gigante como IBM se hubiera necesitado un capital inimaginable de miles de millones de dólares. Así era, hasta que un genio informático en vaqueros llamado Bill Gates derrocó a IBM de la cumbre haciendo uso de su iniciativa y conocimientos. Lo mismo sucedió con Apple, Facebook, Google y otras decenas de empresas que ahora controlan nuestras vidas, pero sin haber sido establecidas por los tenedores de capital, sino por los dueños del conocimiento. La belleza de nuestros tiempos es que las posibilidades de éxito están abiertas para todos, aunque no tengan fuerza física, ni capital, ni título de nobleza. El conocimiento es poder; el conocimiento es la clave del éxito y el conocimiento se puede comprar.

El conocimiento y la acción

El conocimiento mueve al mundo. Hasta finales del siglo XIX, si uno no tenía capital ni título, no podía salir nunca de la clase en la que había nacido. En aquellos tiempos, el conocimiento era para unos pocos privilegiados; los bancos financiaban a la clase alta y no a los que tenían conocimientos. Nuestro mundo es completamente diferente: vivimos en una época en la que se puede acceder fácilmente al conocimiento y el capital busca buenas ideas, aunque la persona que las presenta sea un joven con el pelo largo recogido en una cola de caballo que ni siquiera ha terminado la universidad. Los multimillonarios como Bill Gates y Steve Jobs no nacieron dentro de la nobleza, ellos simplemente nacieron en el momento propicio y no tenían títulos universitarios.

Los conocimientos y las ideas están disponibles para cualquiera que los busque. Si el conocimiento está a disposición de todos, ¿cómo es que no hay más gente exitosa y feliz que maneje un Porsche y viva en una mansión en Beverly Hills? Porque el conocimiento por sí solo no basta. El conocimiento es el potencial para obtener el poder, pero para realizarlo es preciso actuar. El éxito comienza con conocimiento y termina con actos.

El conocimiento del *trading* también está disponible para cualquiera que lo busque, así que ¿por qué no todo mundo se enriquece? Porque operar en el mercado requiere también integrar el conocimiento con los actos. El mundo está lleno de personas con amplios conocimientos, pero inactivas. Lo singular de la gente exitosa es que, a diferencia de la mayor parte del público, actúa. Su éxito, su poder de controlar su propio futuro deriva de la acumulación de conocimiento y actuación.

Si quiere triunfar, utilice los conocimientos de otras personas e imite a los que tienen éxito. Ni siquiera es necesario tener una idea original. ¿Steve Jobs inventó la interfaz gráfica de Apple, el ratón o el iPad? No. Él tomó ideas que ya existían y las mejoró a un nivel de perfección tal que creó un mercado totalmente nuevo. Él afinó las soluciones y pasó a actuar. Bill Gates tampoco inventó el sistema DOS que lo hizo tan rico, sino que se lo compró a un inventor que no se había dado cuenta de su potencial inherente.

Un modelo a seguir

Para tener éxito no hay que reinventar la rueda. Encuentre un modelo que funcione y cópielo. No le estoy sugiriendo que renuncie a ser el próximo inventor de una puntocom. Simplemente estoy tratando de ser práctico. Gracias a la experiencia de décadas de actividad en los negocios, he aprendido que las probabilidades de éxito son mayores cuando se imitan y mejoran productos, conocimientos y métodos que ya existen. Durante la época de la burbuja de las puntocom, fracasé en mis esfuerzos por inventar productos y servicios que yo estaba seguro de que iban a cambiar el mundo. Pero sí tuve éxito mejorando ideas y productos existentes. Tampoco inventé el *day trading*, pero fui el primero en convertirlo en un modelo para escuelas y firmas de brókeres que operan en varios países fuera de Estados Unidos. Este fue un modelo exitoso que yo inicié y en el que no tuve que invertir mi propio capital. Aporté conocimiento e iniciativa empresarial y conseguí los fondos de inversores. Mi vida no ha sido una de puros éxitos. He pasado por algunos fracasos duros, pero siempre mantuve una cosa en mente: si no lo intento, no lo lograré.

El éxito no tiene por qué seguir un modelo de alcance mundial como Facebook. Si a una empresa le está yendo muy bien en Los Ángeles, no hay motivo para que no le vaya bien en San Diego. Le sugiero que mantenga los ojos bien abiertos, encuentre un modelo digno, lo copie y lo actualice. Si un *trader* es un modelo para el éxito, no hay ninguna razón para no contactar con él, aprender de él y tratar de emularlo. Tiene que creer que, si alguien tiene éxito, ¡usted también puede tenerlo! Si no lo cree, trabaje primero en mejorar su autoestima.

Es difícil ocultar el éxito. La gente exitosa deja huellas claras. Siga esas huellas e intente copiar los pasos, uno tras otro. Puede hacer mucho más que simplemente copiarlos: puede mejorarlos hasta tal punto que un día se convertirá en modelo para alguien. Nunca hay que olvidar que cada uno de nuestros actos tiene un precio. El precio se mide en recursos como tiempo y dinero, siendo el dinero el más barato de los dos. El tiempo es su recurso más valioso; si se desperdicia, no se puede recuperar nunca.

Para tener éxito, debe tener verdadera fe en su capacidad. Debe hacer suya esta fe cada día. Hable consigo mismo, dígase lo fuerte, lo inteligente y lo exitoso que es. Convénzase, tenga fe en sí mismo y, al mismo tiempo, adquiera conocimientos, consiga *know-how* y no tema correr riesgos... actúe.

Tener fe en el éxito

Tener fe en su capacidad es la clave del éxito.

Si limita la fe en su propia capacidad, está limitando igualmente los resultados. Si la transmite al cerebro, no hay límite para lo que puede lograr. No nacemos con este tipo de fe. La adquirimos y la desarrollamos a lo largo de nuestras vidas. Las actuales creencias negativas pueden intercambiarse por otras nuevas y positivas. Si le falta fe en sus capacidades, intente mirar hacia atrás y encontrar la fuente, quizás en la infancia, en sus creencias religiosas o políticas. Desde la primera infancia crecemos a la sombra de nuestros padres. Cuando era niño, no me enseñaron a tomar la iniciativa, a correr riesgos o a lograr la independencia financiera. Me enseñaron a elegir las opciones más seguras porque mis padres consideraban que eso era lo correcto, ya sea porque así fueron educados o porque determinadas circunstancias de la vida dieron forma a esas opiniones. La mayoría de las personas no desarrollan opiniones y creencias de manera independiente, sino que las heredan de sus padres y de los medios de comunicación.

Como condición para romper el marco de su existencia en la actualidad, desarrolle creencias propias e independientes, adóptelas con afecto y asuma el mando de su futuro. Si está preparado para formular una nueva creencia, elija una tarea, de preferencia difícil, tal vez alguna en la que fracasó en el pasado, tal como adelgazar o dejar de fumar. Si su reacción instintiva a esa tarea es: "oh, eso es demasiado difícil, no parece factible..." ¡ha escogido la opción perfecta!

Un plan en cinco pasos

He aquí cinco pasos para la formulación, internalización y realización de una nueva creencia:

EN PRIMER LUGAR, incorpore repetidamente la nueva creencia a su mente. Como todas las creencias que ha desarrollado a lo largo de su vida, la nueva debe ser meticulosamente implantada en su actitud. Repítase la meta una y otra vez hasta que crea firmemente que es capaz de alcanzarla.

Es posible que sus padres le hayan dicho muchas veces: "tienes que aprender una profesión". Los medios de comunicación difunden incansablemente los mensajes políticos que usted adopta, día tras día, año tras año. Incluso las creencias religiosas no se absorben en un solo día. Ahora su trabajo es elegir una meta y machacar en esa capacidad de lograrla hasta lo más profundo de su ser. Nadie puede hacerlo por usted.

Cuando yo tenía doce años, decidí ser millonario. En el entorno económico de mi realidad, nunca había conocido a nadie que lo fuera, pero el objetivo estaba marcado y lo repetía a diario en mi mente. Cada vez que ocurría algo trascendental, repetía mi mantra: "quiero ser millonario". Con los años, esta creencia se convirtió en una parte tan importante de mí mismo que nunca dudé de mi capacidad para lograr el objetivo. Con el éxito ya incorporado a mi forma de pensar, lo único que quedaba por hacer era elegir cómo lograrlo.

Una de las formas más eficaces de integrar una convicción es escribirla todos los días en un cuaderno dedicado a este fin. Hacer esto la refuerza en el nivel del subconsciente. Incluso sugeriría escribirla en notas adhesivas y pegarlas en todo tipo de objetos en la casa, pero sus amigos podrían hacer que lo ingresaran en un hospital antes de poder alcanzar su objetivo.

EN SEGUNDO LUGAR, trate de imaginarse el éxito. ¿Cuál sería su aspecto si fuera mucho más delgado? ¿Qué tipo de ropa se compraría? ¿Cuánto orgullo sentiría cuando los amigos que lo conocían como fumador notaran que ya no desaparece cada veinte minutos para salir a fumar? La imaginación ayuda a reforzar la determinación y a afrontar el proceso de alcanzar la meta.

Mi entrenador de golf, Ricardo, se formó en realidad como psiquiatra antes de convertirse en golfista profesional. Durante una lección, Ricardo me enseñó que, para lograr un golpe en el golf, tengo que imaginar antes el resultado. "Antes de dar el golpe, imagínate el vuelo de la pelota y tu objetivo", repetía. ¡Y funciona! Es increíble, el cuerpo se mueve según lo que nos imaginamos.

EN TERCER LUGAR, difunda su creencia. Hable de su meta y de su determinación para lograrla con todos los que pueda. Comience con las personas más cercanas y, a continuación, amplíe el círculo. A cuanta más gente se lo diga, mayor será su compromiso para alcanzar la meta. Cuando decidí, a los doce años, ser millonario, les informé a todos mis amigos y no dejé de recordárselo con el paso de los años. Les decía, en son de broma, que acabarían trabajando para mí, lo que en realidad ocurrió con algunos de ellos. Cuanto más compartí mi meta con otros, más obligado me sentí a superar los obstáculos que encontraba en el camino a su realización.

EL CUARTO PASO es la aplicación. Con esa convicción como parte inseparable de su ser, está listo para actuar. Cuanto más robusta sea su convicción, más fácil le será hacerles frente a los obstáculos en el proceso de aplicación. Uno de los errores más comunes es tratar de actuar antes de que la convicción esté plenamente establecida. ¿Decidió de improviso dejar de fumar? Sus probabilidades de éxito son escasas, pero una vez que haya internalizado totalmente la fe en que puede hacerlo, el proceso será sencillo y natural. Para aplicar su convicción, debe redactar un plan organizado con metas y cronogramas.

EN QUINTO LUGAR, llegamos a la evaluación. Fije metas intermedias, mida su progreso y regálese un pequeño premio cada vez que alcance una nueva meta. El proceso puede ser largo, pero no hay ninguna razón para que no sea agradable. Entrenar a un cachorro lleva tiempo y se refuerza con premios. Volver a entrenar a una persona adulta no es cosa fácil y seguro que se merece un premio por cada meta parcial alcanzada: una cena en un buen restaurante, un aparatito electrónico o lo que sea que le guste. A medida que avanza, mejorarán también su confianza en sí mismo y su capacidad para alcanzar la meta. Tome nota de los resultados, haga un seguimiento de su progreso y no confíe únicamente en la memoria.

Hacer frente a los obstáculos

¿Será capaz de superar todos los obstáculos en el camino para alcanzar el éxito y hacer que eso en lo que cree se convierta en realidad?

La respuesta es ¡SÍ, SÍ y SÍ!

¿Le parece cosa de locos? Pues esa es la verdad. Es una verdad histórica y científicamente comprobada. Nada se interpone en el camino de la voluntad.

Manejar los obstáculos de la manera más fácil

En el camino hacia la realización de lo que cree se topará con obstáculos. Reconozca de antemano el simple hecho de que los obstáculos no marcan el final del proceso. Un obstáculo no es más que un desvío transitorio. Si pudiera reemplazar la palabra "fracaso" en el diccionario, la sustituiría por "obstáculo", en su acepción de desafío. Los desafíos despiertan nuestra creatividad y nos llevan a buscar soluciones. ¿Prefiere un crucigrama fácil o uno que le suponga un reto? Los obstáculos y la forma de superarlos nos enseñan a buscar alternativas, adquirir experiencia y aprender, para que el éxito sea más fácil de alcanzar en el obstáculo siguiente. La experiencia es uno de sus bienes más importantes en el camino hacia el éxito. No hay obstáculo en el mundo que alguien, en algún lugar, no haya superado; si alguien pudo hacerlo, usted también podrá.

El éxito, como los obstáculos, no tiene fin. ¿Qué sucederá una vez que haya alcanzado su meta? Probablemente, a esas alturas, fije una nueva, con el respaldo de la nueva fe en su capacidad de alcanzarla. Cuando me formaba como *trader*, me fijé la meta de ganar $200 al día. Una vez que la alcancé, llevar la meta a $500 ya no parecía imposible, y así sucesivamente. Esto es lo que nos hace ser competitivos y, por tanto, muy distintos de los animales. Las personas que tienen éxito perciben el fracaso, o el desafío, de manera muy distinta que la del público en general. Para ellas, el fracaso es una oportunidad de volver a empezar, desde un nuevo ángulo y con métodos mejorados. Nunca, ni por un momento, piense en que podría fracasar. En la infancia, tuvimos que buscar formas de superar los desafíos; como adultos, debemos recuperar ese sentido innato de ser capaces de lograr nuestros fines. Si deja aunque sea una pequeñísima grieta abierta al concepto de fracaso, el concepto se inflará, se potenciará y se los tragará a usted y a sus aspiraciones de una vida mejor. Si teme al fracaso, el miedo le atará las manos. La gente teme fracasar en los estudios, en los deportes, en las relaciones, en la crianza de los hijos y en el trabajo. El miedo debilita la voluntad de hacerles frente a los retos que la vida pone en el camino. Es cierto que parte de la culpa puede atribuirse a la crianza y a la educación que recibimos, generalmente con métodos de castigo al fracaso en lugar de estímulo a la resiliencia. Se sabe que los deportistas de éxito se concentran en las metas y que son muy disciplinados y constantes. Estudie la historia de cada deportista famoso y, a menudo, descubrirá que, al menos uno de los padres, le inculcó de niño el espíritu de ganar, neutralizando el miedo y el fracaso. Earl Woods, padre de Tiger Woods, el golfista y deportista más acaudalado de la historia, preparó a su hijo para el juego desde los dos años de edad. El mismo Earl combatió en una unidad de comando en Vietnam; afrontar los desafíos no era cosa nueva para él. Earl no se apartó de la meta que estableció para él y para su hijo. A pesar de los retos, creó uno de los más grandes triunfadores en la historia del deporte.

Los obstáculos son esas cosas espantosas que uno ve cuando aparta la mirada del objetivo. - Henry Ford

Un compromiso con el éxito

Todos hemos escuchado las historias, al estilo de La Cenicienta, de las personas que se enriquecieron de la noche a la mañana gracias a una idea brillante.

No deje que estas historias lo cieguen. El éxito se logra a través del trabajo duro y mediante la determinación y el compromiso ilimitados. Un compromiso extraordinario es lo que marca las historias de éxito más exclusivas.

Esa es también la historia de Lionel Messi, el futbolista número uno en el mundo actual. A los 11 años, le diagnosticaron a Messi una deficiencia en la hormona de crecimiento o, en un lenguaje sencillo, enanismo. Cuando la familia se vio obligada a pagar unos $900 al mes por el tratamiento con hormona de crecimiento, una suma mucho mayor que lo que podían permitirse, se vieron obligados a encontrar un patrocinador para Lionel. Fue necesario que jugara al fútbol como nadie de su tamaño jamás lo había hecho, en ningún lugar del mundo. El compromiso dio resultados. A los doce años, fue elegido para integrar el equipo infantil del Barcelona Fútbol Club y obtuvo la tan ansiada financiación. A los diecisiete años, hizo historia como el jugador más joven en la plantilla titular de las estrellas del Barça. Messi entra en el panteón de otros famosos con físicos pequeños e historias de éxito, como el basquetbolista Tyron Bogas (159 cm de altura), que acumuló catorce temporadas en la NBA y fue el jugador más pequeño de la liga en la historia de la NBA.

Controle sus estados de ánimo

Nuestros estados de ánimo cambian de un día para otro y hasta de una hora a otra. Cuando necesitamos altos niveles de atención y concentración, por ejemplo durante el *trading*, debemos estar en las mejores condiciones. Algunos días nos levantamos llenos de energía y creatividad, el mundo nos sonríe y parece que todo lo que hacemos funciona estupendamente. Otros días, nada parece salir bien, sentimos como si el mundo entero estuviera en contra nuestra y que todo lo que hacemos está condenado al fracaso.

¿Se ha preguntado alguna vez lo increíblemente sencillo que sería pulsar un botón y convertir un día malo en un día bueno? Bueno, pues justamente eso puede hacer.

En primer lugar, debemos entender dónde se originan los cambios en el estado de ánimo. El ánimo está determinado por el equilibrio químico en el cerebro. Este equilibrio es tan delicado que la menor desviación puede hacernos pasar de estar contentos a estar tristes. El equilibrio mental se ve afectado, entre otras cosas, por las condiciones ambientales como el estado del tiempo, los vientos fuertes, los aromas y olores, los sonidos o los sabores, es decir, toda la información que nuestros cinco sentidos pueden captar.

Desde los albores de la Historia, los seres humanos han tratado de hallar formas de controlar los estados de ánimo, entre ellas hipnosis, yoga, ritos religiosos, deportes o drogas. Todas ellas están entre las opciones a las que acudimos para modificar los estados de ánimo. Todos somos sensibles a las situaciones que nos hacen pasar de un estado de ánimo al opuesto de un momento a otro. Atrévase a hacerme escuchar música *rap*… ¡y verá lo que me pasa! Entonces, ¿qué causa el cambio en el estado de ánimo? ¿Y qué nos ayuda a mantener el buen humor? La música, los colores, la iluminación y la calidez nos afectan a todos. El café y el chocolate son estimulantes de acción rápida, pero su influencia suele ser de corta duración y pueden hacernos sentir mucho peor después. El aumento de la circulación sanguínea después de hacer ejercicio puede ayudar a mejorar el humor. Descubra las cosas que le influyen positivamente y use esa información para su beneficio.

Controle la frustración

Puesto que sabemos que el camino hacia el éxito está sembrado de desafíos, la frustración es un resultado natural de la necesidad de afrontarlos. Pero debemos recordar: más allá de la frustración está el éxito y, por eso, debemos encontrar primero la manera correcta de hacerle frente a la frustración.

La frustración es nuestra interpretación personal de la realidad que nos rodea. Por lo tanto, también a la frustración se la puede afrontar con éxito interpretando la misma realidad de forma diferente, como por ejemplo, convirtiendo a la frustración en desafío.

Los obstáculos son contratiempos pasajeros en el camino al éxito. La frustración es la consecuencia de no tener los conocimientos necesarios para hacer frente al contratiempo, ya sea éste una cuestión de mala suerte, de la estupidez de otra persona, del rechazo, o de cualquier otra cosa. El rechazo es, de hecho, uno de los principales factores en la frustración. Vivimos con un temor constante al rechazo: de nuestros socios, del jefe, de un cliente o de la sociedad. Los campeones en el arte de lidiar con el rechazo son los vendedores profesionales. El vendedor ideal nunca se da por vencido ante la palabra "no"; al contrario, es un estímulo para buscar una alternativa, una forma creativa de resolver la situación.

¿Por qué una persona puede manejar la frustración tan fácilmente y otra se enfurece hasta echar humo? La respuesta está muy profundamente sepultada en la mente humana. La gente que se cree capaz de manejarla bien, la manejará bien. Entienda el motivo de su frustración, defínala y elija un método de manejarla que le permita recobrar la calma. ¿Alguna vez ha pensado en la forma en la que los productores de cine usan la música para controlar el ánimo del público? La misma escena con un determinado tipo de música puede dar miedo, pero con una música más ligera, ¡hasta podría hacernos reír! Sea el productor de su propia película, use notas adhesivas para apuntar frases que propicien una actitud positiva y péguelas en el espejo. Haga cualquier cosa que le ayude a controlar la frustración. Cada uno sabe lo que mejor le va.

Aceptar la responsabilidad

¿Se equivocó? ¿Echó algo a perder? No busque a los responsables del fracaso. Asuma la responsabilidad por sus actos. Estamos naturalmente predispuestos a culpar a los padres, a los maestros, a los jefes y al gobierno. El punto de partida para muchos de los triunfadores fue mucho más difícil que para la gente promedio. Muchos pasaron por momentos extremadamente difíciles y sin embargo tuvieron éxito. ¿Los obstáculos que encontraron debilitaron el compromiso con sus metas o lo reforzaron? Para la mayoría de la gente de éxito, los obstáculos los hacen más fuertes. El deseo de tener éxito es mayor que la necesidad de una comida caliente al final del día. La gente de éxito valora mucho su capacidad de triunfar, cosa que otros ven, a menudo, como arrogancia. Los triunfadores pueden estar legítimamente orgullosos de su éxito, pero están igualmente dispuestos a asumir la responsabilidad por sus errores. Esta voluntad de aceptar la responsabilidad deriva de la potencia; eludir la responsabilidad deriva de la debilidad.

Eric Schmidt, entonces CEO de Google, dijo "metí la pata", cuando él y otros altos ejecutivos de Google no supieron manejar a la incipiente Facebook y pelear contra una compañía que se atrevió a desafiar al mayor competidor posible en internet. Por el contrario, Bill Clinton con su famosa declaración: "no tuve relaciones sexuales con esa mujer" eludió la responsabilidad y casi lo pagó con la pérdida de la presidencia. El público juzga la aceptación de la responsabilidad con comprensión y con respeto y considera la evasión como señal de fracaso. Aceptar la responsabilidad es una señal de potencia y madurez. También refuerza la fe en la capacidad de superar los obstáculos y la comprensión de que forman parte inseparable del camino al éxito. ¿Qué tenían en común el escritor Mark Twain, el rey del kétchup Henry Heinz y el gigante de los automóviles Henry Ford? En algún momento del camino al éxito, todos ellos se declararon en quiebra, asumieron la responsabilidad, se recuperaron y volvieron más fuertes y mejores que nunca.

¿Le gusta su trabajo?

Para tener éxito hace falta un buen motivo para levantarse de la cama por las mañanas. Es preciso que usted ame su trabajo. Si el salario es lo único que lo mantiene en el empleo, no llegará muy lejos. Después de haber trabajado durante años en el sector de la alta tecnología, puedo decirle que la mayoría de los empleados de ese sector aspiran a "no trabajar más en alta tecnología". En otras palabras, ni siquiera un salario alto y grandiosos beneficios bastan para que un empleado ame su trabajo y menos aún para que se destaque en él.

Para tener éxito no es preciso ser brillante. Solo hay que ser un poco mejor que el promedio y, para ello, el trabajo debe ser interesante. El trabajo debe parecerse más a un juego que a una tarea. Encuentre un trabajo que le guste tanto que nunca le interese saber qué hora es. Si se deja guiar por el salario, podría acabar por descubrir que ha dedicado la mayor parte de su vida a una realidad que no le condujo a mejorar notablemente su situación financiera. En algún momento, cuando ya no aguante más, descubrirá que tiene demasiado miedo como para intentar cambiar de profesión o de empleo.

Reconozco que cambiar de trabajo no es fácil. Nos aclimatamos fácilmente a una rutina particular y a un entorno y cualquier cambio nos hace trepidar. Si, por un lado, se muere por irse de su trabajo pero le resulta difícil hacerlo, ¿cómo superar el dilema? Muy sencillo: planifique el futuro, defina las metas y convénzase de que puede alcanzarlas. ¿Recuerda los cinco pasos para formular las nuevas creencias? Incorporar, imaginar, difundir, aplicar y evaluar. El proceso es lento y requiere mucha paciencia, pero usted no hay más remedio: hay que empezar por algo y, si no ahora, ¿cuándo?

Escoja un trabajo que ame y no tendrá que trabajar ni un día más en su vida. – Confucio

Preparación y oportunidad

Empecé a comprar y vender acciones en el año 2000, en la cima del colapso de las puntocom. El mercado había explotado y los vendedores de *shorts* disfrutaron en grande. Como hemos aprendido, un mercado que cae es el país de las maravillas para las ganancias pero, lamentablemente para mí, no pude participar en la fiesta puesto que, en ese momento, me faltaban los conocimientos. Era un principiante inexperto, sin autodisciplina y desprovisto del conocimiento. Tenía frente a mí una oportunidad de ganar mucho dinero, servida en bandeja de plata, pero yo era un novato mal preparado.

La suerte tiene muy poco que ver con el camino hacia el éxito. *"La suerte es el encuentro de la preparación con la oportunidad"*. Cada día, cientos de oportunidades nos pasan justo ante las narices, pero la falta de preparación nos impide aprovecharlas. Desarrolle su estado de preparación y espere la oportunidad. El conocimiento y la experiencia en el *trading* durante una burbuja o una crisis colocan a la preparación frente a la oportunidad. En 2008, durante la crisis de las *subprime*, volvió a surgir la misma oportunidad y mi preparación estaba en su apogeo.

Si me dan seis horas para talar un árbol, dedicaré las primeras cuatro a afilar el hacha. – Abraham Lincoln

El éxito es una avalancha

¿Cómo se mide el éxito? Cada cambio, aunque sea pequeño, es significativo. Si consiguió ganar $100 y no $1,000, no importa. Lo principal es que está aprendiendo cómo ganar. El éxito es como una avalancha: empieza como una bola de nieve que va creciendo. El éxito comienza lentamente y se hace cada vez más fácil, hasta que un día uno se despierta, mira al cielo y dice: "¡Gracias, gracias, gracias! ¡Estoy tan agradecido por haber llegado hasta aquí!".

No importa cuánto éxito tenga. En resumidas cuentas, su vida puede ser mejor si tan solo decide cambiar. Cualquiera puede cambiar su vida. No es necesario tener tres títulos universitarios o ser extremadamente inteligente, ni siquiera hace falta un duro trabajo físico. Todo lo que necesita para cambiar su vida está allí, en su subconsciente.

Así que, ¡tome una decisión!

Tiene que tomar, ahora mismo, una decisión que cambiará su vida. Usted conoce ese momento de duda entre zambullirse en aguas profundas o quedarse en la orilla. Después de haber saltado, resulta que el agua está muy bien, quizás un poco fría al principio. ¿Mi consejo para usted? ¡Zambúllase! ¡Ya! Cambie su vida. Si no ahora, ¿cuándo? Le he ayudado hasta aquí y quiero seguir ayudándolo. Pero de aquí en adelante... ¡todo depende de usted!

¡Brindemos por su éxito!

www.ingramcontent.com/pod-product-compliance
Lightning Source LLC
Chambersburg PA
CBHW060314200326

41519CB00011BA/1726

9789655504668